JN252083

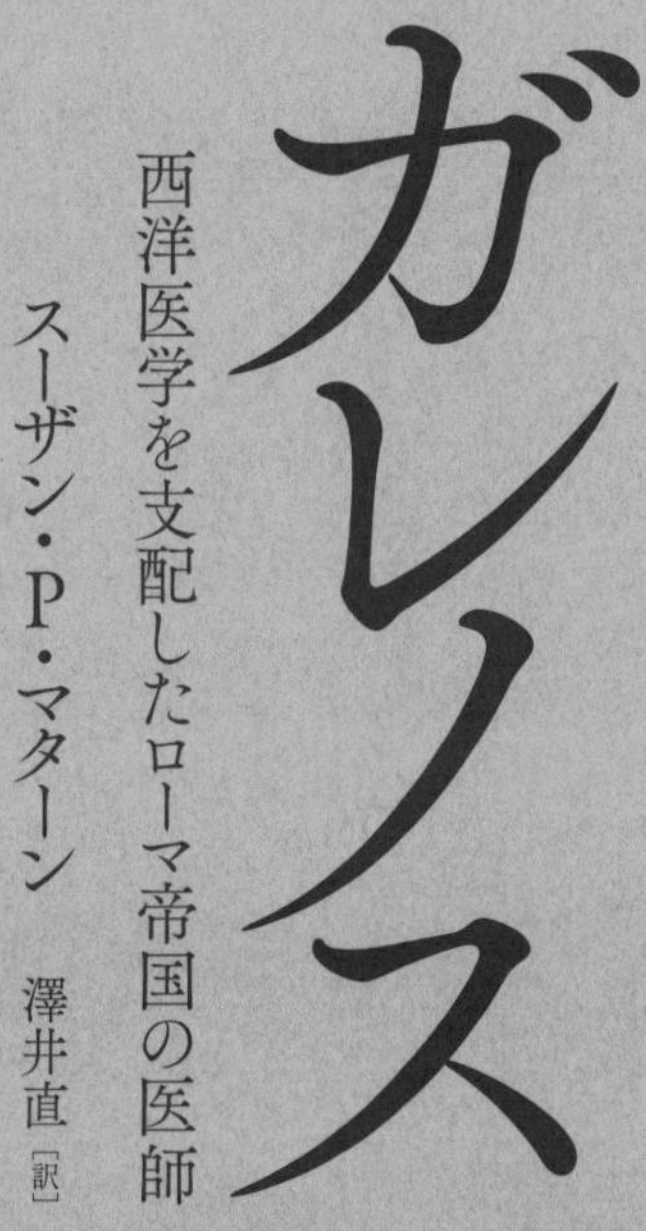

ガレノス

西洋医学を支配したローマ帝国の医師

スーザン・P・マターン

澤井直［訳］

THE PRINCE OF MEDICINE
Galen in the Roman Empire

白水社

❶ペルガモンのアスクレピオス神殿遺跡。背景に劇場が見える。アスクレピオス神殿の神域はハドリアヌス治下に贅沢な作りで再建され、ガレノスの時代には神の崇拝者を集める中心地として、地中海世界において最も重要な神殿となった。 @Shutterstock

❷アスクレピオス神殿への参道から見た今日のペルガモンのアクロポリス。中央左の最も目立つ建物がゼウスとトラヤヌスの神殿である。その右にはアクロポリスの劇場が見える。 @Shutterstock

❸ペルガモンの大祭壇。ベルリンのペルガモン博物館に再建されている。紀元前二世紀のエウメネス二世治下に作られた。フリーズは長さ113メートル、神話における神々と巨人との戦いが刻まれている。 Photo courtesy of Album/ Art Resource, NY

❹アスクレピオスの小大理石像。高さ63センチメートル、紀元前三世紀か四世紀の作品。エピダウロスのアスクレピオス神殿から見つかり、現在はアテネ国立考古学博物館に収蔵されている。すべてではないが多くの場合、アスクレピオスは髭を生やした熟年の男性として描かれる。ヘビはアスクレピオスの象徴のひとつで、アスクレピオスによる多くの癒しの物語に登場する。 Agostini Picture Library/ G. Nimatallah

❺睡眠中に患者を治癒するアスクレピオス。ギリシアのアテネ近郊にあるピレウスのアスクレピオス神殿に献納されたレリーフ。現在はピレウス考古学博物館に収蔵されている。紀元前400年頃作られた。多くの場合、アスクレピオスによる治癒や指示は夢の中で行なわれた。感謝の意を込めて、患者はこのレリーフのような奉納品を捧げることが多かった。アスクレピオスの後ろに控える女性は、アスクレピオスの娘のヒュギエイアであろう。左側の人物は患者の家族だろうか。 Photo courtesy of Foto Marburg/ Art Resource, NY

❻79年のヴェスヴィオ山の噴火で土に埋もれたイタリアのポンペイとヘルクラネウムの遺跡から、それぞれ見つかった治療の場面。どちらもナポリの国立考古学博物館に収蔵されている。

❻Ⓐテレポスに手術を行なうアキレウス。ギリシア神話では、テレポスはお返しとしてトロイへの道をアカイア人に示したと言われている。ヘルクラネウム、テレポスのレリーフの家で発見された。Photo courtesy Album/ Art Resource, NY

❻Ⓑ神話上のローマ建国の祖であるアエネアスの、大腿に刺さった鏃を医師が抜く場面。ポンペイのシリコの家のフレスコ画。Photo courtesy of Erich Lessing/ Art Resource, NY

❼腰掛けるボクシング競技者。一世紀(?)のブロンズ像。革製のグローブと腰布を着用している。耳は腫れ、顔の傷口からは血が流れている。ローマ国立美術館(テルメ美術館)に収蔵。Photo courtesy of Vanni/ Art Resource, NY

❽ヴェネツィアのジウンタ社から出版された1565年版ガレノス全集に描かれた、ブタの解剖。キャプションには「アレクサンドロスとの間でなされた討議」とあり、本書第五章で示す、ボエティウスのために実演した生体解剖におけるガレノスとダマスクスのアレクサンドロスとの対決を指している。同じページには他にもガレノスの生涯のいくつかの場面が描かれている。Photo courtesy of the Wellcome Trust, London @ Wellcome Trust

Crane du Magot, 2/5 de grand.

Cerveau du Magot, 1/2 de grand.

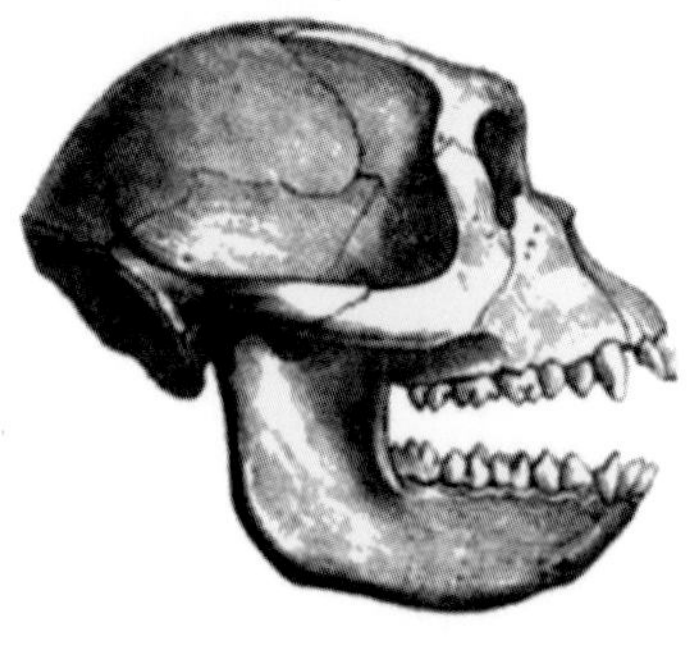

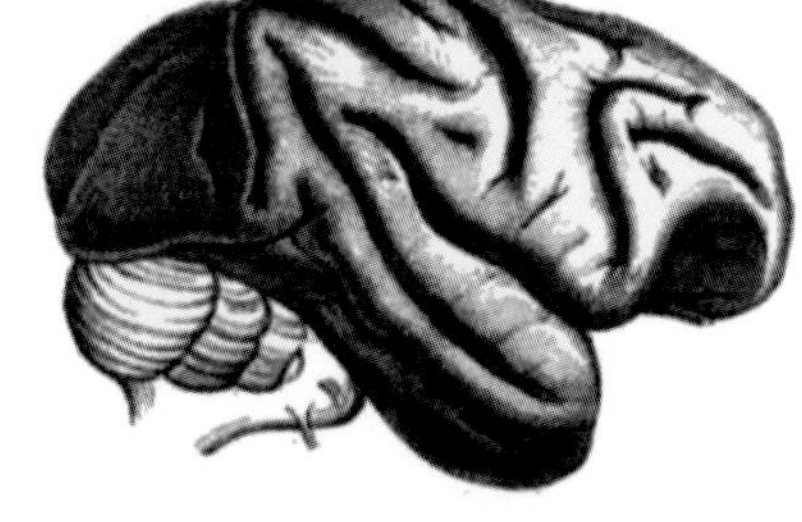

❾バーバリーマカク(Rhesus sylvanus)の頭蓋と脳(図はPaul Gervais, Histoire naturelle des mammifères, L. Curmer 1854から)。ガレノスは解剖した動物のうち、サル、特にバーバリーマカクが解剖学的にヒトに最も似ていると考えていた。

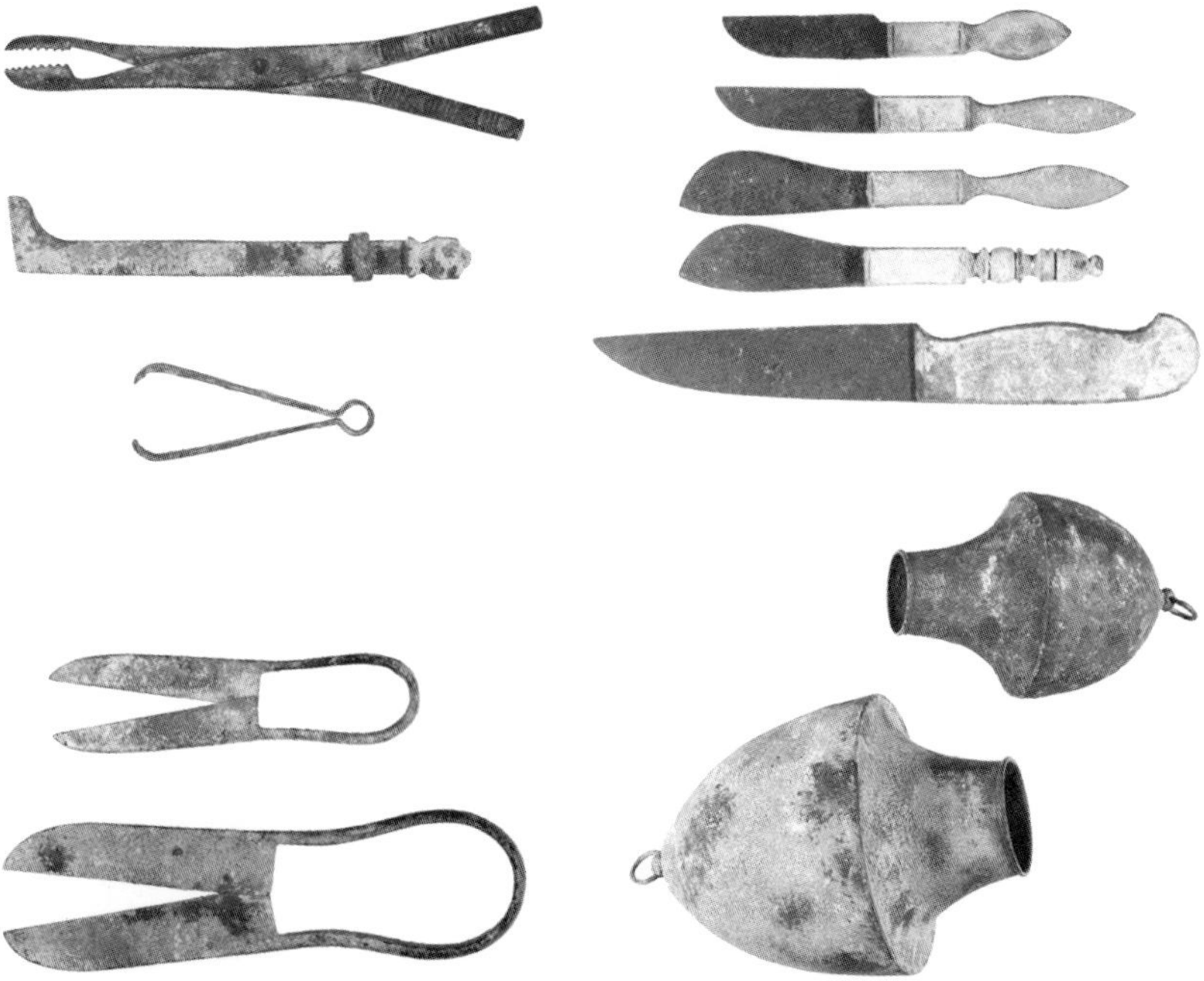

❿ポンペイで見つかった外科器具。左上は口蓋垂鉗子、右上はメス、右下は瀉血用の杯、左下は外科用ハサミ。南イタリアのナポリ近郊のポンペイは、79年のヴェスヴィオ山の噴火によって埋没した。Photos courtesy of the Historical Collections & Services of the Health Sciences Library, University of Virginia

⓫ローマ皇帝マルクス・アウレリウス(在位161年–180年)のブロンズ像。おそらく176年に戦勝を記念して凱旋したときに建てられた。古代には多くの皇帝の騎馬像が作られたことが知られているが、現存するのはこれのみである。1538年以来、ミケランジェロが設計したカンピドリオ広場の建物群の中心に置かれている。近年では風雨にさらされて損傷が激しいため、広場近くのカンピトリーノ美術館に収められ、元の場所には複製が置かれている。@ Shutterstock

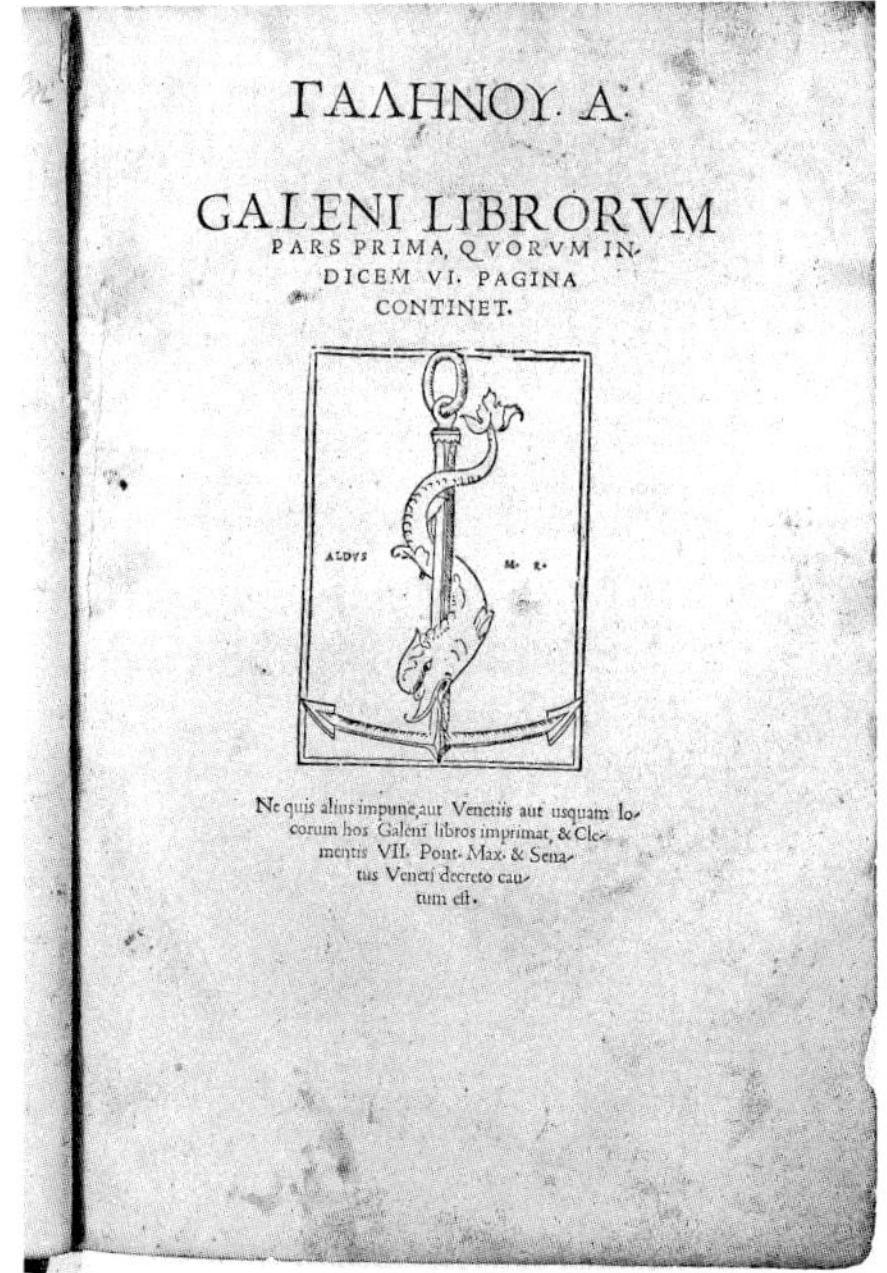

ΓΑΛΗΝΟΥ. Α.

GALENI LIBRORVM
PARS PRIMA, QVORVM IN-
DICEM VI. PAGINA
CONTINET.

Ne quis alius impune, aut Venetiis aut usquam locorum hos Galeni libros imprimat, & Clementis VII. Pont. Max. & Senatus Veneti decreto cautum est.

⓬ヴェネツィアのアルドゥス・マヌティウスが1525年に出版したアルド版ガレノス全集の第一巻の扉。木版の図の下には、法王とヴェネツィア大評議会による、いかなる地でもこれらのガレノスの著作の再版を禁じる、という言葉が書かれているが、実際は何度も再版された。Photo courtesy of the Wellcome Library, London @ Wellcome Trust

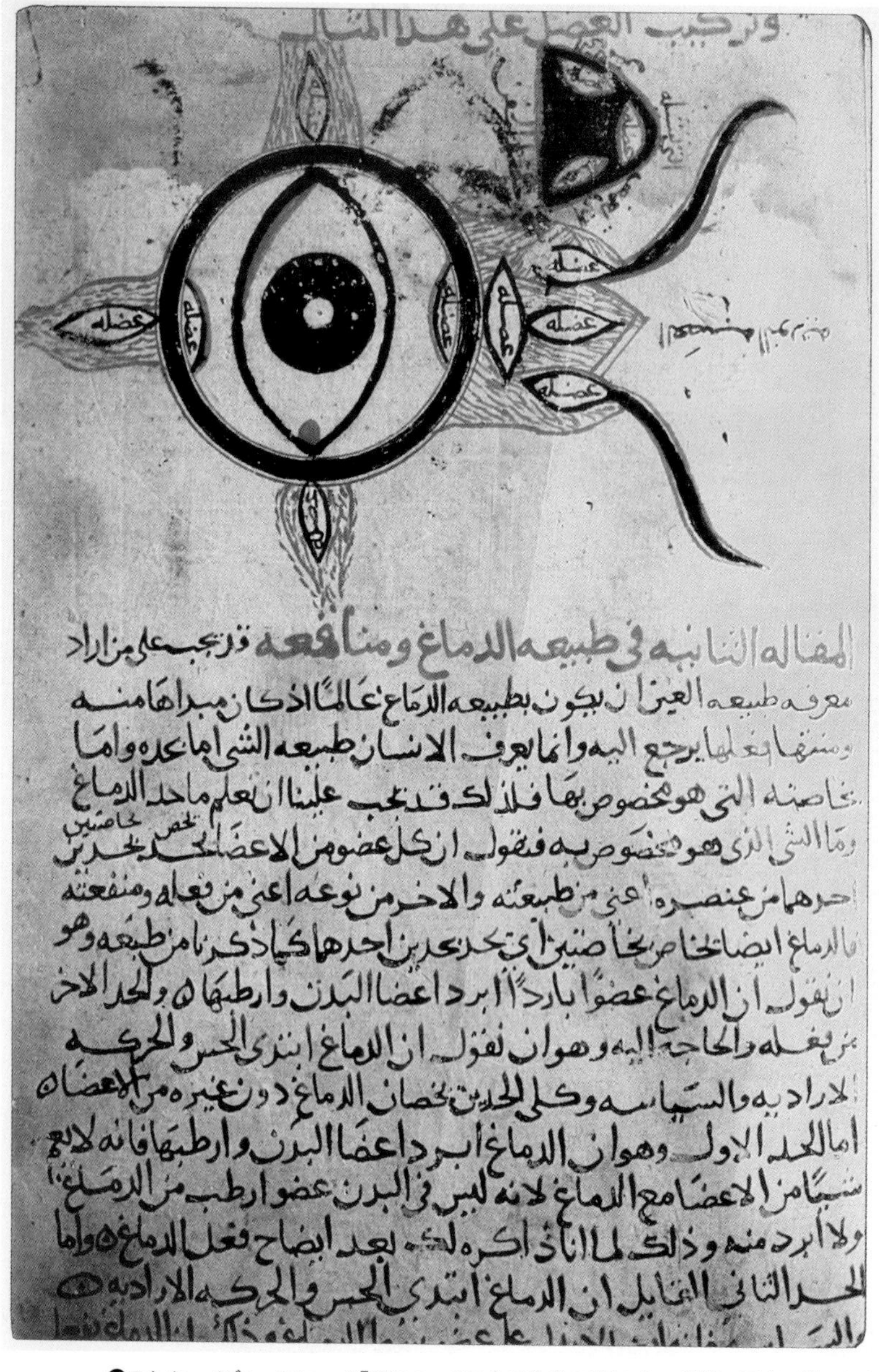

⓭フナイン・イブン・イスハーク『眼についての十の論考の書』の十二世紀の写本に描かれた眼の解剖。九世紀に活躍したフナイン・イブン・イスハークはガレノスの知られている論考のほとんどをシリア語とアラビア語に翻訳した。『眼についての十の論考の書』はフナイン自身の著作のなかで最も知られている。 Photo courtesy of SSPL/ Science Museum/ Art Resource, NY

ガレノス——西洋医学を支配したローマ帝国の医師

装丁　奥定泰之

H・v・Sに

生は短く、術は長い。機会は逃れていき、試みは行き当たりばったりで、決断は難しい。

ヒポクラテス集成『箴言』1.1

術の大きさは人の生を上回り、どれほど熱心に取り組もうとも、術を始めて極めることは誰もできないほどである。そのため、正確に、的確に、明瞭に、教えられる物事のすべての本質を説明して、後世の人々のために知り得たことを書き物として残しておくのがよい。

ガレノス『ヒポクラテス「箴言」への注解』1.1, 17B.352K

ガレノス——西洋医学を支配したローマ帝国の医師　目次

凡例

一、ガレノスの著作に言及する場合は、キューン版『ガレノス全集』（Kühn CC（ed.）, *Claudii Galeni Opera Omnia*, 20 voll. Leipzig, 1821–33）の巻数と頁を示す。たとえば「『解剖指南』1.2, 2.224K」は、『解剖指南』の第一巻第二章、キューン版全集第二巻の二二四頁を指す。

一、以下の、アラビア語訳のみが現存するガレノスの著作、あるいはキューン版以降に発見されたギリシア語テクストを含むガレノスの著作へ言及する場合は、キューン版以外の校訂版の該当箇所を示した。

『解剖指南』（後半のアラビア語訳のみ現存する部分）（Max Simon, Leipzig, 1906）、『苦痛の回避』（Véronique Boudon-Millot, in *La Science médicale antique: Nouveaux regards*, Paris, 2007）、『最良の医師を見分ける方法について』（Albert Z. Iskandar, Berlin, 1988）『自説について』（Véronique Boudon-Millot and A. Pietrobelli, in *Revue des Études Grecques*, vol. 118, 2005）、『治療術の諸部分について』（Malcolm Lyons, Berlin, 1969）、『ヒポクラテス「伝染病第一巻」注解』（Ernst Wenkebach and Franz Pfaff, Leipzig, 1934）、『ヒポクラテス「伝染病第二巻」注解』（Ernst Wenkebach and Franz Pfaff, Leipzig, 1934）、『ヒポクラテス「伝染病第六巻」注解』（Ernst Wenkebach and Franz Pfaff, 2d ed., Berlin, 1956）、『プラトン「ティマイオス」における医学的議論についての注解』（H. O. Schröder, Leipzig, 1934）

一、本文中の〔 〕は訳者による注を、引用文中の［ ］は原著者による補足を表す。

一、以下の単位は換算せず訳した。

一スタディオンは約八分の一マイル

一マイルは約一・六キロメートル

一ローマ・フィートは約一・三メートル

序章　腐ったチーズ

ある日のこと、ガレノスが腐ったチーズをどうしようかと家内奴隷と議論していたところへ、ひとりの患者が訪ねてきた。その老人は関節炎を患い、関節に（ガレノスの言葉では）「石灰の石」があって歩くことができず担架で運ばれてきた。ガレノスに、煮て酢漬けにした豚足とチーズを膏薬に混ぜ込んで炎症を起こした関節に塗るという、妙案がひらめいた。膏薬は患者の皮膚を「切らずに自然に」裂け目をつくり、石灰の石が数日間傷からにじみ出てきた。ガレノスも患者もこの結果には大いに満足し、腐ったチーズがなくなってしまうと患者のほうでなんとか用意して、ガレノスがとっさに思いついた治療法に熱狂し、他人にも宣伝した。

この患者の場合に何が起こったのか、現代の目で説明してみよう。老人はおそらく痛風に苦しんでいた。痛風が進行すると、尿酸の結晶が関節に沈着し、長期間にわたって激痛の発作を引き起こすこともある。手足に沈着した大きな結晶は、痛風結石（英語ではこれも「石灰の石」である）とも呼ばれる。痛風結石は自然に破裂することがあり、ガレノスの患者に起こったのもこれだった可能性が高い。腐ったチーズ入りの膏薬が破裂を引き起こしたという明白な根拠はない[1]。はるか古代のガレノスの逸話を読む際に、必然的に我々自身の考えや経験というガレノスとは大きく異なるレンズを通して、その話を見なおすことになるだろう。これまでの本でも著者は読者がこのように見なおす手助けをしてきた。しかし、このような逸話がガレノス自身の物の見方を知る手がかりであることを見落としてはならない。ガレノスの見方は我々のものとは大きく異なることもあれば、驚くほどに馴染みがあることもある。そしてその点、つまり古代における医学の経験を読者に伝えることが、本書での著者の願いである。

したがって、著者はこの逸話で、ガレノスが自身の理解の範囲をも超えた超自然的治癒能力を持っていたと言いたいわけではない。古代の医学知識と、ルネサンスと近代における「パラダイム・シフト」を経て血液循環、細菌説、遺伝学などが発見されたあとの、医学知識のあり方を比較することはできない。ガレノスはパラダイム・シフトを起こしたのではなく、この言葉の提唱者トーマス・クーンなら「通常科学」[2]と呼ぶであろうものを実践していたのである。私は、生理学、疾患、体液などについてのガレノスの誤りを逐一指摘したりはしない。この五百年間で我々の医学知識は根本的に変化しているので、ガレノスの誤りはリストアップするには膨大すぎるし、その必要もない。本書で指摘したのは、現在でも意義のある知的貢献である。たとえば、ガレノスの解剖学は動物に基づいたものでありながらもルネサンス期の解剖学の基礎となった。またガレノスは人間の性質を鋭く観察し、精神疾患について驚くほどに正確な洞察を行なっている。ただし、本書は知の営みの歴史についての研究ではない。

むしろ、薬学についてのガレノスの著作のひとつ『単体薬の混合と諸力について』に登場する「石灰の石」の老人の事例が明らかにしているのは、当時の最も腕の良い専門家のひとりによる日々の診療行為である。この挿話で歴史的に重要なのは以下の点である。ガレノスが家内奴隷と議論している最中にもかかわらず患者が訪ねてきたこと、患者を診て膏薬を調合して患部に塗る際に人の手を介さず直接治療していること、患者を老人と描写していること（ガレノスがこのように記述した患者はほとんどいない）、状況から考えるとおそらくは卑しい身分だろうが、患者の社会的地位については伝えていないこと、である。裕福な患者ならガレノスを呼びに行かせたはずで、緊急であればガレノスが夜中でも訪ね

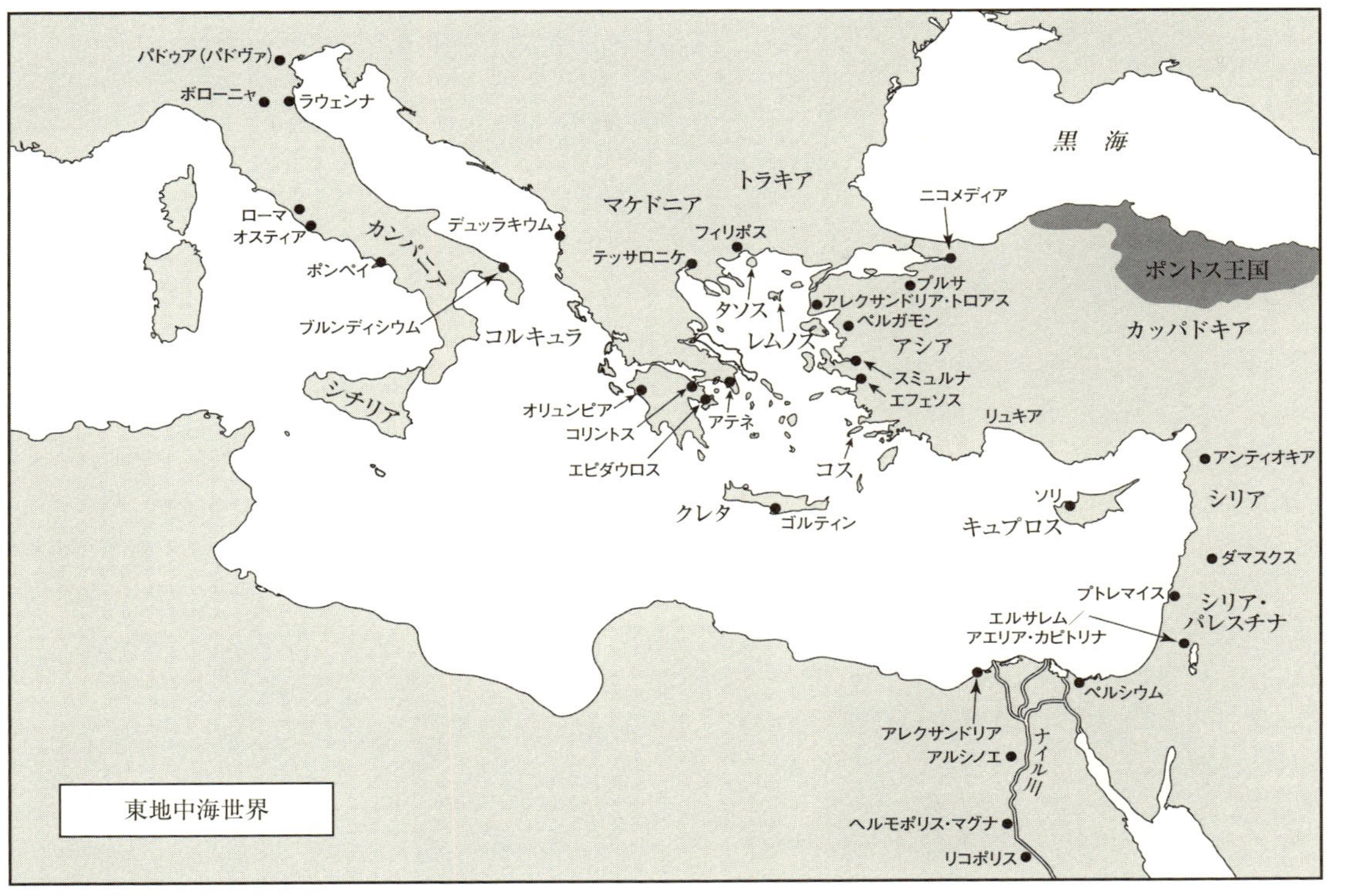

地図1　東地中海（Wendy Giminskiによる）

て行ったことだろう。

ガレノスは五十年以上にわたりローマ帝国で治療を行なった。本書で論じるように、治療者としての評判、社会的地位、多数の著作、あるいは、論争と対決のたびに敵を容赦なくやり込めたことで、ガレノスの名声は存命中から非常に高く、実質的にはガレノスの言葉が医学における最終見解となっていた。おかげでその著作はヨーロッパ各地で保存され、アラビア語の翻訳という形でも保存され、ルネサンス期には多数の版が出版されまとめられて、当時の医学で知られていたことの到達点として、前近代の「パラダイム」となっていた。二十世紀に至るまで、ガレノスは西洋医学、ひょっとすると西洋文化全般の、最も影響力ある人物だった。ガレノスの現代に最も近い著作集は、巻数が二十二巻、論考の数が約百五十で、これは現存する古典ギリシア語の全著作の八分の一を占める。

今日の私たちはガレノスを具体性のないテキストの集合体として見るのに慣れている。かつては権威とされながらその後廃れてしまった人体についての考え方の集合として、また、西洋医学が苦闘の末に逃れることができた、無益な影響力として。ガレノスの著作がどの程度本人の生活や治療に、あるいは見聞きしたり挑戦したり実行したり成し遂げたりしたことに基づいているのか、私たちは測りかねている。この伝記で描かれるのは、たえず自然に問いかけ、患者を注意深く調べ、診断の手がかりを読み解き、経験に裏付けられていない考えを断固として批判し、既存の医学知識のほとんどすべてを疑い、周囲から攻撃的で野心的だと見られていた、そのような人物としてのガレノスである。のちにヴェサリウスが死体解剖を行なって、解剖学に関するガレノスの主張の多くを反証し、はるか昔のこの先達に盲従する人々の誤りを容赦なく批判したとき、ヴェサリウスはまさに、ガレノスが一千年以上も前に好んだ手法をなぞっていたのだった。

いつの日か、幸運にも人類が絶えることがなければ、現在の我々の医学知識も、ガレノスや同時代の人々の知識と同じくらい古風になっているだろう。現代医学においても、謎・非効率・無知には事欠かない。それでは、我々の文化や歴史の中で、医学知識の役割をどのように理解すればよいのだろうか。ガレノスの生涯は我々にこれに対する見通しをもたらしてくれる。本書は、並はずれた努力によって高い教養をもち、特権を得た傑出した人物についての物語だが、一方で普通の人々に普通の科学を実践していた普通の人物でもある。本書でおもに強調したいのは、ガレノスの考えではなく、その生涯なのである。

序章の締めくくりに、ガレノスの人柄について記すことにしよう。なぜなら、古代からこのかた、扱っている人物の品行に関する事例を考慮せずに伝記を書くことはできないし、称賛すべき点と非難すべき点を振り分けるという歴史家の伝統的な義務も無視するわけにはいかないからである。ガレノスの性格の欠点は、読者が本書をざっと見ただけで明らかだろう。現代の西洋世界にガレノスがいたとすれば、誇大妄想、あるいは今日で言うところのナルシシズムなどの人格障害と診断されるかもしれない。また、彼の性格は極端な「タイプA」〔アメリカの心臓病医ローゼンマンとフリードマンが発見した、心臓疾患を起こしやすい性格類型〕の典型でもある。しかし、このすべてはガレノスの時代・地域・社会階層にはよく見られることだったし、ガレノスは仲間と比べて特に好戦的で敵対心や自己顕示欲が強かったのでもない。これらの理由から、本書は読者が見落としがちな性質、つまり飽くことない努力、強い知的好奇心、自己鍛錬、さらには並外れた観察力と人間そのものに対する深い理解を浮き彫りにしている。ガレノスを同時代の人々とは異なる存在にしたこれらの性質こそが、彼に成功と長い年月にわたる影響力をもたらしたのである。

第1章　ペルガモン

ガレノスはペルガモンを離れて久しくなってからも、この地を故郷と呼び続けた。ペルガモンは現在のトルコ西部、エーゲ海から一六マイル離れたカイカス川近くの平野に広がる、中東のギリシア都市のなかでも傑出した町だった。入り組んだ通りと市場を見下ろすようにそびえる丘の上にアクロポリスがあった。ヘレニズム期には都市全体が急峻な坂の上にあり、アレクサンドロス大王の死後数十年のちにペルガモンの王が築いた高い城壁に囲まれていた。ガレノスの時代にもこの地区はペルガモンの旧市街として残り、土地の名家や、おそらくは彼の一家も住んでいた。家々がひしめき合い、急な狭い階段がいたるところにある、テラスが何段も積み重なったような地区だった。

ペルガモンを統治していたアッタロス朝は、アクロポリスの頂にあらゆるヘレニズム都市のなかで最も壮麗な建物を立てた。王宮は平坦な区画が何段も積み重なるつくりで、それぞれの区画にはギリシア世界に名を轟かせる有名な建築物や記念碑が建っていた。そのひとつが全長一〇〇フィートのゼウスの大祭壇であり、外側はそれを囲む壁と同様、神話時代の神々と巨人の戦いを描いた浮き彫りで覆われている。この浮き彫りはベルリンのペルガモン博物館に復元され、おそらく古代から現存する最も壮麗な芸術作品だろう。アテナに献じられた坂の上の広場には、別の有名な記念碑が立っていた。紀元前二三〇年代にアッタロス一世が近隣のガラテアのケルト人移民に対して勝利したことを記念した、青銅彫刻の一群である。青銅像は失われてしまったが、模刻した大理石像が二点現存し、そのひとつ《瀕死のガリア人》は、悲哀を感じさせる表情とぼさぼさの髪に口ひげを生やした「蛮族」の姿で知られている。アテナ神殿の神域には、エジプトのアレクサンドリアに次ぐ名声と規模の、名高い図書館が建っていた（伝えられるところでは、ペルガモンの図書館は二十万巻もの巻物を蔵書し、当時では圧倒的な数を誇っていた。この蔵書はローマ時代にマルクス・アントニウスから女王クレオパトラへの贈物としてアレクサンドリアに運ばれたという[1]）。丘の西側の急斜面には席数一万の石造りの劇場が建てられ、乾燥したトルコ西部の閑寂とした土地が広がる、息を呑むような景色を背景にして演劇が上演されていた。ペルガモンのアクロポリスは、利己主義、狂躁的な軍国主義、ヘレニズム世界の支配者層の文化的自負を雄弁に物語る記念碑となっている。

市はギリシア都市でよく見られる施設であふれ、これは王からの長年にわたる多大な庇護を反映していた。のちにはローマ皇帝を真似て皇帝に印象付けようとする貴族階層の野心によっても庇護されるようになった。すべてのギリシア都市で社会の中心にあったのはアゴラと呼ばれる市場だった。文化の中心はギムナジウム（体育場）で、これはギリシアのエリート層の男性の生活に組み込まれていた、レスリングなどの競技を裸で行なう公共の場だった。

ペルガモンのヘレニズム期の城壁内部には、少なくとも二つの大アゴラ、三つのギムナジウム、四つの大きな浴場複合施設があり、他の都市や町と同様に小規模な施設も多数あった。アクロポリスの劇場のほか、丘の上の上市のギムナジウム併設の劇場、アスクレピオス神殿神域の劇場、後代に発展した平地に建てられた三万人が立ち見で観劇できるローマ様式の単独の劇場があった。その近くには、ローマ時代の東方では珍しい円形闘技場があり、市の最大の公共の施設だった。現在も残るペルガモンの建造物は、ガレノスの時代の中東を支配していた都市文化を伝えてくれる[2]。

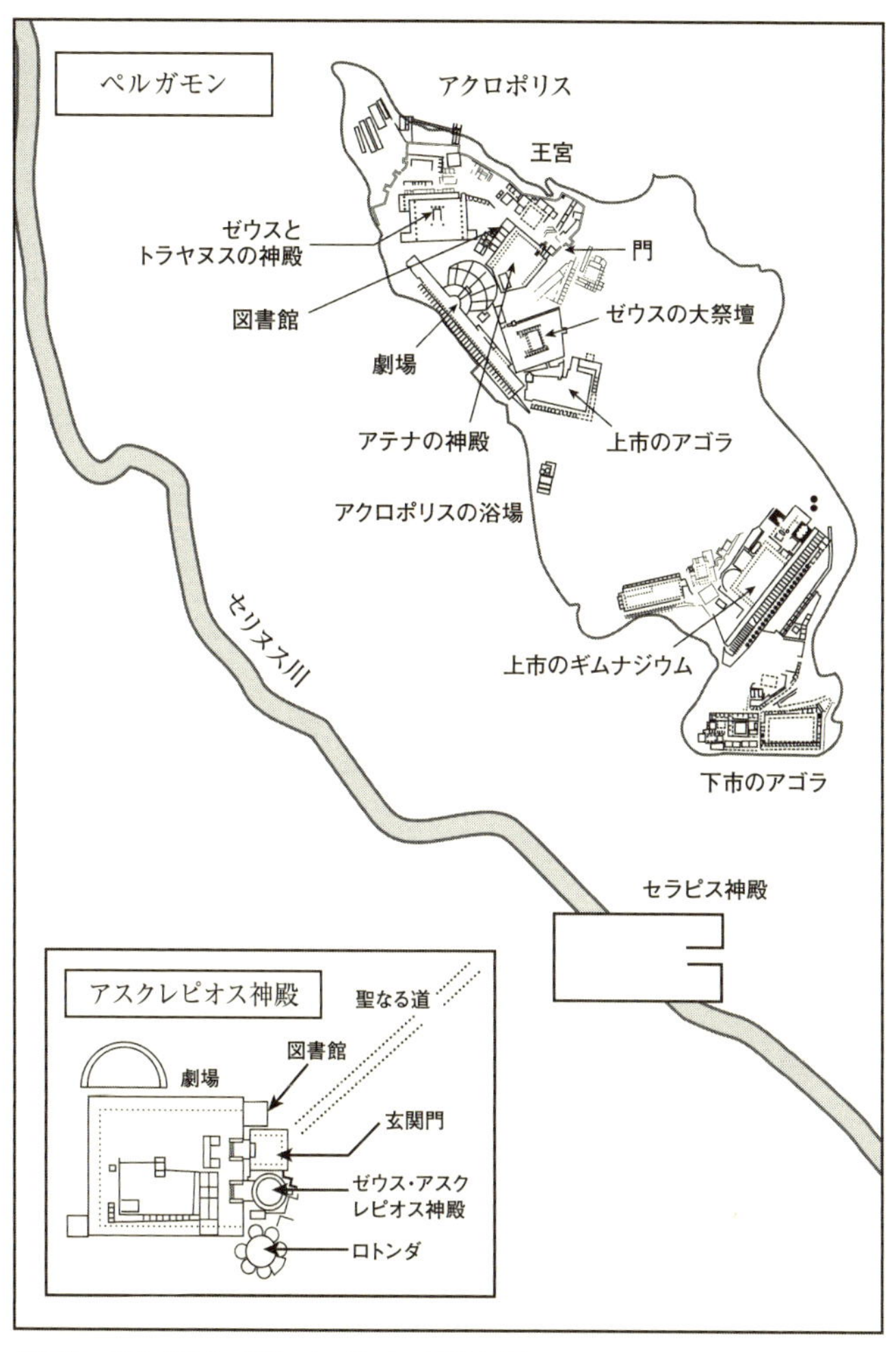

地図2　ペルガモン（Wendy Giminskiによる）

ガレノスにとっての世界と経験は、ローマ帝国に生きたギリシア人としての世界と経験だった。ガレノスの生涯は、この都市の歴史がうまいぐあいに物語っている、ギリシアの文化とローマの帝国主義とが撚り合わさった古代の状況を知らずに理解することはできない。手短にペルガモンの政治と文化の歴史を提示して、ガレノスの世界とガレノスという人を紹介することにしよう。ペルガモンという都市は、その建造物や偉大で奇矯な王や建国の伝説や文化的英雄もひっくるめて、ガレノスの自己意識の大きな部分を占めていた。ガレノスは自分の出自を誇りとし、終生ペルガモン人だという意識を持っていたのである。(3)

ギリシア都市としてのペルガモンの起源は紀元前八世紀にさかのぼるが、その初期の歴史は神話の中に埋もれてしまっている。ペルガモン人の先祖は、ヘラクレスとアルカディアの王女との間の庶子で、箱に入れられてエーゲ海に捨てられたテレフォスにまでさかのぼるとされている。紀元前四世紀、アレクサンドロス大王の死後に後継者が帝国支配権を争ったディアドコイ戦争をきっかけとして、ペルガモンの重要性が増す。ペルガモンも含めて現在のトルコ西部は、この苛烈な闘争の初期に何回か支配者が変わった。そうこうするうちに、機に乗じたフィレタイロスという平民出身の男がペルガモンの支配権と莫大な資金を掌握して、新興の王国の建設に着手した。

ガラテア人への勝利を讃えるブロンズ像群で知られる、アッタロス一世の働きかけがおもなきっかけとなって、ローマ帝国はアシアへ手を伸ばすようになる。アシアでの版図拡大を狙っていたマケドニア王フィリップ五世による脅威にさらされたアッタロス一世が、ローマに助けを求めたのだった。ペルガモンは、ローマとマケドニアおよびシリアとの間の戦争においてローマの忠実な同盟国であることを示し、アッタロス一世の後継者エウメネス二世は、シリアからもぎ取ったアシアの最も肥沃で人口の多い地域を褒賞として獲得した。ペルガモンは一夜にして小国から大王国となったのである。アクロポリスに壮大な建設計画を立ち上げて、資金を与えたのはエウメネス二世だった。その計画には、ゼウスの大祭壇とその有名な彫刻のフリーズ、アテナの神殿とその神域、上市のアゴラ、劇場、図書館、今日も大部分が残る新しい城壁などが含まれていた。それまでの王と同じく、エウメネス二世はケルト人や敵対する王や族長たちと戦い、自らの軍事的成果を高らかに誇示したが、疲れ果てて亡くなった。

ペルガモンの最後の王は人間嫌いで残虐な悪名高きアッタロス三世である。この王について歴史家は、ほとんどの家族を殺害し、悪ふざけで友人に手製の毒を送ったことくらいしか伝えていない。ただしガレノスは、アッタロス三世による薬草の発見と複雑な解毒剤を賞賛を込めて言及し、文書で記録をきちんと残さなかったことへの不満さえ述べている。（とはいえアッタロスの解毒剤は、ローマの大敵である不運なミトリダテス六世エウパトルのものほど有名ではなかった。エウパトルについては後で詳述する）[4]。

アッタロス三世は即位後五年もたたずに三十六歳で後継者を指名せずに亡くなり、遺言で王国はローマに委ねられた。ローマにとってこの遺贈は予想外だった。一般的にローマは守備に不向きな新たな領土を加えることを厭い、その土地の王が支配するほうを好んだ。しかし、ペルガモンは裕福な王国であったため、一部地域が近隣の同盟国に与えられたものの、アッタロス朝の国土のほとんどはローマのアシア属州となった。ローマは多くの属州に重い税を課し、徴税権は五年ごとに富裕なローマ市民の組合に競売にかけられ、最高入札者に委ねられた。徴税請負人の取り立ては容赦なく、国庫に納めると取り決められていた金額以上に利益を得ていた。税を支払えない共同体には富裕なローマ人が法外な利息でお金を貸しつけた。マルクス・ユニウス・ブルートゥスがキュプロス島のサラミス市にした融資は利息が五〇%だったが、特段に高利だとは考えられていなかった。ローマ人は属州を経済的に搾取する巧妙な方法を他にも考案した[5]。アッタロス朝はペルガモン市自体には特別に税をかけなかったが、アシアとギリシア東方には同じように税を免除された都市がいくつかあった。アッタロス三世は遺贈することによってペルガモンが独自の行政官と法の下で徴税を免れるともくろんでいたようだが、ローマ人が実際にどのような特権を認めたのかはよくわかっていない。

紀元前一世紀初頭、ポントス王国のミトリダテス六世エウパトルが近東地方一帯を混乱に陥らせたころの状況はこのようなものだった。ミトリダテス六世は、カルタゴのハンニバルやエジプトのクレオパトラ七世と並ぶローマの強敵で、残酷・不道徳・狡猾・傲慢で狂躁的なまでに活動的な男だった。悪魔の化身と見られることもあれば、稀に、賞賛に値する敵として高く評されることもある。エウパトルの体軀と膂力は噂が伝わっていく中で人間離れしたものとなり、牙を剝いたライオンの皮製の兜をかぶった若きヘラクレスやアレクサンドロス大王のように描写された。人並み外れた知性と博学を持っているとも噂され、王国内の二十二の言語すべてを操るとも伝えられていた。薬学の卓越した知識は伝説となり、複雑な調合による解毒剤「テリアカ」の処方はガレノスだけでなく多くの古代の文献で言及され、王はテリアカの考案者として近代まで知られていた。（古代の処方箋に従って配合された「ミトリデイト」という解毒剤はルネサンス期にもてはやされ、A・E・ハウスマンの詩の題材にもなっている）。ミトリダテス六世はローマの総司令官ポンペイウスに敗れて逃亡した際に、二度毒を仰いで自殺を試みるも、身体に染み込んだ解毒剤のために毒が効かず、結局は剣で突き刺すように部下に頼むはめになった、という他の文献でたびたび語られた逸話を、ガレノスも採用している（『解毒剤について』1.1, 14.3–4K）。

ミトリダテス六世のポントス王国は、黒海の南東部沿岸に位置していた。王は三十一歳までに領土を大きく広げ、おそらくはさらにかつてのアレクサンドロス大王の帝国全体を視野に入れていた。近隣のビテュニア王国とカッパドキア王国の支配をめぐってローマと交渉を繰り返していたが、紀元前八九年にローマはビテュニアの王をけしかけてミトリダテス六世に宣戦布告させた。ミトリダテス六世は歩兵の小分遣隊と有名な鎌付き戦車でビテュニア王をたちまち破った。続いて十五万とも伝えられる手勢の大部分を南東の属州へ向かわせ、ギリシアの解放者として自らを喧伝した。ローマから派遣された三人の将軍の軍勢ははるかに少なく、潰走させられた。多くの都市は熱狂的にミトリダテス六世を受け入れたが、ローマへの忠誠を守り、包囲されても明け渡さなかった都市もあった。ペルガモンは多くの都市と同様にすぐに降伏した。

ローマの領土だった地域を支配するためにミトリダテス六世は太守を任命した。次に、アシアに居住するすべてのローマ人とイタリア人を、老若男女を問わず奴隷も含めて虐殺するという、悪名高い命令を下した。殺害されたのは八万人とも十五万人とも伝えられているが、正確な数字はわかっていない。ペルガモンとエフェソスはミトリダテス六世の最も熱狂的な支持者であり、ローマ人を追い詰め、神殿の神域内に逃げ込んだ者まで殺した。

数年後、ローマの将軍スッラがミトリダテス六世を破った。ローマは巨額の賠償金を要求するとともに、過酷な課税と徴税請負人も派遣した。ミトリダテス自身は生き延び、その後も二十五年にわたってローマを苦しめ、二度の戦役を起こしたが、紀元前六三年にポンペイウスに敗れて自死に追いやられた[6]。

ローマ人住民を大虐殺した結果、ペルガモンは数十年にわたってその代償を支払わなければならなかった。無税の特権が取り消され、建築は棚上げになり、神話上の祖先ヘラクレスを讃える祭典は資金提供者がいないために中止された。だが徐々に勢いは回復していく。ユリウス・カエサルの短い独裁官時代に、ペルガモンは再び「自由」を回復した。さらにカエサルはアシアのローマへの貢納額を減らし、徴税人による徴税をやめて現地の貴族の義務とした。無慈悲な搾取の日々から、経済はしだいに回復していった。

ローマ帝国時代は比較的穏やかな時期で、戦争の負担や近隣諸国から圧力から開放され、ペルガモンと東方のギリシア都市は繁栄した。戦争に投じていた資金を文化競争に費やし、各都市は最高の劇場とギムナジウム、豪華な祭典、最も著名な弁論家と哲学者を求めた。かつては軍の司令官をめざして競っていた貴族は、同胞市民からの感謝と尊敬を勝ち取るために、娯楽・祭典・施し・巨大公共建造物に資産を投じ、破産していた。二世紀のペルガモンは絶頂期にあり、医神アスクレピオスの神殿は世界に名を轟かせていた。ガレノスによれば人口は十二万で、著名な弁論家や文化的英雄の存在を誇りにしていた(7)。

貴族はこぞってギリシアの都市文化の一員であることを示そうとした。公職に就いて都市の祭礼とエリート層向けのギムナジウムを監督して資金を与え、資金提供者としてその名を建造物に刻んだ。詩作や体育で競い合い、医師の競争も行なわれた（小アシアのひとつの都市で医学競技会があったことが裏付けられている。第3章を参照）。余暇に貴族はギムナジウムで格闘技に興じ、浴場でマッサージを受けていた。アゴラ、神殿の神域、その他の公共の場所では討論を行なった。ペルガモンの市民であること、地方の議会の一員、行政機構の一員、ギムナジウムの参加者であることに誇りを持っていた。何よりも、自らをギリシア人だと考えていた(8)。

ローマによる統治は、ペルガモンのような都市のエリート層と支配階層との社会的結びつきを通じて行なわれていた。その関係は非常に複雑だった。ペルガモンの貴族階層の市民の多くはローマの市民権も持ち、おそらくガレノスの父もガレノス自身もそうだった。ガレノスは自らの市民権について言及していないため、ローマ市民権については疑問の余地があるが、ペルガモンにある二つの碑文で讃えられている、同時代の建築家アエリウス・ニコンというのは、ガレノスの父のことを指していると考えられている(9)。市民はたいてい、市民権を認めてくれた皇帝にちなんだローマ風の名前を付けることが多かったが、アエリウスとは、一一七年から一三五年に皇帝位に就いていた皇帝ハドリアヌスの家門名なのである。

ガレノスは加えて、別の著名なローマ市民との若いころのつながりについても触れている。

当時はまだ故郷に住んで、サテュロスの下で学んでいた。サテュロスはアスクレピオス神の新しい神殿を我々のために作っていたコストゥニウス・ルフィヌスとともにペルガモンに滞在して、四年目だった。

（『解剖指南』1.2, 2.224–225K）

他の資料によれば、この後援者の正確な名前は「L（ルキウス）・クスピウス・パクトゥメイウス・ルフィヌス」（おそらくガレノスのテキストが書き写される過程で間違った名前が伝わった）であり、皇帝ハドリアヌスによってローマの元老院議員に任命されたペルガモン人と思われる。さらに続けてガレノスは、サテュロスの教師の、ローマで治療と教育を行なっていた有名な医師であるローマ市民クィントゥスについて語っている。つまり、ガレノスの師サテュロスはローマで学んでいたのだ。

ペルガモンの貴族とローマの支配階層の関係は、考古学的な遺物からも読み取れる。ペルガモン文化がローマとの結びつきを強めていくからである。アクロポリスにあった上市のギムナジウムには浴場が併設され、ローマの皇帝による大浴場と似た複合施設となっていた。ただし、どちらが影響を与えた側かはわからない。ルフィヌスによる新しいアスクレピオス神殿は、ハドリアヌスによるローマの建築事業の最新の成果たる、再建されたパンテオンを小型にした複製で、ドーム式の屋根まで備えていた。同じ時期に、アクロポリスの頂にはゼウス・フィリオス（友情を司る神ゼウス）と神格化された皇帝トラヤヌスの両方に献じられた、優雅できらびやかな神殿が建築中だった（この神殿はハドリアヌスの治世に完成し、トラヤヌスとハドリアヌスを崇める彫像が置かれていた。ガレノスのころには「ハドリアヌス神殿」と呼ばれていたはずである）。多くのギリシア都市と同様に、ペルガモンにはすでにアウグストゥスとローマの神殿があり、娯楽と結びついていた。実際、この神殿は皇帝崇拝の最初の神殿と祭儀として紀元前二九年に認められたことを誇りにしていた。死後に神格化される前から、ローマ皇帝はヘレニズム期の王と同様に神々のように崇拝されていた。皇帝の祭典、神殿、彫像のほとんどの資金を、皇帝自身ではなくペルガモンの熱心な上流階級の人々が出していたことは、帝国内でのペルガモンの位置づけを示す、最も雄弁な宣伝となっていた。[10]

したがって、ガレノスがローマを二度訪れ、生涯の大半を過ごしたことは驚くことではない。しかし、ローマの文化に対するガレノスの態度は、良く言っても相反するものがあった。ガレノスは、ギリシア人であることを誇っていた。ローマ人としての名前があったとしてもまったく使っておらず、ガレノスを「アエリウス」と呼んでいる記録は残っていない。ガレノスは何十年もローマにいたにもかかわらずラテン語の著作家を引用せず、ラテン語を解していたというはっきりした証拠がまったくないのである。ガレノスにはラテン語は必要なかった。ローマで教育を受けたすべての人とその奴隷のほとんどはギリシア語を話せたのだ。ガレノスは皇帝マルクス・アウレリウスとの関係を最高の実績だと考えていたが、他の点ではローマ文化に冷ややかで、故郷の町に政治的忠誠を捧げていた。

ギリシア文化がある意味、積極的な自己意識の頂点を極めたのは、ローマ帝国、それもガレノスの時代のことだった。今日「第二次ソフィスト運動」と呼ばれ、古代の文献でも同様の呼び方が見受けられる運動が、二世紀に最高潮に達した。「ソフィスト」は職業としての雄弁家だが、芸人、教育者、公共への奉仕者、文化的英雄、外交使節でもあった。ソフィストたちはしばしば都市の巨大な公衆劇場で熟練の演説を披露し、何千人もの観客を集めていた。前もって話題を準備するのを嫌い、観客からその場でいくつかの主題を挙げさせ、それについて雄弁を振るったのである。伝統的なテーマもあったし、多くは「デモステネスはカイロネイアの戦いの後で自らを糾弾した」のような、古典期やヘレニズム期ギリシアからとられた主題だった。ソフィストは古代のアテネ方言を好んで用いた。アテネ方言は会話で用いられなくなってから数世紀経っていたが、ギリシア文化の基礎をなすとみなされていた著作の中に生き残っていたのだ。最も有名なソフィストは莫大な賞金と賞品を獲得していた。ソフィストとその生徒はギリシア化された東方の最上位の階層出身で、ヘレニズムそのものを体現していた[11]。

ソフィストは名声と生徒を得ようと競い合い、各都市も有名なソフィストをめぐって張り合っていた。おそらく最も著名なソフィストであるポレモンは、次々に名誉を与えてくれるスミュルナ市（現在のイズミールで、ガレノスのころはペルガモンから街道で六六マイルのところにあった）に留まって、学校を開いた。スミュルナ出身者だと世間では思われていたが、実際は一五〇マイルほど南東にあるリュコスのラオディケイア市生まれだった[12]。

ガレノスと同じく、ローマや帝国とソフィストとの複雑な関係は、ギリシア文化の矛盾を示す例となっている。つまり、征服者の間ではヘレニズムが高い名声を誇る一方で、ソフィストたちはローマを蔑みつつ、ぎこちなく追随し同化していたのである。ポレモンの一族にはローマの元老院の執政官もいたように、多くのソフィストは帝国から任命されて公職に就いていた。皇帝の友人や皇帝に助言を与える立場の者もいた。しばしば都市から皇帝への外交使節となり、災害への救済や新たなギムナジウムを要求したり、あるいは他の都市との間で続く係争に対する判決を少しでも有利にしようと嘆願したりしていた。自尊心の強いソフィストはみな、一度は皇帝との面会を果たし、その経験の逸話が残っている。ポレモンには、真夜中にスミュルナの自宅から皇帝アントニヌス・ピウスを放り出したという有名な話がある。二世紀前半に現在のトルコ北西部ブルサで生まれたソフィスト、プルサのディオン・クリュソストモスは、伝記によれば、皇帝トラヤヌスが凱旋行列で戦車の隣に座らせ、しばしば「そなたの言っていることはわからないが、我が身と同じように愛している」と語っていた。多くの場合皇帝が笑いものにされ、ソフィストは他の人には真似できない傲慢さを発揮している。皇帝が誇りとしていたギリシアの住民にとって、ソフィストはギリシア文化の伝統・洗練・優位の象徴だった。こうした態度にもかかわらず、ソフィストはローマの支配階級と衝突せず、疎外されることもなかった。ソフィストたちは帝国の官僚制の中で権力ある地位に就き、多くはローマの市民権を持つ、ローマの元老院議員を輩出した一家の出身であり、ローマの貴族の子弟を教える立場だった(13)。

ソフィストについて触れたのは、ガレノスも多くの点でソフィストだからである。博学、競争好き、ヘレニズムに、人前での技量のひけらかし、対抗心、政治力、ローマの権威との密接でありながら複雑な関係など、こうした特徴の典型例がソフィストなのだが、後半部分はギリシア都市の貴族全般に見られ、ガレノスにもよくあてはまる。ソフィストと同じく、ガレノスは古典期アテネ地方のギリシア語(アッティカ方言)に通じていた。著作のほとんどで専門的な内容にふさわしい平易で直裁的な文体を用いたが、ソフィスト的な文体も完全に使いこなすことができ、華麗で論争的な文に使用している。今は失われてしまったが、ガレノスの最も長大な著作は二部からなるアッティカ方言の辞書だった。ソフィストと同じく、ガレノスは教育者であり、公衆を前にして感動的な演説・議論・演示を行ない、ローマの貴族階層と交わり、皇帝との結びつきを誇りにしていた。また多くのソフィストと同じく、小アシアのギリシア都市の出身だった。ガレノスは当時のギリシアのエリート社会を正確に映し出す鏡であり、縮図でもあったのだ(14)。

ギリシアの公的生活では女性は日の当たらない存在だった。ギリシアの貴族文化は女性に何より慎み深さを求めた。その理想のために女性を家庭空間、つまり家のなかの最も私的な領域である寝室(タラモス)に押し込めていた。ギリシア東方で女性が戸外に出るときは、布できっちり覆いベールをかぶっていた。新しい市民を産み出す以外の、都市に対する女性の主要な義務は、古くからの祭儀を執り行なうなどの宗教的なものだった。ペルガモンの女性は公職に就く場合もあり、同職の男性と同様にコインに刻まれることもあった。その多くは裕福で、公共への奉仕者として讃えられた。とはいえ、そうした機会は男性よりもはるかに少なく、碑文での偉業の讃え方も男性とは大きく異なっていた[15]。

生活の大部分は屋外で行なわれていた。屋敷の中でも生活は中庭を中心に営まれ、大きな家では屋内の庭園の周りに柱廊がめぐらされていた。ペルガモンの住宅は具体的に描写できるほどの発掘例がないが、おそらく他のローマの地中海都市と同じだっただろう。商業生活と個人の私的生活は入り交ざっていた。どの区画や通りにも、立ち並ぶ家々に混ざって作業場、パン屋、酒場、売春宿があった。靴職人、ガラス職人、床屋、肉屋などのパトロン御用達の名の通った職人は市の特定の地域に集まり、作業がより不快な、陶工、(織物作りに人尿を使用する)縮絨業、鍛冶屋は町外れに固まっていた。商人のなかには市内の記念碑の立つ広々とした広場の区画に露天を出す者もいたが、多くは通りを売り歩いていた。オフィスビルの類や学校は存在せず、みな家で仕事をしていた。ローマでのガレノスの診療所も自宅にあった。学校の教師は戸外の屋根があるところ、たとえば通りの軒下で教えていた。図書館や神殿にも屋内空間はなく、読書は光がよく届く屋外でしていた。神殿の建物はもっぱら、神に捧げられた品々の保管場所や神像を置く台や雨よけのためのものだったのである。討論や演説、見世物、行列、供犠、競技、祭典などの活動も神殿の周囲や神域や併設の劇場で行なわれた。ギリシア・ローマの劇場と円形闘技場は屋根なしだが、暑い日には広げられる天幕付きの劇場もあった。同じように多くのギムナジウムで、レスリングや他のスポーツのための広い中庭も併設の劇場も屋根がなかった[16]。

屋内でのおもな活動といえば入浴である。浴場は暖を取れる唯一の設備で、冬には平均最低気温が氷点下になり雪も珍しくないペルガモンでも、寒さから逃れるために重宝されていた。浴場には、レンガの脚柱に乗った高床の下に湯沸かし釜を据え、蒸気を利用した床下暖房があったことがわかっている。このような床は熱くなりすぎるおそれがあった。ローマで、ある奴隷が主人を浴室で襲い、死んだことを確かめるために床の上に投げ落とした、という話が残っている。釜を炊き、客たちの使用後に清掃するのは、都市奴隷にとって惨めな仕事だった[17]。

今日の観光客と考古学者が知っている古代の都市は、点在する白っぽい石の一群である。だいたい当時のままのものもあれば、修理されて感動的な遺跡となったものもあるが、多くは土台と断片だけで、元の建物を思い描くのは難しい。このような遺跡だけを目にして、古代都市の不衛生な状態を理解するのはさらに難しい。都市では衛生設備が未発達で、通りでは動物が排泄し、屠殺も行なわれ、現代の西洋よりも人口が過密で、疫病や飢饉も日常茶飯事だった。ローマ帝国の平均寿命は二十五歳から三十歳だったようである。感染症で命を落としていた人が多いため、この値は環境によって上下し、都市部では低く、田園地帯では高かった。それでも三十五歳は超えなかったようである（今日のバングラデシュの出生時平均余命が七十歳近いことと比べればわかりやすいだろう[18]）。古代の文献記録によって最も状況が明らかになっているのはローマ市で、帝国内のどの都市よりも大きく不潔だった。これについては別途記すことにする。ペルガモンはローマ市の小型版だったが、標高が高いおかげでマラリアなどの危険はなかっただろう。

浴場は排水されず、水はしばしば見るからに汚れていた。

小便自体が生温いことを理解せず、なぜ浴場［のお湯の中］でする小便は冷たく、外でするのは温かいのかと尋ねるものが最近いた……。

（『単体薬の混合と諸力について』3.8, 11.554K）

浴場は暴力や窃盗や不道徳な性行為が繰り広げられる場でもあった。浴場での失神はよくあることで、特に釜の薪から大量に煙が出たときに多かった。住居では屋内に手洗いがなく、多くの人々は数少ない公共の便所を使うよりも通りにぶちまけていた。ギムナジウムでは、喉を潰されたり、肋骨が折れたり、肩を脱臼したりと、レスリングによる怪我が頻繁に起こった（ガレノス自身も脱臼を経験する、第5章参照）。一方でガレノスはペルガモンの泉を褒めている。その水の一部はソマから四三マイルも水道で運ばれ、煮沸してから患者に与えていた他の土地の水とは違って「臭くも、毒でも、泥っぽくも、固くも」なかった。[19]

ガレノスが最も生々しく体験した飢餓と伝染病はペルガモンでの子供時代と青年時代のものだった。医師サテュロスの教えを受けていた少年時代に、ガレノスは師とともに「アントラクス」という疫病の大流行を目撃し、「多くの罹患者で諸部分の皮膚が剝がれ落ち、ある者は肉まで剝がれ落ちていた」（『解剖指南』1.2, 2.224–25K）と記している（おそらくこの病気は感染した家畜が媒介する「炭疽（アントラクス）」の一病型の皮膚炭疽と思われる。未治療の場合の死亡率は約二〇％である）。帝国の大部分で長年続いた飢饉が農民に与えた影響についての記述は有名である。飢饉のさなかであっても、いつもと同じように良質の穀物や他の作物は都市に運ばれていた。緑の小枝・球根・草を食べざるを得なくなった農民は、潰瘍性の皮膚病、下痢、熱をはじめとするさまざまな悪性の症状に悩まされ始めた。汗はものすごい臭いで、医師が瀉血すると濃く暗い色の血液がにじみだし、傷はふさがらなかった（『食物の良質の液汁と悪質の液汁について』1,6.749K)。他の箇所では、食糧が不足すると通常はブタに与えるドングリを故郷の農民が食べたことを記録している。まずはブタを殺して食べ、それからドングリを食べていたのだ(『食物の栄養力について』2.21,6.620K)。凶作の年は小麦からドクムギを取り除かずに都市へ送ってしまい、食べた人が頭痛と皮膚の潰瘍に悩まされた(『食物の栄養力について』1.37,6.553K)。

ガレノスの見解では、食物が腸から肝臓へと運ばれるのと同じ仕方で(と彼は信じていた)食糧が静脈のような道に沿って田舎から都市へと運ばれていた(『ヒポクラテス「人間の本性について」注解』2.6,15.145K)。都市は田舎に寄生しつつ田舎を支配していた。周辺地域の唯一の消費者市場として経済的に支配するだけでなく、必要があれば税・地代として農作物を奪ったり徴用したりしたのである。それでも都市は食糧不足を免れられず、頻繁に食糧難があったことが記録からよくわかる。ほとんどの都市は穀物供給を担当する公職があり、調達に失敗すると民衆が暴徒化した。四世紀のある文法学者は、アンティオキア(現代のトルコ領アンタキヤ、当時はローマのシリア属州内)で食糧不足時に暴動が起こり、不正を告発された土地の政務官を擁護したために彼自身も石を投げつけられたことを回想している。異教徒の聖人テュアナのアポロニオスは小アジア南部のアスペンドスで、政務官が飢えた群衆に焼き殺されそうになって皇帝像にしがみついているところを助けたと言われている。プルサでは、裕福な哲学者ディオン・クリュソストモスが穀物を貯め込んでいると考えた群衆が、所有地を焼き払おうと襲った。ディオンは演説でこのときのことに触れ、「石と火」が都市の住民がよく用いる武器だと述べている。プルサでは他の土地と同じように、逼迫した都市住民はよく私刑を起こし、非日常的なことではなかった。ディオンと同時代のソフィスト、ロリアノスは、パン屋地区で暴動が起こったときにアテネの食糧供給担当を任されていたが、やはり石を投げる暴徒に襲われている[20]。

新約聖書の記述などでおなじみのように、私刑が起きるのは飢饉のときだけではなかった。エフェソスでは、銀細工師のギルドに扇動された暴徒が使徒パウロの二人の同行者をさらって劇場に引きずり込み、群衆が「偉大なるかな、エフェソス人のアルテミス」と口々に二時間にわたって叫んで脅した。「ヨハネによる福音書」には、石で打ち殺されそうになり、からくも助かった姦婦についての記述がある。アプレイウスの小説『黄金のろば』では、暴徒がある女性を魔法使いだとして石打ちでの死刑を宣告し、夫殺しを疑われた未亡人は葬式中に群衆から私刑を受けそうになっている。これらのエピソードはすべて、本筋の話のついでとして触れられたか、あるいは物語に説得力を持たせるための肉付けとして語られたが、多くは小アシア（プルサもエフェソスもペルガモンから一〇〇マイル以内の距離にある）での出来事である。皇帝トラヤヌスはプルサなどの都市があった小アシア北部のビテュニア属州を不安定すぎると見て、すべての商業組合を禁止し、消防隊さえ認めなかった。[21]

ときおりの惨事はあるものの、都市の生活は平穏だとガレノスは考えていた。ガレノスにとって田舎は未知の環境であり、農民はほとんど別の人種だった。都市の住民が田舎と切り離されていたわけではない。旅行の際は徒歩で通り抜けたし、田舎に土地も所有していた。裕福な市民はたいていそのような土地がおもな収入源であり、管理のために訪れては小作人と接していた。ガレノスの父は中年になって田舎に住居を構えて農場経営者となり、特に、多様な種類の穀物と雑草の区別の仕方を身につけていった。雑草は栽培した植物が自然に変化したものだと経験から考えていたのだった（『食物の栄養力について』1.37 6.552–53 K）。しばしばガレノスは、特に食餌や薬物についての著作で故郷周辺や他の地域の農民に触れている。地域に特有の食べ物に関心を示し、土着の薬草による薬や、都市の市場から離れた場所でその土地の薬草だけを使って患者を治療する試みについて言及している。時には農民の生活の素朴さや自給自足を賛美することもあるが、田舎を人々が動物のように生きる孤独と苦難の世界として描くこともある。農民は都市の住人が消化できない食糧を食べ、鎌による怪我やヘビに噛まれる事故に悩まされた。それを自分で治療するか、ほったらかしにしてしまう。その身体は都市の住人よりも屈強だったから（『単体薬の混合と諸力について』10.2.22,12.299K）それに合わせた薬が必要だった。都市に住むガレノスの仲間はギムナジウムで身体を動かす一方で、骨の折れる労働が農民の運動となっていた[22]。

ガレノスが考えるギリシアの文化とは、都市文化のことだった。小アシアの奥地の農村では、ギリシア語が話されてさえいなかった。二十以上の言語が使用され、南部のキリキアの山賊はその当時でも、ヒッタイトの言語であるアナトリア語派の古代語ルウィ語を使用していた。ガレノスには、ギリシア語を話さない農民や通訳を介しての会話について記載はない。しかし、彼自身何十年もローマに住んでいたにもかかわらずラテン語についてほとんど言及していなかったから、ガレノスが出会った農民がどの言語を話していたかはわからないのである[23]（ガレノスが出会った農民については、第4章で詳しく述べる）。

ペルガモン市の東側、ヘレニズム期の城壁を出てかなり離れた、ローマ時代に開発された土地のはずれにギリシアの医神アスクレピオスの神殿があった。これは紀元前二〇〇年ごろエウメネス二世の時代に建てられたもので、紀元前八八年にミトリダテスが大量虐殺を命じた日、市内のローマ人は神殿の神域に避難した。ペルガモン人はローマ人を追い、逃げ込んだ神殿で虐殺した。その結果、ローマが再征服すると神殿は聖域としての地位を一時的に失い、壊滅的な打撃を被った。なぜなら神殿は独自の管轄権を持ち、神殿に捧げられた領域内は神殿の権力が及ぶとされていたからである。ペルガモンが再び無税の都市と認められた紀元前四四年に、神殿も地位を回復し、その後はアスクレピオスがペルガモンの重要な神となり、神殿は広く知られるようになった[24]。

一二三年にはハドリアヌスがこの地を訪れている。ハドリアヌスは建築家と技術者を引き連れて旅することが多く、ギリシア文化への傾倒や建築家としての技量、ギリシア世界での大規模建築計画への寛大な支援で有名だった。ハドリアヌスのペルガモン訪問がきっかけとなり、小規模な建物がひしめき合っていたごたまぜの状態を一掃して、華麗な建物の一群が広々とした神域内に整然と並ぶように、大規模な改造計画が持ち上がった。屋根付き柱廊が、アメリカン・フットボールの競技場（一〇〇×九三メートル）のほぼ二倍の面積の領域の三辺を囲んだ。神域内の土地はならされ、北側の岩が切りひらかれ、南側には、趣向を凝らしたアーチ付きの半地下の長い前廊が設けられた。東側にはアーチつきの大門がそびえ立ち、新しいアスクレピオス神の神殿は、ハドリアヌスの建築事業のなかでも最も名高い建造物である、再建されたローマのパンテオンを小型化したものだった。ドーム型の屋根と円形で壁龕（へきがん）が設けられた内装は当時最新技術の粋であり、ペルガモンでも忠実に再現された。新たなこの施設は、劇場、図書館、二か所の便所を備えていた。ロトンダと呼ばれる半円形の壁龕を持つ円形の大型建造物は、二〇〇年ごろになってから作られたようである。一群の建物の中心には、アスクレピオス神殿をはじめとする古くからのヘレニズム的な信仰のための建物が並び、聖なる井戸や泉、夢でアスクレピオスから話しかけられて治療を授かるよう巡礼者が眠るための休息室があった。柱廊の「聖なる道」（最後の一〇〇フィートほどが現存）は都市と神域をむすんでいた[25]。

ギリシア・ローマ世界では、医学のおもな役割は治療だった。神の恩恵に感謝する碑文では、御利益として治療のことが最も多く言及され、他を圧倒する。神々のほとんどは治癒の力を有しているが、アスクレピオスは卓越した治療の神であり、アスクレピオスを祀る神殿は地中海世界のいたるところにあった。

アスクレピオスであれ、アポロンであれ、神の治療による回復を願う場を持たない国や都市は見当たらない。

（『最良の医師を見分ける方法について』1, tr. Iskandar）

土地の人向けの小さな神殿もあれば、ペルガモンの神殿のように広く遠方からの巡礼者を引き寄せるものもあった。ガレノスの時代にはペルガモンとアスクレピオスとの結びつきが強くなっていて、アスクレピオスは「ペルガモンの神」と呼ばれ、ガレノスは「祖先の神」と呼んでいる（『自著について』2, 19.18–19K;『健康を維持することについて』1.8, 6.41K）。治った人は供物を捧げた。しばしば足、耳、胸、生殖器など治った部位をかたどった素朴なテラコッタの像が神域に吊るされた。裕福な寄進者が、治療の様子を描いた飾り額などの高価な供物を奉納することもあった。これらの供物はそれぞれ治療の物語を伝え、それがアスクレピオスの力の証拠として広まった。巡礼者からの賛嘆を求めて、神官が神殿の物語を収集して石碑に刻むこともあった。このような逸話のうち最も有名で完全なのは、ギリシアのエピダウロスのもので紀元前四世紀にさかのぼるが、ローマ時代にも例があり、そのうちのひとつ、神が玉ねぎと白胡椒の食事を指示して奉納者を治してくれたという話は、ペルガモンの碑文から採られている[26]。

アスクレピオスの崇拝は理性的な医学を敵視せず、理性的な医学もアスクレピオス崇拝と対立してはいなかった。アスクレピオスは医師の神だった。伝説は、アスクレピオスがどのようにケンタウロスのケイロンから医術を学んだか語っている。多くの医師がアスクレピオスの神殿を訪れ、医療器具などを奉納した。医者の家庭ではしばしば息子を「アスクレピオスの息子」を意味する「アスクレピアデス」と名づけ、『ヒポクラテスの誓い』でもアスクレピオスに誓いを立てている。夢の中で伝えられるアスクレピオスからの指示は、入浴、嘔吐、下剤、膏薬などであり、医師の指示と変わりなかった。ただし、なかには極端な信じがたい療法もあり、その治療にまつわる伝説は、オーラル・ヒストリーにありがちな誇張や疑わしい要素が集まっている。

スミュルナのニコマコスの全身は度を越えて大きくなり、最後には動けなくなった。だがアスクレピオスは治療した。

（『病気の種類について』9,6.869K）

ガレノス自身も十代で重い病気にかかったときに、アスクレピオスによる治癒を経験した（第2章を参照）。その結果「祖先の神に仕えると宣言した」（『自著について』2,19.18–19K）のである。ときにガレノスは、医師ではなく神を頼り従おうとする患者に苛立ちを表すこともあったが、神による治療を批判したり効験を疑うことは決してなかった[27]。

ペルガモンの神殿の詳細については、アエリウス・アリスティデスの日記によって今日よく知られている。このソフィストはガレノスより少し年長の同時代人で、スミュルナ人を自認し、人生の大半をスミュルナで過ごしたが、ペルガモンに長らく滞在していた。二十六歳のときにローマを訪れて皇帝と面会しているが、この旅行は悪夢のようだった。途中で重い病気にかかり、完全に回復することはなかったからである。アリスティデスは治療を求めてアスクレピオス神殿で残りの人生を送った。神殿には友人と奴隷の他に医師の取り巻きも同行した。夢は神々が人間と交流する際の一般的な手段であり、アリスティデスが夢の中でアスクレピオスから受けた指示は、のちに記録にまとめられている。長年にわたる三十万行の膨大な記録自体は現存しないが、現存する六巻からなる演説『聖なる教え』にもアスクレピオスについての記録が残されている。たいていの場合、アリスティデスは夢の中で直接神を見ておらず、演説や看護人、養父、友人、神殿の人員、皇帝、総督、パルティアの王の形をとっていた。夢自体は平凡なものだが、アリスティデスは夢に出てくるいろいろな要素を神からの指示として解釈する。たとえば、灌漑用の溝として掘られたくぼみは嘔吐の徴だった（『聖なる教え』1.46, 50）[28]。

アリスティデスは記録の中で、大腿部のぞっとするような腫れなど長期の疾患の経過と、スミュルナで家族の多くの命を奪った疫病について詳述している（『聖なる教え』2.4）。これはガレノスが一六六年に遭遇したのと同じ疫病（本書第6章）であり、天然痘だとされている。アリスティデスはかろうじて助かった際に、養子が自分の身代わりとして死んだのだと考えた。ペルガモンに長期滞在中、神が泥で全身を覆って神聖な井戸に浸かるよう勧めてきた。非常に寒い日だったが、アリスティデスはいつもと同じように指示に従った。凍てつく天候の中、麻のトゥニカを着て井戸に浸かり、裸になると冷たい風を切って神殿の建物の間を走り回り、冬中裸足で歩き、寝るときも神殿神域の屋外で眠っていた。同行した友人や医師たちが神からの勧めに反対することもよくあったが、アスクレピオスは常に正しいのだった。アリスティデスの神への信仰は深かった。アリスティデスは夢の中でのアスクレピオスとの対話を生涯続け、ペルガモンで信徒の会に加わった。アスクレピオスに何度も救われたと考え、神には死を予見して免じる力があると信じていた。

ペルガモンは、くすねた財宝をもとに建てられた都市であり、アッタロスとアスクレピオスの都市であり、紀元前八八年の悲劇の日にローマ人住民を襲って何千人も虐殺した都市であり、その後ローマ支配下のアシアの光となってハドリアヌスに愛され、建築面であらゆる栄光を手にした。そしてペルガモンはガレノスの都市だった。

ガレノス家がいつからペルガモンに住んでいたのかはわからないが、有名な一家だったようである。父と祖父は建築家だった。技術と知的教養を高く評価していたギリシア世界では、この種の職種は恥ずかしいものではなく、ものによっては名誉ですらあった。ソフィストと同じように、建築家は高い賃金か贈り物を顧客から受けていた。しかし、ガレノスの父や祖父は、ガレノス自身のように、誇りを持って分割払いや日払いを辞退していただろう。ガレノスは患者に決して料金を請求せず、余裕がない者には薬と奴隷を提供さえしていたと記している。ガレノスを訪れる患者については第7章で記すが、ここではガレノスが現存する著作の中で、父から相続した土地財産によって働かなくとも暮らしていける身として自らを描いていることに注目したい。ガレノスはペルガモンに土地を持っていて、この地を離れた後も長らく、奴隷の労働者ごと所有し続けた。他にローマに家屋があり、南イタリアのカンパニアにも別宅があった。奴隷も家内奴隷、助手、速記者を含めて大勢いた。ガレノスは以上のすべてを、当然のこととして、特にコメントせず他のことのついでとして触れている。ガレノスの医師としての能力と名声が物質的利益をもたらしたことは疑いない。莫大な財産と権力を有する友人で、元老院議員で元執政官のフラウィウス・ボエトゥスから、妻を治療した際に受け取ったアウレウス金貨四百枚もの褒美のことを誇らしげに記しているのだ。治療によって金銭を得たことを記したのはこの一回限りだが、おそらく他にもこのようなことはあっただろう。しかし、お金を貯め込むために治療を施していると思われたらぞっとしたことだろう。ガレノスは高潔なギリシア人で、ペルガモンの一流の市民だった。ガレノスの暮らしぶりは相続で得たものだったが、技術と評判は、努力、勉強、実験、経験、あるいは競争相手よりも優位にあることを示すことで得ていた。ガレノスの職業意識の高さは、さまざまな形で先の章に登場するだろう。しかし、金銭のための労働はそこにはなかった。(29)

ガレノスは疑いなく、これらの価値観を尊敬していた父から受け継いでいた。古代末期の百科事典である『スーダ』には、ガレノスの父は名がニコンで建築家だったと書かれている。父の職業については、『苦痛の回避』という論考の中でガレノスが詳細を述べている。長らく失われたとされていたが、二〇〇七年にテッサロニケの修道院で他の写本と一緒に再発見されたこの著作の中に、他の事柄のあいまに、父と祖父が建築家であり、曽祖父も専門職に就き、幾何学者だったと書かれているのだ。曽祖父は技術者のようなものだったのかもしれないが、おそらくは測量士だったと思われる。『スーダ』に記載されている父の名前の情報は、失われたガレノスの著作が起源となっているようである。この名前が正しければ、前述のペルガモンの碑文に讃えられたガレノスの父というのはニコンということになるだろう。碑文に記されているニコンは、小規模ながら公共に奉仕し、博学で、幾何学についての風刺詩とギリシアの太陽神ヘリオスへの讃歌の作者だった。この人物がガレノスの父だというのは大いにありそうなことだが、確かではない(30)。

ガレノスは自身の幼少期についてほとんど語っていない。のちのちの出来事から逆算して生年は一二九年であることがわかっており、より根拠は薄弱ながら、たまたま残した記述によれば九月の秋分のころに生まれたらしい(31)。ガレノスが語る自らの逸話はどれも十代半ば以降のものである。兄弟やペットや乳母やお気に入りの世話係がいたのかどうか、あるいはガレノスが子供時代を思い出すとして、どんな気持ちを抱いていたのかはわからない。これは、ガレノスが私的なことや家庭生活一般については発言を差し控えていることと関係しているだろう。つまり、高等教育や友人や学友や父については言及しても、妻や妾や子供や男女の愛人や兄弟については決して語らないのである。周囲にこうした人々が存在していたが言及することに意義を見出さなかったのか、あるいは、誰もいなかったのかもしれない。特に、幼児死亡率がきわめて高い時代のこと、幼くして兄弟を亡くしたのかもしれない。また、貴族は相続人の数を抑えようとすることも多かった(ガレノスは父の財産を相続したのは自分だけだったように記している)。患者のひとりである犬儒派の哲学者テアゲネスが亡くなって友人たちだけがその死を悼んだときのことを、ガレノスは次のように記している。

身内の者はだれも悲しまなかった。なぜならテアゲネスには奴隷も息子も妻もおらず、哲学者である友人たちだけがそばにいたからである。その友人たちは悲しむだけでなく、死後の世話を適切に行なった。

（『治療法について』13.15, 10.915K）

ガレノスにとってテアゲネスの生き方は理想だった。ガレノスが垣間見せる自身の人生も、競争相手との激しい争いや闘いや男同士の付き合いに限られ、家庭的な愛着は現れない。この意味で、我々のガレノス像はきわめて公的な性格の存在である。ガレノスが言及する唯一の女性の家族は母であり、そのひどさを記した有名な一節がある。

私の母は短気で、しばしば女奴隷に噛みつき、常に父に対して金切声をあげ、クサンティッペとソクラテスのように、父と言い争っていた。父の品行方正と母の不名誉な激情を比較した私は、父のほうを信奉して愛し、母のほうは避けて憎んでいることに気がついた。

（『霊魂が受けるダメージを知り、治療することについて』8, 5.40–41K）

当然ながら、この一節だけから、暴力的で短気な母のいる問題の多い家庭で育ったことの、長期的な影響を推測するのは不適切である。ガレノスをおもに世話していたのはおそらく母ではなく、家内奴隷だったことを忘れてはならないだろう。後年の著作における（おそらく人生そのものにおける）女性の扱いの低さは、必ずしも母親の不適切な育児の結果ではない。このようなことはアエリウス・アリスティデスやリバニオスなど他のギリシア人の自伝でも見られ、ガレノスが自身の人生について語っているのが医学書の中の逸話だけで、それ以上話を広げていないという点を考慮さえすれば、似たようなものだ。

とはいえ、父との扱いの差は歴然としている。ガレノスは父について常に深い畏敬の念を込めて幾度も言及し、自分が受け継いだ父の高い道徳心や価値観を強調している。

私の父は幾何学、建築術、論理学、数学、天文学を極めていた。父を知る誰もが、すべての哲学者にも勝る、父の公正さ、良心、中庸を褒めていた。

（『食物の良質の液汁と悪質の液汁について』1,6.755K）

私の父は評判と名誉を軽蔑し、真理のみを評価するように習慣づけた……もし牛や馬や家内奴隷が死んでも、残っているものが体をいたわるのに十分でありさえすれば物資的な損失を悲しまないように、という父からの忠告を思い返すと、損失は悲嘆するほど大きくはなかった。……十分以上に財産があるなら、善行のために用いるべきだと父は言った。

（『霊魂が受けるダメージを知り、治療することについて』8,5.43–44K）

少しも短気でなく、非常に公正で、最高の、そして慈愛に満ちた父を持つという、たいへんな幸運に私は恵まれた……

（『霊魂が受けるダメージを知り、治療することについて』8,5.40K）

父は仲間の市民によって政治活動に引き入れられた。なぜなら彼らにとって父は公正で物質的富を超越し、親しみやすく、穏やかな、ただひとりの人物だったから。

(『霊魂が受けるダメージを知り、治療することについて』8,5.41K)

ここでのガレノスの父は穏健な自己抑制という、ギリシアとローマの哲学者などが信奉した道徳的理想の体現者となっている。高潔な人物とは、激しい感情をむき出しにせず、怒りにまかせて奴隷を打たず、贅沢品を欲しがったり物質的損失に悩んだりせず、情熱的な情欲を求めず(ガレノスはこれについて著作の中で言及することはほとんどない)、名声を軽蔑するのだった。

このような価値観を強調しているにもかかわらず、抑制すべきとされていた(競争心、恨み、暴力を伴うこともある怒り、特に名声のがむしゃらな追求などの)不道徳は、ガレノスの階層に特徴的だった。哲学と現実との対立は、他の箇所にも現れる。

私は奴隷を決して殴らなかった。父もそのようにしていた。また、友人が奴隷の歯を殴ってできた傷を見たときには父は友人を注意し、痙攣を起こして炎症で死んでも当然のことだと発言していた。

(『霊魂が受けるダメージを知り、治療することについて』4,5.17K)

感情を抑制することの価値が広く認められていたにもかかわらず、ガレノスの母も含めて、同時代には家内奴隷に残忍な扱いをする人が多かった。ガレノスは名誉と評判には関心がないと頻繁に称しているが、これは不正直というものだ。以下の章で見るように、名誉と評判以上にガレノスを駆り立てるものはなかった。それはガレノスの父も同じだった。

少なからぬ生徒が私に答えた。「あなたは優れた性質と父君の名誉心がもたらした驚くべき教育という点で有利だったのです。またあなたは教わることができる年齢に達していて、学びに時間を割けるだけの富を持っていたのです。そして、私たちにはそのようなものがありません」

（『治療法について』8.3, 10.560–61K）

「フィロティミア」（名誉心）はギリシア都市の貴族に特徴的な性質で、ガレノスも含めほとんどが貴族の出身である哲学者の倫理的著作では、讃えられ、批判され、分析されるという、相反する扱いを受けていた。東方に驚くべき建築物を建ててきらびやかに飾らせたのは、この名誉心だった。また、絶えることのない訴訟、怨恨、対立、内憂の原因となり、金持ちが地位と名誉をめぐって競争し、友人、家族、従者を争いに巻き込むことが、東方で頻繁に生じた小規模な暴動のきっかけにもなっていた。議論の余地はあるが、名誉心はローマの法規の基礎でさえあった。ローマ皇帝と元老院議員は仲裁者や支持者として劇的な事件にかかわり、訴訟を審理し、議論を繰返して解決し、必要かつ可能な場合は暴力をやめさせ、ときには技術者と専門技術を提供して、巨額の建築計画を大失敗から救っていた。(32)

すでに述べたように、ガレノスはいろいろな箇所で、父から相続した遺産で生活していたことを認め、そのことをほのめかしたり、自慢したりしている。その遺産のおかげで、ガレノスは知的な専門職としての生活にすべての時間を使い、報酬を蔑み、同じ階層の伝統の中にありながら高潔でいる余裕があったのである。しかし、ガレノスは最も重要な資産も父のおかげだとしている。教育である。ガレノスの父は名誉心ゆえに、すべての文化の元手として教育を子に授けることを望んだ。パイデイア（教育）こそが不動産に加えて、ガレノスが生きた排他的で過度に競争的な社会での成功を確実にしてくれたのである。ニコンは自分がそうであったように、自宅でガレノスに幾何学、数学、代数学を厳しく教え込んだ。ニコンは文法にも精通し、ガレノスに古典ギリシア語を教えた。ガレノスは生涯を通じて、幾何学、数学、論理学の知識を誇り、これらを医学にも関係づけようとしたが、それは有益なこともあれば不適切なこともあった。後年、これらの心得がなければ医師として十分ではないと主張している。また、最良の著作のひとつで十五巻にわたる『証明について』（現存しない）で幾何学的証明の諸原理を詳述し、これは多くの哲学者が提示した数々の証明よりもはるかに優れていると考えていた。[33]

ガレノスの父が最初に選んだ専門分野である哲学の教育は、かなり若いころに始まった。ガレノスによれば、息子が十四歳のころにニコンが市の政治活動に積極的に関わるようになり、教育を直接監督する暇がなくなってきた。それでも息子の哲学教師を面談して慎重に選んでいた。ガレノスはストア主義、プラトン主義、アリストテレス主義、エピクロス主義について学び、自身の知的生活を決定づけた特徴のひとつは父からの勧めだったと述べている。

私は言った。「父からのこれらの指示を守り、今日でも、どの学派の信奉者とも名乗らず、あらゆる勤勉さをもってそれらの学派を念入りに調査することを怠っていない……」

（『霊魂が受けるダメージを知り、治療することについて』8,5.43K）

経験主義者である最初の医学教師の学説をガレノスが無批判に受け入れていたなら、ガレノスの人生と西洋の医学史は異なった道をたどることになっただろう。その教師は何よりも解剖学を強く否定していたからである。しかし、ガレノスは死ぬまで、教条主義者でもなく、経験主義者でもなく、方法主義者でもないと主張していた。今日、おもな情報源としてガレノスの著作を単純化して読み込んだ結果、ギリシア・ローマ医学にはこの三つの学派があったとされている。この問題については次章で論じることにしよう。

ガレノスの記述を、入手できる他の断片的な情報や無理のない推測と合わせると、ガレノスの父について以下のような略歴が描ける。ニコンはローマ市民だったようである。そうであれば、一家の中で最初に市民権を得たのだろう。自身の父と同じく建築を職業とし、数学、幾何学、論理学、建築術の手ほどきを父と祖父から受けた。自身の階層の特質とされていたギリシア語についての学識も誇っていた。市内に家を構え、家事使用人を何人かかかえ、田舎にも土地を所有していた。結婚生活はうまくいっておらず、ガレノスはおそらくただひとりの死なずに育った子である。莫大な遺産を残し、一家の生業に関わる分野についてガレノスを自身で教え、その後の教育も細かに監督していた。中庸、自己抑制、寛大への高い評価を息子にも強く刻みつけた。ガレノスが十代半ばのとき、払うべき費用の分担を怠っていると感じた仲間からの圧力のために、ニコンは市の政治活動に積極的に関わるようになった。公職にも就いていたらしい。数年後、心理的・経済的に消耗したのか、田舎で隠居生活に入り、農場を経営した。亡くなったのはガレノスが十九歳のときで、まだ中年だったようである。当時ガレノスはペルガモンを去る前で、自身の未来に待ち受ける、驚くべき成功を予見できていなかった。

ガレノスが十四歳の時、市の公職で多忙になった父は、つきっきりで息子に関われなくなり、慎重に面談して決めた哲学教師たちに息子の教育を委ねることにした。かなりのち、一九〇年代に書かれた『霊魂が受けるダメージを知り、治療することについて』という論考の一節にはそう書かれている（第7章も参照）。教師たちは主要な哲学学派から選ばれ、みな申し分ない経歴を持ち、傑出した知的家系の出だった。ひとりはソロイのクリュシッポスの伝統を汲むストア主義者である。クリュシッポスの著作は後年のガレノスの人生に影響を与え続け、のちにローマで執筆された重要な哲学的著作のひとつ『ヒポクラテスとプラトンの教説について』の多くの論点をかたちづくった。プラトン主義者のガイウス（名前からローマ市民階層だったと考えられる。ガイウスという人物の著作は現存しないが、さまざまな文献で言及され、二世紀には著名な人物だった）の弟子も短期間ながら初期のころの教師だった。ガレノスはアスパシオスの弟子のアリストテレス主義者についても述べている。アスパシオスの著作は古代末期の哲学者ポルフュリオスとボエティウスが引用し、アリストテレス『ニコマコス倫理学』の注釈書の一部は現在にも伝わっている。前述の論考にはこのアリストテレス主義者の教師の名が挙げられていないが、おそらくローマでのガレノスの最初の患者のひとりエウデモスのことだろう（第4章も参照）。最後のひとりとしてガレノスが挙げるのはエピクロス主義者で、その経歴はほとんど記されていないが、当時も哲学教育の中心地とみなされていたアテネからやってきた人物である。他の三名の教師をガレノスは、アリストテレス主義者のひとりは長い遊学から帰ったばかりだが、みなペルガモン市民だと、おそらくは市民教育に対するプラトン主義的理想への懐旧と幾分かの自負とともに書いている。教師の名前は挙げていない。おそらく、そこそこの評判で、名前を挙げてもたいした意味がないような人物だったのだろう。もっとも、エピクロス主義者の人物を除き、彼らの教師からは知的影響を受けたことを認めている。以下で見るように、口述で伝えられることが多かった知的影響と人物の来歴は重要な問題だった。ガレノスは青年期初期から知的独立を保ち、哲学については折衷主義的だったと主張している。[1]

ガレノスは生涯を通して哲学者からの教えを求め続け、自身を医師であると同時に哲学者だとも考えていた。真の教育を受けたすべての医師は哲学者であり、ヒポクラテスも哲学者だったと、長々と論じている。論理学と倫理学に関する哲学的論考を残し、『最良の医師は哲学者でもあること』という小論も書いた。哲学者としての評判を自慢し、著作以外からもそのことがうかがえる。ガレノスは、ギリシア人が「ぺパイデウメノス」と呼ぶ教養人であり、幅広い教育を受けたこと、そして数学、幾何学、ギリシア語文法、特に学問の女王たる哲学を習得したことを誇りにしていた。[2]

自らを「イアトロス」(医師)と名乗った人たちのうち、このような教育を受けた者も、医学の伝統すべてをガレノスほど知悉している者もわずかだった。ある碑文は十七歳という若い医師を記念して作られたが、これは伝統的に(今日の中国農村部と同様に)徒弟教育が行なわれ、網羅的で教養的な知的教育ではなかったことを示唆している。イタリア、特にローマ市では、医師の多くは奴隷か解放奴隷で、金持ちの私宅内で訓練を受けていた。だがギリシア世界では、医学は立派な選ばれた専門分野と認められており、そのように考えていたのはガレノスだけではなかった。ガレノスはローマの支配者層の間で医学の名声を高めていくが、これについてはのちに述べることにする。[3]

多くの人々と同様に、ガレノスは神々が夢の中で語りかけてくると信じ、その指示に従っていた。（さらに、夢は体内の体液の不均衡の反映であり、医学的診断に有益だと考えていた。また霊魂は夢で予言を伝えるとも考えていた）。ガレノスが十六歳のときに、父がひとり息子の教育方針を変える決心したのも夢がきっかけだった。「はっきりとした夢で勧められ、父は私に哲学と一緒に医学も学ばせた」。ガレノスは詳細を語らず、どの神が父に語りかけたのかは記されていないが、読者はペルガモンでもっとも有名な神聖な存在アスクレピオスからの夢だったと思ったことだろう。[4]

こうしてガレノスの医学学習が始まった。ただし本人も「我々は医学の学習に没頭するようになり、生涯にわたって言葉ではなく行為でもって両方の学問［医学と哲学］に打ち込んだ」（『治療法について』9.4, 10.609K）と強調するように、哲学から離れたわけではない。だから、数年後にはスミュルナで医師ペロプスだけでなくプラトン主義の哲学者アルビノスのもとで学ぶ姿を見ることになる。ペルガモンでのプラトン主義者の教師と同じくアルビノスもガイウスの弟子で、ガイウスの哲学の主要な資料となったプラトン講義を出版している。[5]ガレノスは、自分は勉学に熱心に取り組んでいたと当時を振り返る一方で、他の学生は金持ちや有力者と交流して贔屓を得ることに時間をかけていたと記している。

私が医学の学習を始めたとき、私はすべての娯楽を断った……医学について熟考し反省しながら、すべての時間を医学の実践に注いだ。たいていは、古代の人々が我々に残してくれた宝を吟味するために夜も寝なかった。

（『最良の医師を見分ける方法について』9, 100–102 tr. Iskandar）

他の人々が挨拶をしながら街中を歩き、金持ちや有力者と食事しついて回っていたのに対し、我々は始終真面目に勉強し、古代の人々のあらゆる立派な発見をまず学び、次に行為を通じてそれを吟味して実践した。

（『治療法について』9.4, 10.609K）

ペルガモン時代の医学教師の幾人かは名前がわかっている。ガレノスが後年もその知的影響を認めた最も重要な人物はサテュロスで、クィントゥスという、ガレノスが生まれる数十年前にローマで治療を行なっていた名高い医師の弟子だった。サテュロスは、ペルガモン出身のローマの元老院議員である元執政官のルフィヌスのもとで、ペルガモンに三年間在住していた。明らかにこのルフィヌスは、アスクレピオス神の新しく壮麗な神殿に出資し建設を監督したルフィヌスのことだろう（第1章参照）。ひょっとするとサテュロスは、クィントゥスのもとで学んでいたときにローマでルフィヌスに出会い、随行のひとりとしてルフィヌスとともにペルガモンに戻ったのかもしれない[6]。

アエリウス・アリスティデスがアスクレピオスとの関わりを説明した『聖なる教え』でも、「医師サテュロスは当時ペルガモン在住のソフィストで、その生まれは言われているほど低くはなかった」(3.8)と記されている。この記述はガレノスがサテュロスのもとで学んでいた一四七年ごろのものである。ガレノスがアリスティデスと出会ったのは、師の仲間のひとりとしてだったかもしれない。この人物のことを、弱い身体が強い魂と結びつく典型だったと記し、「私は数人、このような人に出会った。ひとりがミュシアの人アリスティデスである」（『プラトン「ティマイオス」における医学的議論についての注解』33 Schröder）と述べている。サテュロスはアスクレピオスが指示した瀉血などという乱暴な治療法をやめるように患者に忠告し、腹部の不調には単純な膏薬を使うようにすすめた。アリスティデスはこの治療法を試したが、調子が悪くなっただけだった。アスクレピオスの夢による処方のほうは、もちろん効果があった。[7]

サテュロスの他にも、ガレノスはペルガモンで初期の教育を受けた医師について記している。そのうち、「経験主義者で、薬について経験豊富な老人のアイスクリオンは私の同郷人で教師だった」(『単体薬の混合と諸力について』11.1.34, 12.356–57K)とあり、アイスクリオンによる狂犬病の治療薬を賞賛している。その主成分はザリガニの粉だった。薬として使われるザリガニは、「犬の星」とも呼ばれたシリウスが昇って太陽が獅子宮へと移動する(七月二十二日から八月二十日ごろ)間の、月齢十八日の夏の日に集められ、赤銅製の鍋で生きたまま焼かれたものとされていた。さらに、ヒポクラテス主義者サビヌスの弟子ストラトニコスという名の教師についても言及している(『黒胆汁について』4.5.119K)。かつてこの医師は患者の肘から濃い黒色の血液を何日も抜き出して長年の脚の膿瘍を治したという。このように、ガレノスはペルガモンで複数の医師から教えを受けたが、全員の名は書き残していないようである。ガレノスが『充満について』(9, 7.558K)で討論を行なったとしている経験主義者の教師がアイスクリオンなのか、あるいはガレノスが一度だけ曖昧に言及した経験主義者の教師エピクロスなのかははっきりしない。ガレノスは別の教師に議論で恥をかかせたことについても記しているが、このプネウマ主義者(アッタレイアのアテナイオスが創始した学派で、蒸気状のプネウマの役割について特徴ある自然理論を唱えたことからその名がつけられた)の教師の名前は伝わっていない。これは十八歳のときのことで、おそらくまだペルガモンにいたころである。このプネウマ主義者をペロプスの弟子のアイフィキアノスと考えてみたくなる。ガレノスは『自著の順序について』の中でアイフィキアノスをストア主義的なヒポクラテス解釈者として言及し、別の箇所で自分の教師のひとりだとしている。プネウマ主義の学説はストア主義的要素が強いし、アイフィキアノスはサテュロスと一緒に言及されているのだ。このことはガレノスが同じ時期に両者から学んでいたことを示唆する。[8]

ガレノスが受けた医学教育のほとんどは、サテュロスらによるヒポクラテスの解説を聞くなどの知識的なもので、医学知識の継承については、また後で述べることにする。一方で、ガレノスの教育には初めから現場での実地説明と臨床経験も含まれていた。ガレノスはサテュロスに従って観察した疫病の恐るべき影響を「皮膚が剝がれ落ち、ある者は肉まで剝がれ落ちていた」（『解剖指南』1.2, 2.224–25K）と記している。ガレノスはこの疫病を「アントラクス」と呼ぶ。第1章で述べたように、これは現在炭疽菌が引き起こす皮膚炭疽として知られているものだと思われる。ガレノスが記述する症状は、抗生物質で感染症を治療する現代に見られるものよりもかなり劇的である。サテュロスは患者を使って解剖学の示説を行ない、筋肉の作用を示すため患者に動くよう指示し、動脈と神経を露わにするために筋肉をずらすこともあった。

晒されたひとつかそこらの部分を解剖したとき、［それ以前に動物で解剖を教えていたのか］サテュロスを見ていた我々のうちの何人かは、すぐにその部分を認識し、細部まで見分けた。患者にある動きをするように指示し、我々は特定の筋肉がその動きを支配していることを理解できた。ある生徒たちは見せられた部分を、盲目であるかのように認識できず、二つのうちのどちらか［の実験］を試すように強制され、剝き出しの筋肉の多くの部分を持ち上げて動かしたので、患者は不必要に苦しめられた。

（『解剖指南』1.2, 2.225K）

腐敗させる病気がときおりこの領域全体から取り巻く皮膚を剝ぎ取ってしまうので、剝き出しの静脈がはっきり見えた。特にアントラクスの疫病がアシアで起こった際に、このようなことがしばしば全身に生じた。

（『静脈と動脈の解剖について』7,2.803K）

ひどい壊死を引き起こす病気のせいで見るも無惨に苦しんでいる患者での、このような生の経験は、ガレノスにとって最初の人体解剖の体験であり、忘れがたかったにちがいない。もっとも、ガレノスは自らの研鑽への誇りと技量の劣る他の生徒への軽蔑を除けば、心の内を語っていない。この逸話は、ヒトの死体解剖がタブーとされてほとんど実施されなかった世界において、可能ならどんな手段によってでも人体解剖を観察するのが重要だと説明する、ややこしいくだりに出てくる。

この逸話から読み取れるのは、ガレノスがサテュロスのもとで動物解剖を観察しており、動物解剖はガレノスの初期に受けた教育の一部だったことである。たとえば、ガレノスの教師たちは肺の運動は筋肉が担っていることを示していた。ガレノスは若いころの動物解剖の経験についてはっきり語っていないが、（十九歳か二十歳で）ペルガモンを去る以前に、産婆のためにまとめられた最初の解剖学の論考『子宮の解剖について』を書いており、これは現存する。ガレノスは一五七年にアレクサンドリアからペルガモンに戻って、剣闘士の医師の地位をめぐって争った相手に屈辱を与えた時点で、すでに卓越した解剖の技量を身につけていた（第3章を見よ）(9)。

多くの逸話からも明らかなように、臨床の実践は最初からガレノスの医学教育の一部に組み込まれていた。だから、前述のストラトニコスが毎日患者から黒い血を抜いていたという話は、おそらくガレノス自身の観察に基づいていた。ガレノスは瀉血の指示をめぐる「私の経験主義者の教師」との議論では、教師自身による処置を目にした症例を挙げ、「あなたに瀉血されるのを私が見ていた人々」と記している（『充満について』9, 7.560K）。これら初期の経験のなかにはガレノスが生涯忘れられないものもあった。たとえば、消化器系の障害でやせ細り、見るからに助からなさそうな四十歳の男性のことを何年もたってから思い返し、『治療法について』（7.8, 10.504–6K）の第七巻で「教師たちとともに初めてある患者を見た。その男性は中年で何か月も苦しんでいたが、教師は誰もその状態を理解できず、私もそうだった」と記す。この時は、ガレノスは他の数人の医師といっしょに患者を診ており、その医師たちのことを「教師たち」と呼んでいる。また、「医師たちはその男性が入浴すべきかどうか考え、あるものは賛成し、あるものは反対し、入浴すべきだと考えた人たちの意見が勝った」とあるように、複数の医師が病気の治療について協議している。さらに「我々はみな、弱っていた腹部は治ったが、胃が冷えていたのだと判断した」という記述から、ガレノスは生徒だったにもかかわらず発言権を持っていたとわかる。

同様に、癲癇（てんかん）患者の少年の観察を、「若いころ、故郷の最良の医師たちとともに行ない、治療についてともに考えた」と書いている（『罹患した部位について』3.11, 8.94K）。この出来事が起こったのは、のちのスミュルナにいた時期である（ここでの「故郷」とはアシア属州を指している）。ガレノスが癲癇の症例を見たのはこれが初めてで、その少年の症状は重く、毎日発作が起きていた。診療に呼ばれた医師のなかにはガレノスの教師のペロプスもいて、五十年後の論考でもペロプスの診断や処方した治療を思い出して記している。

つまりガレノスの医学学習は、傍観するだけのことも多かったが、初めから臨床を経験していたのである。ゆえに、若いころに記憶喪失の患者に遭遇したことを、「私はまだ若く、教師たちがこのような症状を治療したのを見たことがなく、古代の人々の［著作の］どれでも治療法を読んだことはなかった」と記しているのだ（『罹患した部位について』3.5, 8.147K）[10]。

ガレノスの若いころの逸話は、患者の診療に参加して観察していたことだけでなく、教師たちと活発に議論を行なっていたことも示している。それは派手な、のちにローマでガレノスが行なった論争や実演を予見させる大騒ぎだったようだ。当の医師の処置を完璧に思い起こしてガレノスが列挙した詳細な症例をつきつけられ、「経験主義者の教師」は当惑した。「しかし、これらのことについて、彼は沈黙し……何と答えたものか長いこと逡巡した」。プネウマ主義者との間には疑いなく激しい対立があった。諸元素の分類の曖昧さを突いたソクラテスのような、執拗な質問攻勢に、プネウマ主義者の教師は当初は面食らって「長いこと逡巡し」、次に興奮し「怒って動揺して」、最後には敵意に満ちた激昂を抑えられなくなった。

他の生徒たちを見渡して彼は言った。この男は弁証法に上に拠って立つ、つまり疥癬(かいせん)だらけの奴で(彼がそのように言ったのだ)、あらゆるものをひっくり返して、こねくり回してごたまぜにし、ソフィストのような真似をして我々を混乱させ、自分の議論の技術をひけらかそうとしている、と。

(『ヒポクラテスによる元素について』1.6, 1.462–65K)

引用からわかるように、この出来事は他の生徒たちの前で起こっており、ガレノスと経験主義者との議論もおそらくそうだった。さらに、ガレノスと教師たちは患者のベッドの横で話し合いや議論をしていたこともわかっている。医学教育は権威から弟子への無味乾燥な知識伝達ではなく、誰もが参加する熱い対話だったのである。

ガレノスが生涯にわたって活用した薬学の専門知識を獲得したのも、ペルガモンでの青年期(「メイラキオン」。ガレノスはこの言葉を十代後半から二十代前半の男性に用いている)のことだったようである。教わったのは医師である教師（薬学概論書では、のちに教わったペロプス以外にサテュロスとアイスクリオンの名も挙げている）[11]からだけでなく、ある異国の薬の調合を知るために無名の専門家に法外な代金を支払い、「おかげで私が調合したものは、本物と区別がつかなかった」と記している（『単体薬の混合と諸力について』9.3.8, 12.216K）。ガレノスが作り方を習った薬の一覧のなかには、「ディフリュゲス」（おそらく、鉱山で副産物として産出した黄鉄鉱）、レムノスの封印土（第4章参照）、インド産のクコも含まれている。後年ガレノスは広く東地中海を旅した際に、これらの原料を一生分入手している。「このために、私はレムノスとキュプロスとパレスチナのシリアを熱心に旅して、自分のためにこれらの薬を一生分入手した」（『単体薬の混合と諸力について』9.3.8, 12.216K。この旅行については本書第4章も参照）。ガレノスは、このように高額の要求（ミストス・メガス）をする教師から、本物の薬とそっくりなものを造ることや、土地の秘伝の処方や、のちに入手に奔走することになる珍しい成分の調合の方法を学んだのだろうか。自分が調合したものがまさしく本物のように見えた、という先の記述から示唆されるのは、取引でのごまかし方を教えてくれる薬の偽造の専門家を雇ったこと、そしてその知識ゆえに本物の薬を大量に手に入れたくなったことである[12]。

哲学教育と同様に、ガレノスの医学学習も折衷主義的だった。初期の教師は経験主義者がひとりないし数人、プネウマ主義者がひとり、そしてサテュロスは、クィントゥスと同じ経験主義者的傾向を共有しながらも、これらのどの学派からも距離を置いていた（これについてはのちにふれる）。生涯にわたって、ガレノスはどの学派からも独立していることを強調していた。この知的独立は、父からの影響と助言によるものだとガレノスは述べている。父ニコンは、どの学統にもくみせず、それぞれの最良の考えを選びとるように忠告したのだった（『霊魂が受けるダメージを知り、治療することについて』8, 5.42, 43K）。「私が考えるに、ヒポクラテス主義者だとかプラクサゴラス主義者や誰かの追従者と自ら名乗る人々は奴隷である」、すなわち知的に隷属している、とずばりと言い切っている（『自著について』1, 19.13K）。ガレノスの立ち位置の取り方には絶妙なものがある。「私がどれか学派を擁護しようと選んだ際には、思いとどまるように即興の演説で私を説きふせるのは誰だろうと難しかった。なぜなら、ほかの人のように覚え書きから学んだのではなく、それぞれの学派の最も傑出した教師から学んだからである」（『罹患した部位について』3.3, 8.143–44K）。

ヘレニズム期初期から医学には激しく競い合う知的伝統があった。ガレノスは『諸学派について、初学者のために』の中で三つの学派（「ハイレシス」。ギリシア語で依存、固執を意味する）があるとし、他の著作、特に『経験主義の概要』と『治療法について』でもしばしば言及している（後者の書名「テラペウティケー・メトドゥ」は嫌悪されていた方法主義者（「メトディコス」）を模したものになっている。ガレノスが意図したのは本当の治療の方法「メトドス」である）。経験主義者は自身を認識論、つまり、いかにして知識を得るかという理論で自分たちを規定していた。ガレノスも書いているように経験主義者はこのことを重視し、よくあるような創始者から取られた呼称を嫌っていた。彼らの創始者はコスのフィリヌスで、有名な解剖学者ヘロフィロスの弟子から宗旨変えした人物だった。フィリヌスは師と袂を分かち、極端な原理に基づく自身の学派をアレクサンドリアで開いた。[13]

ギリシア語で経験を意味する「エンペイリア」を経験主義者（「エンペイリコス」）は医学知識の唯一の源泉とした。この場合の経験とは観察のことで、たいていは治療の観察だった（経験主義者の書いたものは、現存するものは断片のみで完全なものはないが、採用した方法上ほとんどは治療と特に薬に関する文書となっている）。その治療は行き当たりばったりで、偶然になされるか、医師が慎重な実験や知識に基づいて推量するか、あるいはガレノスが書くように、夢の指導を受けたのかもしれない（『諸学派について、初学者のために』2, 1.3K）。このように、経験主義の発見法とは神秘主義的傾向を帯びたものだった。アスクレピオスの夢による治療や父親が夢の中で自分自身の教育への指示を授けられたことは、ガレノスは論評を加えずに言及しているが、経験主義者に対しては批判すら行なっている。なぜなら「彼らは「考案する」複合薬のほとんどすべてを夢や幸運や偶然に任せてしまっている」からだった(『類による薬剤の調合について』1.1, 13.366K)。夏のある一日の月夜に集められたザリガニを使う、前述のアイスクリオンによる狂犬病のための魔術的治療薬も、夢のお告げといったところか。

「薬xが症状yを癒やす」が妥当な結論となるには、観察が繰り返し行なわれる必要があった。医学知識が各医師の生涯で観察したことだけに留まらないように、書物や口承を通じ他の医師の観察に基づいて結論づけることが許容されていた。このような報告をガレノスは「ヒストリア」と呼ぶ。次にこの「ヒストリア」は、特に情報の真実性、個々の治療の証拠となる情報源の数、情報源同士の一致という明確な基準によって評価されなければならない。「yに似た症状もxによって治療できるかもしれない」という単純な類推も許されていた。しかし多くの演繹的推論、特に病気の原因の理論化を、経験主義者は不適切で非現実的だとして退けた。ガレノスによれば、経験主義者は死体解剖も拒絶した。生きた人の傷を緻密に観察することが解剖学を学ぶ適切な方法だと考えていたからだが、ガレノスはこのような姿勢を激しく非難する。(14)

しかし、ガレノスの初期の教育には経験主義の方法によるものもあった。ガレノスはペルガモンで二人、三人の経験主義者のもとで学んだだけでなく、最も重要で最も尊敬した教師であるサテュロス自身が経験主義的傾向の強い学統の出だった。特に、後述するサテュロスの師クィントゥスは、ヒポクラテスの経験主義的解釈を行なった張本人だとガレノスは考えており、この解釈を「クィントゥスは、ヒポクラテスの書籍と箴言(しんげん)を誤って解釈した……クィントゥスは、これは原因を推論することなしに、経験のみによって理解されると言っているのである」と批判している(『ヒポクラテス「伝染病第一巻」注解』Proem.,

17A.6K)。ガレノスはサテュロスも経験主義的傾向が強いことを示し、クィントゥスのヒポクラテス観を最も忠実に受け継いでいるとみなした[15]。

早い段階で経験主義に触れた影響から、ガレノスは実践に根ざした医学という考えを終生念頭に置くようになった。ガレノスは生涯にわたり、「患者たちの間で実践すること」が医学の証明の最も確かな形であると折にふれて言及し、観察可能な事実と矛盾する理論に執着したり、書かれたもので読んだ学説を経験によって吟味することなしに受け入れる人々を蔑み続けた[16]。後年、次のように書いている。

私自身、実を言えば、経験主義者の医師が「どうやって知識を得たかや、特に、明らかにうまくいっているなら、効き目が出る仕組みを知ることはいかに不要か、を」語っているのを聞くたびに、私自身は彼らの意見が非常に説得力があると考え、教条主義者が立てた対論が特に真実だというわけではないとわかった。しかし、他のすべてのことと同様に、考慮なしに同意することを私は全人生を通じて常に差し控えてきた。またこれらのことについて、実際の治療で［文字通り訳せば「患者たちの間で」］、治療法のさらなる論理的証明が必要か、それとも私自身の経験と教師たちから学んだことで十分かを、長らく見極めようとしてきた。

（『罹患した部位について』3.3, 8.142–43K）

さらにガレノスは、「論証を取り上げた経験主義者のことを私は嫌悪しておらず、教条主義者の誰に対しても敵意はない」と続けている（『罹患した部位について』3.3, 8.144K）。同じく晩年に書かれた『治療法について』の後半（9.4, 10.609K）にも、「もし何かを教え、書こうとするすべての人が、これらのことをまず行為によって示せば、結局のところ誤りが語られることはほとんどない」と書かれている。

ガレノスは〔彼によれば経験主義者が発展に大きく寄与した〕脈を診る自身の技術と熱が分利する日〔変化の境目〕の見極めを、ほかの何にもまして、網羅的な観察の繰り返しと経験のおかげだとしている。つまり、経験は治療にのみ役立つのではなかった。また、産婆や競技者の訓練士も、傷と治療に関する自身の経験だけから価値ある知識を得ていると考えている。そして現代の医師のように、主張の裏付けとして個人的に見たことに言及している。たとえば「我々が見た譫妄に苦しんでいた人はみな、七日目に亡くなり、ほんの数人だけが、稀ながら長く生き延びた」というように（『ヒポクラテス「伝染病第三巻」注解』3.75, 17A.760K）[17]。

経験主義者の観察した症候や処方した治療薬は、ガレノスが理論主義者や教条主義者と呼ぶ医師たちと違わなかった。ガレノスはみな同じ治療法を用いていたと主張する。経験主義者は、教条主義者と同様に、年齢・地域・季節・職業・治療法を考慮したが、明らかにこれらの事柄を結びつける要因について理論化していなかった。経験主義の方法は、患者・症候・治療薬の効果・身体とその傷、すなわちガレノスが書くように「明らかな物事」としての現象を、鋭く観察することを何よりも強調した[18]。

ガレノスが初期に経験主義者の教育を受けたことから、著作で症例記録が大きな役割を果たしていることの説明がつくだろう。ただし他にも、ガレノスの時代にはすでに成立して五百年がたつ初期ギリシア医学書の典範で、半ば伝説化した創始者コスのヒポクラテスによるとされた『ヒポクラテス集成』など、古代の医学の著作にも同じことが認められる。七巻からなるヒポクラテス『伝染病』はほぼ全体が症例記録からなっている。ガレノスは、瀉血の処置について経験主義者の教師と議論したり、『経験主義の概要』でエレファンティアシスの治療としてヘビ毒の効きめをどのように確かめたかを説明したりする際に、自身や教師の経験から複数の症例を持ち出し、民間伝承に起源がある話まで引き合いに出している。他の箇所では見られないが、これは、症例の語りを証拠として使用する経験主義の学統を反映している可能性が高い[19]。ガレノスの話のなかには、自身が初めて使ったか発見した治療法のうち、さらなるテストによって効能が明らかになったものもある。効きめをテストするという方法は経験主義者の知識論を反映しているが、どの治療法を試すか決めるにあたっては、厳密な経験主義の教義では認められない思考法も用いている。たとえば、本書冒頭の「石灰の石」の患者を腐ったチーズで奇跡的に治した逸話の最後には、「我々自身の思いつき［エピノイア］から気づいたこのことは、経験によって確かめられた」と書かれている。他の逸話にも、経験主義に負う部分が大きかったことと、特に治療薬のテストをくり返し行なうことを評価していたことを反映した、難解な認識論的言明が記されている。

だがここで、この種のある患者の話をしよう。この患者に対して私は、理性に導かれて初めて「方法主義者の治療法である」三日間療法の医師たちを無視し、［患者の］強さをあてにすることにした。のちに似たような他の人たちを診て、［私が治療した］その人と同じ仕方で治療する自信をもった。なぜなら、最初の試みの際に、指示［「エンデイクシス」という経験主義の教条では禁止されていた推論形式］によって［新規に］判明したこれらのことが確認されたので、二回目も使用しようというより強い確信を人々に抱かせたからである。

（『治療法について』10.3, 10.671K）

このように、現在の症例記録の起源は古代にさかのぼり、古代でも臨床経験から得られた知識を文字にするという、現代とほぼ同じ機能を担っていたのである[20]。

ガレノスは、教条主義者あるいは理論主義者と呼ばれる医学の学派および方法主義者を、経験主義者と対比させている。「理論主義者」あるいは「教条主義者」という呼び名は、おもに経験主義者に対立してのもので、因果関係や演繹的推論の伝統的な理論を用いるすべての学派を指している。そしてこの呼び名は、自らや互いをひとつの学派（ハイレシス）と呼ぶこともある、複数の競合関係にある重要な学統をひとまとめにしてしまった曖昧な言葉である。

ガレノスは、父の忠告を胸に留め、自身がどれかの学派の信奉者だとは考えていなかった。ただしガレノスが完全に経験主義者的観点を排除していたなら、ある種の「理論主義者」とみなされていたはずだった。実際、演繹的推論を使用し、身体の性質と病気の原因論について多くの理論主義者の理論を受けていれていた。ガレノスがどの学派からも自由だと自認していたのは、経験主義者の原則に共感を持ち続けていたからか、あるいは、自分の思考において根本的で複雑な役割を果たしたヒポクラテス以外の、ほぼすべての先行者の著作に対し、きわめて批判的な態度を取っていたことにあるだろう。

すでに述べたように、ガレノスは方法主義者と呼ばれる第三の学派も区別している。ガレノスは方法主義者を非常に強い言葉で否定し、生涯その調子が和らぐことはなかった。方法主義者は経験主義の認識論を否定する。なぜなら方法主義者はデモクリトスの原子論に基づいた病気の理論を前提としていたからである。その考えによれば、物体は原子と孔からなり、すべての病気は（原子が互いに緊密に圧迫される）圧縮か、（原子が分散しすぎる）流出か、あるいはこの二つの組み合わせから生じる。極端な還元主義という点で方法主義者は他の学派と異なり、（ガレノスの主張によれば）解剖学と他の多くの医学の学統における研究を否定した。方法主義者の考えでは、医術は六か月で習得できるのだった。

方法主義学派は紀元前一世紀に、テミソンという謎の人物が創始し、ネロの治世下でトラレスのテッサロスという教祖的人物によって名が広まった。テッサロスは（ガレノスが引用した）皇帝への有名な手紙を書き、その中でそれ以前のすべての医学の著作家を無価値だとこき下ろし、アッピア街道を飾る墓石に自身を医師の最優秀者と刻んだ。[21] ガレノスの時代にも方法主義は大いに人を惹きつけ、少なくとも貴族階層の間では当時支配的な学派だったかもしれない。ガレノスの話には、当時の最も有名な医師を含む、方法主義者の医師を相手どった勝利が数多く登場する。皇族のアンニア・ファウスティナは方法主義者の側近を旅行に従え、皇帝の子コンモドゥスを治療中のガレノスに対面させている。ガレノスよりも若い、二世紀の医師のなかで最も著名なうちのひとり、『婦人科論』を書いたエフェソスのソラノスも方法主義者である。その著作はガレノス以外の二世紀の医師としては例外的に後世に伝わり、『急性病と慢性病について』という論考は五世紀のカエリウス・アウレリアヌスによるラテン語訳も伝わっているが、遺失した著作も多い[22]。

ガレノスはテッサロスを、無学で、下級のニセ医者で、織工の息子で家内奴隷と職人の訓練者だと嘲り、この学派とその創始者とみなしている人物にさんざん悪口を浴びせている。同時代の方法主義者のライバルは、無能で、「非方法的」で、「テッサロスのロバ」だとしていた[23]。特にガレノスが馬鹿にしたのは、当時大いに流行していたらしい、三日を一単位とする方法主義者の治療法（特に熱の上がりはじめの三日間の絶食）である。しかし、ガレノスの批判の極端な口調が明らかにしているのは、方法主義者が有力な競争相手で、ガレノスの知的影響が勝利していく過程でおそらく多少の困難に遭ったということだけだ。

医学を経験主義者、教条主義者、方法主義者の学統に三分割するのはガレノスが始めたことではなく、それ以前のラテン語の医学著述家ケルススにも見られる。しかし、先の教条主義の議論に見られるように、このような分割は複雑な知的伝統を過度に単純化している。経験主義や方法主義の内部にも、独立した競合する学統があったのだ。ガレノスはしばしば競争相手の医師を、経験主義者や教条主義者や方法主義者ではなく、創始者の名で区別される特定の学統の信奉者とみなしている。たとえば、アスクレピアデス主義者はアスクレピアデスを信奉し、原子論的な自然学を採用して方法主義の成立に影響を与えたが、自身を方法主義者だとは考えていなかった。エラシストラトス主義者は動脈には血液ではなく空気（プネウマ）が含まれていると考えて瀉血を避けたが、その立場をガレノスは批判している[24]。

経験主義者は病気と身体について、推定による仮定を受け入れることを拒んだ。しかし、すでに述べたように、経験主義者は理論主義者と同じ治療法を用い、同じ要因からの多くの事柄を結びつきがあるものとみなしているとガレノスは主張する。しかし、原子の圧縮と流出に基づく方法主義者の病気の理論は、それまで長い伝統のあった考えから大胆に逸脱していた。最初期のギリシアの医学テキストである『ヒポクラテス集成』の中の論考では共通して（必ずしも明確ではないが）身体の体液理論および外界との関連を想定している。身体の根源的な液である体液は、ガレノスの時代にはすでにかなり古くさい概念だった。ヒポクラテスの『人間の本性について』は体液理論を最も明晰・明確に記述している（ただし、他の『ヒポクラテス集成』の著者は二、三種の根源的な体液を想定しており、必ずしも首尾一貫してはいない）。『人間の本性について』は包括的で図式的な観点に立ち、体液の数は四以上でも四以下でもないと考える。他のヒポクラテスのテキストには現れない新しい体液が、おそらく基準として使われることの多かった四という数字に合わせるために加えられている。これが黒胆汁である。他の三つの体液、血液、粘液、黄胆汁は、すべて人体の基本的な構成要素で、健康はこれらの体液固有の均衡にかかっていた。四体液に四つの基本的性質である熱、冷、乾、湿が関係づけられ、四季と人生の四つの段階の各々が、これらの組み合わせに対応していた。

ガレノスはこの論考に特に心惹かれ、アリストテレスがはっきりとヒポクラテスの養子のポリュボスに帰していたにもかかわらず、ヒポクラテス本人による著作だと信じた。そして生涯で『人間の本性について』の注釈書を二つ書いている。一点目は『ヒポクラテスによる元素について』と題し、二番目は単に『ヒポクラテスの「人間の本性について」について』として伝わっている。ガレノスはヒポクラテスの論考における図式を拡張し、（単純化しすぎだと受け取られかねないが）四体液を四元素の火、土、空気、水と関係づけた。四元素は紀元前五世紀の神秘主義的な哲学者エンペドクレスが最初に唱えた自然学の理論である。ガレノスは「混合」（「中庸」とも言われる）という考えも創案したようで、それによれば、粘液を除く各体液がプシュケー（霊魂）の状態や性質に影響を与えるとされていた。ガレノスは『混合について』という独立した論考も書き、体液の混合だけでなく、熱、冷、乾、湿の四性質の混合やそれらの身体と霊魂での顕現を強調する。ガレノスの考えでは九種類の混合がありえた。四性質のそれぞれが支配的な四種、四性質のうちの二つの可能な組み合わせ（熱・乾、熱・湿、冷・乾、冷・湿）が支配的な四種、すべてが等しく均衡が取れている理想的な混合、の計九種である。なお、中世ヨーロッパで一般に広がった、四体液と関連づけた四つの主要な混合の状態（粘液質、血液質、黄胆汁質、黒胆汁質）の理論はガレノスの著作には見られず、のちに発展した理論である[25]。

特定の学派を信奉することを避けていたにもかかわらず、ガレノスはクィントゥスの知的後継者であることを誇りにした。クィントゥスはハドリアヌス時代にローマで診療を行なっていた傑出した医師で、「当時の最良の医師」だった。ガレノスにとってクィントゥスは父世代にあたり、医学学習を始める少し前に亡くなっていたが、手間も金も惜しまずガレノスはその教えを受けた人たちを探し出し、できる限り多くの人から学んだ。ただしリュコスを探すことだけは潔しとせず、のちに凡庸な医師だと述べている。クィントゥスというローマ風の名前は、本人か先祖の誰かがローマ市民と認められたことを反映しているが、民族的背景はギリシア人であり、ガレノスはペルガモンの同胞と呼んでいる。この傑出した先人に倣ってガレノスは、自分はペルガモンで名を上げたのちにローマへ移ったのだと考えるようになったようである[26]。

クィントゥスは特に解剖学者として名を馳せていた。ガレノスのある実演に参加した敵対的な聴衆は、クィントゥスを「解剖学の第一人者」と呼び（『自著について』2,19.22K）、ガレノスは『解剖指南』で（傑出した先人が生きたヤギの陰嚢を解剖した、などの逸話で）何度かクィントゥスに言及している。クィントゥスの師はマリノスである。マリノスの著作は、一七〇年代にリュコスによる同じくらいの長さ（十九巻）の著作およびガレノス自身の大著『身体諸部分の用途について』と『解剖指南』が現れるまでは、ガレノスが教育を受けていた当時入手可能な本のうちで、ガレノスの知る限り最も網羅的なものだった。マリノスの網羅的な著作は二十巻からなり、ガレノスはその梗概を四巻にまとめて出版した（マリノスの原本もガレノスの梗概も現存しないが、『自著について』の第4章で梗概の内容を長めに要約している。同じ章には、競合相手の著作を無視したと責められないように、リュコスのより劣った論考の梗概も、二巻だけだが書いた、とも記している）。ガレノスは、その当時に解剖の術を復活させた人物としてマリノスを評価し、著作を基本文献だと考えていたが、誤りが多いことも発見し、ローマで解剖を実演した際にそれを聴衆の前で示したのである。しかし、マリノスについてガレノスが残した批評にも、先人への敬意に満ちた賞賛が混ざっている[27]（のちのルネサンス期に、世代を超えたガレノスの知的後継者であるヴェサリウスが解剖学者としての成功を築く上で、ガレノスの著作が果たした役割は、ほぼガレノスにとってのマリノスの著作と同じである。本書終章を見よ）。

しかし、ガレノス自身やガレノスが学んだ他のすべての医師と同じく、クィントゥスも単なる解剖学の専門家ではなかった。ヒポクラテスのテキスト批判や薬物学やおそらく他の科目も教え、医学の実践者でもあったのである。ガレノスが紹介する逸話によると、クィントゥスは活発でがさつな人物で、患者からはワインの匂いを漂わせていると苦情が出、競争相手の陰謀で患者を殺したという訴えを起こされ逃げるはめになっている[28]。

クィントゥスはわずかな著作しか残さなかった。ガレノスはクィントゥスの弟子を通じて、この人物によるヒポクラテスについての見解を学び、「我々は最初サテュロスによるクィントゥスの説明を聞き、のちにリュコスによる説明も読んだ」と記している（『自著の順序について』3,19.58K）。最も名声が高かった分野である解剖学に関してもクィントゥスはまったく書き残していない。ガレノスはサテュロスの記憶していたクィントゥスの解剖知見が最も信頼できると考えた。また、サテュロス自身も解剖学の著作を残している[29]。

クィントゥスの一番有名な弟子で、ガレノスが（以下で述べるように）その教えを乞うたヌミシアノスもほとんど著作が残らなかった。ヌミシアノスは多作だったが、息子のヘラクリアノスが受け継いだ父の著作に嫉妬して、流布を許さなかったのだった。父の著作を死に際に燃やしてしまったとさえ言われている。ガレノスはヌミシアノスの著作見たさに、ヘラクリアノスのアレクサンドリア滞在時に頼み込んだものの、叶わなかった。ガレノスの教師だったペロプスもヌミシアノスの弟子で、師の著作を隠し持っていた。ペロプスがヌミシアノスの見解を自分の手柄にしようとしたと、ガレノスは非難している。ペロプス自身の著作は火災でほとんどが失われてしまったようだが、学生のために著した著作のいくつかは出回っていた[30]。

ガレノスは自身や自分の師のことを「クィントゥス門下」とは記さず、競合する学派との相違点となるようなクィントゥス固有のまとまった教義を特定していない。さらに、先人に対して盲目的な忠誠を誓うことはなく、誤りを犯した先人よりも自分のほうが優れていると何度も主張する[31]。それでもガレノスにとって自らの知的系譜は重要で、近年の最も著名な解剖学者である偉大なクィントゥスの孫弟子・曾孫弟子であるとわざわざ名乗っている。それだけでなく、クィントゥス、ヌミシアノス、ペロプスの医学の知見と発見は教師から生徒への秘伝であり、自分がある種の秘儀とされていた知識体系を受け継いだと示唆しているのだ。どの学派も信奉しないというガレノスの主張は、この点では限定つきのものだった。

医学書がこの時代には膨大に蓄積されていて、疑いなくガレノスは、それに精通していることが職業上の能力の土台をなしていると考えていたことだろう。『ヒポクラテス集成』（詳しくは以下を参照）以外にも、ディオクレス、プレイストニクス、ピュロティムス、プラクサゴラス、ディエウケス、ヘロフィロス、エラシストラトス、アスクレピアデスなどによる多くの古代の著作を勧めている。これらの著作のあるものは完全に失われてしまい、他も断片のみが残され（特に紀元前四世紀に著作を書いたカリュストスのディオクレス、紀元前三世紀アレクサンドリアのエラシストラトスとヘロフィロス、紀元前一世紀ビテュニアのアスクレピアデス）、おもにガレノスの著作内での引用の形で伝わっている。しかし、ガレノスは教養あるすべての医師はこれらの著作を習得しているべきだと考えていた。ガレノス自身、先人の著作に関する自身の知識を常に誇りとし、論考によってはかなりの部分が（多くの場合は批判だが）先行する医学著作家の議論を詳細に分析することに割かれている。一九二年の大火によって貴重な所有物の多くが失われたが、ガレノスが最も嘆いたのは、自身の著作ではなく書き込みや注釈を加えた古代の著作家の貴重な写本を失ったことだった。ガレノスが学んで実践した医学は、少なくとも部分的にはテキスト主体の分野で、医学教育はガレノスの時代まで、書物として伝わる広範で網羅的な古くからの伝統に部分的に依存していた[32]。

ガレノスが学習のために名を挙げて推薦する著者の多くは、数世紀前の人物で、最新の文献のみに価値を認めるという現代の習慣は、この時代にはまだ広まっていなかったことを示している。ある意味、逆に古いものこそが正しかったのである。もっとも、解剖学上の発見は先人の発見の上に積み重ねていくものだと捉えていたガレノスに（第5章を参照）、医学の進歩という意識があったことは明らかではある。それでも、ヒポクラテスに帰される最古の著作群は医学教育において最も特別な存在だった。ヒポクラテスについての解釈はガレノスの時代にはすでに長い歴史があった。ガレノスは明らかに師のサテュロスを含めた、自分の教師たち「クィントゥスとその生徒」を平凡なヒポクラテス解釈者とみなしていた（「彼らはヒポクラテスの精神を正確にわかっていなかった」『自著の順序について』3, 19.57–58K）。リュコスについては見下してあからさまに批判しているのに対し、クィントゥスの他の生徒のヌミシアノス、またヌミシアノスの生徒でガレノスの師でもあるペロプスの両者によるヒポクラテスへの注釈は勧めている。ペロプスは、ガレノスの他の箇所での言及によれば、ヒポクラテスへの入門書を少なくとも三冊書いた。ペルガモンでの教師のひとりストラトニコスは、ヒポクラテス主義者サビヌスの弟子で、ガレノスが知るかぎり最も包括的なヒポクラテスへの注釈者を書いている[33]。

ヒポクラテスとヒポクラテスへの注釈書は、ガレノスおよび当時の一般の医学教育の根幹をなしていた。重要な医学著作家はほぼ全員がヒポクラテスへの注釈書を書いており、ガレノスは自身の注釈書で多くの先行者の解釈を引用している。そのうちの最も古いものは、少なくとも知られている限り最古のヒポクラテス注釈者である紀元前三世紀のヘロフィロスにまでさかのぼる。ガレノスはヒポクラテス自筆の全著作の注釈書を死ぬまでに出したいと望んでいた（『自著の順序について』3, 19.57K）。

現存するガレノスの著作は、二千五百か所以上でヒポクラテスに言及している[34]。ガレノスと『ヒポクラテス集成』との関係を十分に論じれば、それだけで一冊の本となってしまうだろう。のちのルネサンスの科学者はガレノスを、ヒポクラテスの見解の単なる伝達者だと批判したが、これは正しくない。ガレノスによる『ヒポクラテス集成』の扱い方はもっと複雑なものである。初期キリスト教の解釈学者が聖書のテキストを詳しく補足し、解釈に合わせてその意味を変えていったように、ガレノスはヒポクラテスを扱った。ガレノスの著作における真のヒポクラテスとは、簡潔であり、ときには謎めいたところがあっても、事実上無謬（むびゅう）の存在だった。とはいえ、『ヒポクラテス集成』として伝わった著作のすべてがヒポクラテスの真筆だとはガレノスは考えていない。現代の研究者も、仮にヒポクラテス自身による著作があるとして、それがどれなのか特定できていない[35]。

前世紀の有名な医師としてプラトンにも知られていたヒポクラテスは、謎に包まれた人物である。その名声ゆえに民話、偽書に登場し、死後数世紀にわたって伝記が書かれていたが、信頼できる情報はわずかだ。このギリシア医学の開祖は紀元前五世紀後半にコス島に住んでいたと言われ、その名を冠した『ヒポクラテス集成』はギリシアの最初期の医学書である。しかし、古代の注釈者は『集成』の論考間での矛盾や不一致に気がついており、長らく複数の著者と、対立しあう諸学派の存在を仮定していた(証拠はないが、コス島近くのクニドス島で敵対する学派が起こったという古代の見解が、現在も広く受け入れられている)。ヒポクラテスの論考のいくつかは古代でも近代でも強い影響力を持ち、たとえば癲癇の発作を詳述し、神の不興ではなく脳内の粘液の閉塞が原因だと論じる『神聖病について』の影響は近代まで続いた。気候・健康・人種の関係を論じた『空気、水、場所について』もそうで、この著作でなされたスキタイ人やエジプト人や他の人種とギリシア人との比較は、(ヒポクラテス主義者の著者が北ヨーロッパの白人を、アジア人やアフリカ人同様自分たちと異なり劣っていると考えていたにもかかわらず)、帝国主義と植民地主義の時代の数世紀にわたって共感を呼んでいた。『ヒポクラテスの誓い』は倫理の申し立てであり、途中に用いられない時期をはさみながらも、長く医学の専門職の規範として用いられ続けた。元々のものと内容が大きく変わっているが、現代版の「誓い」が今日も多くの西洋諸国、特にアメリカで用いられている。規範となった『誓い』は、手ほどきを受けた師と師の家族への長い恩義の言葉で始まり、外科手技をせず、(奴隷、自由人を問わず)患者の身内の男女と性的交渉をもたないこと、患者から求められても致死薬を投与しないこと、有名な、女性へ堕胎薬を投与することの禁止を謳っている。その多くはガレノスの時代でも時代遅れになっていた[36]。

ガレノスはいかなる学派・個人への信奉も拒絶し、他の医師のように「ヒポクラテス主義者」とは名乗らなかった。それでも、『ヒポクラテス集成』の知識は医学の専門知識の基礎だと考えていた。ガレノスは、長い医学書著述の伝統のほぼすべての権威に対して、偶像と化したプラトンとアリストテレスや自身の教師も含め、少なくともある程度の批判を行ない、時には冊子にして数百ページ分にわたる率直な反論を浴びせる。しかしヒポクラテスは例外で、著作の中で攻撃することは稀である。『最良の医師は哲学者でもあること』の中で、ガレノスは（ガレノスが考える）ヒポクラテスの生涯、教育、倫理を理想像として持ち上げている。

ガレノスやその他の書籍がヒポクラテスを最初の教条主義者とする一方で、経験主義者も他のテキストを用いて自派の開祖だと主張する。先述のように、ガレノスは初期の教師たちからこのような経験主義者的なヒポクラテスについて学んだ。方法主義者だけがヒポクラテスを他の権威と同列に扱い、有益なものは受け入れるが、医学に対する硬直した時代遅れの取り組みに典型的だとみなした誤りは容赦なく攻撃した。並よりも劣るクィントゥスの弟子リュコスや方法主義者のユリアノスらに対してガレノスが行なった批判のひとつは、ヒポクラテスへの批判的な解釈を著したこと、もしくはガレノスがみなしたように、古代の医師の見解への攻撃を本にしたことにあった（リュコスとユリアノスはヒポクラテス『箴言』への注釈書を書き、ガレノスはそれらへの論駁書を著した）。その理論が不適切だったのではなく、ヒポクラテスの批判者は単に無知で誤っていたのだった。

> リュコスや、ヒポクラテスへの反論を書こうと望むすべての人が非難されるべきなのではない。それ以上に非難にあたらないのは、彼に対する不当な非難を覆すことができた者である……また、特に、非難する者が「ヒポクラテスによって」言われたことを敢えて最初に学んでいた場合と、擁護

を唱える者が古代の教義に沿って教育されてきた場合である。

（『リュコスへの反駁』1,18B.196K）

もちろん、この引用箇所の後の部分で明らかにしていったように、リュコスは教養ある非難者の基準には達していなかった[37]。

このように、書物となった医学の伝統とガレノスとの関係は入り組んでいた。最初期の根源的な著作に医学の真実があるとされ、優れた医師は『ヒポクラテス集成』を完全に理解して、（ガレノスの師の多くが注釈書を出しているように）注釈を施し、患者の傍らにいるときも、その中のどの部分だろうと思い出して引用できることが求められた。

私が到着して若者の顔を見ると、ヒポクラテスがかつて『予後』で記述した類の顔、つまり「鋭い鼻、窪んだ目」をしていて、それ以外の点も、知ってのように、続けて彼が記したものだった……

（『治療法について』10.3,10.673–74K）

あるいは、ローマ市内の通りで口頭でやりあうこともある。

彼［ローマのエラシストラトス主義の傑出した医師マルティアヌスのこと。ガレノスによる哲学者エウデモスの治療に居合わせていた］はサンダリアリオンへ下っていく途中に私と出くわし、いつものように私に挨拶することなくいきなり、ヒポクラテスの『予言』の二巻に通じているのか、それともまったく知らないのかと尋ねてきた。そして、よく知っており、ヒポクラテスの真筆ではないと言う医師たちは正しいと思う、と私が言うのを聞くと、それならば「私はこれらのことについていかなる予言もできない」とその中で述べられていることをご存知か、と彼は言った。

（『予後判断について』4, 14.620K）

ここでガレノスはライバルが自慢げにこれでもかと並べた著作を偽書だとして退け、自身がヒポクラテスのテキスト批判の専門家であることを誇示している。

このように、ガレノスは先人の著作を学んで、それに精通するようになった。ときには、学識を公衆の面前で披露した。解剖学書を書き上げて公表した際に、数十の巻物を積み上げ、先人の見解よりも自らの見解が優れていることを示すために動物の解剖を実演してみせると主張したように。ガレノスは自身の生徒のために教科書となる著作も書いた。そのような論考の書名には「初学者のために」と付され、最初に読むように勧めている。[38]ただしこれらの著作は単独ではなく、実地の経験と併せて使われることを意図していた。解剖に関する論考は、実地の解剖の手引きだった。ガレノスは、何度も観察した部分でないと見分けるのは難しく、読んでばかりの者は初めて見るものを認識するのは難しいだろう、とこんなふうに述べている（『解剖指南』1.2, 2.223–24K）。

教師に示されて身体の諸部分を見たことがある者のうち、一度か二度しか見たことがないものを正確に思い出せる者はおらず、何度も見る必要がある。

（『類による薬剤の調合について』3.2, 13.608K）

解剖に関する論考は最近使われるようになったもので、もともと不要だったとガレノスは記している。

想像では、古代の医師は子供時代に解剖を学び、紀元前四世紀半ばのディオクレスによって最初に作られた「覚え書き」のような本は必要なかった。ガレノスはこの「覚え書き」(ヒュポムネマタ)という言葉を自身の多くの解剖学書に対して用いている[39]。解剖学書を書く伝統は、医学の近年の衰退とガレノスが見なしていた状況に対する、一種の歩み寄りの結果だった。医学教育においては、解剖についての論考だけでなく、書き下された書籍自体が一般に補足的なものだったのである。

> 最良の教授法は、生の声による教授であり、……舵取りも、どの技芸の職人も、本から学ぶことはできない。これら[の本]は、すでに学んだ人々のための覚え書きであり、無知な者にすべてを教授するものではない。
>
> (『食物の栄養力について』1.1, 6.480K)

> さまざまな実践なしで方法を学んだだけでは、よく訓練された生徒を生み出すことはできない。
>
> (『罹患した部位について』2.10, 8.123K)

文献に対するガレノスの学識は現代の研究者からも高く評価されている。それでいてこのように、ガレノスが受けた医学教育の大部分は実践的でもあった。たとえば、教師とともに患者を診て治療することもあり、生涯にわたってこのときの経験を活用した。動物解剖に立ち会い、自ら執刀し、薬剤を調合していた。ローマでは、自分の生徒も同じ方法で教育することになる。教師の権威に受動的に従うどころか、ガレノスは教師と精力的に議論した。その傲慢な態度やときおり見せるあからさまな軽蔑は厄介だったに違いない。「青年にすぎなかったが、私は教師の多くを見下していた」(『霊魂が受けるダメージを知り、治療することについて』3,5.70K)。

ペルガモンでのガレノスの青年期後半はきわめて重要な転換期で、そのことは『食物の良質の液汁と悪質の液汁について』の逸話に示されている。当時、ガレノスの父はもう市内には住んでおらず、おそらく、数年前に引き受けた(十代の息子を自ら指導できなくなる原因となった)市民としての責務のために消耗し、経済的にも枯渇し、農場経営者として田舎に住むようになっていた。ガレノスは勉学のために市内に残った。「私は仲間のどの生徒よりも学習を進め、毎日、昼どころか夜も学んだ」。親の直接の監督下を離れた晩夏の暑い日に、友人たちと生の果物を貪った(生の果物は不健康だとガレノスは考えていた。いずれにしろ特定の季節にしか手に入らない生の果物は、火を通したり、乾燥させたり、酢漬けにしたりした果物ほど一般には食べられていなかった)。秋になってガレノスはひどく体調をくずした。同じ出来事に言及している他の箇所での記述によれば、腹部の刺すような痛みと透明な粘液性の便、譫妄を伴う高熱のために存在しないはずの藁や羊毛を掻き集めようとするなどの症状が現れた。現在の医学用語では、最後のこの動きのことを撮空模床(carphology あるいは floccillation)といい、危険な徴候とされている。生の果物を決して許さなかったガレノスの父は市内に戻り、長く続けてきた食習慣を仲間からの圧力に屈して変えたことを叱責した。疑いなく、愛するひとり息子が危険な状態に陥ったことに驚愕し、翌年は自らガレノスの生活を監督した。その後、ガレノスが十九歳のときに父親は亡くなった。[40]

静脈からの瀉血をしたことでガレノスの症状は和らいだが、長くは続かなかった。「子供のころも、思春期も、青年時代も、少しも病気にかからなかったり、取るに足らない病気で済んだりしたことはなかった」と『健康を維持することについて』(5.1,6.308–9K)で記すように、ガレノスは幼少期から特に健康だったことはなかった。別の一節では、若いころに三日熱に四度罹り、「カウソス」と呼ばれるひどい熱病に一度罹った（『震え、動悸、痙攣、硬直について』7, 7.638K）。十八歳のときに罹った疾患を、ある現代の研究では仮にアメーバ赤痢ではないかと診断している。アメーバ赤痢は放置すると何年も症状が続いて肝臓に膿瘍が生じ、今日でも世界中で多くの人の死因となっている。父の死の翌年にガレノスの症状が再発した。今回も、再び監督下を離れて前年の夏と同じ果物を大量に貪ったあげくのことだった。この症状は二十七歳までほぼ毎年繰り返し現れ、二十七歳のときは特に重篤で「肝臓が横隔膜に接する場所に膿瘍ができたのではないかという危機に見舞われた」。アレクサンドリアに滞在していた時のことである。この話の続きはまた後で述べることにしよう(41)。

ここでも現存するどの著作でも、ガレノスは父の死について何も語っていない。しかし、父について書くときは常に愛と畏敬の念が込められており、その死はガレノスに深い影響を与えたに違いない。『食物の良質の液汁と悪質の液汁について』で若いころに犯した食生活の失敗を自省する激しさは、喪失感ゆえで説明がつく。ペルガモンを離れて広い世界での教育を求めようと決心させたのも、これが影響しているかもしれない。ペルガモンを出たのは父の死から間もなくだったからだ。正確な時期はわからないが、スミュルナで次の教師ペロプスの下で学んだときは、すでに青年期（メイラキオン）だった(42)。おそらく、父の財産を相続し、知識と専門職としての成長をより自由に追い求めるようになっていた。ガレノスは自身が特別な学徒だと自覚し、伝説のクィントゥスの生徒をすべて突き止めて教えを受けるという企てを心に抱いていたようである。おそらく、いずれは第二のクィントゥスとなろうと考えていたのだろう。

ペロプスとはすでに面識があった。医学は経験からのみ知ることができると主張する、フィリッポスという経験主義者とペロプスが、医学における知識について討論しているところを見たことがあったのである。のちにガレノスは、初期の著作のひとつとしてこの討論をまとめた。『医学の経験について』

ということの論考はギリシア語原典が現存せず、アラビア語訳のみが伝わっている。前述の『子宮の解剖について』および失われた『目の病気の診断について』とともに、ペルガモンに残してきた若書きの著作である。これらの論考はガレノスがいない間に出回り、およそ二十年後に最初のローマ滞在から戻ってきたらまた出くわしたのだった。ペルガモンでの教師サテュロスとペロプスによる討論についてもガレノスは記述しており、サテュロスの生徒だったときに目撃したのだろう。やはり知識を問題にしていて、血液が何であるかを多くの人が知らない、とサテュロスは懐疑的に論じていた[43]（言葉とその意味を扱う論考だった）。

いずれにせよ、一四八年の父の死からしばらくしてガレノスはペルガモンを離れスミュルナに遊学した。前述のように、おもな目的は「サテュロスに続いて二番目の教師ペロプス」のもとで学ぶことであり、その後一五七年までペルガモンに戻っていない。ペロプスは、クィントゥスの傑出した弟子ヌミシアノスの最も優れた弟子だった。のちにガレノスはヌミシアノスを教師として探そうとした。ペロプスのもとでのガレノスの学習については、ガレノスが教師とともに患者を訪ねていたことや、特に十三歳の癲癇の少年の診断について覚えていたことを、すでに本書でくわしく紹介している。ペロプスから学んだのは「体液の症候」、解剖学、薬学、ヒポクラテスの解釈だが、他にも言及していない多くの分野を学んだことだろう。また、ペロプスが唱えた、カニの肉が狂犬病を治すという説や、すべての血管が脳から始まるという説を批判している。ペロプスは寡作で、著作を隠していた。写しは作らず、家に保管し、多くの著作が死後なくなってしまった。失われた論考のなかには、ガレノスが高く評価した網羅的解剖学書も含まれていた。「生徒が故郷に帰ろうとしたときに……生徒に手渡していたような著作」だけが残って出回っていたのだった（『解剖指南』14.1, 1:232 Simon, tr. Duckworth）。この一節から、ガレノスが一七〇年代初めに『解剖指南』の最初の原稿を書いていたときにはペロプスがすでに亡くなっていたことが、付随的にわかる。

ペロプスの生徒だったころに、ガレノス自身も解剖学書『胸と肺の運動について』を書いている。三巻からなるこの論考は、

故郷へ旅立とうとしている仲間の生徒のためのもので、これによってその生徒が練習して解剖の実演を行なえるようにというものだった。

（『自著について』2, 19.17K）[44]

この著作は現存しないが、これらの筋肉についての研究は、ガレノスによる解剖学への貢献のなかでも重要なもののひとつである。この例やペロプスの著作に関する逸話は、テキストはテキスト自体のためでなく、社会的な目的や実践を勘案して書かれていたことを示している。書籍は、教師から直接指導を受けられなくなる、去りゆく生徒のための覚え書きとして、あるいは人前で実演できるような解剖の手引きとして、あるいは友人への好意として、書かれたのである。

ガレノスがペロプスのところにいた期間はわからない。しかし、言及は残していなくとも、この期間に多くの都市を訪れ、多くの個人のもとで学んでいたことは確かである。「陸路海路の旅の長さに躊躇することなく私はクィントゥスのすべての生徒に会った」（『解剖指南』4.10, 2.469–70K）、あるいは「私は苦心してすべての人に会い、彼らがサテュロスとペロプスより劣ることを知った」（『解剖指南』14.1, 232 Simon, tr. Duckworth）と記している。前述のように、ガレノスはマケドニアのリュコスには会っておらず、その決意は正しかった、とのちに振り返っている。「彼は……ギリシア人の間ではそれほど名声を得ていなかった。そうでなければ、私は彼に会いに行かずにはいられなかっただろう」（『解剖指南』14.1, 232

Simon, tr. Duckworth)。リュコスは好評を博することになる長大な解剖学の論考の出版に取り組み、ガレノスによる解剖学書の傑作『身体諸部分の用途について』（第5章を参照）が出る直前にそれが出版された。そのため、ガレノスはリュコスの著作を論破することにかなりの労力を注がざるを得なくなり、おそらく、クィントゥスの生徒のうちで最も影響力があったリュコスのもとでなぜ学んだことがないかを説明するはめになった。（のちにガレノスはローマで、同じくクィントゥスの生徒だったアンティゲネスという人物に会うことになる。この人物についてはリュコスと同様に学ぶべきことはないと考えていたか、あるいはそれまで評判を聞いたこともなかったようである。『予後判断について』3, 14.613K）。

ペロプスの師でクィントゥスの優秀な生徒だったヌミシアノスを求めて、ガレノスは数か所の土地を回ったと記している。「[スミュルナの] 次に、クィントゥスの最も有名な生徒であるヌミシアノスのために、私は、コリントスや、アレクサンドリアや、クィントゥスの有名な生徒ヌミシアノスが住んでいると聞かされた土地土地に滞在した」（『解剖指南』1, 2.217–18K）という記述があるが、この一節と異なる記載がアラビア語訳には残っている。そちらでは「クィントゥスやヌミシアノスの有名な生徒が住んでいると聞かされた土地土地」となっていて、こちらのほうがつじつまがあう。というのは、最初の引用文のように、ガレノスが会えないままに地中海のほうぼうでヌミシアノスを探しまわったというのはありそうにないし、他の箇所でも、クィントゥスの弟子たちを探すために長旅に出たと記しているからだ[45]。前述のように、ペロプスはヌミシアノスによる解剖学上の発見についても頼りにならなかった。「[ペロプスはヌミシアノスの著作を] 詳述せず、誰にも見せなかった。というのも、まだ知られていない理論を自分によるということにしたかったからである」（『解剖指南』14.1, 232 Simon, tr. Duckworth）。同時代の最も偉大な解剖学者の発見を見せてもらえなかったことに対する、ガレノスの苛立ちは想像に難くない。ヌミシアノスはガレノスが探し始めてまもなく死亡したらしく、それで見つけられなかったのである。ヌミシアノスは、おそらくその師のクィントゥスと同世代で、かなりの老齢だった。なぜなら「［クィントゥスの教師］マリノスが存命中に、［ヌミシアノスは］すでにアレクサンドリアで傑出した存在だった」とされているからである（『解剖指南』14.1, 231 Simon, tr. Duckworth）。

ヌミシアノスの知的遺産を手にしようという思いから、ガレノスはエジプトのアレクサンドリアに赴くことになった。アレクサンドリアはヌミシアノスが名声を得た地で、その息子のヘラクリアノスがまだ住んでいた。ガレノスは一五一年から五三年の間にアレクサンドリアに到着し、一五七年まで滞在する。到着したのは秋だった。最良の輝かしい医学教育をひたむきに求めれば、古代のハーヴァードやケンブリッジとも言える名声を誇ったアレクサンドリアにどのみち行かずにはすまなかっただろう。アレクサンドリアは医学研究、特に解剖学が古代から有名で、その伝統を受け継いできたことを誇っていた。ガレノスの時代には現代的な意味での医学学校はなく、何らかの機関ではなく個人のもとで学んでいた。それでもアレクサンドリアの輝かしい評判は、最良の医学を志す人の心を捉えて離さなかった。クィントゥス自身もアレクサンドリアで学んだようで、ガレノスはクィントゥスの師のマリノスも漠然とアレクサンドリアと関係づけている。有名な同学の徒であるクィントゥスの経歴に倣おうとしていたガレノスにとって、アレクサンドリアにたどり着いたのは当然のことだった[46]。

アレクサンドロス大王がペルシア帝国遠征中の紀元前三三一年に、ナイル川に建設したのがアレクサンドリアである。エジプトは大きな抵抗をせずに大王に屈し、その名を冠した都市が建設された。大王没後にエジプトを支配したマケドニア人王朝のプトレマイオス朝は、アレクサンドリアを首都に定め、王家の居住地とした。プトレマイオス朝の最後の女王クレオパトラ七世の敗北と自殺ののち、紀元前三〇年にエジプトはローマの属州となったが、アレクサンドリアは行政上の州都であり続けた。ガレノスの時代には、おそらくローマ市に次ぐ帝国二番目の人口を誇っていた（証拠は乏しいながらも、現代の研究者は五十万人ほどと推定している。古代の文献には三十万とも七十五万とも伝えられているが、信憑性は薄い）。ファロス島に建てられた一〇〇メートルを超える大灯台は、古代世界の七不思議のひとつとされ、ギリシア建築で最も高い建造物だった。他にも、宮殿、セラピス神殿、アレクサンドロス大王の霊廟などの建造物もあった。アレクサンドロスはバビロンで死去したのち、遺体がプトレマイオス一世に奪われてアレクサンドリアに運ばれたと伝えられ、その墓にはプトレマイオス一世以降の歴代の王も埋葬されたと言われている。しかし、今日まで残る古代アレクサンドリアの考古学的遺物は非常に少ない。中世やオスマン朝時代をくぐり抜けた遺物の多くも十九世紀に近代的な都市を作るために壊され、アレクサンドロスの霊廟や図書館など古代の最も有名な記念物建築でも、所在地すらわからなくなってしまったものもある。[47]

図書館を併設するアレクサンドリアのムセイオン（女神ムーサイの座）は古代の最初の研究機関で、プトレマイオス二世による積極的な書籍収集は、多くの論評、逸話、伝説で語られている。一世紀に書かれた地理学者ストラボンによる記述では、ムセイオンは王宮内に土地と建物を有していた。ムセイオン所属の幸運な学者は王国（のちに帝国）から庇護を受け、共有財産権を認められ、食堂で無料の食事が終身提供された（ストラボン『地誌』17.1.8）。

ペルガモンなどの他のローマ世界の大都市にもムセイオンがあったが、アレクサンドリアのものがもっとも有名だった。ところが、ガレノスはどちらのムセイオンについても言及していない。このことは、ガレノスの教育にはほんのわずか、あるいはまったく影響がなかったことを示唆している（アレクサンドリアの他の著名な医師とムセイオンとの関係についても、どの史料にも言及がない）。アレクサンドリアの評判とそこに残された優れた研究の記録は、多くの学者を魅了していた。ムセイオンも研究活動を刺激する一因だったが、学術活動はムセイオンが補助する小さい知的集団をはるかに超える規模で行なわれていた。アレクサンドリアは初期のころから文芸とテキスト批判において古代の中心地であり、古代の文献の多くはヘレニズム期のアレクサンドリアで編集・注釈を通じて吟味され、我々が今日知っている形にまとめられたのである。『ヒポクラテス集成』が標準的な形になったのもアレクサンドリアにおいてだった。ガレノス自身、ヒポクラテスについての多作で熟達した編集者兼解釈学者で、この種の技術を初期の教師たちから学んでいたが、(後述する) アレクサンドリアの「ヒポクラテス主義者」についても言及している[48]。

アレクサンドリアは早くから医学研究で評判を得ていた。プトレマイオス一世と二世の治世下のヘロフィロスとエラシストラトスという二人の医師は、古代の最も有名な解剖学者となった。動物の死体解剖と生体解剖はときおり行なわれており、アリストテレスが行なっていたことは有名である。アリストテレスは自身の解剖学の論考の存在について言及しているが、現存しない。ガレノスは最初の解剖学の手引きをカリュストスのディオクレスによるものだとしている。ディオクレスはほぼアリストテレスと同時代に生き、ヘロフィロスよりも一世代か二世代前の人物だった[49]。

しかし、ヘロフィロスとエラシストラトスは従来からの解剖研究を引き継いで水準を高めただけでなく、人体の死体解剖も行なった。古代の医師で人体解剖を行なったのは、二人が最初で、かつおそらく彼らだけである。人体の解剖に基づいた発見が確実に公表され知られている古代の医師も彼らだけだ。二人は人間の生体解剖を行なったという言い伝えもあり、犠牲者は、プトレマイオス王から与えられた犯罪者だという。名の残っている他の古代の医師とは違い、ヘロフィロスとエラシストラトスが人体の死体解剖を行なったことについてはほぼ間違いない (ガレノスは教育を受け始めたばかりのころから、ヘロフィロスの死体解剖の経験を聞いて知っていた。ペルガモンでサテュロスのもとで学んでいたときに書かれた『子宮の解剖について』にも記載がある)。しかし、生体解剖が実際に行なわれたかどうかははっきりしない。キリスト教徒の論争的な書き物を出典とする言及は、元の書籍がすべての科学的探求を敵対視し、異教徒の残虐行為を誇張しがちなため、特に信用できない。しかし、一世紀のラテン語の著作家ケルススによる証言は信頼に足るものであり、生きた犯罪者が実験のためにヘロフィロスとエラシストラトスに引き渡されたと記されている（さらに、ケルススが残虐で不要だと考えた行為に関して、現代でも悪評高い正当化をケルススの情報源は行なっていた。すなわち、罪を犯した罪人少数の犠牲は、罪のない大衆の治療法を探求するためであれば正当化される、というのである。ケルススはこの情報源を特定していないが、ヘロフィロスとエラシストラトス自身だった可能性がもっともありそうだ）。このように、ガレノスが参考にし、その著作を通して何世紀にもわたって伝えられ、ルネサンス期の近代医学を築いた父祖に影響を与えた古代の解剖の知見のいくつかは、生きた人体を実験材料とする生体解剖から得られたという、恐ろしい可能性を否定できないのである。そのような生体解剖というものは動物の場合を想像するだけでも身の毛がよだつ[50]。

これを除けば、人体の死体解剖についての言及は非常に稀である。なぜ初期のアレクサンドリアの医師が、人体を切り開くことへのタブーを無視できたのかははっきりしない。このタブーは、他の時代では明らかにタブーのなかでも最強だったが、ケルススやガレノスなどの医学書の著者が人体の死体解剖の価値を認め、さらにガレノスにとってはある種の究極の目標となっていた。アレクサンドリアという新たに建設された都市の「開拓者意識」的な雰囲気がタブーを無視できた原因だと考える研究者もいる。また、古くからエジプトに住んでいた人々に対するギリシア人の悪感情が関係して、その後の時代とは異なり、社会内での分断・隔離が激しい時代に、エジプト人が死体・生体解剖の対象となっていたのかもしれない（ローマ時代にガレノスの仲間がゲルマニアの蛮族の遺体の解剖を許されている。これについては第6章で扱う）。また、エジプトに元から住んでいた人々のミイラ制作の伝統もギリシア人にはよく知られていた。おそらく何らかの社会的障壁が、この知識の直接の伝達を妨げていたのだろうが、それについての証拠を我々は持っていない。また、エジプト人の防腐処理者の存在やエジプト出身の医師が科学的な死体・生体解剖を行なったという証拠もない。逆に、防腐処理の行為自体が、厳しいタブーとして制限されていた。それでも、マケドニア人の王族がファラオを真似て兄弟姉妹間の婚姻という別のタブーを破ったように、エジプト人の宗教的行為は、他の土地では考えられないようなことを正当化するように働いたのかもしれない[51]。

理由はどうあれ、アレクサンドリア以外の土地での人体の死体解剖は、はっきりした証拠がほとんどなく、アレクサンドリアにおいても都市建設後の数十年間のみしか見られない。しかし、アレクサンドリアは人体を対象とする実験についての悪名を持ち続けた。クレオパトラ七世は（ポントスのミトリダテス六世やペルガモンのアッタロス三世などヘレニズム期の支配者と同様に）死刑囚で毒を試したと信じられている。さらに時代が下り、ガレノスはアレクサンドリアで人骨を見る。当時のアレクサンドリアでは解剖の実演が行なわれ、それをガレノスは賞賛し、これを見るために医学のすべての学徒はアレクサンドリアに行くべきだと勧めている。

ガレノス自身はあらゆる機会を捉えて人体解剖を観察し、河川の氾濫で墓が洗い流されたときに完全に全身がつながった骨格を観察したり、地元の人が「襲った相手に返り討ちにされた」と語る山賊の遺体の一部に道端で出くわし、それを観察したりした。『テリアカについて、ピソのために』はガレノスの自著でない可能性もあるが、この著作にはアレクサンドリアで死刑をしばしば見たと記され、かなり後年の老人の記憶としながらも、エジプトコブラと思われるヘビ毒を用いた際の即効性について言及している。著者によれば、死刑囚の胸にヘビを飛びかからせたのち歩き回らせたという[52]。

ガレノスがアレクサンドリアに赴く際に抱いていた期待は裏切られたようである。ヌミシアノスの息子ヘラクリアノスは、他の誰にもましてガレノスを快く受けいれてくれた。しかし、ご機嫌を延々と取り続けても、ヘラクリアノスが所有していた、くだんのヌミシアノスの著作を目にすることは叶わなかった。したがって、ガレノスはヌミシアノスを同時代の傑出した解剖学者だと考えながらも、ヌミシアノスの発見や考えとして何も挙げていない。これは悪意からかもしれないし、遺著を預かる番人の口が固く、流布していた著作からの乏しい情報からははっきりした有益な理解が得られなかったからかもしれない。

ヘラクリアノス以外には、ガレノスはアレクサンドリアでの教師について直接的にも間接的にも言及していないが、それと思しき人物がひとりだけいる。ガレノスは自分の教師と呼ぶには値しないと考えていたが、方法主義者のユリアノスという人物と面識があった。ユリアノスへの敵対心は生徒としての日々が終わったあとも続いた。二十年後、遠く離れたローマから、存命していたこの方法主義者をなおも非難しているのである。大著『治療法について』では、ユリアノスを大師匠にあたるオリンピクスと矛盾していると断罪して恥をかかせた討論について回想している（ガレノスは自らの知的系譜の祖を批判することも厭わなかったのだから、かなり言行不一致な批判ではある）。ガレノスは六日にわたる公開講義を即席で催し、ヒポクラテスの『箴言』についてのユリアノスの著作を提示して論破した。のちに友人にせがまれてこのときの議論を『ヒポクラテスの箴言に対するユリアノスの見解への反駁』という、現存する著作にまとめた。この論考は『自著について』では言及がないため、それより後に書かれたと推定される。そうだとすれば、ユリアノスはガレノスの生涯を通じての論争相手だったことになる。(53)

「ヒポクラテス主義」と名乗っていた医師も含め、他のアレクサンドリアのヒポクラテス注釈者について、ガレノスは良く言っていない。自身の教師ストラトニコスの師であるサビヌスと、アレクサンドリアのメトロドロスを、ヒポクラテスの忌まわしき解釈者だと述べている。さらに加えて、メトロドロスはその理解にあまりに欠点が多く、生徒のひとりペルガモンのフィリストンが裕福な女性の不妊の治療を行なおうとして、みっともないことをしたために全顧客を失った（フィリストンは大金を要求した後で、生焼けのイカを食べさせたところ、女性は激しく吐いてしまった）、と記している。[54]

まとめると、ガレノスが修行を終える前の医学の学習は次のようなものだった。学習は十六歳のときにペルガモンで始まり、さまざまな学派の代表的な医師たちのもとで学んだ。父の死後、医学知識を求めてスミュルナやコリントスやその他の特に名前を挙げていない複数の都市を訪れ、最後にアレクサンドリアに赴いた。とりわけクィントゥスという、解剖学者として名高く、師マリノスの知見の後継者としても知られたローマで活動したペルガモン人の医師の、生徒を探し求めた。マリノスの網羅的な解剖学書は初期修行終了者レベルの標準的な教科書として、ガレノスの時代でも価値を保っていた。ガレノスは動物の死体解剖から解剖学を学んだが、アレクサンドリアで人骨を見たときや、ペルガモンで病に倒れた人のやせ細った肉ごしに筋肉と神経を観察したときのように、ときには人体から学ぶこともあった。教師たちからはヒポクラテスの解釈、薬学、特に臨床医学を学んだ。学習の初期段階から患者を診ていて、医学とは実践よりも書かれたテキストや観念と捉えていた「言葉だけの医師」（ロギアトロイ）を、生涯を通じて軽蔑していた。

アレクサンドリアは単なる学びの場だったのではなく、それ自体でひとつの経験となっていたに違いない。ローマ時代のアレクサンドリアにはさまざまな人々が住んでいたが、市民のエリート層はギムナジウムで教育を受けたギリシア化した層に限定され、そのような人だけがローマ市民にふさわしいとされていた。だが、エジプト人の人口のほうがはるかに多かった。ガレノスがギリシア人ではない現地のエジプト人と市の内外でどの程度交流したのか、また土着の文化をどの程度観察したのかは不明だが、きわめて限定的だったようである。ほとんどはエジプト語を話す農民たちと直接交流できたとは考えにくい。ガレノスは「アレクサンドリアにいたとき」の話として、ヘビに指を嚙まれた農民について語っている。その農民は急いで市内へやってきて、医師に指を切断するよう求めて効果があった（『罹患した部位について』3.11, 8.197K）。その患者か医師と面識があったかのか、それとも第三者から聞いた話なのかは記されていない。

ガレノスがエジプトを訪れる際には、地理的な地域と気候と人種には関連があるという、教養のあるギリシア人にはおなじみの理論が頭にあり、エジプト人の性質と気質について、痩せ型で、熱く、乾燥し、頑強だと予測していた。エジプトでの経験がこれらの理論を裏付けたかどうかについては意見を述べていない。他の土地でしたように、珍しい食習慣に注目し、エジプト人は大量のピスタチオを食しているが見たところは害も（益も）ないと述べている。ガレノスによれば、エジプト人はロバとラクダも食べられ、悪い影響はなかった。しかし、他の一節ではロバ肉を、アレクサンドリアでゾウの病（エレファンティアシス）の発生率が高い原因としている。この「エレファンティアシス」という古くからの言葉を、ガレノスは皮膚が深刻な変質を起こす症状に対して用いる。それに罹った患者は不快なものとして避けられ、ときには自殺に追いやられることもあった。これは現在のハンセン病を指している（第4章でさらに詳細を扱う。エレファンティアシスが瀉血とヘビ毒で制御・治癒できるとガレノスは信じていた）。また、「浮腫に苦しむ人々と多くの憂鬱質の人」がエジプトの泥を自分で体に塗りつけており、効果があったと観察している[55]。

これらの逸話から思い起こされるのが、古代では、特に都市環境において、またおそらくエジプトではなおさら、現代の西欧の都市よりも病気が目につきやすく、現代の発展途上国の貧しく人口過密な都市よりもさらに頻繁に見られるものだったことである。現代の発展途上国の都市では、サハラ以南のアフリカを除き、医学と公衆衛生の発展によって近代以前よりも平均余命が大幅に伸びている。アレクサンドリアは健康に関して先進的で、沿岸地域だから内陸の疫病からは免れていただろうが、エジプトは数々の消化器や呼吸器の疾患、熱病、寄生虫病に苦しめられ、現代の感覚では衝撃的なほどに死亡率が高かった。この状況は二十世紀半ばまでさほど改善されなかった[56]。

アレクサンドリアにはユダヤ人も多く、古代のギリシア化したユダヤ人文化の中心地だった。ヘブライ語聖書の最も古く、かつ広く使用されたギリシア語訳『七十人訳聖書』は、紀元前三世紀半ば、プトレマイオス二世フィラデルフォス統治下のアレクサンドリアに起源がある。伝えられるところでは、七十二人の学者が別々に翻訳に取り組み、奇跡的にも同じ訳ができあがったとされている。ローマ時代のアレクサンドリアでは、ユダヤ人とギリシアの人の間での諍いがときおり暴力沙汰になり、ギリシア人の反ユダヤ人感情が激化することもあったようである。ローマ人に公然と反抗したアレクサンドリアの殉教者たちの行為は、しばしばアレクサンドリアのユダヤ人にとって心の支えとなっていたためによく知られており、いくつかの事例がパピルスに書かれて現存している。特に恐るべき事件は、アレクサンドリアのギリシア人がローマ総督フラックスと共謀しユダヤ人に対して暴動を起こし、財産を略奪し、多くの犠牲者をリンチにかけて殺し、全ユダヤ人を都市の一角に押し込めたもので、この件に関しては、アレクサンドリアのユダヤ人哲学者フィロンによる詳しい証言が残っている。フィロンはこのユダヤ人の事件をローマ皇帝クラウディウスに訴えた。ガレノスが生きた二世紀という時代にも暴力沙汰が起こっていたことを匂わせる逸話が存在するが、その詳細についてはほとんどわかっていない。それでもユダヤ人が市内でも大きく活発な勢力であり続けたのは明らかである。ガレノスはアレクサンドリアやローマでの、ユダヤ人知識人との交流については言及していない。しかし、ユダヤ教にもキリスト教にも精通していた。両宗教に関するガレノスの所見は、他のギリシア語文献に見られる典型的な言及で、必ずしも直接の知識を反映しているわけではない（第5章も参照）が、アレクサンドリアでユダヤ教徒とキリスト教徒双方に出会った可能性は高い[57]。

ガレノスの学習は常に他の生徒と一緒だった。なかには友人となったものもいる。ローマではテウトラスという「私と同胞市民で仲間の生徒」が知り合いだった。おそらくペルガモンで一緒に医学か哲学を学び、ふたりともローマに移ってきたのだろう。ペルガモンで長患いが始まった話を、ガレノスは「私の仲間の生徒」や「私と同年代の人」が食生活に悪い影響を与えたと語っている。明らかに、彼らと一緒にいることが多く、ともに食事を取っていたのだ。ガレノスの回想では、熱による譫妄で存在しないはずの羊毛や藁を集めようとしていたとき、付き添っていた二人の友人に半ば朦朧として話しかけ、二人はすぐにガレノスの頭部に水を浴びせた。まだ青年期だったころ友人とした旅行についての別件は、ペルガモンかスミュルナのどちらかでの出来事に違いない。「市からそれほど遠くない田舎を旅しているとき」にガレノスたちは農民に出会い、空腹だったのでもらった小麦粥を食べたところ、三人の若者全員がひどい消化不良を起こしたと記されている。これらの話から、おそらく多くは仲間の生徒である同年代の男子との交流は、ペルガモンとスミュルナにいたころの若きガレノスにとって重要だったことがわかる[58]。

アレクサンドリアでも友人がいた。のちにローマで「アレクサンドリアで治療を行なっていた」ある若者の食習慣について詳細に語っているが、この人物は修行時代からの友人だろう。ガレノスは、四年間も生の食材だけを食べて健康を維持している人々に驚いている（ガレノスの年表と照らし合わせて合致する期間を考慮すると、これはアレクサンドリアに四年間いたときの出来事だろう）。他の生徒の発作性の病気も観察しており「アレクサンドリアでの仲間の生徒のひとりだったある若者で、初秋に初めて我々がその地へ船で行ったとき」のことだった。ガレノスは同様の症状だった故郷の女性患者を思い出して、その生徒に助言をして励ました。男性の不調は生のナツメヤシを食べたせいだった[59]。

ガレノス自身は十七歳で発症して最晩年の父の気を揉ませた病気に、引き続き悩まされていた。ときには毎年苦しみ、ときには一年空くことが二十八歳〔直訳では「二十八の年」。満で言えば二十七歳。ガレノスの表記と満年齢はずれがある〕まで続いた。このとき、肝臓が横隔膜に接する場所に膿瘍ができたのではないかという危機に見舞われた。イチジクと完熟したブドウ以外の、あらゆる生の果実の摂取を差し控え、あとの二つについても、以前とは異なり、ほどほどに留めた。(『食物の良質の液汁と悪質の液汁について』1,6.756–57K)

ここでも、同世代の友人との関係が重要だった。「この計画には二歳年長の仲間がいた。ギムナジウムに打ち込み、消化不良にならないようにし、我々は今まで何年間も病気とは無縁だった」。テウトラスと同様に、ローマに移ってもこの人物との友人関係は長く続いた。ガレノスは『健康を維持することについて』の中で、二十七歳以降の良好な健康状態についてふれる。プロとしての義務と研究のために張り詰めた生活だったにもかかわらず、「健康の術があると納得した二十八歳以来、その教えにずっと従った。おかげで、ときおり毎日発熱があった以外は、いかなる病気にも罹らなかった」(『健康を維持することについて』5.1,6.309K)と記している。

引用したこれらの記述では、自分が回復したのは養生法のおかげだと述べているが、自分で初めて試みた過激な新治療法も信じている。ガレノスは、幾度か見た夢によって救われていた。

はっきりと私のもとに現れた二回を含む、何度かの夢に勧められて、私は右手の中指と示指〔人さし指〕の間の動脈に行き、ひとりでに停止するまで血を流出させるようにした。全量が流れ出したわけではなかった。おもに肝臓が横隔膜に接しているところで長く続いていた痛みはすぐに止んだ。これは人生の段階の若いころに私の身に起こったことである。

（『瀉血による治療の理論について』23, 11.314–15K）

通常、瀉血は静脈だけで行なわれていた。この『瀉血による治療の理論について』の末尾では、ある種の状況下で動脈から瀉血を行なう動脈切開について述べている。この出来事によって、ガレノスは他の場合でも同じ施術をしようとするようになった。この夢はアスクレピオスからのお告げだったのかもしれない。ガレノスはそうとは語っていないが、ペルガモンでアスクレピオスに嘆願していた他の患者の話題では、夢で指示されたのと同様の方法でその患者を救ったと述べている。のちに、皇帝マルクス・アウレリウスに「彼［アスクレピオス］が膿瘍のひどい状態から救ってくれて以来、自分は彼の信奉者だと言っている」と述べることになる（『自著について』2, 19.18–19K）。

　これら三つの引用（『食物の良質の液汁と悪質の液汁について』での腹部の不調の始まり・進行・回復についてのまとまった記述、『瀉血による治療の理論について』での短い記述、『自著について』での夢とアスクレピオスによって救われた膿瘍についての記述）が、すべて同じ出来事の回想かどうかは定かでない[60]。すべてが同じ出来事のものだとすれば、アスクレピオスによる夢の中の忠告は二十七歳のときで、他の研究者が推定するような十代のころの出来事ではないと信じる、いくつかの理由がある。第一に、ペルガモンにいた十代のころに夢を見たとすれば、自身を「若い」（ネオス）とは書かず、ペルガモンでの初期の教育についての他の逸話のように「青年期」（メイラキオン）と記しただろう。「人生の段階の若いころに私の身に」などのように、ガレノスが人生の各段階を指す場合、そのために用いる言葉は厳密で、首尾一貫している。[61] また、『瀉血による治療の理論について』の一節では、和らいだ痛みのことを「長く続いた」（クロニオン）と記している。さらに、膿瘍から救われたとマルクス・アウレリウスに述べているが、『食物の良質の液汁と悪質の液汁について』の記述によれば潰瘍は病気の末期にのみ進行する、もしくはそのおそれがあるものだった。最後に、ガレノスは夢が動脈切開を指示したと明確に述べ、これが『瀉血による治療の理論について』での逸話の核心である。『食物の良質の液汁と悪質の液汁について』の話題では、ガレノスは病気の初期に動脈ではなく静脈切開による瀉血で治療されたと記している。

したがって、ガレノスの病気の物語は次のように再構成できるだろう。腹部の痛みを引き起こす不調に十七歳から十年にわたって悩まされた。ガレノスは膿瘍だと診断し、その原因は愚かにも生の果実を食べ過ぎたことだとした。痛みの激しさから死に至る病だろうと考えたが、二十七歳のときにアスクレピオスから、一連の夢の中でも特に二つの印象的な夢で、右手の示指と中指の間の動脈を切開せよという指示と解釈される暗示を受けた。これをきっかけとして、また生の果実をやめてギムナジウムに定期的に通うように生活を改めてから、体調は回復し、その後数十年並外れて健康であり続けた。この劇的な状況の変化は、ガレノスのアレクサンドリア滞在中で年代が特定できる、最後の出来事である。

ガレノスは一五七年に、二十七歳でアレクサンドリアを発ち、故郷のペルガモンに戻った。おそらく陸路を歩いてのことで、途中で出会った庭師を即席の治療法で治した話もそれをうかがわせる。

アレクサンドリアから故郷へ最初に戻ったときに、田舎道を通っていると、「ブドウ」〔腫れた口蓋垂のこと〕と「腫れた」口峡〔口腔と咽頭の部分〕と扁桃のせいで息苦しそうにしている庭師を見かけた。その男は薄めた蜂蜜にちぎったバラを漬けたものを口をすすぐために用いていた。

（『場所による薬剤の調合について』6.2, 12.905–6K）

ガレノスが庭師と会ったのがアレクサンドリアからの帰路のことか、父の死後にガレノスが相続したはずの土地を訪問しているときのような、未特定の他の旅行中のことなのかはわからない。手持ちのものを使い、薄めた木の実の汁と蜂蜜でうがいをするように指示がなされた。ガレノスは「即座に効果が現れたことが見てとれた」と記し、都市の資源が入手しにくい場所で見るからに症状が長く放置されてきた患者のために即興で作ったこの治療法を、その後も継続して使用した。この一節が鮮明に想起させるのは、帝国の田園地帯の孤立した貧しいありさまである。

ペルガモンに戻って間もなく、ガレノスは腱の負傷に新しい薬を試してみた。最初期の臨床試験である。

すべての薬を試して確かめるために、私は考案した薬をそれぞれ、市の医師仲間だけでなく近隣都市の医師にまで配った。

（『類による薬剤の調合について』3.2, 13.599K）

ガレノスが剣闘士の医師の職に任命されたのは、二十八歳の誕生日の直後のこの時期のことだった。この引用箇所に続けて、「どうしてかはわからないが、我らの市の高位の神官［アルキエレウス］が私だけに剣闘士の治療を任せるように決めた。私はまだ人生の段階の若いころだったのだが。なにしろ、二十九歳が始まったばかりだったからである」。

剣闘士競技はローマの伝統的競技で、東方地域では皇帝の祭儀を記念した式典でしばしば催された。競技への出資者は市ではなく、個人の市民であり、ギリシアの都市生活の土台となる公共奉仕のひとつとして出資していた[1]。ガレノスが言及している高位の神官とはおそらく、市のアクロポリスに建てられた建造物のうちで飛び抜けて美しいもののひとつである、トラヤヌス帝の神殿の高位の聖職者か、あるいはアシアで皇帝崇拝の属州レベルの聖職に就いていた人物のことだろう。このような人は「アシアルク」と呼ばれ、すべての重要な都市にひとりいた。どちらにしても、ガレノスやその父と同じように、ペルガモンの支配階層に属し、貴族として、公共の見世物を含む都市文化の基盤の組織・監督・出資を行なっていたに人物に違いない[2]。

実のところ、選ばれたのは家柄と交友関係が主たる要因だったのだろうが、（「どうしてかはわからないが」と）明言は差し控えながらもガレノスはいろいろなところで、自分は特に傷のための革新的な薬などの医学の技術ゆえに選ばれたのであって、家柄、人的繋がりゆえではない、と示唆している。そして腱の負傷の治療法を公表する前述の引用箇所のすぐ後で、どのようにして剣闘士の治療に用いたかを明らかにしている。

アラビア語訳のみが現存する別の論考では、選ばれたいきさつをより詳細に示している。「赴いた地から我々の市へと戻った折に、高位の神官は［医師を選ぶ］この方法に従った」と記し、再び、他の医師は年長で、ガレノスのほうが若いにもかかわらず優っていたと強調する。

> 当時、私はまだ三十歳の途中だったが、彼は戦闘による負傷者すべての治療を私に任せた。私以前には、二、三人の年長者が請け負っていた。
>
> （『最良の医師を見分ける方法について』9, 102 Iskandar, tr. Iskandar）

ここでも、剣闘士をガレノスひとりに任せるという神官の異例の信頼ぶりが強調されている。神官は、たゆまず科学と職務に打ち込むガレノスの姿を何度も目にしていた（もっとも、ガレノス本人は「定期的に誰かのもとに通って時間を無駄にしたり疲れたりしないようにした」など正反対のことも述べており、友人もいただろうが、ペルガモンの貴族階層との社会的な繋がりだけにとどめていたようである）。

神官は公開で行なわれた非常に劇的な見ものにも立ち会っていた。神官を含む知識人が多くいる聴衆の前で「解剖の示説〔解剖の現場で行なわれる説明〕を何度も」やったと、長く骨の折れる手順をほのめかしつつ、ガレノス本人は記している。（この記述に続けて述べているように）そのうち少なくとも一回は生体解剖だった。これは本書第5章で詳細を記すように実施するのが特に難しく、ひとつのミスもないように緊張を強いられた。示説の目玉としたのは大胆にも、生きたサル（おそらく、ガレノスが好んで解剖したバーバリーマカク）の腹部の切開だった。腹部を開けて腸を取り出し、「居合わせた他の医師たち」（「年長の医師たち」とも呼んでいる）を呼び寄せて、腸を腹腔内の元の位置に戻して、しっかり閉じさせようとしたのだ。挑まれた医師たちはびっくりしたに違いない。動物の腸を元に戻すのは特に難しく、この場合は生きていてジタバタ動くマカクであるから、なおのこと大変だっただろう。その苦しむ姿を見るのはあまりに痛ましく、後年のガレノスはマカクの生体解剖を勧めていない。[3] この挑戦を受けて立つ医師はいなかった。ガレノスはこのような技量を実演するだけでなく、傷の治療の技量も見せつけ、マカクの大きな動脈を切断して血液を溢れ出させると、他の医師たちに手遅れになる前に治療するよう挑んだ。医師たちは躊躇して立ち尽くしていたが、ガレノスは自分で手を出し「居合わせた知識人たちに、自分と同様の技術を有する人たちのうち誰に傷を任せるべきかを明らかにした」（『最良の医師を見分ける方法について』9, 104 Iskandar, tr. Iskandar）。（ガレノスは動脈を結紮して止血したのだろう。これは生体解剖について記述するときに何度も取り上げる方法である）。

ガレノスは自分の技量を見せつけるような華々しい実演を選んだ。ローマでも同様のことを公衆の前で披露し、とりわけ血なまぐさくて正確に行なうのが難しく、強烈な印象を与える生体解剖の示説を行なうことになる。技術、大胆さ、危険、流血といったものが組み合わさったガレノスの生体解剖は、数年間治療に関わった剣闘士競技に通じるものがあった。[4]

ギリシア圏の東方地域では医師が国家に仕えるという長い伝統があった。古典時代から、多くのギリシア都市では医師が公共のために雇われ、俸給や他の特権を得ていた。ガレノスの時代には諸都市が、帝国政府から課せられるローマの税や他の義務からの免除に値する医師を選んでいた。かつては医師はみなこれらを免除されていたが、二世紀半ばのアントニヌス・ピウスの勅令によって各都市ごと数人に制限されていた。免除された医師を讃えた碑文では、このような医師は「アルキアトロイ」（医師の長）と呼ばれることもある。[5] ガレノスが剣闘士の治療者に任命された際に、この特別な地位に就いたのかははっきりせず、またガレノスの私的な時間を奪うフルタイムの（おそらくそうではない）仕事なのか、あるいは俸給を得ていたのかも不明である。しかし、認められたことを自慢している点は、東方で長い歴史のある、国家から讃えられた医師という視点から考える必要がある。

死体解剖も生体解剖も含めて、医学の競技や実演は当時のローマ世界では娯楽のひとつとなっていた。ガレノスがローマで行なった催し物については第5章で論じるが、娯楽としての医学は帝国首都に限ったものではなかった。ガレノスと同時代のエフェソスに由来する碑文には、医学競技の勝者の名前が記録されている。競技には、外科、医療器具、作文、問答（プロブレマ、第5章参照）の四つの種目があった。[6] カイロネイアのプルタルコスによる一世紀末の記述には、ある医師たちが「患者を引き寄せるために、劇場で外科の手技を実演した」（『モラリア』71A）とある。他方、ディオン・クリュソストモスは、医師たちが「我々の前の真ん中に座り、他の見世物や行列のように」、関節、骨、プネウマについて講義と実演を行なっていたと記している（『弁論集』33.6）。ディオン・クリュソストモスは、見世物をする医師を、ときに嫌がられながらも効き目のある療法で病人を実際に治療する医師と比較し、好意を持っていない。ガレノスの記述から明らかなように、医師の間にこのような明確な区別はなく、同じ医師が、解剖や弁論の技量で聴衆を驚かせるとともに、患者を治療し、学識あふれる医学書を書き、外科の手技を行ない、学生を教えていたのである。[7]

ガレノスを指名したのは、一五七年の「秋分のころに」（『類による薬剤の調合について』3.2, 13.600K）勤めをする神官だったが、続く四期の神官たちもガレノスを選んだ。そのうちの最初の神官は、「七か月後の」翌年の春に勤めに就いていた。通常、神官はアウグストゥスの誕生日の九月二十三日から始まる一年をひと区切りとして在任したようだが、一五七年の秋に任命された神官は一年経つ前に亡くなり後任者を選ぶ必要があったのかもしれない。「補欠」の神官職がいて、一年に二人以上が役目に就いていた可能性もあるが、ガレノスを選んだ五人の神官全員が半年だけ職にあったと考えると、年代上の問題が起きてしまう。ガレノスは一六一年秋にローマへ旅立つまでペルガモンに残り、翌年ローマに着いたようである。(8)

ガレノスはペルガモンの剣闘士競技が毎年夏に開催されたと書いている(『ヒポクラテス「骨折について」注解』3.21, 18B.567K)。毎年開催された祝祭のひとつだったらしいが、どの祝祭かはわからない。そしておそらく、ガレノスが最初に任命されたのは一五七年秋から一五八年春までのことで、ペルガモンで生活し試合の訓練を受けていた剣闘士の一団の治療に関わっている。

剣闘士(グラディアトル)は古代ローマの慣習で、その呼び名はラテン語の剣「グラディウス」に由来する。ギリシアでは「一人［対一人］で戦う」という意味の「モノマコイ」と呼ばれていた。元は葬儀の折に試合が行なわれ、伝えられるところでは、紀元前二六四年にユニウス・ブルートゥス・ペラの葬儀で三組が試合したのが始まりだった。ローマ共和政の貴族階層の家系は名声を求めて激しく争ったので、死去した家長を讃える剣闘士の試合の規模はより大きく見世物としての要素が強くなり、数日にわたって数十組の剣闘士が闘いを繰り広げることもあった。剣闘士競技はしだいにはっきりと政治の道具となり、護民官や執政官職の選挙を控えた元老院議員は、かなり以前に亡くなった親戚を讃えるという誓約を果たすためにこの機会を利用した。こうして、ローマの都市住民は血の流れる見世物に慣れて、熱狂するようになった。紀元前一世紀のアウグストゥスの即位以降、首都のほとんどの(のちにはすべての)剣闘士競技は皇帝の後援となり、毎年年末近くの数日間に開催されたようである。しかし、イタリアの他の地域や属州でも剣闘士競技は催された。知られている最古の円形闘技場はカンパニアのポンペイのもので、ローマ市には紀元前三〇年まで常設のアリーナはなく、古代を象徴する最大の円形闘技場であるコロッセウムはウェスパシアヌス治世下の七〇年に作られた。それ以前はフォルムか、もしかするとローマ市に二つあった戦車競技場のどちらかで開かれていたのかもしれない。およそ二百七十二個の円形闘技場がローマ帝国内の都市で確認されており、大規模な建築が財政的に困難な場合は、多くの都市で円形闘技場以外の場所で開催された[9]。

東方ギリシア世界では円形闘技場が少なかったが、ローマから導入された剣闘士の見世物の人気がなかったからではなく、ギリシアの都市にすでに存在していた大劇場で競技を行なうことが多かったからである。異国の動物を使った血なまぐさい猛獣狩りは剣闘士競技と同じような好みに応じるもので、聴衆を動物から守るための防護柵を設けていた。アイスキュロスとソフォクレスの劇が上演された、アテネの伝説的なディオニュソス劇場でさえも、剣闘士競技を催した。こうした状況に対して、ディオン・クリュソストモスは軽蔑たっぷりの一節で、アテネ市民を非難している[10]。

暴力的な格闘技は、ギリシア文化に欠かせない要素として長い歴史があった。ボクシングとパンクラチオン（「すべての力」という意味から「総合的格闘技」を指すようになった）は特に暴力的で、紀元前七世紀から古代オリンピックの種目に取り入れられた。古代のボクシンググローブは拳を保護する硬い革製で、ボクシング競技の様子を描いた古代の壺には、ひどい打撃を頭部に受けて血が吹き出ているさまを描いているものもある。ローマ時代になると、グローブに金属やガラス片を入れて重くし、いっそう死の危険を伴う競技になった（腰掛けるボクシング競技者の、紀元前一世紀にさかのぼるローマの有名な銅像は、カリフラワー耳〔日本語の餃子耳に相当〕の競技者が顔面の傷から血を流す姿を見せている）。素手で争うパンクラチオンは制限のないレスリングであり、流血は少ないが、同様に残忍だった。競技者は互いに喉を絞め合い、手足を挫き、指を曲げ折り、ルール上は禁止されていたにも関わらず、噛み付いて、目をえぐることもあった。どちらの競技も、剣闘士試合と同じように、どちらかが降参するまで終わらなかった[11]。

このように、ギリシア的な趣味はローマよりも洗練されていたわけではなく、剣闘士試合はローマの東方属州の各地で行なわれていたことも確認されている。ガレノスなどの著作家がギリシア文化のありふれた要素として言及するだけでなく、競技の出資者を讃える碑文や亡くなった剣闘士を追悼する碑文が残され、出費費用の記録や競技に関わる地方の法令も残っている。剣闘士と競技の様子は、浮き彫り、モザイク画、絵画、落書き、コインに描かれている。ギリシア語でもラテン語でも、著作家は剣闘士の戦闘の不必要な残酷さと邪悪さを嘆いていた。これはストア主義と初期キリスト教文学に共通の話題である。しかし、ガレノスはこの慣習について道徳的な意見はまったく述べておらず、剣闘士に関する経験について、その職に選ばれてめざましい成果を出したことを誇る以外は、冷静に記述している[12]。

円形闘技場はペルガモンの誇りであり、ハドリアヌス治世下に再建された他の建造物と同様に二世紀に建てられた。今日では、ローマ時代の劇場近くの、古代のアクロポリスとアスクレピオス神殿の間、現在も当時と同じように町外れのところに、煉瓦造りの門のみが残っている。ペルガモンの円形闘技場は同種の建造物としては中規模で、全体は一三六×一〇七メートル四方、長さ五一メートルのアリーナがあり、二万五千人の観客を収容できた。これ以上の詳細については記述が残っていない[13]。

ガレノスの時代のペルガモンや帝国内の諸都市では、猛獣狩りと同じように、このような円形闘技場で毎年剣闘士競技が開催されていたはずだ。闘獣士[14]にも医師が割り当てられることがあったが、ガレノスは闘獣士の負傷の治療については言及していない。剣闘士の治療場所についても語っていない。剣闘士たちがペルガモンに定住していたならば、円形闘技場以外の市のレスリング場などで訓練をしていただろう。ポンペイに残るような宿舎は特定されておらず、おそらくガレノスは、闘技場内かその近辺にあった訓練所付近に治療の場を与えられていたのだろう。ある一節で、治療を行なう医師に対して、十分に採光が得られるようドア類が大きい住居を市が与えることがあった、と述べているが、ペルガモンや他の市からこのような恩恵を受けたとは記していない（『ヒポクラテス「診療所内の事柄について」註解』1.8, 18B.678K）。

ガレノスが治療したのはどのような剣闘士なのだろうか。剣闘士を職業としていた者は個人で雇われることもあったが、より一般的には（ラテン語とギリシア語でともに「ファミリア」と呼ばれる）集団生活をしながら訓練を受けていた剣闘士で、見世物を催す高位の神官や、剣闘士養成のために雇われた訓練士、個人の出資者が所有していた。ムヌスつまり剣闘士の催し物にはファミリアの奴隷や自由契約の職業剣闘士も参加することもあったが、必然的に同じ一団に所属する者同士が闘うことが多く、我々には知られていないだけで、心理的な葛藤などを生み出していただろう。ペルガモンでは高位の神官が毎年交代していたため、ガレノスが仕えたそれぞれの神官が後任者に剣闘士団を売却していたようである。このやり取りは、見世物への支出を規制する一七七年付の元老院議員決議や、それに先立って行なわれた議論の記録から確かめられている[15]。

剣闘士として志願した自由身分の人々は、焼かれ、鎖につながれ、打たれ、鉄製の武器で殺されることに同意する誓いを立てたという有名な話がある。志願した理由については当人たちの言葉は残っておらず、道徳を説いた書き物によれば、血に飢えていたか貧窮のためだとされているが、どちらもありえることである。剣闘士になるというのは、奴隷でさえもとりわけ悲惨な運命と考えられていた。主人が反抗的な奴隷への罰として訓練士へ売り渡すこともあった。罪人が国家から闘うよう宣告されることもあった。このような罪人は本来の剣闘士とは見られず、別のより下位の存在だと考えられていた。剣闘士は戦争捕虜の場合もあった。もっとも、帝国期の東方ではほとんどの剣闘士がギリシア語名を持ち、名前からは出身はわからない。数は少ないがローマ市民の剣闘士も存在し、西方により多かった。奴隷でも自由民でも社会的なつながりがあり、墓碑では妻（奴隷の場合は結婚を認められていなかったので連れ合い）や子供を残して亡くなった剣闘士について書かれることもある。同業者の組合（コレギア）に所属する剣闘士もいて、これには奴隷も参加可能だった。[16]

剣闘士は、死と隣合わせの職だった。実のところ剣闘士競技は、同じ日に同会場で開催されることが多かった猛獣の虐殺や手のこんだ罪人の処刑ほどには、無闇な流血や死を伴う見世物ではなかった。それでも、常に死の危険が伴うことは観客を興奮させる一因となっていた。剣闘士は武器による（偶然の）一撃で殺される可能性があった。敗れた場合には、跪き、降参の印として人さし指を挙げて、責任者の審判に助命を乞うた。ペルガモンでは（おそらく）剣闘士団を所有する神官が審判役を務めたから、敗者を助けることを選んだのは疑いない。しかし、民衆は叫びを上げて賛意か不満かを示し、神官は敢えて民衆を失望させようとはしなかった。敗れた剣闘士の処刑を描いた浮き彫りには、勝者から喉や背中に剣を押しつけられ、おとなしく運命を受け入れる姿、勝者の脚をつかむ姿、仰向けに横たわる姿が描かれている。対戦中に命を落とした剣闘士や出資者の命令で処刑された剣闘士は、死の神ディス・パテルの格好をした奴隷が担架で運び出しハンマーで頭部を叩いて絶命させた。しかし、勇敢に闘って見世物を盛り上げた剣闘士は、後日の戦いのために助命が認められた。飛び抜けてすばらしい戦いぶりの場合は、勝者は自由を手にして剣闘士を引退した。剣闘士の碑文が、死者の勝利と助命についての長い記録を物語る場合もある。死因は、アリーナで殺された場合と傷からの感染などによって後日死亡した場合が同じくらいの割合だった。生き永らえて剣闘士を引退し、穏やかに余生を過ごした者もいた。剣闘士が試合で死亡する確率は、アリーナ内での死亡と外傷が原因で試合後に死亡する場合を併せて、九回に一回の割合だった。[17]

当事者が強く願っていたのは、殺したり殺されたりするよりも、群衆に対して劇的な見世物を見せて歩いて帰ることだった。勝利した剣闘士はその後の試合で死ぬ危険があり、負かした相手と同じ一団に属しているので再戦することもよくあった。試合の後援者が剣闘士を所有していることもあれば、有料で借りていることもあり、借りた剣闘士が殺されると大金を支払わなければならなかった。多くの剣闘士は対戦相手を誰も傷つけなかったことを誇りとして碑文に刻み、おそらくそれは望ましく、賞賛されるべき行ないだったのだろう。そのため、騙されたり裏切られたりして殺されたと訴えている碑文もあり、ある碑文には、対戦相手を不必要に殺した裏切り者を復讐として殺したことも記されている[18]。

そういうわけで、剣闘士の戦闘は自由勝手に行なわれていたのではなかった。剣闘士は規則に則って闘い、この規則に合わせて技術をみがき、どの試合でも審判はこの規則に従っていた。剣闘士の一回の試合は二人一組、つまり一対一で行なわれ、通常は十五分間続けられた。

剣闘士は体格に恵まれ、超高炭水化物の菜食で太っていた。一九九三年にエフェソスで考古学者が発見した共同墓地から、六十八人の剣闘士の骨格が発掘された。この驚くべき発見によって、ガレノス自身が目にした剣闘士の食生活の記述が確かめられた。

我が故郷の剣闘士は、大体はこの「ソラマメと茹でた大麦を混ぜた」食べ物を毎日食べ、体の状態は肉付きが良かった。しかしその肉はブタ肉のように密に引き締まっておらず、むしろたるんでいた。

（『食物の栄養力について』1.19,6.529K）

大プリニウスは、大麦を中心とする食生活にちなんで剣闘士が「ホルデアリウス」（大麦喰らい）とも呼ばれていた、と記している（『博物誌』18.72の大麦の項）。貯めこんだ脂肪は、傷口を目立たせるとともに、深刻な傷を防いでくれるとされていた。神経と筋肉には影響がないながらも、大きく開いた傷からは血が流れ、それでも剣闘士は怯むことなく闘い、群衆は熱狂した。剣闘士の衣装は定まっていた。網闘士（レティアリウス）は網と三叉の槍を操り、その対戦相手となる追撃闘士（セクトル）は魚のような兜を着けていた。トラキア闘士、騎馬闘士、他に約十二の剣闘士の種類があり、種類ごとに特徴のある武器と防具を持ち、多くは半裸で胸を露わにし腰布を着けて闘った。各剣闘士は一種類の戦い方の訓練を受け、その技に特化した剣闘士となって、碑文にも何の種類の剣闘士かが刻まれている。社会身分上は末端の存在で軽蔑されていたにもかかわらず、現代の芸人と同様に性的魅力をもち観客を魅了していた。[19]

ペルガモンと近郊の地域には二、三の剣闘士の墓碑銘が残っている。ニコメディア出身のクレスティヌスはアキレスによって殺された。その墓石には勝利者の冠が二つ、そしてモウルドンという飼い犬が描かれている。ステファヌスという剣闘士の妻が墓石を建て、ステファヌスは十八回の試合を生き延びた、と刻んでいる。クリュソマッルスの墓石には名前のみが刻まれ、網闘士の格好に両手で三叉の槍を持った姿の浮き彫りが彫られている。[20]

剣闘士たちは不必要に対戦相手を殺さずに、見世物として良いものになるように心がけていたが、大きな傷を負うこともあった。エフェソスの墓地から掘り出された骨の多くには頭蓋の傷があり、時がたって治ったものもあれば致命的な傷もあった。試合中に頭部に打撃を受けた際に、本人の兜自体が鈍器となったための傷もあった。剣や槍によって鋭く貫かれた傷もあった。三体は、おそらく全体重をかけた相手の盾に押しつぶされたことによる大きな傷が致命傷となっている。四体はディス・パテルのハンマーが致命傷となっている。明らかに医師の治療で傷が治ったものもいくつかあった。[21] 剣闘士は並外れて高価な存在で、ある職業剣闘士は一万五千セステルティウスも値がつけられ、これは小規模な公共建築物に相当する額である。所有者たちは医師の治療の費用も出していた。このような剣闘士を治療することがガレノスの仕事であり、ガレノスはこの面で秀でていた。

ガレノスは腱の負傷の治療に新しい方法を用いた。剣闘士によく見られた大腿の下部前面の傷にそれを使用したと書いている。それまでの医師や（剣闘士に戦闘技術を教えるディダスカロスと呼ばれる）訓練士は温水につからせ、小麦粉を水と油で煮た膏薬を塗りつけることで傷の治療を行なっていたが、ガレノスはこれを激しく非難し、「治癒されず、むしろ壊される。なぜなら、助かったものはほとんどおらず、体が不自由になったからである」と記す。ガレノス自身は温水を使わず、自分が考案した薬と油を何度も塗るようにした。この薬の調合はペルガモンに戻って間もないころに、自分の患者と他の医師の患者で試していた。それまでは多くの剣闘士が亡くなっていたが、この治療によって、就任した最初の年にすべての剣闘士を救うことができた、とガレノスは主張している。別の一節では、深刻な傷の治療法をさらに詳細に記している。試合が開催される夏に剣闘士の負傷が多く、傷を湿ったままに保つことが非常に重要だと彼は考えた。そこでワインに浸した麻布をたたんで傷に当て、柔らかい海綿でくるむと、昼も夜も湿らせた。余分なワインが傷から布を当てていない皮膚にたれてきたのを集めて再利用する方法も考案した。（摂食物が原因の病気を引き起こす微生物でしか効果が確認されていないがワインの中のアルコール分と酸が微生物を殺したのだろう。特にガレノスが記すように長期間ずっと処置すれば。ただし、再利用されたワインは新鮮なものほど効果はなかっただろう。もっとも、病原菌について何も知らないガレノスの目的は傷を潤し続けることだった。[22]

大腿の横方向の切り傷は縫う必要があった。なぜなら筋肉に傷が達していた場合、筋肉が断裂するかもしれなかったからである（縦方向の傷を塞ぐのは包帯で十分だ、とガレノスは述べている）。（馬上では槍を持ち、馬から降りては剣で闘う）騎馬闘士のひとりが、膝蓋骨近くで下腿に大きく深い裂傷を負った際、その傷があまりにひどいため、教師がやっていた以上のことをせざるを得なかった。筋肉をまとめて引っ張り出し、筋肉より深層を縫合し、その前に傷ついた腱の表層の膜（エピテノン）も慎重に外さなければならなかった[23]。ここでガレノスが批判しているのは、傷が深いのに皮膚のみを縫合したり、筋肉より浅い層だけを縫合したりする医師である。当然、深い層の縫合には傷口の縁を揃え、傷の中で張力を減らすようにする必要があった。

兵士と同じように手足に傷を負うこともあった。また兵士や猟師と同じように動脈や静脈が傷つくこともあり、ひどい場合には糸で結紮しなければならなかった[24]。ある剣闘士は腹部に傷を受け、内臓がもう少しですっかり出てしまうところだった。ひだをなして小腸を保護する膜である大網が傷から飛び出して青黒くなっていたので、ガレノスはそれを取り去らなければならなかった。「ほぼすべて」と記しているように、その傷は大きく凄まじいものだった。その剣闘士は生き延びたが、後々も常に悪寒がして腹部を羊毛で包んでおかなければならなかった（『身体諸部分の用途について』4.9, 3.286–87K）。のちに『治療法について』において、ガレノスは腹部縫合（ここでの意味は腹部の傷から脱出した小腸を元に戻して傷を治すことであり、現代の意味とは異なる）の技術について記している。この問題について書いたのはガレノスが最初ではない。一世紀にケルススが七巻からなる『医学について』をラテン語で著し、古代から続く外科の手技についての最も重要な議論を行なっている。このケルススによる記述は、その種の問題を扱ったガレノス以前の唯一の例だが、書かれている縫合法はガレノスとは大きく異なっている。この相違が示すのは、ガレノスの助言が自身の経験とおそらく剣闘士の治療に長く携わったことに基づいていたことである。ガレノスが記す方法は、現代のマットレス縫合と呼ばれているものに近い（ガレノスの記述から具体的にどの層を縫うのかは特定できないが）普段大腿の傷で行なっていた深さで縫うのではなく、腹部の傷では（今日も行なわれているように）深い層まで縫い合わせるよう勧めている。

この時点までに、ガレノスは治療用と動物解剖用の道具を多数所有していたようである。ヨーロッパ側の属州に残るローマ時代の（ほとんどが軍に帯同していた）医師の墓とヴェスヴィオ山の噴火で埋まった家々の瓦礫には、しゃくし、さじ、へら、鉤、鉗子、メス、はさみ、針、探り針、膣と肛門の検鏡、カテーテル、骨鋸、〔頭蓋骨に丸い穴を開けるための〕トレフィン、のみ、梃子、吸角器、焼灼器など、驚くほど多様な器具が埋もれており、持ち主が大切に手元に置いていたので、多くが一緒に葬られた。たいていの医師は多くの道具を、ときには数十も所有し、のちにガレノスはローマを焼き尽くした一九二年の大火で考案した道具の試作品が失われた、と書いている。[25] しかし、腹部縫合の説明で言及している道具は、縫合用の針とナイフの一種のシュリンゴトメ（瘻孔切開刀）だけであり、このナイフについては両刃のナイフや先端の尖ったナイフと対照させている。墓などから多数見つかり、ケルススも触れている開創鉤についての言及はなく、その代わりに熟練の助手に手で傷を開かせるよう指示している。[26] また、この一節ではどのような素材を使用して縫合したのかも書かれていない。同じ『治療法について』のかなり後に書かれた後半部分には、動脈切開が必要な場合の動脈結紮について論じた部分があり、よく引用されている。ガレノスはローマで「ガリアのもの」と呼ばれている、ガリア地方から運ばれてくる素材を好んでいる（具体的に何なのかはわかっていない）。この素材は首都以外では入手しにくいため、次善のものとして裕福な女性から調達できる絹が使用された。それすらも手に入らなければ、有名なところでは、乾燥した腸などボロボロになりにくいものを用いた（『治療法について』3.22, 10.941–43K）。剣闘士の縫合や、後半生における手術で、ガレノスが実際に使った素材についてはわからないままだ。

ガレノスは外傷が心臓に達した例も目撃し、数十年後に『罹患した部位について』(5.2, 8.304K) に記している。片方の心室を貫通した場合は、特に左心室の場合、患者は血を流してすぐに亡くなった。傷が心筋に達しながらも、心室腔まで届かない場合もあった。このような剣闘士たちは傷を受けた日の夜まで生き延び、夜を越えることもあったが、まもなく亡くなった (ガレノスは心臓が霊魂の座とするアリストテレスの考えを否定し、そのような剣闘士は死ぬまで正気を保っていたと記している)。ガレノスはいつもどおりに冷静にこれらの出来事を記録し、一貫して、同情、恐れ、哀れみ、失望、愛着その他の感情を患者に対して表すことはない。だが、この最後の例が示すように、ガレノスは死を迎える剣闘士に話しかけている。明らかに、傷を治すためには努力や工夫を惜しまなかった。また、体育競技に熱中しすぎる者 (ガレノスは剣闘士と区別していたらしく、両者を一緒にして言及することはない) には容赦ない皮肉を浴びせるのと対照的に、蔑まれていた隷属階層の剣闘士に対する批判的な言葉は残されていない。[27]

『罹患した部位について』の一節は、ガレノスが剣闘士の多くの死を目撃し、多くの患者を亡くしていたことを示唆しているが、これは他の箇所の記述と合わない。彼によれば、最初の二年間は自分が治療した剣闘士はまったく死ななかったわけだが、他にはこれと矛盾する記述もあり、前任者は十六名の剣闘士を亡くしたが、自分は最初の年に二名の剣闘士を亡くし、再任させた後任の神官の下では一人も亡くならなかった、と記しているのだ。[28] いずれにせよ、ガレノスは自分の治療成績を大いに誇りとし、実際、有能であることを示したこの地位を、五人の神官が続けてガレノスに与えたのだった。その後どうなったのかはわからないが、おそらく、六番目の神官は別の人物を選んだのだろう。剣闘士を治療する医師という役目は一六一年秋に終わり、翌年秋にはガレノスはローマにいた。

のちに一六六年にペルガモンに戻る際の事情を説明するときに、市民同士の内輪もめ (スタシス) が終わるのを待たなければなかった、とガレノスは不平をこぼす。ガレノスが言っているのがどのようなもめ事で、いつ起きたのかはわからない（ガレノスがローマに来てから起こったのかもしれない）[29]。一六一年にマルクス・アウレリウスの共同皇帝ルキウス・ウェルスの侵攻がユーフラテス川東側で引き起こしたパルティア王国との戦争から、市民同士の内輪もめが起こりガレノスがペルガモンを去ることになったとも、考えられている。しかし、パルティアはローマの属州までは侵攻せず、この戦争の影響はペルガモンまで及んではいないようだ。そもそもギリシア語の「スタシス」が外国との戦争に対して用いられたことはない[30]。ガレノスの言及については、ディオン・クリュソストモスが記述したのと同種の政治的対立がペルガモンで起こっていたと考えるのが良さそうである。これは、人々（と富裕層の対抗勢力）の怒りが指導者の階層に向けられ、暴動や私刑が起こったというものである。しかし、すべては推測にすぎない。なぜガレノスが剣闘士の治療をやめ、無秩序に広がった帝国首都で運だめしをしようと決心したのかは、我々にはわからない。単に、積年の大望を実現するちょうどいい時期だったのかもしれない。クィントゥスやサテュロスや他のペルガモンの名誉と文化を求める貴族がローマに惹きつけられたように、権力、名声、影響力の中心にあったローマは、その渦中へとガレノスを引き込んだのである。

第4章　ローマ

剣闘士の医師としての任期は、一六一年の夏の末におそらく終わりを迎えた。翌一六二年、誕生日前の三十二歳の初秋にはローマに到着していた。[1]ペルガモンを旅立ってイタリアへ向かうまでの間に、トルコ南沿岸のリュキア、パレスチナ（ローマ帝国のシリア・パレスチナ属州。ギリシア語でシリア・コイレつまり窪地シリアとも呼ばれていた）、キュプロスの銅山を訪れたのかもしれない（ただし、これらの旅行はガレノスがペルガモンに戻った一六六年から一六八年の間の可能性もある）。[2]ガレノスは薬の処方に必要な、貴重な原料を探し求めた。

現地の産物を求めて私は小さな船でリュキアへと向かった。シリア・コイレ［パレスチナ］から、瀝青を産出する死海と言われるところを取り囲む高地の東方で見つけた、多くの黒く堅く脆い岩と火に入れると小さな炎を発する岩［アスファルト］を持ち帰った。

（『単体薬の混合と諸力について』8.2.10, 12.203K）

パレスチナから戻る途中で、インドのクコ（ガレノスはインド原産だと考えていた）を運ぶラクダの隊商に出くわした。商人にいろいろと尋ねることで、商人たちはその薬と同等の薬の作り方を知らないと

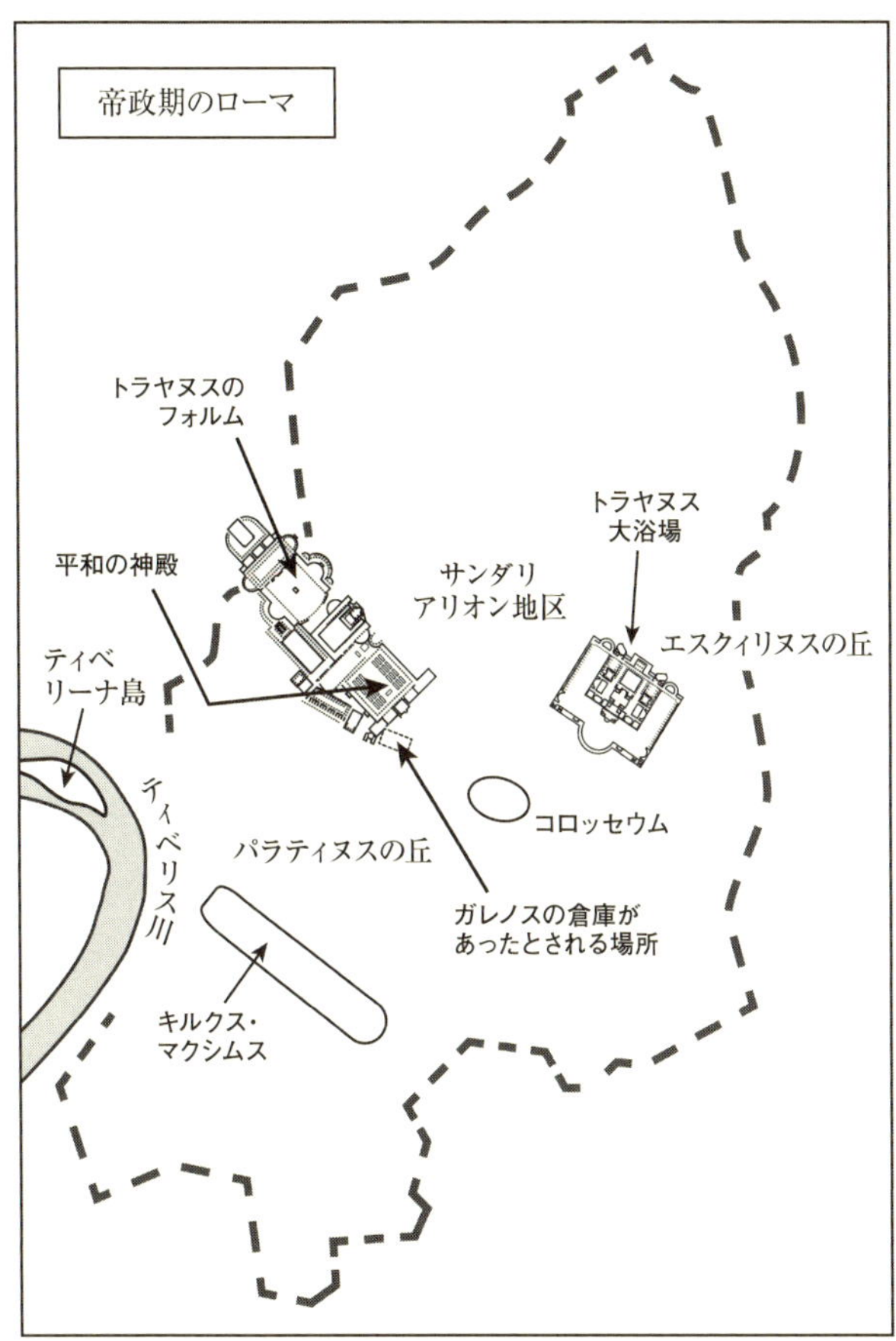

地図3　帝政期のローマ（Wendy Giminskiによる）

確信し、また必要な素材がこの地域では見つからなかったので、いくつかを入手した（『単体薬の混合と諸力について』8.3.8, 12.216K）（ガレノス自身は珍しい薬の代用となる物を調合する技術に通じており、ここで記されているように、このクコについても代用品があることをよく知っていた）。ガレノスはシリアとパレスチナの訪問についてこれより詳しい記載は残していないが、この地域出身の元執政官ボエトゥスは後年ローマで最も大切な友人のひとりとなった。

キュプロスは黄鉄鉱を産出した。これは銅を得るために焙焼（ばいしょう）して溶かされ、その過程で多くの副産物を生じる。キュプロスでガレノスは「ディフリュゲス」と呼ばれる鉱物を入手し、悪性の腫瘍に最も効果的な薬だと考えた。また「カドメイア」（現代ではカラミンと同定されることが多かったが、「カラミン」は二つの異なる物質を指していたため、現在この語は使用されない）も入手した。「ディフリュゲス」も「カドメイア」と同様、通常は銅を溶かした際に副産物として生じるが、ガレノスはキュプロスには天然のものが存在すると考えていた。ガレノスの時代には、ローマ国家が大半の鉱山を所有し、管理官に管理させた。管理官はしばしば皇帝の解放奴隷や（ガレノスが訪れたソリの鉱山の長官兼管理官のように）騎士身分であり、稀に軍の将校のこともあった。鉱山の管理を任じられた管理官は直接管理する場合もあれば、個人や団体に経営権を賃貸し収益の半分を国家に納める場合もあった。

採鉱は体に悪く、命がけの仕事として悪名高かった。死刑判決を受けた（キリスト教徒を含む）犯罪者や特に不運な奴隷が労働力として使われ、ときには、スペインであったように、原住民をむりやり移住させ労働を強制した。自由人の借地人や国に雇用されている者、時には兵士も労働力だった。ガレノスがソリで見た労働者は鎖に繋がれた奴隷で、おそらくは死刑囚だった。スペインやキュプロスに残る溶鉱の際の鉱滓の山は、ローマの最も恐ろしく印象深い遺産だろう。なにしろローマ人は並外れた強欲ぶりを発揮して従属民の鉱山資源を開発し、大規模に採掘したからである。グリーンランドの氷の中には、ローマ時代の銀製錬によって大気中に放出された鉛の量の上昇の記録が残っている。キュプロスからは一年に数百トンの銅が採られていた[3]。

ソリの銅山に強い印象を受けたからか、ガレノスの記述は現実離れすれすれである。鉱山は町から約三〇スタディオン（約七マイル）の距離にあった。「大きな建物」が鉱山に隣接し、向かって右側の壁に入り口があった。ガレノスは鉱山で「三本の帯」（三層の鉱滓）が「積み重なってはるか遠くまで伸びている」のを見ている。ガレノスは「大量に」鉱滓を入手した[4]。その量を自慢する管理官から、何でも持って行ってよいと言われ、ガレノスは「大量に」鉱滓を入手した。まずは全部アシア属州に持ち帰り、続いてローマへ向かうときも持って行き、三十年後に『単体薬の混合と諸力について』の後半部を書いていたときにも、キュプロスで入手した鉱物はまだ手元にあった。そのうちの「カドメイア」は共同利用していた友人たちから最も高く評価されたものだった[5]。

建物を入って反対側は地下道に通じ、三人分の幅があり、長身の男も立って歩けた。地下道を下ると長さ約一スタディオン（一スタディオンは約八分の一マイル）の地底湖に行き着き、湖は濁った淡い緑色の温水で一杯だった。その水が一日に約八アンポラ（約一八〇リットル）ずつ濃縮して貯められていた。通路の温度は浴場の更衣室を思い出させるほど暑かったが、サウナほど熱がこもってはいなかった。耐えがたい悪臭があり、「空気の臭いは息苦しく、銅と緑青を嗅ぐのは我慢しがたかった」とガレノスは書いている。裸で足を鎖に繋がれた奴隷が通路を通って水を地表へ運び出し、建物の前の正方形の陶器に注ぎ込んでいた。その容器で蒸発させ、（ガレノスが「カルカントス」と呼ぶ）硫酸銅が集められるのである。

地下通路内の空気は重く、壁に取り付けられた灯りの火を燃やし続けることができないほどだった、とガレノスは書いている。奴隷たちは地下通路内でぐずつくことなく、できる限りすばやく昇り降りしていた。水の出が減少してくると何年も掘って通路を広げたので、危険な事故は稀ではなく、「ときどき、掘った部分が突然目の前で崩落し、全員が亡くなってしまった」とガレノスは教えられた。[6]

ガレノスの探究心は止むことなく、技能のために力をそそぎ、それに劣らず医師職に関して卓越した最高の実践者であろうとした。おそらく、このことを最も如実に示すのが旅行期間の長さだろう。教育を受けるための旅行についてはすでに記したが、貴重な医薬品を大量に手に入れるためにも旅行していた。その量は前例がないほどで、それこそがガレノスがめざしたことだった。貴重な品々は、統治者として属州に赴く友人やその土地出身の友人からも「私がやっているのをご覧になったように」得られると記している（『解毒剤について』1.2, 14.8K）。ナルド（膏薬の原料）などのように高価な輸入品は産地が限られ、粗悪品や代替品、地元での模造品の売買が横行していたため、このような手段を講じなければ本物を確実に入手できなかった。[7]

キュプロス訪問は往復の海路と町から鉱山への行程を含めて数週間で、その後長く付き合うことになる管理官ともこの間に交流した。この管理官からガレノスは歓迎されており、友人か顔見知りだったのかもしれない（ガレノスはシリアとパレスチナからの帰路の途中にキュプロスに立ち寄ったのだろう。この帰路の旅の一部は陸路で、その時にラクダの隊商と出くわしている）。ガレノスは鉱山に赴いて、今日では特定できないがガレノスには見分けがつくほどよく知っていた酸化物や硫酸塩などを集めた。それだけでなく、鉱山の息のつまる地下通路に降りて行き、中の水の味を確かめ、鎖で繋がれた奴隷に質問をしている。また、地元の農民とも交流して、彼らの食習慣についても観察を行なった。農民は小麦のパンの代わりにポレンタを作り、「私はキュプロスの農民がそうしているのを見たことがある」（『食物の栄養力について』1.11, 6.57K）と記している。

のちに、トルコの西岸沖レムノス島に二度旅行し、ピロクテテス崇拝の女性神官が調合する有名な封印土を入手した。このレムノス島では、トロイア戦争の伝説の英雄がヘビに嚙まれた傷が治ったとされている。レムノス島の封印土には本物である印として女神アルテミスの姿の浮き彫りが刻印され、膿瘍を作る傷、ヘビの嚙み傷、動物の嚙み傷、狂犬病の薬、そして毒消しとして高い価値があると考えられていた[8]。旅行の困難さと異国の薬剤の入手という本章のテーマと関連しているので、ガレノスのレムノス島訪問についてここで触れておきたい。一度目のレムノス行きは一六八年、ペルガモンからイタリアへの二度目の旅路の途上だった。船頭に特別にレムノス島に立ち寄るよう頼んでおいたにもかかわらず、間違った町に停泊したため、この旅行は不首尾に終わったと記録している。レムノス島には重要な町が複数あることを知らず、(他のエーゲ海の島々と同じように)ひとつだけだと思っていたのだ。時期は不明(おそらく晩年の一九〇年代)だが、どこかの旅行から帰る途中に立ち寄ったときは目的を達することができた。ここでガレノスは、自分を真似てレムノス島を訪れようとする人のために詳細な記録を書き留めている。ピリッポスからテッサリアへ海上を一二〇スタディオン下り、タソスへ二〇〇スタディオン、そこからレムノス島まで七〇〇スタディオンで、同じく七〇〇スタディオンそこから進むとアシアのアレクサンドリア・トロアスに到着する、と書いている。ガレノスが向かった町の名はヘパエスティアスで、鍛冶の神ヘパイストスを祀った丘から名付けられ、この地で特殊な性質のありがたい粘土を産出していた[9]。

二度目の訪問では、女性神官が封印土を調合する様子を観察している。(青年時代に高いお金を払った教師から、この配合を正確に教えてもらった、と別の箇所で書いているが)その目的は混ぜ合わせる配合を知ることにあった。ガレノスは、ディオスコリデスやその他の有名な医薬品の目録で、封印土が赤いという記述を目にしており、土が赤いことの説明として、ヤギの血液が土に混ぜられている可能性はあるかと現地の人に尋ねた。この質問は全員から笑われることになった。ガレノスは町の有力者のひとりから、粘土の医学的用法などの情報を記したレムノス島の習俗についての本をもらった。この人物はこの素材をいろいろなことに使用し、(何よりも)ワインと混ぜて嚙まれた傷に塗ると狂犬病を治すと主張していた。ガレノスが二度目にレムノス島を去る時には、二万個の封印土と、困難な旅をして現地の情報源と親密な交流をしなければ得られないような知識を手にしていた(『単体薬の混合と諸力について』9.1.2, 12.171–75K; ディオスコリデス『薬物誌』5.97)。

ガレノスによるレムノス島旅行は、どのような専門知識を手に入れるにも、眼識、創意、不屈さが必要だった古代という時代に、旅行がいっそう先行き不透明な難題だったことを示している。困難の最たるものは、そもそもどこへどうやって行くかを知ることにあった。[10] 船は季節によっては行程を大幅に早めてくれた(必ずしも快適ではなかった)が、危険もあり、海が荒れて難破することも珍しくなかった。ガレノス自身はローマを行き来する際には、たいていもしくはほとんど、陸路を自分の足で歩いていたようだ。一六一年から一六二年のローマ行きのルートとして最も可能性が高いのは、ローマが作ったトラキアとマケドニアを結ぶエグナティア街道を陸路で旅したというもので、ガレノスは「トラキアとマケドニアを通って歩いて行った」と書いている(『単体薬の混合と諸力について』9.1.2, 12.171K)。二度目の訪問は海路で、アレクサンドリア・トロアスからレムノス島、そこからテッサロニケに向かったが、おそらくそこから先は徒歩だった。後年東方への旅行のうち、レムノス島の封印土を入手した旅行について、「私はイタリアからマケドニアまで越えて行き、ほぼすべて足で行った」とある。トラキアの端にあるフィリポスからタソスとレムノス島に向けて漕ぎだすまでは徒歩だった(『単体薬の混合と諸力について』9.1.2, 12.172K)。[11]

一六六年にローマから慌てて出発した際には(第6章を参照)、ガレノスはコルキュラ島のカッシオペへ出港する前に(口実として、カンパニアにある所有地に行くつもりだと告げて)南イタリアのブルンディシウムまで陸路で行かなければならなかった。カッシオペからはギリシア本土へ海路をとったはずだが、コリントスまでは徒歩で行き、最終的にアシア行きの船に乗ったにしろ陸路で行ったにしろ、コリントスからアテネまでは、道中で主人に殺されかけていた二人の奴隷を救いながら馬車で旅している。

このように、ガレノスはのちに患者となるパウサニアスと同様に、コリントスとアテネ間で一度は馬車に乗っている。[12] パウサニアスは馬車（あるいは別の記述によれば馬）から落ちて指が三本麻痺してしまった人だった。[12] しかし、馬車で旅した記録はこれだけで、ガレノスが旅路の困難さについて語るときは徒歩で旅している。一度など疲労のあまり「石につまずいて覚めるまで夢を見ながら」一スタディオンを眠ったまま歩いていた（『筋肉の運動について』2.4, 4.435–36K）。「雪の中を進んだが、あまりに雪深くて地面がまったく見えなかった」ということもあった（地中海の大半の地域では大量の積雪は珍しかった。この出来事はガレノスがマケドニアを歩いて越えているときのことだろう）。「空気は完全に澄んでいるようで」、雪の風が冷たいので、外套から出ている部分は、手と同じように、目や鼻だけでなく人の顔全体を凍らせた（『単体薬の混合と諸力について』4.2, 11.625K）。患者のひとりは旅行中に激しい雨風にさらされ、外套が濡れたせいで頸部が冷えてしまい、神経を損傷して頭部の感覚を失ってしまった（『罹患した部位について』4.7, 8.258–59K）。別の患者は逆に「砂まみれで埃っぽい炎天下の」旅行のせいで熱がこもって乾いてしまい、宿で寝ようとしても眠れず、そんなこんなで危険な熱病にかかって死にかけた（『治療法について』10.3, 10.671–73K）。旅で消耗しながら動き続けていたために、熱と過労を起こしたのだろう。[13]

陸路の旅は時間がかかり、ガレノスがペルガモンからローマに移動したときは数か月を要しただろう。途中の宿はあったとしても快適とはいいがたく、危険も伴った。宿屋のなかには客の人肉を豚肉と称して出すところまであった、とガレノスは本気で語っている（『食物の栄養力について』2, 6.663K）。真相は不明だが、「謎の肉」はおそらく特に珍しいことではなく、いろいろな意味で旅行は消化器系にとっても過酷なものだった。十代のころ、ガレノスは同年代の友人達と「市から遠く離れた田舎」（この一節では青年期のことだったと書かれていることから、ペルガモンかスミュルナのことだろう）へ旅行し、「当然ながら旅行中で飢えていたために」非常に空腹になり、食べ物をくれた農民と一緒に食事をした。農民たちはパンがなかったので女性が小麦の粥を作ってくれたが、ガレノスと友人は消化不良を起こし、腹にたまるガス、頭痛、目のかすみに悩まされた（『食物の栄養力について』1.7, 6.498–99K）。

ガレノスは山賊の襲撃について記していないが、それは幸運だったからである。言うまでもなく、ガレノスは決して単独で行動していない。粥をくれた農民やクレタ島での知人のように、他の旅行者と道連れになるのも普通のことだった。ガレノスが同行者を記述していない場合にも奴隷が付き添っていたと考えるのが当然で、明言することはほとんどないが、それをうかがわせる記述は多数ある。[14]道路を安全に旅行できるようにしたことは、帝国が栄光と正統性を主張する根拠の一端だったが、いつの時代も追い剝ぎや山賊がローマ帝国のあちこちに出没し、イタリアも例外ではなかった。ローマや皇帝を褒めて皇帝を喜ばせようとして、帝国の宣伝や弁論家のおべっかは長所を並べ立てていたが、ガレノスには追い剝ぎについての記述がいくつかあり、追い剝ぎが横行していた世相を反映している。（どの地域かは記されていないが）道端に人骨がころがっているのをガレノスは目撃し、それが山賊の遺体で、獲物となるはずの相手に返り討ちにされたのだと聞かされている。土地の住人は誰も埋葬してやろうとせず、「憎しみから」鳥に啄まれるままに放置されて「まるで骨格を観察したい者への教材のように」骨だけが残ったのだった（『解剖指南』1.2, 2.221–22K）。そういうわけでガレノスは「埋葬されずに丘の中腹に横たわっていた山賊」の身体を、人体の死体を観察した機会のひとつとして含めている（『解剖指南』3.5,

2.385K)。ある箇所では、山賊から逃げる老人と若者では走る速度が異なる、と書いている。老人のほうが遅いだろうが、山賊から慌てて逃げているときには慌てていない若者より速く（『脈の原因について』1.7, 9.17K）、普段の状況よりもはるかに速いだろう、というのである（『脈の原因について』3.2, 9.158K）。ガレノスの有名な患者のエウデモス（詳細は後述）は、ローマにおけるガレノスの職業上のライバルをペルガモン付近の山岳地方に出没する山賊の一団になぞらえている（『予後判断について』4, 14.622K）。あるいは、不安で衰弱している患者を治すために、ある医師が、その患者の亡くなった友人で、市の門のすぐ外にある墓地で山賊に殺された人の霊のふりをした、という記載がある（『ヒポクラテス「伝染病第二巻」注解』2, 207–8 Wenkebach and Pfaff）[15]。

というわけで、旅行は危険なものだったが、ゆっくりした旅は多くの観察の機会も与えてくれた。ガレノスは都市から離れた地方を通る旅の間に、キュプロスのポレンタの話題のように、田舎の生活や文化について見聞きする機会があった。トラキアとマケドニアの農地では、故郷のアシアの地域で「ティファ」と呼ばれている穀物に似たものを目にし、現地の人に尋ねると、「ブリザ」と呼ばれていることやその綴りと名詞変化の形も正確にわかった（『食物の栄養力について』1.13, 6.514K）。ワインは行く先々で違いがあり、持ち運びに適さないことが多いためにその地域以外では知られていなかった（『食物の良質の液汁と悪質の液汁について』11, 6.806K）。ガレノスは食事に関する論考の中で、「私が観察したところでは」のような言い方で、その土地の食物や食習慣への言及をたびたび行なっている。もっとも、タブーとされる食物についての言及が実際の観察に基づくのか、噂や伝承によるものかは、見極めるのがしばしば難しい。なにしろ彼は、すべてのギリシア人が毎日カタツムリを食べ、エジプト人は「幼虫、毒ヘビ、その他のヘビ」を食べていた、と書いている（『食物の栄養力について』3.2, 6.668–69K）。年老いたロバ、ウマ、ラクダの肉を食べ、さらにひどい場合にはライオン、ヒョウ、イヌの肉を食べることを、ガレノスは非文明的だと考えたが、「ある人々」や「ある民族」は食べる、としている。ただしペルガモンの狩猟者（狩猟は上流階級の娯楽だった）は、秋に熟したブドウで太って美味しくなったキツネを食べることもあった[16]。

ガレノスは少なくとも田舎に二か所の所有地があり、旅行以外の機会にも田舎に行っていた。父が亡くなる直前に隠居していた土地を相続したものがペルガモンの近くにあり、のちには南イタリアのカンパニアに家を持った。ガレノスと同様におもにローマ市に住む多くの貴族が、農場も営む別荘をカンパニアに所有していた。ガレノスも有閑階級の娯楽だった狩猟をしていたから、それも田舎へ行く機会となった（『単体薬の混合と諸力について』10.2.22, 12.299K）。このような折に帝国の田園地帯に住む農民たちと顔を合わせていたのである。農民に対する言及は多数あり、農民やその生活様式の印象を驚くほどはっきり伝えてくれている。特にペルガモン周辺の地域[17]についてなじみ深く、農民の食習慣と生活に関するほとんどの観察は「我々の地方」を舞台としている。たとえば、ペルガモン周辺の地域を指して、「我々の間では」農民が毎年春に瀉血するという記載があり、ある若い農民は瀉血のために町にやってきて市中の宿に泊まったが、無能な医師が動脈を切ってしまったので自分が治療しなければならなかった、と記している（『治療法について』5.7, 10.334–35K）。

ガレノスの記述に登場する農民は、貧困と孤立に苦しみながら生活していた。第3章の冒頭で紹介した庭師の場合のように、悪い状態が治療しないまま長く放置されることがあった。ある十五歳の少年は耳下腺管瘻（ろう）のために顔に腫瘍か膿瘍のようなものができたが、ガレノスが「畑の中で彼を見せられた」と記すときまで六か月もそのままにされていた。イノシシの毛で瘻孔を探ると非常に深いことがわかり、手元にあった一酸化鉛を油と酢のソースに混ぜ合わせた膏薬をすべて与えた。二か月後に市中でその少年に出会ったときには、驚いたことに治っていた（『類による薬剤の調合について』1.7, 13.402–3K）（実際は、耳下腺管瘻は自然治癒することが多い。もちろん、現在医師が鉛の膏薬を処方することはない。これについては後で再度扱う）。農民たちは足の指を折ったりぶつけたり、傷、フケ、寒さなどが原因の耳の痛みに悩まされていた。[18] 市内なら手に入るましな薬が手元になかったので、ガレノスは患者に自分の尿を傷にかけるように命じた。ガレノスはこの治療法は不快だが効果があると考えていたのだった（『単体薬の混合と諸力について』10.2.15, 12.285–86K）。（人尿はある種の有害なバクテリアを阻害・殺傷するので、インドの伝統医学では今日も傷の治療に用いられている）。[19] 農民はガレノスの指示に従って、自分で薬を調合していたようである（『場所による薬剤の調合について』6.3, 12.917K）。都市の患者が田舎を旅行中に怪我をした場合には、都市に帰って折れた骨や脱臼した部分をきちんと手当してもらうまでは、間に合わせの包帯と三角巾で対処したことだろう（『ヒポクラテス「診療所内の事柄について」註解』2.7, 18B.874–45K）。同様に、田舎の医師はローマでなら容易に手に入る薬をほとんど用いずに治療しなければならなかった。

彼［熟練した医師］がたまたま村に居合わせ、町で患者を治療するときに（しばしば）用いる薬を持ってきていなくても、花、果実、根、樹皮などから治療に必要なものを何でも見つけることができるはずである。私がそうしているのを、あなたは何度も目にしてきた。（『最良の医師を見分ける方法について』12.3, Iskandar 124, tr. Iskandar）

薬学に関するガレノスの著作に登場する逸話の多くは、この問題を説明している。ある「田舎にいた人」の傷は新鮮なチーズとギシギシの葉で治療した。しかし、ギシギシの葉が手に入らなければ、ブドウの葉でもよい、と書いている（『単体薬の混合と諸力について』10.2.9, 12.271–72K）。ペルガモンの人々が「オクシュガラクティノス（酸っぱい乳から作られたもの）」と呼ぶチーズは特に効果があり、「ある農民が大きな傷を負ったとき、それを塗ると傷が塞がった」（『単体薬の混合と諸力について』10.2.9, 12.272K）とされている。神経を損傷した別の傷には毒ヘビの肉を使うことで、「傷はきれいにくっついて神経は炎症しなかった。男は屈強で粗野で……私以前の多くの医師は、この用途のためには乳香か没薬を混ぜる必要があると書いていたが、私は都市の外の田舎にいて、どちらも持っていなかった」（『単体薬の混合と諸力について』11.1.1, 12.322–23K）。ガレノスが普段神経の損傷に用いていたのはユーフォルビアだったが、治療が必要な人に出くわすのが「船上や広野や都市を旅していて、我が家を遠く離れている」ときが多かったので、即興で間に合わせなければならないことがしばしばあった。屋外にいた農夫の治療には、農夫が持っていた新鮮な蜜蠟を用いた（『類による薬剤の調合について』3.2, 13.582–83K, 592K）。別の農民の治療では、その中庭にあったティテュマル〔ユーフォルビアと同じトウダイグサ科の植物〕を用いている（『類による薬剤の調合について』3.2, 13.583K）。「田舎で」治療する緊急時には、松脂、ソラマメの粉、ハトの糞、オークの葉なども用いることができた[20]。

ガレノスは、自分が観察した田舎の治療法も報告している。ある田舎の医師が耳の痛みを、農民の家の水がめの下にわいていたダンゴムシを潰して絞った油で治療しているのをガレノスが目撃している（『単体薬の混合と諸力について』11.1.49, 12.367K）。また、凍傷になった耳を、中をくりぬいた玉ねぎに注いだ油を灰の余熱で温めたもので手当てした農民についても記している（『場所による薬剤の調合について』1, 12.600K）。あるブドウ農家はヘビに嚙まれた指を自分で切り落とし、完治していた（『罹患した部位について』3.11, 8.198K）。野外で働いていた別の男は、帯で圧迫し、パンとニンニクを食べ、夜はワインだけを何も混ぜずに飲むことで、腸の痛みからすっきり回復していた（『治療法について』12.8, 10.865K）。

負傷した足の指についてガレノスが勧めた尿療法のように、田舎の治療法には不快なものもあった。

ガレノスと面識があったか噂を耳にしたある田舎の医師は、田舎の生活で起こりがちなヘビなどの有毒の動物に噛まれた際に、酢にヤギの糞を混ぜたものを使った。当然、ガレノスはこのような治療は控え、「都市の著名な」患者には決して用いなかったが、

ときとして、旅行中や田舎での狩猟や逗留の際に他によい薬が入手できない場合には、このようなものは有用である。農夫はロバ並みの丈夫な体を持っているからである。

（『単体薬の混合と諸力について』10.2.22, 12.299K）

この一節にもあるように、農民は並外れて「丈夫な体」で重労働を行ない、常に日光と外気にさらされ、粗食で入浴の習慣がなく、熱く乾燥した胆汁が溜まりやすく、ほとんど別の人種だとほのめかされている。反対に、都市の住民（日陰で一日に一回、場合によっては二回入浴し、十分な食事を取り、ギムナジウムで運動を行なう）は粘液が溜まりやすかった。しばしば農民は都市の患者よりも強烈な、女性や子供や特に軟弱な体の人には耐えられないような治療薬を要求した。[21] しかし、農民に対するガレノスの態度はこの引用に見られるほどには厳しくなかった。農民をロバにたとえる場合でも、必ずしも蔑視しているわけではない。ガレノスは（諸性質の混合した結果としての）気質と体格について論じるときには、しばしば人と動物を比較しているからである。都市に住むある貴族の患者についても「犬のように……痩せて筋肉質」だった（『治療法について』10.3, 10.671K）と同じように記している。ガレノスはたびたび農民について言及するが、著者が気づいた限りでは、恩着せがましさや蔑みなどの否定的な態度を見せている箇所はない。他方で、運動選手、ソフィスト、裕福で贅沢好きな患者、（非常に頻繁に）女性、言うまでもなく存命・死亡を問わず医学上のライバルについて論じるときには、実にしばしば感

情をぶちまけている。ガレノスは自給自足で骨の折れる仕事にたずさわる農民の生活に敬意を抱いていたようで、少なくとも愚弄することなく記述している。食べまくって筋肉をつけた競技者の鍛え方と比べて、農民たちの鍛え方には好意的である（『ヒポクラテス「箴言」注解』1.3, 17B.363K）。

さらに明らかなこととして、ギリシア貴族の出で地中海世界の最も高い教育を受けた医師のひとりとしてのガレノスは、たとえ生活様式や見かけや習慣が馴染みのないものだったとしても、旅行中に出会った田舎の人々を治療することを潔しとしない類の誇りは持っていなかった。道具や薬の多くが手に入らないなどと言い訳をせずに巧みに治療し、使えるものを求めて家の中、庭、中庭、作業場を探しまわることもいとわなかった。実際何度も、農民の治療に尽力し、彼らの私有地にいるのがあたりまえであるかのように言及している。ガレノスは農民たちを治療していることを自慢し、職業上の卓越ぶりを主張する際に、そのことを示すことも平気だった。農民の患者によっては、長らく治療されないままでいた場合もあり、ガレノスの心遣いに大いに喜んだことだろう。ここで思い出されるのは、剣闘士に対するガレノスの態度である。同じく低い身分の男たちだったが、ガレノスは最善の努力を惜しまず、きわめて驚くべきことに、見下したような態度で書いた形跡はまったくない。

ガレノスがローマに着いたのは春で、おそらく一六二年のことである[22]。ローマでガレノスが目にしたものを喩えるなら、デリーのような巨大な旧植民地を訪れた人を想像するのが一番近いだろう。人口と建造物の数はここ数世紀のデリーほど多くないが、貧しさや危険の面では現代のどの都市にも、そしておそらくはほとんどの古代都市にも勝っていた。つまり、人類史上最も不健康な都市のひとつという環境で、ガレノスは数十年間医療活動を行なったのである。

市内の公衆衛生状態は現代の基準からすると身の毛がよだつものだった。しかし、ローマは前近代の多くの都市にはない、独自の重要な利点があった。新鮮な水である。（おそらく今日のローマの住民が利用可能な量をも超えるほど）大量に、（感染症を引き起こすティベリス川に依存することなく）遠く離れた地から、十一の水道が昼夜を問わず絶え間なく水を供給していた。[23] 水はいったん貯水槽に集められ、そこから公共の泉や公衆浴場（および裕福な家の個人所有の浴場）に送られた。ローマの水道の清潔さと水質の高さはガレノスを驚かせた。「ローマでは、この都市の数々の他の利点と同じく、泉が良質で多数あり、我が町ペルガモンと同様に、水が臭ったり、有毒だったり、濁っていたり、硬かったりすることはまったくなかった」（『ヒポクラテス「伝染病第六巻」注解』10, 17B.159K）と記している。泉と浴場には絶えず水が供給されて、余った水が排出されるため、不要物を下水に洗い流し、ティベリス川へと送るのを助けていた。おそらくそのおかげで、動物や人々が日々使うことで水場が一時的に汚染される可能性が高かったにもかかわらず、汚染された水が病気を広めてしまう危険を減らしていた（水場にはヒルがいたようで、ガレノスの患者の鼻に入り込んだことがある）。家庭では、殺菌されていない容器に常温で水が保管されることで、汚染される可能性もあった。[24]

水の供給システム以外にも、ローマには公衆衛生を向上させる要因があった。それは平民への穀物の配給で、これが栄養不良を緩和していたかもしれない。しかし、穀物配給の利点を強調し過ぎるわけにはいかない大きな問題点があった。それは、平民階層はローマの最貧層ではなかったことである。奴隷と非市民の移民は受給の資格がなく、受給者の数は固定され資格は相続されて、欠員が出ても空きは売りに出された。無料の穀物配給の総受給者数はおそらく二十万人で、ローマ全人口の一部分にすぎなかった。ただし政治的理由から、代々の皇帝は穀物供給を保証し価格を統制する別の方法も講じていた。クラウディウス帝が開始しトラヤヌス帝が完成させたローマの主要港オスティア建設、エジプトとアフリカに課した穀物税の大半のローマへの転用、食糧供給長官による監督などである。またもや、これらの対策が本当に最貧の人々の助けになったかどうかはわからず、不作、戦争、疫病が穀物の栽培と輸送を妨げたり、大火や洪水で都市の保管庫が破壊されたりすれば、都市の食糧危機は避けられなかった。ガレノスの時代には、二度の食糧危機がローマを襲っている。それでも、ローマの都市住民は他の多くの人々よりも、栄養不足やそれに伴う病気にかかりにくかった[25]。

しかし、その他の点ではローマは周辺の田園地帯と比べて不健康で危険な場所だった。たとえば、他の都市と同様に河川は汚染されていた。ガレノスは都市近郊で、特に悪臭を放つティベリス川で取れた魚を食べることに反対し、こう記している。

> 下水、酒場、浴場、洗濯などで使用された水が流れ着く河口にいる魚が最悪である……ウツボの肉……はこのようなローマを貫いて流れるような川の河口では最悪である[26]。

ティベリス川は四、五年ごとに氾濫し、そのたびに供給される水質を悪化させた。氾濫は、（後述する）都市の汚染の原因だった死体、ゴミ、糞便による健康被害も悪化させ、そこに溺死体も加わって、逆流防止の弁がなかった下水の糞便を通りにばら撒き、さらなる健康被害の原因になっていた[27]。

ローマ市の人口の推定は難しいが、人口密度はきわめて高く、多くの歴史家は百万人という数字を挙げることが多い[28]。この百万かそこらの住民の大多数は「インスラ」（島）と呼ばれる集合住宅に住んでいた。古代に集合住宅があったことが知られているのはローマ市と港湾都市のオスティアだけで、ローマの場合たいへんな人数が住んでいた。紀元前四世紀から始まるローマ市の十四の地区の登記簿では、四万六千以上という信じられない数のインスラが記載されている。貧民は上層階を日払いで借りていたようである。あるいは、一部屋かそこらの店舗、下宿、柱廊の柱の間や水道に接して建てられたあばら屋、墓地、地下室や階段、路上に住んでいた。貧民層の居住地区はローマ市でも最も不健康な地域で、丘とティベリス川流域の間の低い土地だった。貧民自身は不平不満の記録を残していないが、富裕層の文学作品からもローマでの生活状況について衝撃的な記述が見受けられる。ローマの最も偉大な弁論家で家主でもあったキケローの有名な手紙では、「ネズミさえ引っ越していった」という二つの所有物件が崩壊したことに、哲学的に無関心であることを喜んでいる[29]。

アウグストゥス、ネロ、トラヤヌスが布告を発して市内の建築物の高さを制限したのは、おそらく危なっかしい建て方の集合住宅が対象だったろうが、繰り返し発せられたことから、効果はあまりなかったようである。トラヤヌスが改正した条例でさえ、六〇フィート〔四、五階の高さ〕の建築物を認めていた。これは当時の建築技術では危険な高さである。安定した構造のインスラもあり、たとえばローマに唯一現存するカーザ・ディ・ジュリオ・ロマーノは外側を煉瓦で覆ったコンクリート製で、オスティアのインスラもましな造りだった。しかし、カーザ・ディ・ジュリオ・ロマーノは当時の建築基準を超える七〇フィートの高さだったが、質の悪い建築物は残らず、調べようがない。多くの集合住宅では、壊れやすい建築が唯一残っているポンペイの建築の慣習と同じく、粗石と粘土を核とした壁はもろかった。木材の梁と天日干しの煉瓦の組み合わせは、ローマ世界の安価な建築によく見られるもので、おそらく多くのインスラで使われていた。基礎にひびが入ったり、継ぎ目が分離したり、壁が崩れ落ちたりした集合住宅についての記載が[30]、建築家ウィトルウィウスと哲学者セネカ、風刺詩人のユウェナリスとマルティアリスなどに見られる。

ティベリス川の洪水によって、窯焼きされていない煉瓦と隙間を埋めた粘土が溶け、多くの住宅が倒壊した。ティベリス川の洪水についての記述でもよく言及されている[31]。長期的には、安普請の土台部分も洪水によってもろくなっていった。

市内の換気の悪い住居内では空気が悪臭を放っていた。軟部組織が残っている八歳くらいの子供のミイラには、幼いにもかかわらず肺に大量の炭粉が沈着していた。今日ではほとんど炭鉱夫にしか見られないほどの量である。この子の場合はオイルランプ、調理、木材や肥やしを燃料にした炉火によって室内の空気が汚染されていたせいだろう。このミイラの少女は胸膜炎で亡くなっていたが、胸膜炎は結核などの疾患で起こることもある。しかし、七九年のヴェスヴィオ山の噴火で埋もれた、ポンペイ近郊のヘルクラネウムの町の遺体を発掘して分析したところ、やはり室内の汚染された空気が原因による胸膜炎が一六二名に見つかった。もちろん、ローマ市の状況はこれよりも悪かった。(32)

ローマ市の下水システムについてはあまりわかっていない。公衆便所があったが、下水管がつながっている家はほとんどなかった。水洗式でない便所や糞壺のある私有の家や住宅もあった。糞尿を肥料として農民に売却するのを生業とする掃除夫が定期的に掃除していたとしても、害虫が微生物をあちこちに運ぶせいで、糞壺は健康を脅かす存在だった。浴場には下水管で排水される公衆便所があったが、面倒くさがった人々は排泄物を通りにばら撒き、あるいは通りのゴミの山や戸口で排泄していた。問題がなければ、排泄物や動物の死骸や人の死体を通りに捨てることを禁じる法律など必要とされていなかったことだろう。だが、都市は守らせる方策を欠いていた。肉屋と皮なめし屋は血液や廃物を通りに投げ捨てていた。(33)

災害や伝染病以外にも、控えめに見積もっても一日平均で少なくとも八十人がローマ市内で亡くなっていた。(34)これらの死人の遺体のうちの埋葬されない割合がわずかで、たとえばあばら屋や通りで物乞い生活をするような五パーセントの最貧層だけだったとしても、一年で千五百体の遺体が市内に転がることになる。共和政後期には、そのような遺体の多くは野ざらしのまま大きな墓穴に入れられ、何十もの墓穴が、元々の市の門の外側にあるエスクィリヌスの丘で発掘されている。エスクィリヌスの墓としての使用は紀元前四〇年ころに終わり、のちにアウグストゥス帝の側近となるマエケナスが墓穴の上に有名な庭園を建てた。ガレノスの時代、埋葬されなかった遺体がどこに運ばれたのかは明らかでなく、おそらく公共の焼き場で火葬されたのだろう。しかし、遺体をすべて集めて火葬することはできていなかった。結局はティベリス川や墓穴に行き着くか、通りでイヌやハゲワシに屍肉を漁られることになったと文献は伝える。スエトニウスは、のちの皇帝ウェスパシアヌスの朝食時に野良犬がヒトの手をくわえて食卓に現れたという逸話を語っている(35)。捨てられた幼児もイヌの餌食になり、そのイヌは貧民に殺されて食べられ、安い革の原料として皮を剝ぎ取られた。病んだ老人の奴隷は通りに捨てられて野垂れ死にするか、もっと古くからの捨て場所であるティベリス川の中洲に捨てられた(36)。

ガレノスと患者は毎日、あるいは日に二度公衆浴場へ通っていた(最も富裕な人々は自宅に個人用の浴場を所有していた)。市内に浴場が多くあり、部屋と施設が左右対称に配置されたトラヤヌス大浴場などの壮麗なものから、街角の粗末なものまでさまざまだった。入浴は市民生活のうちでもっとも快適な習慣だと考えられ、なかでも皇帝の浴場は最も洗練された公共の建物で、美しく明かりが灯され贅沢に飾られていた(37)。しかし、浴場は細菌と病菌を広げもした。浴槽からあふれ出ることで、水はある程度新しいものと置き換わっていただろう(排水設備そのものについてはよくわかっていない)。しかし、消毒設備についてはまったく知られていなかったか、用いられていなかった。入浴はあらゆる種類の病気の治療に日常的に用いられており、そのなかには、今日感染性の疾患として知られる、赤痢、ハンセン病、呼吸器疾患などが含まれていた。このような入浴による療法はガレノスにも他の医学文献にも明示され、ハドリアヌスは浴場を三時より前は病人用として確保させていた(38)。浴槽の温水は微生物が繁殖する理想的な条件となっており、多くの古代の文献がお湯の汚れを批判している(よく引用されるそれらの文献に、本書第1章で触れた浴槽内での排尿についてのガレノスの証言を加えてもいい)。傷が開いたまま湯に浸かった場合、「たいていは悪化する」とケルススは警告している(『医学について』

5.26.28)。浴場にはゴキブリがたくさんいた（大プリニウス『博物誌』1.99）。空気の質も悪いことが多く、窯からの煙も混じり、客が気を失うこともあった[39]。

つまり、ローマ市は害虫（ハエ、カなど）、糞便、イヌが媒介する病気や高人口密度のために、空気感染する病気が蔓延するには理想的な環境だった。また、室内の空気の汚染は呼吸器の疾患を引き起こした。それらの病気のなかでも、最も危険かつ蔓延し、特徴的だったのがマラリアである。晩夏に市内で死亡数が増加したことが墓碑銘の記載からわかっており、この点はさまざまな解釈が可能だが（そのすべてが高い死亡率を問題にしている）、マラリアが風土病であったとする他の証拠を裏付けている。夏に死亡率が高いという現象は子供から大人まで、あらゆる世代で見られる。もっとも、呼吸器疾患のために、老人は冬の死亡率も高かっただろう[40]。マラリア原虫には四つの種があり、最も致死率が高いもの（熱帯熱マラリア原虫（P. falciparum））は、古代に「三日半熱」と理解されていたものの正体だろう。これは熱発作が二日ごとに繰り返して起こる点が「三日熱」と同じであるが、熱が下がる短い期間をはさんで高熱の期間が特に長く続く点で異なっている。ガレノスの見解では、この種の熱病は特に危険で、しかもローマ市に特有のものだった。のちに初期近代から十九世紀にかけても、ローマ市は「マラリア」と呼ばれるようになったこの病気について西洋人が真っ先に思い浮かべる都市であり、それは悪い空気のせいだとされていた。ガレノスは次のように記述している。

この種の熱病［三日半熱］の発生は、私が言ったように、日々、特にローマで目撃されているので、ヒポクラテスの証言や他の誰かの言葉は必要ない。他の場所が他のもの［病気］で溢れかえっているように、この熱病はこの市に溢れていた[41]。

都市の大部分は汚れた水が溜まりやすく、たとえば、豪邸の天井のない通路に置かれた雨水溜め、家々の間にあって食糧供給の助けとなっていた菜園、古い記録から確認される一二〇四もの池や湖など、マラリアを媒介する蚊が育つための理想的な条件が整っていた[42]。泉や浴場から溢れた水も汚れた水溜まりを作り、また、通りに積まれた汚物と混ざった、微生物を多く含む湿った大量の泥も同様だった。洪水が起きた年には、水が引いた後に蚊が生育する条件が整い、マラリアの患者が増加した。

　免疫を持たずに市内へ移住した人々は、特に熱帯熱マラリアに罹患しやすかった。内乱状態にあった紀元後六九年にウィテッリウスによって市内に連れて来られたゲルマン人とガリア人、あるいは四一〇年にローマを略奪したゴート族のアラリック一世のように、市に着いてまもなく病に倒れた人々の話の数々が伝えられている[43]。致死性の低いマラリアであっても、少年や若い成人で腸チフスや結核を併発することがよくあり、それらも多くの命を奪っただろう。ローマでは、ガレノスが老人の患者についてほとんど記述していないように、死と致命的な病気は特に老齢に特有のものでもなければ、小児だけと関係づけられるものでもなかった。死亡率の傾向を再構成するために歴史家が一般に用いる生命表では、平均余命が短い集団は乳幼児の死亡率が非常に高いと予測される。しかし現在では、この平均余命の幅の取りかたについては理論的に問題が多いことが知られている。つまり、生命表では大人と比較して幼児の死亡率が誇張される傾向があるのである（かつ、これらの要因は互いに無関係に変動する可能性がある）。ローマ市内では、どの年齢層でも突然死が起きていた[44]。

　熱病はヒポクラテスの『伝染病』においてとりわけ重要視されていた病気であり、ガレノスも同様に複数の著作を熱病にあて、患者に関する話題でも最も多く言及している。ガレノスにとって、熱病は主としてひとつの症状ではなくひとつの病気で、周期的に熱、強ばり、発汗が発作的に現れるのを特徴としていた。さらに、消化不良や、全身の強ばり、不眠、頭痛、しばしば悪寒、吐き気、譫妄も見られた。これらの症状のすべてがマラリアの症状と完全に一致するわけではないが、熱病についてのガレノスの考え方やガレノスに影響を与えた先人たちの考え方が、マラリアが一般的だった世界で生じたことは、示唆に富んでいる。ガレノスやその他の文献には異なる周期の発熱を併発する症例も書かれており、これもマラリアの患者に起こりうるものである[45]。

市内ではもちろん他の病気もよく見られた。近縁な細菌が引き起こす結核とハンセン病の存在を確かめるため、病原菌のＤＮＡ解析が市と周辺の遺物に対して行なわれることになり、市内とその周囲の遺体についてはまだなされていないが、属州では、結核とハンセン病の患者に特有の特徴を持つ骨に加えて、両方の病原菌も見つかっている。多くの人々が両方の細菌に感染していたようである。ギリシア・ローマの医学は咳を伴う消耗性の疾患を「プティシス」と呼んでおり、これは数世紀にわたって結核を経験していたことを反映している。結核については古代の医学文献にもたくさんの証拠があり、結核に罹った形跡が残る人骨も見つかっている。ガレノスは結核患者を多数診ていたと考えられ、結核がローマ市内でのおもな死亡原因になっていたと推測される（十九世紀の最盛期には西洋世界の主要死亡原因だった）。しばしば若者が結核によって死亡し、マラリアと同じように、生命表の予測や歴史家の想像以上に若者の死を引き起こす環境を作り出していただろう[46]。

ハンセン病は、ローマ時代によく用いられるようになった古代の「エレファンティアシス」の概念と重なる部分が多い。ガレノスと同時代にエフェソスのルフォスは、「エレファンティアシス」について最も詳細な医学的な記録を残している。顔面の変形、潰瘍、皮膚の腐敗、指先の脱落などの症状すべてがハンセン病を彷彿とさせ、この病気がこの時代のギリシア・ローマ世界で一般的に見られていたことを示唆している。一世紀の大プリニウス、ケルススなどの記述では、「エレファンティアシス」はイタリアでは新しい病気とされており、属州から権力の中心へ流入した大量の移民とともにイタリアにもたらされたと考えられる。大プリニウスはこの病気がイタリアでは消えたと付け加えているが、ガレノスなどののちの記述では「エレファンティアシス」がありふれたものとされているように、プリニウスの記述は明らかに不正確である。ガレノスは複数の箇所で「エレファンティアシス」について言及し、その治療を行なったが、よく見られるのはアレクサンドリアであるとし、黒胆汁を産生しやすいものをよく食べているからだと記述している。直接観察に基づいた記述ではないが、ゲルマニアでは珍しいとガレノスは記している。また、「エレファンティアシス」についての記述の多くは小アシアの患者についてのものであるにもかかわらず、不思議なことにミュシアでも珍しいと記している（『治療法について、グラウコンのために』2.12; 11.142K）。ガレノスの世界では、「エレファンティアシス」は忌み嫌われ、非常に恐れられる病気だった。ある患者はひとりで田舎暮らしをし、友人から避けられていた。別の哲学者風の人は、この病気に罹ったら生きようとは望まないと決心していた（ただしガレノスは「エレファンティアシス」をヘビの毒で治療できると主張している）。過密で貧困層が大半を占める人口構造、そして不衛生な条件のために、ローマ市ではハンセン病が広がりやすかっただろう(47)。

もちろん、「エレファンティアシス」は古代のローマ市を脅かした病気の一例にすぎない。下痢性疾患、肝炎、発疹チフス、ブタ、イヌ、ネズミから感染するレプトスピラ症（人獣共通感染症。重症化すると黄疸や肝機能障害を起こす）を示唆している。サナダムシなどの寄生虫もごくありふれていた。最後に、大プリニウスはイタリアで新たに見られるようになった病気のなかで、特に「メンタグラ」（ギリシア語では「リケン」とも言われる）という皮膚疾患について言及を行なっている。「痛みはなく、命を脅かさないが、どのような死も受け入れたくなるほどおぞましい」と語っている。これは接吻で感染するために上流階級の男性に限定され、オトガイから始まって顔面全体、頸部、胸部、腕、手へと広がっていく、と記している（『博物誌』7.1）。大プリニウスの記述から、性病性ではない、風土性の梅毒を疑う研究者も多くいる。しかし、人骨の調査では、梅毒や関連疾患を含むトレポネーマ属の細菌を原因とする疾患が、コロンブス以前の旧世界にあったと結論づける証拠は見つかっていない（コロンブス以前の新世界にはそのような証拠を示すものが多数あり、新世界からヨーロッパにもたらされたという仮説が導かれる）。ただし、ケルススは外陰部にいぼなどのさまざまな病変が現れ、きわめて悲惨な状態のものもあると記しており、他の性感染症が一般的だったことを示唆している（『医学について』5.28, 6.18）[48]。

ガレノスは少なくとも二人の痛風患者について記しており、本書冒頭に出てきた腐ったチーズ入りの膏薬で治療した「石灰の石」の患者も痛風だったようである。ガレノスはこの患者を「ポダグラ」（足部の痛風）と診断していないが、これは障害の起きているところが足ではなかったからだろう。痛風は、ガレノスの著作も含め、ローマ時代の多くの文献に表れている。ある行商人は治療薬を売り歩き、「そして、彼は痛風を患っている人がそこにちゃんと立っていると話していたが、その患者は歩ける程度の軽度の患者でしかなかった」と記した。ガレノスはそのニセ医者に患者を治療してみろと挑んだが、治療薬は症状を悪化させただけだった（『単体薬の混合と諸力について』1.29, 11.432–33K）。ローマの貴族階層で痛風の発生率が明確に高いことの原因を、研究者は長らく、配管・調理・貯蔵容器、薬剤、化粧、女性用の白粉などで広く用いられていた鉛による、重金属汚染のせいだと考えてきた。鉛が毒であることを示唆する考えは古代にもあったが、ガレノスは鉛中毒についてまったく知らず、記述もしていない。特に、紀元前二世紀に書かれたコロフォンの医師ニカンドロスによる毒についての詩『解毒薬草』[49]では、白粉用の鉛を使いすぎて体内に入った場合の影響について、ある程度正確に記している。人骨の調査から、イタリアを含むローマ世界のいくつかの地域では、鉛含有量が先史時代（ほとんどない）よりもはるかに多く、現在通常見られるレベルよりも高かった。ローマ時代のイタリアの二十集団のサンプルの調査によると、紀元前二〇〇年から紀元後二〇〇年の間に骨中鉛含有量は十倍に増えている。一世紀から三世紀のリミニ（古代のアリミニウム）とラウェンナの成人の歯の象牙質には、平均で一グラム中に八五・五ミリグラムから九二・五ミリグラムの鉛が含まれていた。一九九〇年代のドイツ、カナダ、メキシコ、北イスラエルの調査では、例外的に高い含有量の場合でもこの値の半分程度でしかなかった。古代ローマ人に急性鉛中毒による健康被害があったかどうかは別として、気がつかないうちに低レベルの鉛中毒が起こっていたとすると、痛風の罹患率の高さや、後述する骨格系への影響の説明がつく。しかし、鉛中毒の影響は幅広く、神経系や行動に多くの症状が現れるものである。それゆえ、鉛中毒と特定する証拠を指摘するのは難しいが、イタリアで見つかるローマ時代の骨と歯が明らかに高レベルの鉛にさらされていたことから、鉛中毒は疾患の大きな原因になっていたことが示唆される[50]。

古代の人骨には慢性疾患の痕跡が残されたものもある。栄養不良、赤痢、寄生虫感染症、マラリアなどが原因の慢性的栄養不良と貧血は、眼窩の上壁及び骨格全体に多くの孔ができるため、その痕跡を今日でも確かめることができる。同じ要因によって歯のエナメル質の形成不全も生じうる。ローマ時代の人骨では、特に主要都市近郊で健康状態が悪かったことが明らかになっている。一方、たとえばブリタニアの人骨は比較的健康状態が良かった。ローマ近郊で眼窩篩（がんかし）（眼窩上壁に小さな孔が生じる病変）が見られる割合は、地域によっては実に八〇％にもなった。最新の研究によれば、眼窩篩が起こる諸原因に共通する要素として、巨赤芽球性貧血が指摘されている[51]。この貧血はビタミンB12不足、くる病、壊血病といった重度の慢性疾患によって引き起こされる。

ローマ市が健康的だったのか非健康的だったのかについては研究者によって意見が分かれてきたが、ローマに理想像を当てはめようという試みよりも、その暗い面を描いたもののほうが説得力があるように思われる。つまり、死亡率や病気の罹患率は地域によってかなりの幅があったのである。ローマ郊外には前述のように病理学的に非健康的な地域があったことがわかっているのに対し、二つの地域では眼窩篩が二〇％を下回る（これでも現在から見れば、あるいは前近代でも非常に高い割合であるが）。都市内部では「七つの丘」の小高い地域の住人はおそらくマラリアによる惨禍を免れられ、より長生きできただろう。都市内での健康状態が地域によって異なることは、初期近代や近代の文献では明白に意識されており、古代の文献からも、高台はとりわけ健康的で、ティベリス川流域の低地は有害だった。同様に、人口密度の低い地区の住人や公共の水の供給事情のよかった地区の住人は、他の地区よりも健康的だったようである。[52] 夏季に市から離れることができた貴族階層も多少は寿命が長かったかもしれない。十分な記録が残されている皇帝とその家族についての人口学的調査によれば、ローマの最上位の特権階級として、自然死を期待できるほどの幸運な生活をしていても、出生時余命は平均で二十五年以下だった。都市に住む大多数の人々の平均寿命はそれよりも短く、おそらく二十年以下だっただろう。そうだとするとローマ市の人口は維持できなかったことになる。実際、ローマ市は人を排水する穴のようなもので、初期近代のロンドンについて確かめられているのと同じ現象が起きていた。日々の穀物が支給されているにもかかわらずローマの平民の人口が維持されていなかったことは、受給者の数が固定され、配給の権利が相続されていたなかで、権利が空けば売却することを法律が認めていたことからも明らかである。大勢の移民を集め、その多くがすぐに亡くなるか、平均よりも早く亡くなるかしている状況下で、人頭税という無慈悲な税を課していたため、帝国の首都は貪欲な肉食者だと記述されてきた。[53]

このローマという都市に対して、ガレノスがどのような印象を抱いたのかを想像するのは難しい。それ以前にガレノスが住んだことがあったのはペルガモンとアレクサンドリアだが、ガレノスの推測ではペルガモン市民の人口は四万人、女性と奴隷を含めた総人口（おそらく幼児は除外されている）は十二万人だった。ローマの人口は桁違いの数で、おそらく百万人にのぼる住人が住む、当時の世界でも最大の都市だった。ローマ市の住民について、ガレノスは莫大な数の名もない病人であふれているという印象を抱き、「これほど多くの人々がいる市を、雄弁家のポレモンは世界の縮図だと呼んで賞賛したほどだった」（『ヒポクラテス「関節について」注解』1.22, 18A.347K）、あるいは「この人口の多い市は、毎日一万人が黄疸に、一万人が水腫になっているのが見つかる」（『下剤の力について』2, 11.328K）と述べている。ヒポクラテスが記述したこともない珍しい腕の脱臼をガレノスは五度見ているが、そのうちの四回はローマにおいてだった。「ローマの市民は非常に多いので、あなたはなぜ私がこれらの患者を見たかではなく、なぜ同じような脱臼をそれ以上見なかったのかと問うことだろう」と記している（『ヒポクラテス「関節について」注解』1.22, 18A.347–49K）。

社会の雰囲気は冷酷だった。医師としての成功に不可欠な評判を勝ち取るのは難しく、ほかの土地とは異なり、医師は誰にも気づかれないおそれもあった。「ローマの異常さのひとつは、他の市にはないことだが、同居者を別にすれば近所の人さえどのようにして患者が亡くなったか、誰に治療されたかを知らないことだった。これは都市が大きくて人口が多いためである」と述べている。[54] ローマはペルガモンとは異なり、低い身分の出身者は否定されたり嫌われたりしていた。これはガレノスもライバルを非難する際に用いた論法でもある（『予後判断について』4, 14.623K）。市内での競争は苛酷だった。医師たちは山賊の一団のように新参者を攻撃し、わずかな失敗にもつけ込んだ（『予後判断について』14, 14.622K）。毒を盛ることさえあり、ガレノスが来る十年前に、ある新参の医師は二人の使用人とともに殺されている（『予後判断について』14, 14.623–24K）。このため、ガレノスの同郷の教師で最初の有名な患者でもあったエウデモスは、ガレノスに警告している。この話はのちに詳細に述べることにしよう。

ローマでは他のどこにもないほどに医学の専門分化が進み、歯、耳、肛門の専門家などがいた。また、ヘルニア、腎臓結石、白内障などのそれぞれを専門とする外科医がいた(『治療術の諸部分について』2.2, 2.26 Lyons)。ある有名な一節でガレノスは、ペルガモンのエウデモスという医師(ガレノスの患者と同一人物かは不明)が、患者の頭蓋を開頭して「イシスの膏薬」という強烈な収斂剤を直接髄膜に塗ったと述べている。これについてガレノスは、ペルガモンで治療を続けていたらこの方法を試したかもしれないが、「ほとんどの時間をローマで過ごしてきたので、市の慣例に従い、この種の行為は外科医と呼ばれている者にまかせた」と慎重に述べている(『治療法について』6.6, 10.454–55K)。

ローマの規模、あふれかえるほどの住人、その社会的な複雑さ、これらすべてについてガレノスは意見を残している。だが、本人は言わないものの、同様にあるいは何にもまして感銘を受けたのは、純粋に物理的な壮麗さだったに違いない。首都の公共建築物や記念碑の存在は中小都市と同じでも、規模が途方もなかった。大理石貼りの煉瓦とコンクリートでできた四層からなる円形闘技場は、三十二か所の入り口があり、五万人の観客を収容できた。闘技場は傍らに高さ一二〇ローマ・フィートもの高さがある皇帝ネロの裸の巨像(コロッスス)があったことから、「コロッセウム」と呼ばれるようになった。ガレノスの時代にはネロの像は太陽神ソルの像に改造され、一二三ローマ・フィートの長さの光線をかたどった王冠を着け、台座は各辺が七メートルもあった。二世紀初頭に建てられたトラヤヌスのフォルムは他の帝国内のフォルムよりもはるかに広く、その壮麗さと複雑さはウェスパシアヌスの平和の神殿をも上回っていた。トラヤヌス浴場は中庭が一三エーカーもあり、高いアーチ型の天井、円形大広間、ニッチやアプスやエクセドラなどの壁の窪み(ごうま)のすべてが、表面を滑らかにした煉瓦で作られ漆喰で塗装されて、おそらく絵やモザイク画、大理石のパネル、金属の格間で飾られ、彫像などの芸術作品があふれんばかりだった。この施設は人がひしめき合う市中にそびえる豪華建築の一例にすぎない。このようなものが、民衆の生活のあり方を規定し、ガレノスのいろいろな話題の背景となっていた。たとえば(ガレノスが「トラヤヌスのギムナジウム」と呼ぶ）トラヤヌス大浴場は、患者が入浴や運動をしてマッサージを受ける場であり、哲学者が講義を行なう場でもあった。平和の神殿では、敵対者がガレノスを毎日呼び出しては論戦を挑んでいた。最後に、地中海の属州と同じようにローマでもほぼ屋外で生活が営まれ、通りは日々の生活に関することで騒がしく混みあっていた。行商人が商品を呼び売りし、学校の教師と肉屋は客を集め、ガレノスの名が付された本を買ったばかりの人が信憑性について議論を始め、ライバルがヒポクラテスに関する知識がらみで侮辱し、ニセ医者が痛風の薬を人々に売り込み、聴衆から文句をつけられると患者で試してみせていた[55]。

ガレノスはこの威圧的な都市ローマに、友もないまま徒手空拳でやってきたのではなかった。テウトラスという「我が同胞の市民で学生仲間」と呼ぶ古い友人が、おそらく先に来ていて、ガレノスにとって「ローマに来て最初の」診察のひとつに立ち会っている。患者は二十一歳の女性で、無月経、咳、呼吸困難、顔の赤みが見られた。これらの症状すべては瀉血を要するものだとガレノスは考えた。しかしその女性の、エラシストラトスの教えに従う医師は瀉血を拒否した。この患者の主治医はガレノスではなかったのだ。ガレノスはまだ若く、ローマに来たばかりの新参者だった。かかりつけの医師は年長で、女性の家族とは長い付き合いだった。ガレノスはどのようにして関わり合いを持つようになったのかは述べていないが、裕福な一族の病気というものは社会的な出来事であり、公共性を持つほどだった。その患者が呼吸困難を起こし、血を吐いて亡くなったことで、その症例は公開討論の題材になり、同じエラシストラトス主義の医師たちが治療した他の患者についても併せて議論された。

討論は暴力沙汰になりかけ、テウトラスはガレノスが振り上げた腕を押さえつけて制止するはめになった。翌日、このガレノスの友人は公衆の前で、エラシストラトスの著作から患者の症例を読み上げた。選んだのは、瀉血をしなかったために亡くなったとテウトラスが判断した患者である。聴衆の誰かが、エラシストラトスが瀉血を避けたことは正しかったのかとまわりくどい言い方で質問をすると、ガレノスが進み出て返答した。その返答に感銘を受けたテウトラスは、のちに奴隷のひとりに書かせて文字に起こした。これが現存する『静脈切開についてエラシストラトスへの反駁』であり、この論考が書かれたきっかけについては、数年後ペルガモン滞在を経てローマに戻った際に書かれた、対になる論考『静脈切開についてローマ在住のエラシストラトス主義者への反駁』に述べられている。(56)

この一件から明らかなように、ガレノスはローマ市に友人がいたが、敵もすぐに作ってしまった。敵対者のうちで名前が挙げられているのは、名声高い老齢の医師マルティアヌスだった。この名は、先の出来事からかなり後の一九〇年代に書かれた『自著について』(1,19.13–14K) では少し異なった形で現れる。こちらではガレノスが公衆を前にしてエラシストラトス著『血液の排出について』について話したことになっている。適当に尖筆で指した箇所を解釈し注釈を加えるという、よくあるゲームだった。ガレノスはエラシストラトス主義の医師「マルティアリウス」を舌鋒鋭く攻撃したが、これはおそらく、エウデモスの話題でも出てくるマルティアヌスと同一人物で、『自著について』が書写されて伝わっていく過程で誰かが誤って写したのだろう。このマルティアヌスが、多血症の婦人に不適切な治療をした年長のエラシストラトス主義の人物に違いない。マルティアヌスはローマでも評判の高い傑出した医師のひとりで、解剖についての著作の評価も高かったが、ガレノスは「悪意に満ちて好戦的」と評し、さらに当時は七十代だったとも述べている。そしてある友人がガレノスの議論を文字に起こしてくれたとあり、ここではガレノスはテウトラスの名を出していないが、『静脈切開についてエラシストラトスへの反駁』のことに違いない。

ガレノスはこれを三十四歳のときのことと記しており、一六二年から一六三年にあたる。すでに名を知られ、医学のある学派（エラシストラトス主義）に反論を唱え、恐れることなく皆の前でマルティアヌスに挑んで厳しくやりこめていた。テウトラスは天然痘がローマを襲った最初の流行期の一六六年に亡くなる（第6章を参照）。ガレノス自身は公の場から身を引いたとのちに書いており、おそらくこの対決のせいだった。「私は［ライバルの］口汚い舌から逃れようとし、患者に必要なこと以上は何も話さず、以前のように公で教えることもなく、実演もしなかった」（『自著について』1,19.15K）。おそらくこのエピソードにうんざりしていたためか、あるいは手を引こうと決断したのがもっと後のことだったためか、この一節は曖昧である。これについては次章で論じることにする。

ガレノスの患者で、社会的地位が高く有力者との繋がりのあった最初の人物は、アリストテレス主義者のエウデモスである。父親と同世代で、この当時は六十三歳だった。エウデモスとの件は一六二年から一六三年の「初冬」に始まり（『予後判断について』2,14.610K）、現在の版で十ページを超える、ガレノスが語る最も長い話題である。その話が登場するのは、症例の記録である自伝的著作の『予後判断について』で、これを読めばガレノスがローマで成功を収めて、皇帝マルクス・アウレリウスお付きの医師のひとりになるまでの経過をたどることができる。ガレノスが『予後判断について』を書いたのは一七八年ごろ、ローマで地位を築き、ペルガモンへ去り、皇帝に呼び戻されてからかなりの時間が経っていた。また、マルクス・アウレリウスのためにテリアカを毎日処方し、その息子を治療していたのも、過去のことと
なっていた。そのため、記憶に基づいて書かれた記述は、特に最初のころの出来事については、回想と語りなおしのせいで変形し誇張されたものとなっている。したがって、それに留意してガレノスが語ることを読まなければならない[57]。

エウデモスの話題と深くかかわるもうひとりの友人として、ガレノスは『予後判断について』ではエピゲネスの名を挙げている。エピゲネスはテウトラスと同様、ガレノスよりも先にローマに来ていたペルガモンの人だろう。明らかにエピゲネスはエウデモスのことをガレノスよりもよく知っていた。親交

がないためにガレノスは医学的助言をエウデモスに与えるのを躊躇したが、エピゲネスは気後れせずに語りだした、と記されている（『予後判断について』2, 14.606–7K）。エピゲネスはガレノスの初めて注目を浴びた症例の一部始終を目撃し、「あなたはアリストテレス主義者の哲学者エウデモスの病気に、最初から最後までずっと立ち会った」と書かれている(58)（『予後判断について』2, 14.605–6K）。

エウデモスとガレノスの関係は解明が難しい。エウデモスがガレノスの父を知っていたのは確かで、少なくともガレノスの職業を変えさせた運命の夢について聞き知っていた（『予後判断について』2, 14.608K）。ガレノスはエウデモスを「先生」と呼んでおり（『予後判断について』3, 14.613K）、十代のころペルガモンで学んだ氏名不詳の教師だったことを示唆している。もっとも、ガレノスは生涯を通じて哲学の教育を求め続けている。もしエウデモスがペルガモンでのガレノスの最初の教師のひとりなら、ガレノスが専業の医師となったことや、自身では「副業として」医学を学んだ哲学者のつもりだったことは知らなくても、ニコンの夢について知っているのも当然である（『予後判断について』2, 14.608K）。

ガレノスとエウデモスは同郷で、ともに良家の子弟で立派な教育を受け、上流社会の同じグループへ入った。ガレノスは、この話題の冒頭に、エウデモスは毎日自分と会うのが習慣になっていた、となにげなく記している（『予後判断について』2, 14.606K）。ガレノスのほうは、エウデモスの取り巻きのひとりとして他の面々と一緒に浴場に行き、エウデモスが病気に罹った冬には一日に二回訪ねて行った（『予後判断について』3, 14.613K）。ガレノスと同じ階層・身分の者たちは常に取り巻き集団の中心にいた。取り巻きは、追随者、友人、奴隷、生徒から構成されていたが、それぞれが集団内で固有の立ち位置を持っていた。このような取り巻きのあり方から、ガレノスとエウデモスが毎日接していても、あまり親交がなかったことがうかがい知れる。『予後判断について』（1, 14.599–600K）などの多くの箇所で、ガレノスは「伺候」の慣習への嫌悪を綴っている。ローマの貴族が自分と同等か上の階層の人とのコネ作りのためにしていた、お世辞としての訪問という習慣である。だが、ガレノスとエウデモスの関係は、明らかにこの種のものだった。エウデモスの友人は、全員が専業の医師ではないながらも、エウデモスの健康に強い関心を持っていたのもガレノスの環境の特徴だった。病気は社会的な出来事であり、患者を訪ねて気づかったり、良い治療法を勧めるのは友人の義務だった。また貴族階層では、高いレベルの医学知識を得ることが流行っていた。これについては次章でさらに論じることにする。(59)

エウデモスの話題は、ガレノスとエピゲネスや他の人たちと一緒に浴場に向かうところから始まる。突然、エウデモスはエピゲネス（医師だったのか、単に医学知識の豊かな貴族だったのかは不明）に、熱の症状があるので入浴すべきかどうかを尋ねた。三日前から悪寒を感じ、よく知られていた教えに従って、「疑わしい時間」の食事と入浴を避けていた。ガレノスはエウデモスを四日熱（この場合は、古代の医師の数え方と同じように、三日ごとに発熱が起こる疾患のこと）だと診断した。現代の知識から診断すれば、四日熱マラリア原虫が原因の比較的良性のマラリアだと思われる。エピゲネスは「その場にいたすべての人」と同じようにエウデモスの症候については考慮しなかったが（『予後判断について』2,14.606K）、ガレノスは黙って意見を述べなかった。質問されたことで、ガレノスは四日熱が疑われると話した。つまり、その日以降に再発すると予言した。エウデモスはガレノスに脈を取ってくれるよう頼み、ガレノスは診てやった。ただしエウデモスの通常の脈を知らず、はっきりとした診断は下せなかった。ガレノスはエウデモスおよびエピゲネスとその日をともに過ごしたが、夕方に他の患者を訪ねるために二人のもとを離れなければならなかった。ガレノスが帰った後で、エウデモスに二度目の症状が現れ、そのときは全身が熱っぽかった。

病気の徴候はまだわずかだった。ガレノスは「どこかしらが悪い」という曖昧な意味で「異状」（アノーマリア）という表現を用いている（『予後判断について』2,14.606K）。病気がしのび寄る気配にエウデモスは横になったが、それで命への危険性が減るわけではなかった。エウデモスという例から、ガレノスが「熱病」と呼んでいる病気全般で、患者に起こるのはどのような症状かが明らかになる。悪寒、寒気、汗、熱っぽさだ。すでに述べたように、ガレノスにとって熱病は周期的な発作を伴う危険性の高い疾患であり、脈の微妙な変化によって診断していた[60]。また患者に熱病から脱したと宣言したがらなかった。ガレノスの見立ては正しく、エウデモスはまもなく「明らかに熱病となり」、友人や医師などの取り巻きのなかで、唯一正しい判断をしたとしてガレノスを賞賛した（『予後判断について』2,14.608K）。

発作が起こっている間に、エウデモスは「市の最良の医師たちを呼び集めた」（『予後判断について』2,14.609K）。このときもガレノスは躊躇して、「彼らと言い争うことは望まず」慎ましく控えていたが、次の発作が予想される朝のためにテリアカという複合薬（詳細は第6章で論じる）を医師たちが指示したときにもその場にいた。医師たちが帰った後で、ガレノスは個人的に反対意見を唱え、医師たちの指示は病気を悪くするだけだ、とエウデモスとエピゲネスに話した。とはいえ、かかりつけの名だたる医師たちに反してガレノスの意見を取り上げるのはエウデモスも落ちつかず、一同が朝になって薬を投与しに戻ってくると、それを服用した。発作の再発はいつもどおりの時間に起こり、経過を見るために付き添っていた医師たちは、効果が出るまでに薬を複数回服用する必要があると納得させてから帰っていった。しかし、四日より前に次の発作が起こってしまった。それが起こったのは同じ日だったと書かれている（この部分のテキストには混乱があるようだ）。エウデモスの医師たちは朝に再びやってきて、さらにテリアカを処方したが、結果としてエウデモスはその日のうちに二度の発作を起こした。

ガレノスの解釈では、元々の四日熱に加えて、不適切なタイミングでテリアカを服用したために生じた新たな四日熱の、二つにかかっているのだった。エウデモスに夜間の尿を残しておくように言い、翌日にガレノスが調べて、その日の朝に三つ目の四日熱の発作が起こるとはっきりと予測した。実際にその発作が、絶好のタイミングで起こった。つまり、エウデモスの友人で影響力の大きい二人が訪ねてきて、エウデモスがガレノスの予測について話していたところだったのだ。客人のひとりは元執政官のフラウィウス・ボエトゥスで、次章に登場する。エウデモスはガレノスの予測が正確なことに驚き、ボエトゥスらの訪問者全員に向かってガレノスを褒め讃えた。

そうしているうちにもエウデモスは三つの四日熱で衰弱し、他の医師たちは望みがないと宣告した。ガレノスも内心はこの悲観的な見解に同意していたかもしれないが、義務感からエウデモスの治療を続けた。「彼が一日に二回私を呼んだので、私自身は彼に応える必要があった。なぜなら彼は私の教師であり、近くで生きることになったのだから」(『予後判断について』3, 14.613K)。このせいでガレノスは笑いものにされた。特にクィントゥスの弟子の、つまりガレノス自身と同じ著名な伝統のより名声高い後継者である、年長のアンティゲネスから嘲笑された。「強い権力を持つ人をみな治療していた」(同箇所)アンティゲネスはガレノスを公の場で、医師も素人も含むガレノスの支持者の前で容赦なく笑いものにした。真冬に、六十三歳のエウデモスの三つの四日熱を治すつもりだなどと、馬鹿馬鹿しい！

実のところ、エウデモスは回復し、ガレノスは三つの四日熱それぞれの寛解の時期を正確に予測した。ガレノスの予測は公表されて知られ、感嘆や驚嘆の声が上がり、次々とガレノスの「予後にも治療にも少なからぬ評価」を呼び起こした(『予後判断について』3, 14.614K)。というのも、このエウデモスの件がさらなるドラマと緊張を生んだのだった。ガレノスはローマの主要な医師との直接対決をうまく避けていたが、エウデモス本人が多くの訪問者に語り、あるいはエピゲネスが彼の「予測と治療をたびたび讃えた」ために、ガレノスの予測はすっかり知れわたった(『予後判断について』3, 14.614K)。あるいは皮肉なことに、ガレノスを公の場で嘲笑したライバルまでひと役買っていた。ガレノスの予測どおりに徐々に症状が収まっていくにしたがい、ライバルは「やり損なうよう神に祈っていたのだ」(『予後判断について』3,14.614K)。

結局、アンティゲネスは「ほぼ打ち負かされ」(同箇所)、有名なエラシストラトス主義のマルティアヌスも同様だった。ここでマルティアヌスがエウデモスの逸話に初めて登場する。マルティアヌスはガレノスがしたのは占いだと批判していた。さらに質問されると怒って話の筋道が通らなくなり、動物か前兆か星によって占ったのだろうと答えた。

エウデモスが最後に三番目の四日熱から解放されるとガレノスが見積もった日に、マルティアヌスがエウデモスを訪ねてきた。ちょうどエウデモスは最後の激しい発作に見舞われており、マルティアヌスはガレノスの予測は失敗だったと心躍らせて去っていった。他にも三人の医師がやってきたが、みな同じように去っていった。しかしエウデモスは快方に向かい、忙しいガレノスを呼び寄せて脈を調べてもらうと、良い知らせを聞くことができた。ガレノスはエウデモスの病気はその日の夜に収まると告げたのである。エウデモスは慌てながらも鋭い質問をし、高度な医学的論議が続いた。最後にエウデモスは、ガレノスを予言の術においてアポロンの神託にも匹敵すると讃えた。

脈についての会話は、この逸話の他の出来事と同じように、エウデモスの訪問者の一団の目の前で実際に起ったことに違いない。というのもマルティアヌスもそのことを嗅ぎつけているからである。エウデモスを訪ねてきて、すっかり健康になっているのを見たマルティアヌスは苛立ちを隠せず、ガレノスがサンダリアリオンと呼んでいる地区で偶然出会うと、公然と挑戦してきた。マルティアヌスは、占いだと批判したことを蒸し返し、ヒポクラテスの『予言』の二巻で「私はこれらのことについて予言しない」と明言していると言った(4,14.620K。「予言しない」とガレノスは現在形にしているが、本来は未来形で「予言すまい」である)。ガレノスはこの書物を真正のヒポクラテスの著作とはみなさないと応じ、「『あなたは［私の予測を］エウデモスから聞いたのであって私からではない』とだけ答えてすぐに立ち去り」、マルティアヌスに関わりあうのを拒否した。

有名な症例の記録がもうひとつある。一九〇年代に『罹患した部位について』という、簡潔かつ確固たる診断の論考の中に、興味深い記述がなされているおかげで知られている。これはエウデモスの治療後まもないころの出来事で、超自然的とも言える診断能力の持ち主として新たな評判を獲得していたことを示している。ガレノスは、グラウコンの友人であるシチリアの医師の紹介から話題を始める。話は、「私が最初にローマに来たとき」と始まり、無能なエラシストラトス主義者が治療した若い女性の話と同じような（ただし完全に同じではない）出だしである（『罹患した部位について』5.8, 8.361K）。ガレノスはグラウコンを「哲学者グラウコン」とだけ記し、知り合った経緯が書かれていないが、明らかに友人だった。ガレノスはグラウコンと連れだって市内を歩き、グラウコンの友人らしいシチリアの医師に会って紹介されていた。数日後、通りでガレノスと偶然出くわしたグラウコンは、シチリア出身の友人が病気にかかったと説明し、「私の手を取って『患者は近所で、いま見舞ったばかりです』と言った」。グラウコンは医師ではないか、まだ医師になっていなかった。のちにグラウコンはガレノスの生徒となり、『治療法について、グラウコンのために』を与えられるようになる。しかし、この時点ではグラウコンの、医師というものに対する評価は低かった。グラウコンはゴルギアスとアペラスという二人の友人から、ガレノスの予測と診断は「医学というより占いのようだ」と聞かされていて、機会があれば医術が本当に診断と予後の判断をできるものか確かめようとしていた、と記されている。

ガレノスは曖昧な返答で問題をやりすごし、最善を尽くそうと望んだ。「ご存知のように、確固たる徴が我々に起こることがたまにあるが、他のときはまったく曖昧なのだと、よく私は言ってきました」と誰かに語りかけている（同箇所。8.362K）。しかし、この日若き医師は幸運だった。その家に入っていったとき、ひとりの男（明らかに使用人）が病室からおまるを運び出すのとすれ違った。その中は、「屠殺されたばかりの肉のような」ぞっとする水っぽい血のような液体で、すぐに肝臓の病気が疑われた。ガレノスはそれを見なかったように装い、グラウコンと一緒に寝室へ入っていった。患者は便通があったばかりだと説明し、脈が測れるようにガレノスに手を差し出した。ガレノスは脈を測り、肝臓に炎症が起きているという結論に至った。ここで第二の幸運が舞い降りた。患者はヒソップと蜂蜜を温めたものを用意させていて、小さな容器に入っているのをガレノスが見つけた。これは胸膜炎の治療薬であり、肝臓の疾患の結果から患者が右の仮肋(かろく)〔ガレノスでは肋骨十二対のうち八―十二番目〕のあたりに痛みを感じているとガレノスは推定した。(61)

ガレノスは聴衆の医師と哲学者に印象づけるのに必要な情報をすべて手に入れ、「幸運が、グラウコンから良い評判を得るための道筋を示してくれていることに気づき」、ひと芝居うった。患者の手を取って右の仮肋のところに持っていき、ここが痛みますねと告げたのである。患者は同意した。グラウコンには、ガレノスは脈だけで診断を下したかのように見え、脈を見分けるのは繊細な技術なので、ものすごい技だという印象を抱いた。ガレノスは脈の技術も高くはあったが、この場合はそれだけに頼っていたのではなかったのだ。

続けて、患者の咳の苦しみについて話しかけたことを、こう記している。「あなたは、急に咳がこみ上げ、ほどほどの間隔で何も吐き出さずに小さな乾いた咳をしていることと思います」。これを聞いたとたん、ガレノスの言葉に触発されたのか、グラウコンの友人は言われたとおりの咳をした。グラウコンは驚きを隠せず、興奮してガレノスを賞賛し始めた。しかし、これでおしまいではなかった。医術は今やってみせた以上のことさえも予言できますとガレノスはグラウコンに断言し、深呼吸すると患者がどのように感じるかを言い当てた。腹部の痛みが増し、脇腹の下の部分が重くなったのである。グラウコンの友人も驚愕して賞賛し始め、グラウコンと同時に大仰な謝意を表した。ガレノスはせっかくの機会をさらに活かそうと、自分の診断に基づいて鎖骨の位置が低くなると予測したが、得たばかりの評価を失うのを恐れて、今回は断言するのをためらった。そこで、控えめに言葉を選び、まだ患者がこのような感覚がないとしても、そのうち感じることでしょうとほのめかしたが、またもや的中した。ガレノスはさらに次の手を用意していた。その患者自身は胸膜炎に罹っていると考えていることを知っていたことを利用し、「患者が大きく驚いているのを見て、私は『すでに言ったことに加えてもうひとつ言い当てることにしましょう。私は、あなたが患者として、どの病気に罹っていると考えているかを言ってみましょう』」（同箇所。365K）と言った。ガレノスの正しい推測は、患者と付添人からのさらなる賞賛を呼んだ。この付添人は、おまるを運び、患者の胸に油を塗っていたのと同一人物でなければ、この場面で初めて言及された人物である。この目撃者がガレノスの推測の確かさを裏付ける証人だった。グラウコンは、「このときから私に対しても、また以前は重視していなかった医術全体も、高く評価するようになっていた」（同箇所。8.366K）。

　ガレノスの目的は聴衆に印象づけることにあり、通常のように患者から聞き取るのではなく患者の徴候を言い当てることから診察を始めている。しかし、ここでまず強調したいのは、そうであってもガレノスの観察が鋭く緻密であり、患者の受け答えが決め手となったことである。本書第7章で示すように、患者への質問はガレノスの診療において通常かつ重要な要素だった。この逸話では、ガレノスが記した患者の便、咳、痛みの詳細に注目してほしい。特に便について、屠殺されたばかりの肉のように水っぽく血のような鮮紅色という記述はとりわけ具体的で、現代ならまず食物に起因する疾患だと診断されるであろう内容である。とはいえ、ガレノスは評判に関する問題や目撃者に与える印象も気にかけ、演劇的な面での技術に長けていた。この逸話が示している、ガレノスが患者から、そしてひょっとするとそれ以上に患者の周囲の人々から、賞賛を勝ち取る機会をつかもうとしていたことは、他の著作からも確かめられる。患者の脈は、（キュリッルスという少年の場合のように）指示に従っていなかった気まずさを示すこともあった。それに関して、診察されているせいで動揺していないか確かめ、次に医師の指示に患者が従っていなかったと自信をもって患者に伝えるようにすすめている。運が良ければ、居合わせた人の多くが最初は信用してくれなくても、誰かが患者の怠慢を知っていて、それを教えてくれるだろう（『脈からの予見について』1.4, 9.250K）。またガレノスは、患者とその周りの人たちが患者の行状と病気の進行について口にすることを注意深く聞くようにすすめている。患者が経験していることを正確に言い当てれば、グラウコンの友人の場合のように、医師はその人達から尊敬を得ることだろう（『ヒポクラテス「伝染病第六巻」注解』47, 17A.998f）。さらにこれらすべては、もちろん、患者からの尊敬と信頼を確かにしてくれるのである（『ヒポクラテス「予後」注解』1.2, 18B.3K）。広く混乱した環境でありながら、いまだに直接会うことを重視する性格をもち競争の激しいローマという環境で、ガレノスが評判を勝ち取って名を挙げるようになったのは、こうした手段によってだった。

ガレノスはエウデモスの話題を、大都市での生活についての風刺で締めくくっている。患者の家でマルティアヌスとのやり取りが終わった後、ガレノスとエウデモスは市内の敵対的で競争的な雰囲気を哀れんだ。エウデモスに言わせれば、ガレノスが経験したことはよくあることだった。帝国の首都で手に入る富と好機を求めて、出世のためには何でもやるような品性の低い人物が集まってきていた。小さな町ではありえないことだが、そのような人の犯罪は気づかれないか罰されないままだった。エウデモスは続けて言う。騒ぎが落ち着き次第故郷に帰るつもりだとガレノスが言ったところで、彼らは信じないだろう。そして、自分たちと同じように、ガレノスも名声と特に富を求めてローマに来たと考え、中傷したり、必要ならば毒を使ってでもして、なんとか追い落としにかかるだろう、と。実際、エウデモスの回想によると、十年前にある若い医師と二人の奴隷が似たような状況で毒を盛られていた。それに対する返答を、ガレノスは何年ものちに回想している。「私はこの広大で人口の多い都市を離れることにしましょう。そして、人々がお互い、どこの家の出身で、どのような教育を受けていて、財産や人格や生き方を知っている、小さくて人少なき私の都市へ戻ることにしましょう」（『予後判断について』4.14.620K）。ガレノスは終生ペルガモン人であり、故郷に帰るという誓いを、少なくとも一度は真剣に実行に移した（第6章を参照）。しかし、生涯の残りのほとんどを、豊かで、魅惑的で、破滅的で、恐るべきローマ市で過ごしたことは、疑いない。

第5章　解剖とボエトゥス

ガレノスがローマに到着した一六二年当時、医学は知識人の間で流行していた。古代ローマ人は、医学も含めたギリシア文化を、退廃的で欲得ずくだと敵視していたが、大部分についてはしだいにより広い視野から見るようになっていった。教養あるすべてのローマ人、すべての洗練されたローマ人は、多くの知識分野を身につけておくべきであり、それには医学も含まれていた[1]。だからプルタルコスは洗練された人はすべからく医師と親しくすべきだと考え、側近には医師もいた。アウルス・ゲッリウスは、教養があるように見せている人が静脈と動脈の区別を知らないのは恥だと考えていた（『アッティカの夜』18.10）。おまけに、ギリシアとローマ上流社会は線引きが難しくなっていたが、ガレノス自身やおそらくは友人のボエトゥスのように、ギリシア人なりローマ人なりであることを強く意識する者もいることはいた。しかし、ローマ皇帝マルクス・アウレリウス（次章で詳述）は親ギリシア的であることで名高く、ストア主義哲学についての『自省録』をギリシア語で執筆した。ローマ市の貴族は、例外なくギリシア語を話し、第一言語という場合もあった。ガレノスは何十年もローマ市に住んでいたが、ラテン語の著作家について直接言及していないため、ラテン語を学んでいたかどうかはわからない[2]。専業の医師ではないながらも治療行為をする貴族もいた。そのなかにはガレノスの晩年のころの皇帝、セウェルスとカラカラも含まれ、ガレノスの真筆でないかもしれないが、『テリアカについて、ピソのために』ではその治療術が賞賛されている（2, 14.218–19K）。

ガレノスを取り巻いていた友人や生徒にも多くの貴族階層の素人がいた。ガレノスは同業者や専業の医師をめざす生徒と区別せず、みんな「友人」や「仲間」と呼んでいる。そのような人たちに向けて、ガレノスは「初学者向け」の教育的な著作を書いた。彼らに解剖学を教え、技術に関する論考を書き、患者を訪ねて行く際に同行させていた(3)。社会的なつながりと職業上の対人関係は明確に区別されておらず、ソクラテスがしたように、友人や仲間は一緒の時間を過ごすことでガレノスから教えを受けていた。生徒から金銭を受け取ったという言及はなく、実際にそのようなことはなかったかもしれない。ガレノス本人とその仲間のうちでは、医学は生活していくために学んだり実践したりするような分野ではなく、文化の中心だった。

ガレノスが自身を哲学者であり医師であると名乗っていたこと、そしてエウデモスなどからもそのように見られていたことを思い出すとよいだろう（『予後判断について』2, 14.608K）。ガレノスは医学を哲学、天文学、数学、音楽学などと同列の立派な学問分野とみなす考えを奨励していた。これらはすべて、真の教養人「ペパイデウメノス」が医学を知っているように、真に教養ある医師が知っておくべきことだった。ギリシア・ローマの上流階級にとって、このような態度は、普遍的とまでいかなくとも一般的なものだった。ただし、裕福な家の奴隷や解放奴隷や見習いを終えたばかりの粗削りの者も治療を行なっていた世界にあって、ガレノスがこの職業の高みにいたことも忘れるべきではない。この種の低いレベルの医師とガレノスに共通点はないに等しく、ガレノスもほぼ言及していない。自身の奴隷を専門の助手だと考えてはいたようだが(4)。

ここまで記して、やっとガレノスの最も有名な交友関係について紹介する準備ができた。友人の名はフラウィウス・ボエトゥス、元老院議員であり元執政官だった。ガレノスとの交友が始まってわずか三年で、ボエトゥスは故郷のシリア・パレスチナ属州を治めるために旅立ち、その地で亡くなる。しかし、ボエトゥスとの関係はガレノスの人生で最も重要であり、ボエトゥスがいたからこそガレノスはローマの上流社会に完全に溶けこみ、ついには皇帝とも交流を持つようになったのであり、また解剖学の手引き書だけでなく、自然の巧みさへの賛辞を込めた主著『身体諸部分の用途について』が世に出ることになったのである。

シリア・パレスチナ属州出身のフラウィウス・ボエトゥスは、現在のイスラエルのレバノン国境近くに位置するプトレマイスの生まれだった。この都市はカナン人（フェニキア人）の居住地時代にはアクレと呼ばれ、紀元前三世紀のプトレマイオス朝期にプトレマイスと呼ばれるようになった。ボエトゥスより一世代前にユダヤ属州はバル・コクバの乱で壊滅し、皇帝ハドリアヌスは残忍な手段によって混乱を収めると、エルサレムからユダヤ人を追放したのちローマの植民地アエリア・カピトリナとして再建した。その際に属州の名称もシリア・パレスチナ属州となったのだった。ボエトゥスの家系については知られていないが、その名が示すように本人はギリシア系の出身だと考えていた。また決定的な根拠ではないが、ガレノスがボエトゥスとの関連で言及する人物のうちにも、ユダヤ、サマリアなどの出身者はいない。ボエトゥスのフルネームから、一世紀のフラウィウス朝の皇帝の誰かからローマ市民権を与えられたことがうかがえ、おそらく六六年からのユダヤ戦争と関連している。ガレノスと出会う以前に、ボエトゥスは帝国の最高職である執政官となっていた。ガレノスとの出会いは、側近の哲学者のひとりエウデモスを通じてだった。ボエトゥスは知的活動を好み、自身も哲学者だった。ガレノスはボエトゥスの教師のひとりとしてアリストテレス主義者のアレクサンドロスの名を挙げており、エウデモスもアリストテレス主義者だった。(5)

エウデモスは病気の折に、若き新たな医師が下した奇跡のような予後の判断のことを、友人みなに話して褒め讃えていた。そのうちの二名の名をガレノスが挙げており、ひとりは（ルキウス・）セルギウス・パウルスで、執政官を一度経験し、一六八年には再度執政官となって、ローマの長官としてローマとイタリアの裁判審理を管轄した。[6]もうひとりがボエトゥスである。ボエトゥスとパウルスは、ともに「共同皇帝のルキウスの叔父でメソポタミアと呼ばれる地の長官［マルクス・ウェットゥレンス・］バルバルス［明らかに当時進行中のルキウス・ウェルスによるパルティア遠征の司令官だった人物］、そして執政官であり、アリストテレス哲学の熱心な信奉者の［グナエウス・クラウディウス・］セウェルス」と一緒に、ガレノスがローマで行なった解剖示説の初期からの参加者だった。両者のことは他の資料にも記録されている。バルバルスは、アテネの有名なソフィストでペルガモンに長期滞在してガレノスやその家族とも面識があった、ヘロデス・アッティクスの友人だった。セウェルスはのちに皇帝マルクス・アウレリウスの娘と結婚している。[7]

ガレノスのローマでの初期の活動に関連して名前が現れる人物は他にもいる。最初期の著作であるヒポクラテスへの注釈のひとつ『急性病に対する食餌法』は、他の同様の注釈書八篇とともに、アシアの書庫に残してきていた（『自著について』9,19.34K）。これらの著作はガイウス・アウフィディウス・ウィクトリヌスに捧げられている。ウィクトリヌスは、皇帝マルクス・アウレリウスの教師で友人だったコルネリウス・フロントの義理の息子で、のちに執政官となりローマ市長官も務めた。ガレノスは、ウィクトリヌスに何度もせがまれてこれらの注釈書を書いたと記しており、知り合いだったようである。[8]

ガレノスが以前からエウデモスや、おそらくはバルバルスとも親交があったことが、ローマで名を挙げたことの一因となっていた。しかし、ガレノス自身が何よりも強調するように、成功は医学の技術と学識、すなわち卓越した実践の結果であり、また文学や哲学の修養のおかげでもあった。医学の知識が名声をもたらしたローマの社会において、ガレノスは第4章で論じたエウデモスの治療や、女性の多血症の患者の治療をめぐるエラシストラトス主義者との論争のように、これらの成功の要素を公衆の目前で行なわれる一発勝負の競争で示してみせた。ガレノスは知識欲の旺盛なローマの支配階層の人々に教える立場にあった。ウィクトリヌスに対してしたように、ヒポクラテスのテキストの伝統とその正しい解釈を教え、エウデモスにしたようにマラリアを治してやることもできた。だが、ボエトゥスの興味を引いたのは解剖の技量だった。

エウデモスが友人たちに話し始める以前からボエトゥスはガレノスの評判を知っていた。ガレノスはローマ市に着いてまもなく公開の死体解剖と生体解剖を始めたに違いないが、ボエトゥスと出会ったころには一時的に公開解剖をやめていたようである。『自著について』では、ローマでの最初の年に公共の場から退いたことを示唆する興味深い記述がある。この記述は、すでに触れた、瀉血の必要性をめぐるマルティアヌスや他のエラシストラトス主義者との論争をめぐるくだりの、すぐ後に置かれている。この論争では、ガレノスと脇を固めるテウトラスが二名の女性の患者などの治療を擁護した（『自著について』1,19.15K）。この論争がきっかけとなって、エラシストラトス主義の学説への反論を口述筆記させてテウトラスに与えた『静脈切開についてエラシストラトスへの反駁』が生まれた。ガレノスがボエトゥスと友人に示説を行なったのは、ガレノスの理解では私的なことであって、公的な場を去ろうと決断したことと矛盾していなかった。それでも、次にあげるような講義や解剖の実演示説、聴衆、敵対者の侮辱の記載はたくさんあるにもかかわらず、やめた理由についてはよくわからない。ガレノスの逸話はすべて公開の示説をやめる以前のことだった可能性もあるし、あるいは私的な場での実演について述べているのか、あるいは主著の『身体諸部分の用途について』をあまりにも悪く言う批判者を論駁しようと公の場に戻った後のことなのかもしれない（第6章を参照）。さらに、他の研究者も同意するもうひとつの可能性があり、これではないかと思われる[9]。つまり、ガレノスの記述について、言葉自体はそのままに、言葉の意味の解釈を拡げて、年号順に沿うように考えるのである。『自著について』では、公開講義とテウトラスに渡した論考について述べた後に、次のように書いている。

のちに諸皇帝に招かれて二度目にローマに来たとき［一六九年。第6章参照］、その本を受け取った彼［テウトラス］は亡くなっていたが、どのようにしてかはわからないが、少なからぬ人々がその本を持っていた。それは私が公の場で語っていたときに、しかも、まだ若くて三十四歳のころに競争心から書かれたものだった。そのときから、これ以上は公に教えたり示説を行なったりしないと決心した。

（『自著について』1, 19.15K）

いったい、いつからだったのか。この一節では、ガレノスは数年の間にローマを去ってまた戻ったことになっている。ローマに最初に来たのが三十三歳のときで、ペルガモンから戻ってきたのは六年後である。さらに、引用箇所の直後では「ローマで三年を過ごし、大疫病が始まったとき」とあり、またローマ滞在の初期のころの話題に戻ってしまう。少なくとも、ガレノスが公開示説をやめたのはペルガモンから戻ってきた後のことで、『静脈切開についてエラシストラトスへの反駁』という、敵対心から私的に書いた、論争的で悪意に満ちた語調の著作が、自分があずかり知らないうちに出回っているのを見つけたことが、直接のきっかけだった可能性はある。そうでなければ、ガレノスがこのように劇的な決断をしなければならなかったことの説明がつかない。マルティアヌスとの対立は、最終的には成功裏に終わったのだが。

他方で、書籍が出回っていたことについては気をもんだようである。なぜなら、今は亡き古い友人が自分を裏切ったらしいことも意味していたからである。この著作はいっときの興奮から作られたのであり、通常の流通を意図していなかった。また強く説き伏せる口調で書かれている。一六九年に戻ってきた後に書かれた『静脈切開についてローマ在住のエラシストラトス主義者への反駁』では、新しい世代のエラシストラトス主義者に対して、親の世代を許してやりつつ、彼らには瀉血の使用を減らすように求めているほどである。[10]

『予後判断について』では、イタリアからペルガモンへ帰郷したときには、当時世話になっていた皇帝の子息に付き従って田舎に行ったことで、都市の生活と敵対者からの恨みを避けることができた、と書いている（『予後判断について』9,14.650K）。この一節と『自著について』の記述は別々の時期のことではなく、同時期の同じ決断についてという可能性がある。いずれにせよ、公の表舞台を避けようとしたというガレノスの告白を、どこまで真に受けていいかはわからない。

話題をボエトゥスに戻そう。この元執政官は死体解剖の貪欲な観覧者だった。ガレノスが記すように、ボエトゥスは解剖の実演に並々ならぬ情熱を示した（『解剖指南』1.1, 2.215K）。ガレノスはサルの公開生体解剖によって剣闘士の医師の座を得たが、ローマでは見世物としての解剖という文化が盛んだった。ガレノスはこの文化に身を投じたが、傲慢すれすれの日頃の激しさと自信は変わっていなかった。エウデモスがガレノスについて語るのを聞いてボエトゥスは喜んだ。おそらくペルガモン時代からガレノスの解剖学者としての評判を追っており、発声と呼吸の器官について示説をしてもらおうと、すでにガレノスを招待していたからである。ガレノスが得意とする示説のなかでも、（後述するように数回の生体解剖による）この特別の示説は特に見世物の要素が強く、陰惨な娯楽だった。ボエトゥスがガレノスに依頼したのも、だからこそだったのだろう。

死体解剖が特にアリストテレス主義哲学の信奉者や熱狂者を惹きつけたのは偶然ではない。アリストテレスは動物解剖の先駆者であり、比較解剖学や生物学・動物学・分類学全般の出発点だった。また、アリストテレスの科学には目的論的志向が見られ、動物の身体に見出した秩序に驚嘆し、それを慈悲深い知的な造物主の存在の証拠と解釈した。そして「自然は何も無駄には行なわない」と主張し、解剖に知的な、神秘的でさえある側面をもたらした。ガレノスはのちに、自身の「原因」や「用途」を扱う目的論的な著作は、哲学的な聴衆には価値が高く、魅力的なものだろうと考えている。しかし、アリストテレスに対する態度ははっきりしない。古代人のなかで、哲学と解剖を結びつけ、医科学に必要不可欠だとガレノスが考えた論理学の根本原理を打ちたて、ガレノスが常に信じ続けた四元素の理論を提案したアリストテレスのことを、ガレノスは讃えた。見に見える証拠に依拠し、自然の巧みさを信じていることもアリストテレスと同様であり、その点に関してアリストテレスを強く支持したが、他方で、この古の先人をしばしば非難し、とりわけ同時代のアリストテレス信奉者の無知と誤りを厳しく糾弾した。誤りとされていたのは、知性の座（アリストテレスは脳ではなく心臓と考えた）、生殖（驚くべきことに、女性の種子は膀胱を通して排出され、生殖には関与しないと強く信じられていた。卵管を発見したヘロフィロスもこの意見を支持した）、心臓（アリストテレスは三つの部屋しかないと考えた）、神経（アリストテレスは心臓から始まると考えた）、脳（アリストテレスは脳の機能は心臓の冷却だと考えた）、他、多数あった。ガレノスは、無謬だとしてヒポクラテスを崇め、稀にしか過ちを犯さないプラトンにも尊敬の念を抱いていたが、同じようにはアリストテレスを見ていなかった。それでも、知識の面では、両者よりもアリストテレスに依拠する要素が大きいだろう。[11]

エウデモスの治療を終えたころ、ガレノスは初めて宮廷に呼ばれた。解放奴隷か奴隷の身分で、皇帝の使用人の筆頭である侍従もしくは護衛として仕えるカリランペスという人物がおり、その所有する奴隷が神経か腱を痛めて、宮廷の医師には治療できなかったのだった。ガレノスは、『予後判断について』

を捧げた個人的な友人エピゲネスによって病人のところへ呼びだされた。エピゲネスが侍従やその奴隷とどのような知り合いだったかについては記載がない。ガレノスは「サンダリアリオン地区の弁論家」ディオメデスの治療についても言及している。この人物については何も知られていないが、皇帝の家系と近しかったようである。というのも、「宮廷の医師」がディオメデスを治療し、またもや失敗しているからだ（『予後判断について』5, 14.624–25K）。これが、侍医とガレノスとの競争の思いがけない始まりだったが、のちにガレノス自身もその侍医の集団に加わることになる（第6章を参照）。

ガレノスによる大掛かりな示説の準備のために、ボエトゥスが集めてきた犠牲となるブタと若いヤギは「大量だった」。これらの動物は声が大きいので、ガレノスによれば発声の示説にはうってつけだった（『解剖指南』11.4, 106–7 Simon も参照）。示説が行なわれた場所ははっきりしないが、貴族の家は大人数を収容できる設計になっていて、ボエトゥスの邸宅にも広い中庭があり、そこで行なわれた可能性が高い。ボエトゥス本人と「ストア主義とアリストテレス主義者」の知識人仲間が聴衆として参加し、ガレノスは見世物を「競技」と呼んだ。おそらく、非常に博学な観客から質問を受けつけていたからだが、最初の示説の試みはまるでうまくいかず、「競技」とはいえなかった。聴衆の知識人のなかには、ボエトゥスの教師のひとりであるダマスクスのアレクサンドロスもいた。このアレクサンドロスの見解はアリストテレス主義的でありながら、プラトン的色合いも帯びていた。ガレノスは同時代の二人の著名なソフィストも聴衆として言及している。ひとりはティルスのハドリアノスで、三世紀のフィロストラトスによる伝記記録が残っている。ハドリアノスはレトリックの教授者として、のちにアテネ、最後はローマで、どちらも皇帝から特別に任命されている。もうひとりはアレクサンドリアのデメトリオスである。こちらは有名な両性具有の弁論家ファウォリヌスの生徒で、アレクサンドリアのムセイオンの一員だった。[12]

ガレノスに言わせれば、アレクサンドロスは特に「論争好き」だった。現代の我々には言行不一致とも思えるが、ガレノスはしばしば論敵に対してこのような評言を浴びせていた。言うまでもなく、アレクサンドロスに限らず、ガレノス自身も、同じ場所に集う他の知識人も、誰もが如才なく議論をこなしていたのであり、論争は文化を織りなす横糸でもあり縦糸でもあった。かといって、論争を熱望しているように見せるのは得策ではなく、ガレノスは本心を隠すのに長けていた。親しげにアレクサンドロスを示説に招き、解剖で明らかになったことから「結論を導く際の我々の教師」役を提案したのである。そうすることで、アレクサンドロスの論争好きの性質を鎮め、醜い論争を回避したかったのだ。そのとき、ガレノスは反回神経の機能についての示説を提案した。この神経は「一対の髪の毛のように、非常に細い神経」であり、この微細な解剖学的構造を探り当てる能力を誇りにしていたからだった[13]。この神経は先人に知られていなかったガレノスの新発見であり、この細い糸状の構造が持つ驚くべき力をガレノスは重要視した。というのは、これが切られると、他を傷つけなくとも動物は声を失うからである。ボエトゥスと富裕層の聴衆の前で、ガレノスはブタとヤギを用いて実演しようとした。しかし、アレクサンドロスが「感覚に対する証拠を信用すべきかどうか、最初に同意しておくべきではないか」と異議を唱えたので、水を差されてしまった。ガレノスはうんざりして、無作法な懐疑主義者が聴衆にいると知っていたら来なかったのだが、と独り言をいいながら立ち去ってしまった（口絵8は十六世紀のガレノス著作集に挿入された図で、この場面を描いている）。

アレクサンドロスとガレノスとの確執は以前からのもので、しかも長く続いていたようである。アラビア語資料で知られる、アフロディシアスのアレクサンドロスというアリストテレス主義者もガレノスの生涯の論敵だった。このアレクサンドロスは、著作でも面と向かっても、ことあるごとにガレノスを批判し、「ラバ頭」と呼んだ（おそらく、ある資料にあるようにガレノスの頭が大きかったからだろう）。このアレクサンドロスはガレノスに対し、因果関係と時間に関して疑問を投げかけた。ガレノスはアリストテレスを否定し、両者は運動とは無関係に定まるに違いないと考えていた。この二人のアレクサンドロスは同一人物の可能性もある。両者ともに皇帝からアテネでの哲学教師の職に任命されている。『解剖指南』によればダマスクスのアレクサンドロスはその職に付き、アフロディシアスのアレクサンドロスは一九八年に就任している。アラビア語の文献で伝えられるところでは、ガレノスとアフロディシアスのアレクサンドロスはともにヘルミノスという教師から教えを受けた。ガレノスはヘルミノスについてまったく言及していないが、これが本当ならば面識があり、長く知的なライバル関係にあったことになる。だとすれば、アレクサンドロスはガレノスがローマにやってきたときは馴染みのある人物のひとりだったのかもしれない(14)。

ガレノスの解剖の現場に話を戻そう。がっかりした聴衆は、途中で流れてしまったこの示説に参加しなかった執政官経験者のセウェルス、パウルス、バルバルスと一緒になって、再度開催するよう求めた。ガレノスは了承し、何日もかけて複数の生体解剖を行ない、呼吸と発声に関係する筋肉と神経の示説を行なった。そのときのいくつかの実験の模様が『解剖指南』で記述されている（『解剖指南』の現存するテキストは、のちに三つの時期に分けて書かれた）。

そこでは、慎重に胸膜を傷つけないようにしながらブタを切開する方法が記されている。左右の肋間筋を切断すると、強く息を吐き出して声を発することができなくなるのだった。しかし、肋間神経を結紮すると肋間筋を麻痺させることができるので、より確かな効果が得られた。脊柱周囲の分厚い筋肉を貫通して出てくる肋間神経の一本一本を、胸膜を傷つけることなく糸で引っ掛けるのは非常に難しく、ガレノスはどのようなかぎ針が必要かを具体的に記している。（手早く行なうために助手の手を借りて）針と糸で神経を結紮すると、思いのままに動物の声を出なくしたり、元に戻したりできるようになり、観客は驚いた。高い技術の解剖学者は神経を傷つけたり切ったりせず、糸を緩めれば声は元通りになった。自身で説明するように、この実験はガレノスが考案したもので、ガレノスの教師たちも知らなかった（『解剖指南』8.3, 2.663K）。「大勢が何度も目撃したが、実行できる者はほとんどいない」とガレノスは記している（『解剖指南』8.3, 2.665K）。また生体で挑戦する前に、死体で訓練しておかなければならなかった（『解剖指南』2.662K）。呼吸と発声に関しては、脊髄の切断や反回神経の結紮を行なうさらなる実験についても記述し、数日にわたって行なわれた胸郭の解剖の公開示説について回想している（これは『予後判断について』で記されているのと同じ機会のことかもしれないが、そうではない可能性もある）。若いブタの椎骨を割って開いたりせずに、椎骨が連なって作られる脊柱を分断し、脊髄を切断できるような特別なメスも作っていた（『解剖指南』8.6, 2.682K）。

ボエトゥスとその友人のために行なった呼吸と発声の示説は、生きていて暴れる動物への施術を含めて数日がかりで、また聴衆が完璧で誤りのない実施を期待していたこともあり、骨の折れる見世物だった。疑いなく、けっこうな数の動物を生体解剖で死に至らしめた（おそらく、中止された最初の示説のためにボエトゥスが集めた動物と同数だろう）。作業が技術的に難しかったのは、やろうとしていた作業そのものに起因するだけでなく、聴衆の要求のせいでもあった。この種の見世物で観客が積極的な参加者であったことについては、のちに触れるが、アレクサンドロスの怒りは限度を超えたものだった。そのような聴衆からの挑発が予想外だったからではなく、認識論的に馬鹿げた物言いで示説をだいなしにしたからである。

ガレノスは持ち前の執着心と攻撃性を発揮して解剖の分野に打ち込んだ。大勢の観衆の前でも、個人の研究のためでも、驚くほどの数の死体解剖と生体解剖を行なっていたようである。しかし、個人的な解剖にも使用人、奴隷、友人、「生徒」が参加していたことは忘れるべきではない。解剖学の著作に何気なく挿入された多くの記載から、ガレノスがとり憑かれたような勤勉さで取り組んでいたことが読み取れる。たとえば、解剖した動物の腹膜を切り開いて「無数の生きた動物で」蠕動を観察した（『自然の機能について』3.4, 2.157K）。動物の剝皮を助手に任せていた教師たちとは異なり、ガレノスが自分で皮を剝いだことが、八つの新しい筋肉の発見につながった（『解剖指南』1.3, 2.231–33K）。ガレノスは死体の保存法については言及していないが、視覚的にも嗅覚的にも不快な状況だったことは間違いない。死んでから時間が経った死体は湯をかけたり揉んだりすることで再び活力が与えられるとされ、そうやって腱の運動を観察していた（『解剖指南』1.5, 2.243–44K）。

ガレノスが実験で使用した動物として、ブタ、ヤギ、ウシ、サルについての言及が多い。解剖学的にはサルがヒトに最も似ているので特に死体解剖に有益だと考えていた。古代地中海世界地域で発掘されるサルの骨はバーバリーマカクとアヌビスヒヒの骨であり、エジプトや西アフリカの属州からローマに運ばれている。（大金をかけたか、有力なつてがあったのかはわからないが、ガレノスが手をわずらわせることなく使用する動物を入手できたのだろう）この二種のサルは、おそらくガレノスが一番頻繁に解剖したものになるだろう。エジプト末期王朝時代の芸術作品にはマントヒヒ、ミドリザル、グエノン、パタスモンキーが描かれており、これらの動物も入手可能だっただろう。(15) ガレノスはマカクを好んだ。ヒトに最も似たサルを、直立姿勢を取り、顔が丸く、親指が大きく、大きな犬歯も尻尾もないと規定し、この基準から、尾が短いバーバリーマカクは、「犬顔」のヒヒよりも優れているとされている（『解剖指南』6.1, 2.532–35K）。しかし、他の種のサルの利点と難点をめぐるガレノスの議論からは、これらのサルや哺乳類の解剖を基礎にしていることがうかがえる。すなわち、バーバリーマカクの記述を意図して行なっていたのではない。類人猿は古代の地中海世界の文献にも芸術作品にも現れていないから、ガレノスが類人猿を知っていたり解剖したりしたことはないだろう。

これらの動物以外に、本人が挙げているようにネコ、イヌ、ハツカネズミ、ヘビや魚類、鳥類の解剖がなされている。鳥類では特にツルとダチョウという長い頸を持つものを選び、反回神経の謎を解くための解剖をしていた。この神経は、胸部に下行してきた迷走神経から分かれ、喉頭に向かって上行するもので、古代の思想家は創造の意図をその配置に読み取ろうとし、近代にも同様の試みがなされた[16]。解剖の実験に使用できる動物の寸法を謙虚に示したように、ガレノスは、「アリ、カ、ノミ、その他の小さな生物」を解剖しようとしなかった。(『解剖指南』6.1, 2.537K)。

ガレノスにはゾウを解剖したという記述が二か所あるが、それが一回なのか二回なのかはわからない。『身体諸部分の用途について』ではゾウの鼻の解剖について記し、物をつかめて水中でも呼吸ができることから、この鼻を有用な道具の例として、そして自然の摂理の妙として讃えている(『身体諸部分の用途について』17.1, 4.348–49K)。『解剖指南』のほうでは、市内の多くの医師が観衆として参加した(同じ機会の可能性もあるが)解剖のことを述べている。心臓には骨がないとライバルたちが主張していたのに対し、動物の心臓に骨を見ることになるだろうとガレノスは主張した。そしてこれまで仲間と一緒に心臓の骨を簡単に見つけられたが、ライバルたちは不器用で位置がわからなかったのだと言う。その後で、ガレノスは仲間のひとりを宮廷の料理人の下に行かせ、心臓の料理をしていた料理人から骨をもらってきて、この出来事の思い出としてずっと手元に置いていた(『解剖指南』7.10, 2.619–20K)。ガレノスがゾウの心臓で見たものは線維性骨格だったと想像されるが、どのようなものを従順な友人が皇帝の調理場からもらってきて、標本として飾ることになったのかはわからない。なにしろゾウの心臓に骨はないのだから。すべての哺乳類は支えとなる心臓骨格があるが、必ずしも本当の骨を持つわけではない、とガレノス自身は正しく理解していた。心臓の骨は大型の反芻動物とカワウソ属に存在し、ゾウにはない。しかし、ゾウおよび一般に大型の動物には心臓の骨があり小型の動物にはないという、ガレノスと同じ誤解は、現在でもよく見られる[17]。

以上の動物が、ガレノスが自身で解剖したと明言しているものだが、比較解剖の議論ではラクダ、ウマ、ライオン、ラバ、ロバ、イルカ、アザラシ、クジラ、クマ、イタチなど、他にも多くの動物について言及している。葦の茎で空気を送ってヤギの子宮を膨らませながら、胎内の胎児の解剖をしている（『解剖指南』12.6, 154 Simon）、あるいは、子宮が常に胚の周りをぴったりと取り囲んでいるという主張を確かめようと、各妊娠段階の多くの妊娠中の動物を解剖したこともある（『種子について』1.2, 4.515–16K）。妊娠しているヤギの生体解剖も行なっている。その際に用いた、背中を下にして紐で吊るし、手早く腹部の皮を剝がして、一刀ですっぱり腹を切り開き、続けて子宮を開く方法の説明を残している。これらの実験で、ガレノスは臍帯の機能を確かめ、胎児の運動と呼吸を観察した。臍帯を結紮すると、胎児は痙攣して苦しんだとされている[18]。あるとき、ガレノスは死んだ雌ヤギから帝王切開によって仔ヤギを取り出した。仔ヤギは教えられずとも歩いて穴を掘り、観客を驚かせた（『ヒポクラテス「伝染病第六巻」注解』5.4, 17B.245K）[19]。

心臓の生体解剖は特に観衆を惹きつける示説で、動物は孔を開けた板の上に背中を下にして置かれ、その孔に縄を通して板に固定した。心臓が現れた後は、血が吹き出さないように大血管を結紮すれば固定から外してもよく、何もなかったように走ったり、食べたり、飲んだりするのが観察できた。心臓を素手で触ることもできれば、この脈打つ筋肉が手から飛び出しかねなければ火ばさみでつかむこともできた[20]。

このような実験には若い動物のほうが切り開きやすいので適していたが、死体解剖には、特にサルの場合は、老いたものが脂肪が少なく観察の邪魔にならないため向いていた。やっかいな脂肪の量を減らすために、解剖の前にサルを飢えさせることもあった。動物のどの構造も損傷させたくないからと、ガレノスは溺れさせて殺したが、喉を締めることもあった。他には、町の肉屋から雄ウシの脳を解剖用に買ってくるという手軽な方法もあった。肉屋ではウシの舌と喉頭も手に入った。骨の中で神経が通る孔など微細な構造を観察するには、サルを湿った地中に少なくとも四か月間埋めておいて、骨を乾燥させずに綺麗にするのがよかった。「なぜなら、私の手元には常に特に準備のしてある［サルの］骨が数多くあったからである」と述べている。[21]

生きた動物で脳を解剖することもできた。この目的のためにガレノスが好んだのはブタとヤギで、この場合も、声が大きい動物が示説をするには効果的だったからである。それに生体解剖中にサルの顔の表情を見たがらなかったからでもある。生体解剖の倫理に関わるこのような意見は珍しい。[22] たいていの場合、ガレノスは無慈悲だった。ためらうことなく、動物を溺死させ、飢えさせ、生体解剖によって想像もつかないほどの苦しみを与え、良心の呵責のかけらもない。動物の痛みや悲鳴は見世物の一部になっていた。ひとつの問題を明らかにするために、一群の動物を次々と殺していくこともあったようで、思い切りのよい容赦ない一撃が必要だとしばしば強調していた。

脳の生体解剖は特に冷静な手順が必要で、解剖学者は（「哀れみや同情を持たずに」）手早く皮膚と頭蓋骨膜を開いて頭蓋骨を露出させなければならなかったが、これはおびただしい量の出血をひきおこす可能性がある（『解剖指南』9.11, 19 Simon）。次に、髄膜を傷つけずに頭頂部で頭蓋骨を取り去る必要があった。その髄膜を脳の表面からかぎ針で浮かして脳に触れないようにしながら切り開いてめくると、脳全体が露出した。この最後の処置を行なうのは、ガレノスによれば夏だけにすべきで、さもないと、特に暖かくした部屋で行なわなければ脳が冷たい外気に触れて動物が死んでしまうという。四つの脳室を次々と圧迫しては圧を弱めることで、動物を異なったレベルまで衰弱させては回復させることが可能だった。また、視神経の根本のあたりで側脳室を圧迫すると視覚を奪うことができた。

これらは生体解剖での巧妙ながらも恐ろしい実験の一例であり、そのうちのいくつかは自身で考案したものだった。これらの実験の場は騒がしいだけでなく血まみれだった。たとえば、脳の実験では最初に脳に刃を入れたときの出血のすさまじさに、多くの実験者は実験を続ける気力を失ってしまうほどで、続けるには勇気を奮い起こさなければならなかった（『解剖指南』9.10, 18 Simon）。ブタのように大きな動物もいれば、長く鋭い犬歯を持ち、手に負えない危険なサルもいた。ガレノスがヒヒよりも犬歯の小さなマカクを好んだのもうなずける。ガレノスは動物たちをおとなしくさせる方法を知らなかったか、あるいは用いなかったのである。生体解剖中にけがをしないようにすることが、その試みにおける主要な要素だったのだろう。

解剖は最高レベルの技術が必要であり、それをガレノスは徹底的に使用して、示説と教授をした。

教師から身体の部分を見せられても、一度や二度見て正確に覚えられる者はいないから、何度も見る必要がある。

（『類による薬剤の調合について』3.2, 13.608K）

解剖学は、過去の知見が師から生徒へと伝えられ伝承されるものだった。また、動物の解剖に依存して、ギリシアの科学には人体の死体解剖の伝統がごくわずかしかなかったことから、手の骨間筋や眼球結膜を発見し、七対の脳神経を記述したガレノスの解剖学書にも、突拍子もない誤りが入り込んでいることの理由が説明がつく。最も有名な誤りは、子宮が二つの内腔を持つという説である。(23) 重複子宮は多くの動物に見られ、稀にヒトでも見つかるが、この説はヒトの生殖器の解剖を行なったヘロフィロスにも正されないまま伝わり続けた。ガレノスはヒポクラテスに倣い、ヒトの女性は左側の子宮で妊娠すると考えた。同様に、奇網という脳底に見られる微細な血管の網状構造はウシ、ヤギ、ヒツジ、ブタに見られるが、霊長類やヒトには見られない。ヘロフィロスが最初に記載したこの奇網を、ガレノスは自然の繊細な技巧の優れた例だとみなした[24]。

拍動は心臓と動脈の作用だとガレノスは考え、拍動によって皮膚を通して空気からプネウマ（精気）を取り込んで呼吸していると記している。このプネウマは空気のような、ほとんど霊的ともいえる物質で、身体に生を与える霊魂としてストア主義哲学に特徴的な概念だった。ガレノスと何人かの先行者によれば、プネウマは人体では二つの異なる形態を取る。ひとつは心臓の左心室で作られる生命精気で、もうひとつは、脳のおもに奇網で生命精気を精製して作られる動物精気だった。拍動のはずみは心臓で始まり、それが動脈の表面から動脈に伝わるのであって、心臓のポンプ機能の結果ではなかった。ガレノスはポンプだと認識しておらず、この拍動のはずみの始まりを示そうと、生体解剖で葦を挿入した動脈を表面から押して平らにし、心臓から遠い側の拍動を途切れさせようとした。しかしこの困難な実験は失敗したに違いない。あるいはエラシストラトスの見解に先入観を抱いて観察したのかもしれない。エラシストラトスは、心臓が身体に分配するために生命精気を押し出すことで拍動が引き起こされると論じていたのだった[25]。

当時はエラシストラトスの生理学が主流の理論だったが、ガレノスはそのいくつかの要素を拒絶した。たとえば、動脈が血液を含むのは目にも明らかであり、生命精気だけを含むのではないと主張して、それを生体解剖で示した。精気は肺だけから、あるいはおもに肺から取り入れられるのではなく、皮膚からも末梢の細い動脈に取り込まれ、また口と鼻からも直接脳に取り込まれるとガレノスは主張した。ガレノスの生理システムでは、肺の役割はおもに心臓を換気して、内在熱という、誕生時から存在するが年齢とともに徐々に減っていく、心臓が発する熱を調節することにあった。この内在熱は、静脈を通って心臓にやってきた血液を加工し、動脈が全身に分配する生命精気を加える役割を持っていた。ガレノスもその先行者も、動脈から静脈へ目に見えない細い管の系を通じて血液が移動する、あるいは、心臓の右半から左半へ肺動脈と肺静脈を通じて血液が移動すると論じていたが、血液の循環を仮定してはいなかった。ガレノスは、中隔の孔を通って心臓の右半から左半へ静脈血が直接移動するとも考えていた。ウィリアム・ハーヴィが血液循環を着想し、心臓の構造と拍動の性質を説明したのは十七世紀になってからである[26]。

ガレノスの記述する生理学システムは肝臓・心臓・脳を中心とする三つの系からなり、これは、人の霊魂を大ざっぱにこれら三つの器官へと分けたプラトンの『ティマイオス』に強く影響されている[27]。肝臓は胃から受け取った食物を静脈血に変える栄養摂取の中心器官で、静脈血は静脈を通じて全身に分配される。ガレノスのシステムでは肝臓は静脈の源だった。すでに述べたように、この静脈血の一部は心臓の右側から左側へ入り、そこで肺から取り込まれた重要なプネウマを受け取る。これで活力を得た動脈血は動脈を通じて全身に分配される。動脈の源は心臓だった。脳は理性・自発運動・感覚の源で、脳を起源とする神経系を通じて全身と連絡し、神経は動脈・鼻・口から直接四つの脳室に蓄えられた独自のプネウマの供給を受けている（ガレノスは灰白質ではなく、空洞の脳室が脳の機能の源だと考えた）。脳の極微細な動物精気は神経を通じて全身に分配され、感覚と運動を可能にする。前方の側脳室から視神経を通じて目に運ばれて瞳孔から発せられた場合は、視覚を可能にするものとなる[28]。

ガレノスの生理学説の大部分は、諸学派間で対立があるものの長い伝統を持っていた。ガレノスのシステムは複数の著作に分散して書かれ、そもそもガレノス独自のものではないためもあって、明快でなかったり、首尾一貫してすらいなかったりする。ガレノスは若いころからずっと呼吸と発声に魅了されて新しい実験を考案していたが、身体の機能については革新的な洞察をもたなかった。それでも、古代で最も偉大な解剖学者であり、対象の中に見出した複雑さに強い畏敬の念を抱いた。ガレノスは摂理ある造物主を信じ、エラシストラトス主義やエピクロス主義などのより機械論的もしくは懐疑主義的な見方をする人々に対して自分の立場を精力的に擁護していた。この問題を論じたガレノスの主著『身体諸部分の用途について』は、亡くなる直前のボエトゥスに向けて書かれた。これについては後述する。

ガレノスの解剖示説は教育を主たる目的としていたが、一種の娯楽でもあり、その点でもガレノスは秀でていた。生体解剖の血なまぐさくも統制された暴力は、人間が動物の所有者であることを疑いの余地なく示し、ローマ帝国のアリーナで人気があった猛獣狩りに似ていた。特にローマ市では、皇帝と市民の富、権力、権威の証として、年に二度開催される祝祭で多数の珍しい動物が殺された。これ以外にも、ガレノスの示説の組み立ては、ソフィストによる見世物を思い出させる。ソフィストと同じように、ガレノスは公開死体解剖と生体解剖を「エピデイクシス」(見世物、披露)と呼び、示説や証明を表すのに本来用いられた「アポデイクシス」とは呼んでいない[29]。

ときには劇場や野外劇場、円形闘技場さえも埋め尽くすほどの多数の聴衆を、名人芸的な即興の話で魅了したレトリックの使い手と同じように、ガレノスも、聴衆から何を解剖するか提案を受け、その場でそれに合わせて示説を行なっていたようである。このような観客からの問いかけをソフィストたちは「プロブレマ」と呼んだが、ガレノスも日常的にプロブレマを出させていたことが書き残されている。そのため、ガレノスのライバルとして知られるマルティアヌスは、ガレノスが「解剖学のプロブレマに関して、演説と公開講義が聞き入っていたすべての人から大いに賞賛されるのを知って」悪意を抱いた(『自著について』1,19.13–14K)。前の章で触れたように、エラシストラトスの『血液の排出についての問題がプロブレマとして投げかけられたことがあった。「エラシストラトスの『血液の排出について』の論考が公の場で私の前に出され、それには慣習に従って尖筆が差し込まれて」おり、つまり、ガレノスが注釈を加えるべき箇所が無作為に選ばれていた（『自著について』1,19.14K）。ここでガレノスは解剖だけでなく、講釈もしている。同様の催しはガレノスが一六九年にペルガモンからイタリアに戻った後も続けられ、即興の死体解剖まで行なわれた。このときは、あらゆる先人の解剖学書の巻物を集めて、解剖すべき部位の名を何なりと挙げるよう、聴衆に呼びかけた。ガレノスは書物の山から関連する記述がある箇所を示すだけでなく、すぐに動物の示説をして、自分の考えが正しく、書物に書かれていることは誤っていることを明らかにした（『自著について』2,19.22K）。

ソフィストによる演説と同じように、聴衆の参加や聴衆からの重要な反論にガレノスの実演も左右された。実演は決められた進行をたどるのではなく、どちらが優位にあるかを相互に見せつけるものだった。そのため、実演には壊滅的な屈辱を被るおそれが常につきまとい、困難な生体解剖に失敗することもあれば、示説者を困らせたり、やり込めたり、さもなければ邪魔をしてやろうと挑まれて、うまく終わらないこともあった。ガレノス自身はこのような実演に長け、特に競争相手の解剖学者が技術的に劣ることを見せつけていた。ガレノスに言わせれば、他の解剖学者は自身の理論的主張の正しさを実演で示せなかったのだ。ガレノスはエラシストラトスやアリストテレスの生理学の支持者に、動物の心臓を示して肺動脈の結紮の効果を確かめてみろ、と挑んだ。不幸な競争相手はどうしても動物の胸膜を切り開いてしまい、たちまち死なせてしまった。しかし、ガレノスは二匹目、三匹目を使って脈打つ心臓を見えるようにし、やりこめられた相手がとうとう敗北を認めるまで続けた[30]。大動脈が血液を含まないことを示せると豪語したエラシストラトス主義者も、同じように自分の主張を証明するよう迫られている。そのときはガレノスから技術を習った友人か生徒が、エラシストラトス主義者の医師に動物を差し出してけしかけ、その医師が一〇〇〇ドラクマという巨額の報酬を示説のために要求すると、即座に支払った。不運な医師は「その場のすべての人々の前」、つまり群衆の前でメスを取り、動物を殺さずに大動脈を見えるようにするという非常に繊細な作業を試みるよう強制された。「彼は解剖ではその程度にだけ熟練していた［すなわち経験が乏しかった］ので、骨まで切ってしまった」と記されている。「同じ一団の別のひとり」が試みたが、動脈と静脈を切ってしまい、その動物は失血死した。次にガレノスの友人たちが実験を正しく行って大動脈を二か所で結紮してみせ、動物が死んだあとで結紮した箇所の間が血液で満たされていることを示した（『解剖指南』7.16, 2.641–43K）。

ガレノスはこの競争がどこで行なわれたのか記していないが、公共の場でたまたまあったことのようである。この逸話からは、ガレノスやその生徒は家畜の小さな群れを引き連れ、多額の銀貨（一〇〇〇デナリウス銀貨、ガレノスの記述では一〇〇〇ドラクマ。これは奴隷が箱に入れて運んでいたと思われる）と医療器具を携え、助手・友人・支持者とともにローマの通りを歩き、すぐにでも犠牲となる動物を縛って生体解剖をする準備ができていて、血液で観衆や通りを汚していたととれる。とても信じがたいのだが、記された一節は他に解釈のしようがない。これらの出来事はガレノスだけが関わっていたのではない。非難、討論、公開解剖や患者の治療も含めたあらゆることを、友人や支持者などの取り巻きのいないところでは行なっていなかった。ガレノスが「合唱隊（コロス）」と呼ぶ取り巻きを、能力不足のエラシストラトス主義者が引き連れていたように、敵対者も友人を伴っていた。聴衆はどちらか一方の味方になり、常に友人や支持者を獲得もしくは失う可能性があった[31]。

そのころのガレノスはローマの公共生活にしっかりと溶け込み、ソフィストや哲学者と同様に平和の神殿やトラヤヌス大浴場付近の書籍商の地区サンダリアリオンで活動していた。これらの場所をガレノスは演説や討論などに格好の場所だと評している。また、ガレノス自身は公開解剖を行なうだけでなく、哲学、言語、健康などの多くの事柄を論じた。この種の公開の実演では、人格攻撃、怒った顔、（アレクサンドロスと対立したときのガレノスのように）怒って立ち去ること、好戦性、激怒、暴力などが見られるのはいつものことだった。平和の神殿の前で脈に関する言葉遣いについて議論が起こった時は、こんな調子で八人以上が論争に加わったあげく、殴り合いになってしまった（『脈の種類について』1.1, 8.494–95K）[32]。

ガレノスのほうから前もって敵対者に問題を提示したうえで討論を仕掛けることもよくあった。当然、大々的に公表し、期限内に回答させるのである。

> 私は……アスクレピアデスとエピクロスの信奉者に、動物の創造者の立場だったとしたら前述の筋に対してどのように神経を与えるのかを答えさせることにした。ときおりこうするのが習慣になっていて、数日ではなく、求めてくれれば熟考するために何か月も与えてやっていた。
>
> （『身体諸部分の用途について』7.14, 3.571K）

ガレノスは文献学者を自称する者たちに、ケルト語やトラキア語などの言葉の意味を説明するよう求めたが、相手は答えられず、ギリシア語の簡単な言葉を出すと今度はその定義を提示できたので、テッサリア方言での意味は違う、とやり返したこともあった（『衛生は医学か体育かについて、トラシュブロスのために』32, 5.868K）。プラトン主義、エピクロス主義、ストア主義、アリストテレス主義のすべてが哲学の討論の場にそろうよう求めて、故意に緊張関係を作り出すこともやっていたようである（『霊魂が受けるダメージを知り、治療することについて』5, 5.91–93K）。ガレノスが記述する実演は、演者と挑戦者による堂々めぐりの対話のようで、ときには争い好きな取り巻きの友人も加わっていた[33]。

ソフィストと同じようにガレノスも個人的に生徒を教えた。つまり、自身がそうだったように、実践と示説を繰り返すことで解剖学を身につけさせていた。前述のエラシストラトス主義者に一〇〇〇ドラクマの勝負を挑んだ一件や、ゾウの心臓に骨をさぐり当てた者の逸話に登場する、自分から解剖を学んだ者たちの技量を誇りに思っていた。別の折には、ライバルのひとりが前述の大動脈の実験について誤った解釈を披露していたが、「私のやり方を見ていた者たち」が生きたヤギを提供し、実演してみせるように挑んだ、と記している。ライバルは躊躇し、集まった観衆の前で自分には示説を行なう技術がないと認めさせられた（『解剖指南』7.16, 2.645–46K）。すでに述べたように、これらの逸話に登場する生徒と、「友人」や「仲間」をガレノスは厳密に区別していないことが多い。明らかにガレノスが解剖を教えた相手であるが、ガレノスは職業的な関係ではなく、彼らとの社会的な関係のほうを強調しているか、もしくは、この二つの関係はからみ合っていると考えていた。

ガレノスの死体解剖と生体解剖には口頭でのレトリックの側面があり、手順を進めながら説明を語っていた。その説明を自分で書きとめたり、他の人が筆写したりしたものをもとに、失われたものと現存するものをあわせて何点も、ガレノスの解剖学書が書かれている。つまり、解剖学の著作は死体解剖と生体解剖の実用的な手引きとして、示説なり自分も参加する現場なりに携えていくために書かれたのであって、目撃するかわりになるものではなかった。ガレノスは先人の多くには解剖学書を著す必要性がなかったと論じている。道徳的にも専門技術的にも高水準だった過去の医学学習では、先人たちは子供のころから自宅での初期教育の一環として解剖をやっていて、覚え書きの必要はなかった、というのだ（アリストテレス以前には動物解剖を行なっていた証拠が非常に乏しいにもかかわらず、ガレノスはこう述べており、おそらくこれが証拠がないことの説明のつもりだったのだろう）。つまり、医師が専業の職として落ちぶれたことで必要に迫られ、書き表された論考が登場したわけだ（『解剖指南』2.1, 2.280–81K）。すでに触れたように、ガレノスはローマに来る以前から、自分で示説を行ないたい仲間の生徒のために『胸と肺の運動について』を書いて、教師の役割を引き受けていた[34]。示説の現場を見ていた特定の個人のために書くことが多かった。そういうわけで、胸郭と発声についてのガレノスの一連の示説を見たボエトゥスは、どうしてもガレノスの説明を残しておきたくなり、奴隷の筆記者を遣わして文字に起こさせた。これが、失われた四巻からなる『発声について』と、元は二巻だったが、要約と思しき同名の短い論考のみが現存する『呼吸の原因について』の誕生したきっかけだったようである。どちらもボエトゥスに献じられている（『自著について』1,19.13K）[35]。

解剖実演の熱心な愛好者とガレノスが評したアリストテレス哲学の信奉者ボエトゥスは、ローマを永遠に離れるまでの数年の付き合いだったが、ガレノスの著作を受け取った一番の重要人物だった。すでに挙げた著作以外に、『ヒポクラテスの解剖について』、『エラシストラトスの解剖について』、『生きた動物の解剖について』と『死んだ動物の解剖について』という解剖書がボエトゥスのために書かれた。これらはすべて現存しない。『解剖指南』は二部作ったが、一部はボエトゥスがシリア・パレスチナ属州で亡くなったときに失われ、ガレノスの手元にあったものも何らかの事情でなくなった。そのため、もう一度書き直したが、一九二年の大火で後半の巻が失われ、さらにもう一度書いて完成した。この完成した二番目の『解剖指南』は十五巻で、最初のものよりもはるかに良くなったとガレノスは考えていた。失われた最初のものをガレノスは「ヒュポムネマタ」と呼ぶ。これは示説で口述した説明を意味し、受け取った人が実際に目撃したものを思い出す手助けであることからそう呼ばれていた。つまり、『解剖指南』が書かれるきっかけはボエトゥス自身が目撃したガレノスの実演であり、学習の手助けが目的だったのだ[36]。

そのころのボエトゥスはガレノスから熱心に学ぶ信奉者で、公開示説にも積極的に参加し、気前良く後援してくれていた。またボエトゥスはガレノスにとって、ローマ支配層である最上位の社交界への入口であり、ガレノスの重要な著作を献じられた。三年間の短い交流期間だったが、その最初からボエトゥスはガレノスの人生における最重要人物だった。二人の間柄は親友と言えるほどだったのかもしれない。ガレノスがボエトゥスの邸宅の一番奥の居室で、ボエトゥスの妻子を治療をした逸話が二つ残されている。もっとも、どちらの逸話でも他の人たちとの競争や論争があったとされている。ボエトゥスの息子キュリッルスの場合は、熱病にかかり、子供でなくとも危険とされていた症状が見られた。四日経っても回復せず、夜中に体温が急激に上がった。翌日、奴隷や使いの者ではなく、ボエトゥス本人が友人であり最も信頼できる医師であるガレノスを探しにきた。「私をつかんで離さず、自宅の少年のところまで私を引っ張っていった」。通りは混みあい、道すがら多くの人がついてきた。この逸話を収録した『予後判断について』を献じられたエピゲネスもそのなかにいた(「あなたもそこにいた」と書かれている)。

ボエトゥスは息子をその母親に看病させていたが、この女性は逸話の中では目立たない存在である。確かではないものの、もうひとつの逸話に登場するボエトゥスの妻の可能性はあるが、はっきりそうとは言わず、「子の母親」とあいまいな言い方をしている。ここで現れる女性がボエトゥスの正式な妻か、奴隷もしくは解放奴隷の内縁の妻か、かつて婚姻関係にあり離婚した妻なのか、は不明である。ガレノスはこの少年に「ヒュイオス」という言葉を用いているが、この言葉は嫡子に対して使われ、この少年が非嫡出の子だと限定するものではない。しかし確実な結論までは出せない[37]。ガレノスはその女性とは面識がなく、ボエトゥスはガレノスのことを紹介したに違いない。女性はひどく心配していた。ボエトゥス自身、ガレノスを家まで連れてきたのだが、女の気の弱さにかこつけて、女性の心配は大げさすぎるだろうという楽観論を語ってみせた。

しかし、ガレノスが少年の脈を取った瞬間、緊迫は喜劇へと一変する。ガレノスは重大な問題がないことを予見したのである。ガレノスは予言者としての評判に応えて、居並ぶ人たちの前で冗談めかして誓いを立てた。ボエトゥス本人を呼んで、邸宅へ来る途中で誰も何かの隠し事をガレノスに漏らしはしなかったと証言してもらったうえで、ガレノスは、少年が部屋の中に食べ物を隠していると宣言する。さらに、ボエトゥス邸には家の者の便所も兼ねるバラネイオンという私的な浴室があり、母親がその浴室に行くたびに隠してある食べ物を口に詰め込んでいた、と話した。部屋と家具をくまなく探したが何も見つからず（この様子は詳細に記されている）、ガレノスは困惑して、その神通力も危うくなりかけたが、それもガレノスが女性のショールに包まれた食べ物を見つけるまでのことだった。安心した父親と友人たちから笑い声と歓声が上がった。脈が生理学的な異常を示していたことから少年の問題を割り出したのではない、とガレノスは説明した。脈が伝えたのは、少年には心配事があり、何かを隠しているということだったのだ（『予後判断について』7,14.635–41K）。

続けてガレノスはボエトゥスの家庭で経験したもうひとつの話題を説明する。今度の患者はほかならぬボエトゥスの妻である。名前は挙げられていないが、高貴な女性の名前を表に出さないギリシアの長い伝統のためだろう（もっとも、男性の患者についてもガレノスはほとんど名前を挙げない）。この女性は「いわゆる月のもの」に長く悩まされていたが、慎み深さゆえに男性の医師に委ねず、産婆の世話を受けていた。教育は低いがより伝統的な形の医学を身につけていた産婆に対して、ガレノスはこの話でも他の箇所でも、恩着せがましいところや敵意を見せていない。ガレノスの侮蔑はすべて男性の同業者に対して向けられていたが、この女性の女奴隷も何人かはあいにく不興を買ってしまった。ボエトゥスの妻の産婆については、「市で最良」だとガレノスは記し、また看病にあたっていた責任者も「非常に優れていることがわかった」と記している。

いずれにせよ、産婆の治療では妻の症状に改善が見られなかったので、ボエトゥスは最良の医師たちを呼んだ。医師たちはヒポクラテスの方針に従い、乾燥性の薬を用いて女性から過剰な体液を取り除き、月経血の流出を止めることで意見が一致していた。ガレノスは他の医師よりも信頼が寄せられていたが、最初はいい考えが思い浮かばなかった。ボエトゥスがガレノスを呼んだのは、妻の女奴隷と一緒に薬が正しく混ぜられたことを確かめてもらうためだった。その薬は患者の性器に塗られたが、ガレノスは自身で手を出さず、監督していたようである。しかし、女性の状況は悪化した。むくみで妊娠したかのように膨れ上がり、医師たちは途方に暮れたが、産婆は毎日入浴するように指示した。ある日、入浴中に陣痛のような痛みに襲われ、大量の月経血を排出して気を失った。女奴隷はどうしたらよいかわからず叫んだ。たまたま邸内にいたガレノスは浴室の外で騒動を聞いた。

慌てて浴室へ入ると、おそらくボエトゥスの妻が裸で床の上に気を失っていたので、腹部のマッサージを始め、女奴隷に手と足のマッサージをして気つけ用の嗅ぎ塩を持ってくるよう指示した。月経血の排出はよくなりつつあったが、患者の状態を案じ続け、「夜に心配しながら考えていると、次々といろいろなことが私の中に浮かんできた」せいで眠れなかった。患者は手の込んだ方法で乾かされていた。使用人たちは海岸から運んできた温かい砂を体にかけ、松脂を塗ったのだ。しかし、ガレノスは熱した蜂蜜と利尿剤と下剤を合わせた膏薬を使うことにした。ボエトゥスが次に医師たちを集めて話し合いをしたとき、ガレノスは意を決してボエトゥスに「邸内で自分を奴隷や友人たちから隠す」ようにこっそり頼んだ。十日間「私が思うとおりのことをあなたの妻にするために」ガレノスを全面的に信頼するように妻を説得してほしいと、思い切った申し出をした。ボエトゥスは了承し、患者の容態はガレノスの治療によって着実に改善していき、一か月ですっかり回復した。ボエトゥスの妻を襲ったのが現代の病名では何になるかはわからない。ガレノスは妊娠していなかったと明言しているが不全流産とする診断もある。他には、通常は子宮に感染しないがエキノコックスによる胞虫症と癌だとも考えられている。完全に回復したのであれば、骨盤膿瘍がもっとも可能性が高いかもしれない[38]。

ボエトゥスはいたく喜び、ガレノスに四〇〇枚の金貨で報いた。これは一万デナリウスに相当するたいへんな額だったが、ガレノスが治療費を決して受け取らなかったと言っていることから、治療費ではなく、愛する妻を治療したことへの褒美だったのだ。[39] だが、この逸話でガレノスが手にした真の成功は、ボエトゥスから完全な信頼を勝ち取ったときに生まれていた。執政官の家庭は保守的にギリシアの伝統を守り、女性はできる限り男性の訪問客の詮索の目にさらされないところに置かれ、ボエトゥスが家長として奴隷、産婆、ひとりかそこらの愛人、正規の妻など、多数の女性を支配していた。ボエトゥスがガレノスに「あなたの妻に対して私が思うとおりのことをする」のを許したとき、ボエトゥスは家長としての権威を部分的に渡し、ガレノスは邸内の女性に接近する認可を得ていたのである（『予後判断について』8,14.641–47K）。

ローマ滞在時のこの最初の数年に、ガレノスは特に多くの著作を書いている。前述の解剖学書以外に、最終的には九巻となった『ヒポクラテスとプラトンの教説について』の最初の六巻を執筆した。この著作は、生理学の諸原理に関してプラトンとヒポクラテスは同意見かつ正しく、二人を否定したり疑問視したりしていた（特に心臓は意識の座だというストア主義者の）知的伝統が誤っていることを示そうとしていた。この著作もボエトゥスに献じられ、ボエトゥスは故郷の属州へと出発したときに、未完成の状態だったが最初の六巻を携えていた。またガレノスは、ヒポクラテスのテキストへの注釈も書き始めている。しかし、のちに力を注いだときほどの質ではなく、網羅的でなかった。これは『自著について』に書かれているように蔵書をペルガモンに置いてきたためか、あるいは、ガレノスの知的アイデンティティの中で、ヒポクラテスの解釈の重要性が後年ほど大きくなかったからである。[40]

十七巻からなる『身体諸部分の用途について』もボエトゥスのために書かれた。第一次ローマ滞在では第一巻のみが書き終わり、これも、ガレノスがローマを離れる少し前に、旅立つボエトゥスへ送った。全巻の完成には時間がかかったが、それには一六六年にローマからペルガモンに戻ったときと再び呼ばれたときの中断期間が関係している（第6章を参照）。全十七巻が完成したのは一七五年ごろのことのようで、シリア・パレスチナ属州で健在だったボエトゥスへ送られている（この計算ではボエトゥスの総督の任期が例外的に長かったことになるが、引退後も留まっていた可能性もある）[41]。この著作は友人宛だが、ガレノスはより多くの読者を想定し、世に広まることを期待していた。

これは、一人や二人や三人や四人や特定の人数［の人］に対して明らかであるよう努めたものではなく、次々と出くわすあらゆる人を教えることを狙っている。

（『身体諸部分の用途について』7.14, 3.572–73K）

ガレノスは、特定の友人に求められて論考を書いたと述べることが多く、自著に対して、かなり狭い範囲の聴衆に向けた実践的できわめて教育的な著作であることを示す、「試作」や「覚え書き」という表現を用いていた。そのガレノスがこうした記述をするのは、著作のなかには意図したより広く出回っているものもあったとはいえ、珍しい[42]。しかし、『身体諸部分の用途について』では明白に知的エリートである仲間に向かって語りかけており、より広い層に向けたことを意識した著作となっている。だから、ボエトゥスの覚え書きとして書かれた最初の短い版の『解剖指南』が、ボエトゥスの没後、ガレノスが所有していた写しもなくなったために失われてしまったのとは違って、『身体諸部分の用途について』はすぐに広まり、決してなくなりはしなかった。ガレノスの記述によれば、この著作は医師とアリストテレス主義の哲学者の両方に広く読まれた（『自著について』2, 19.20–21K）。実際、ガレノスは、医師も哲学者も、そして「神々を讃えるすべての人」が読むべきだと考えていた。なぜなら、エレウシスの秘儀のような密儀宗教とは違って、「自然の教えはすべての動物に現れている」からである（『身体諸部分の用途について』17.1, 4.360–61K）。

このように、ガレノスは『身体諸部分の用途について』を医学だけでなく、哲学、さらに宗教的な畏敬にも関わると考えていた。その理由は、この著作が「用途」つまり、目的、特にアリストテレスまでさかのぼる生物学的目的論を強調していたからである。これについては、ガレノスはアリストテレスを（特にエラシストラトスとアスクレピアデスによる）誹謗から擁護している。[43] この目的論的な観点では、すべての生き物、特にすべての解剖学的部分は造物主によって目的をもって創造されたと考えられている。部分のなかには、それ自体は目的を持たず、目的を有する他の部分からの副産物として生じたものもあるが、ガレノスによれば、そのような例は稀であり、自然の仕事を最高に美しく、効率が良いものだとしている。アリストテレスに倣い、自然は何も無駄には行なわないとガレノスは繰り返し主張する。しかもアリストテレス自身が認識していたような制限や制約を認めなかった。ガレノスは男性名詞の「デミウルゴス」、女性名詞の「ピュシス」という言葉で造物主を表し、両者は同じ意味で使われている。この造物主の摂理、そして人体構造を設計し組み立てるその技量は『身体諸部分の用途について』における共通の主題として論じられた。なぜなら、日々の死体解剖と生体解剖で、動物の骨、腱、膜、体液を観察しても、その創造に知性が関与しているという圧倒的な証拠ばかりで、精巧に作られみごとに調和した構造を説明する理論が他になかったからである。この説明はかなり単純化したもので、ガレノスは、アリストテレスが記述していないものも含めた、いくつもの種類の原因を認識している。また、神の創造も含めたガレノスの原因の哲学は洗練されている。ここで強調したいのは、ガレノスが創造の背後にある知性に対して形而上学的確信を抱いていたという点である。なぜならガレノスは、このことに限らず、さまざまな面で驚くほど信仰心の篤い人物だったからである。

ガレノスは姿かたちを想像できないこの知性を崇めていた。この点はまた改めて論じるが、ひとつ明らかだったのは、ガレノスの中で造物主は技術者や芸術家だったことである。ガレノスはそれを、神話に出てくる巨人族のひとり、最初の人間を土からこね上げたプロメテウスにたとえていた。あるいは、オリュンピアの祭儀のためにゼウス像を象牙と金から作った有名な彫刻家ペイディアスや、太陽神の馬車を駆ろうと試みたパエトンの悲劇を印章指輪に彫った無名の芸術家になぞらえた。この指輪には、四頭の馬の十六本の脚が、明るい光の下で目を凝らさなければわからないほどの精巧さで彫られていて、よくよく見るとその脚はそれぞれ完璧な形をしていた。[44] これは確かに驚くべきことだったが、自然が作り出したノミの完璧な脚はさらにどれほど凄いことだろうか。ガレノスは造物主に帰している巧みさを、人間に最も特徴的な性質とも考えていた。そして『身体諸部分の用途について』を、理性とともにこの巧みさを可能にする解剖学的部分である、手の記述から始めている。

ガレノスの考える造物主は、質の劣る材料（精液と月経血）しか使えないという制限を受けており、作り出した結果物の不完全さはそのせいと説明されていた。命ずることで生き物を存在せしめた全能の造物主というユダヤ教・キリスト教の考えは、ガレノスには不合理で誤っているという印象を与えた。ゆえにガレノスは論理的証明に訴えて、ユダヤ教を、神からモーセへの命令を法の起源として無邪気に信用しているように見えると、激しく批判した。現存する著作では二か所で「モーセとキリストの信者」を、信奉者が論理的な論証なしに信仰の教義を受け入れるよう主張する狂信的な集団として言及している。「自分たちの教義に固執する医師や哲学者に何か新しいことを教えるよりも、むしろモーセとキリストの信者に教えたいものだ」（『脈の種類について』3.3, 8.657K）。（ギリシアの哲学の学派の創始者に似た存在として、ユダヤ教の思想を作った人物としてガレノスが常に言及する）モーセの造物主としての神を、プラトンおよび『身体諸部分の用途について』の造物主と比較して、モーセは創造において質料因〔アリストテレス哲学における、事物が生じるための素材となるもの〕を認識すべきだったと論じる。人間を石から、ウシを灰から作るというように、単に望むだけでどんな素材からでも生き物を出現させることなど、いかなる神にもできないのだった（『身体諸部分の用途について』11.14,3.905–7K）。善良にして全能の造物主がサソリや蚊などを作り出してもよいという考えはガレノスを不快にさせた。この考えをユダヤ教と結びつけていないが、プラトン的な造物主の性質についてのガレノスの考えとは相容れなかった（『胎児の形成について』6,4.700K）。

ユダヤ教とキリスト教についての、アラビア語訳のみが現存するガレノスの言及は、亡命してドイツからオックスフォードに移住したユダヤ系のリヒャルト・ヴァルツァーが一九四九年に出版された著作に集められ、分析されている。ヴァルツァーは、ガレノスの見解が（後述する『キリスト教の美徳』の）ひとつの例外を除いてギリシアの伝統に典型的なものであり、たとえば「創世記」の最初の章は異教の知識人にもよく知られていたことを明らかにしている。だから、ガレノスがユダヤ教・キリスト教について例外的に詳細な知識を持っていた、あるいは、ローマ市内にはユダヤ教徒とキリスト教徒の大きな共同体があったとはいえ、ガレノスが直接接触していたと想定する必要はない[45]。ガレノスの親友ボエトゥスはパレスチナ出身で、ユダヤ教徒の友人や知人がいたのかもしれない。

ある一節では、多くの人々がどうしても厳密な論証についてこられないのであれば、キリスト教徒が論理的証明の代わりに寓話を用いることを大目に見ている（現存しないプラトンの『国家』への注釈に現れ、キリスト教の寓話をプラトンの神話にたとえている）。また、死の軽視、禁欲的な生活習慣や飲食物の制限、さらに、かなり曖昧な言及ながらも、公平さへの強い思いについてはキリスト教徒を讃えている。このキリスト教への賞賛は異教徒の哲学者としては珍しく、何らかの著作家たちによる失われた著書からの影響でないとすれば、アレクサンドリアやローマのキリスト教徒との個人的な交流に基づいているのかもしれない。あるいはガレノスがペルガモンでもしくはスミュルナ滞在中（第6章を参照）、もしくはいずれかのローマ在住の間に、キリスト教徒の殉教者のひとりや二人を目撃していた可能性もある。ガレノスが最初にローマに滞在していた間に斬首されたユスティノスなど、多くの殉教者がいたことがわかっているが、ガレノスの曖昧な説明から推測はできない。ユダヤ人やキリスト教徒の友人がいたとか、キリスト教徒の演説家が公の場で討論しているのを聞いたとか、あるいはキリスト教の書物を読んだ等、すべて起こり得たことだが、ガレノスは記述していない[46]。

ガレノスによるユダヤ人とキリスト教徒への非難は少なく（全部で五か所、加えていま挙げたキリスト教徒の生活を讃える記述がある）、しかもそこには信仰への敵意が特に感じられない。ガレノスが否定した、方法主義者、エラシストラトス主義者、プネウマ主義者、その他、ほぼすべての医学や哲学の学派への反論と比較すると、ユダヤ人とキリスト教徒への非難の頻度・分量・辛辣さは大したものではない。ガレノスはユダヤ教とキリスト教をこれらの学派のうちの二つ、時にはまとめてひとつの学派として見ており、それほど異質で異常な宗教集団としては扱っておらず、概してその信仰には関心がなかったようである。しかし、もう一方の側の態度は同じではなかった。ガレノスが存命中の二一〇年には早くも、テオドトスという靴職人に率いられたローマの異端の集団を匿名の神学者が糾弾しているが、その異端集団は、エウクレイデス、アリストテレス、ガレノスを含むギリシアの幾何学と哲学者の教えのために、キリスト教の正統派の教義を捨てていた。おそらく、異端者たちはガレノスによるキリスト教の不合理性への批判に反応したのだろう。また、オリゲネスも読んだと思われる『身体諸部分の用途について』への反応かもしれない[47]。

『身体諸部分の用途について』第十巻の眼に関する有名な一節で、ガレノスは夢の支配下における視覚について幾何学的な議論を展開した。読者が退屈して気を悪くすることを恐れ、ガレノスはこの一節ていた。[49] 我々の中に存し、我々を導くと考えた。この一節では、夢を通じて我々に話しかけてくると考えあり、プラトンと古くからの哲学の学統、特にストア主義に倣い、人間の至高の理性的な霊魂は神的な実体でだ。[48] ガレノスは、夢はダイモンと呼ばれる神的なものからやってくると信じ、何度もそう述べている。を省略するつもりだった。聴衆を低く評価し、このレベルの議論にはついてこられないと考えていたの

ガレノスは、同じ文化の中にいた他の多くの人と同じように、夢を真剣に取り上げ、しばしば他の話題の中に夢についての解説を挿入する。前述のように、ガレノスが賞賛したアイスクリオンによる狂犬病のための秘薬も含め、経験主義者は多くの治療薬を試す際に夢を頼りにしていた。[50] 経験主義者が薬の着想を得るために過度に夢を用いることにガレノスは批判的だったが、多くの場合夢の有用性を否定せず、自身でも信用していた。すでに見たように、人生における二つの重大な出来事は夢によって引き起こされた。十代のころにガレノスの父が医学教育を受けさせることを決定したとき、二十七歳のときに慢性病を自分で治療して健康を回復したとき、の二度である（第2章を参照）。ガレノスの名による『夢による診断』という短い著作は、本来はもっと長かった著作の要約か抜粋らしく、[51] おそらく、『自然の機能について』で言及される『夢、鳥、前兆、占星術のすべて』という題の失われた著作のことだろう（『自然の機能について』1.2, 2.29K）。

ある六十歳の老人男性の舌が口に収まらないほどひどく腫れてしまったとき、ガレノスともうひとりの医師で治療法についての意見が異なった。ところが相手が「夜中に非常に明晰な夢を見て、私の診断に同意し」たので、ガレノスは患者の口をレタスの汁で洗い流し、患者は回復した（『治療法について』14.8, 10.971–72K）。アレクサンドリアでガレノスは病人が泥に浸かって自分に塗りたくるのを見て、「多くの人は自発的に自分で判断し、また多くの人は夢から忠告を受けている」（『単体薬の混合と諸力について』

9.1.2, 12.177K）と記し、この観察した行為にはっきりとした評価や批判を加えていない。ガレノスは夢を通じて働きかけてくるアスクレピオスの治療力も信じており、関係する事例もいくつか語っている。あるトラキア人が「エレファンティアシス」（ハンセン病）を患い、夢によるお告げを求めてペルガモンを訪れた。ペルガモンでは、その土地の神（アスクレピオスのこと）が夢に現れ、毒ヘビの肉から作られた薬でその人の病気を治るというお告げを与えた[52]。ペルガモンの別のアスクレピオス崇拝者は、手の動脈切開によって脇腹の慢性的な痛みが和らぐという夢を見たが、ガレノスは自分が若いときに罹り、やはり夢で癒された慢性病と同様のものだと考えた（『瀉血による治療の理論について』23, 11.315K）[53]。

ヒポクラテスやその他の先人に従い、ガレノスは夢の源泉についていくつか考えを持っており、なかには現代の読者が同意できるものもある。ひとつは夢は体液の不均衡の反映だという考えである。たとえば、血液の過剰に悩まされていたあるレスリング競技者は、血の池に立っているという夢を見た。そして雪や氷は冷たく湿った粘液を表すだろう、というふうに。このように、解釈がいつも正しいとは限らないにしても、患者の夢に注意を払うことは重要だった。脚が木になる夢を見た男がいて、ガレノスも他の人も、夢についての古代の書物で言われている解釈に従い、これを奴隷に関することの象徴と考えて治療した。ところが、後から脚に麻痺が起こった。ガレノスの見解では、夢は生理的な不均衡に由来することもあるだろうが、霊魂には神的な予言の力があり[54]、それが夢の源泉なのであって、夢のなかには神からの直接のお告げもあると明らかに考えていた。老齢になったガレノスは、神々の本性について知ることはできないと悲観的な思いを吐露している。それでも、「神々の仕事によって、神々が存在していることがわかるのである。というのは、動物の構造こそそれらの仕事によるものであり、前兆や夢を通して告げるのと同様である」とあるように、神々は存在するに違いないと主張した（『自説について』2, 173 Boudon-Millot and Pietrobelli）。

ガレノスは患者がたどる経過の見通しである予後を鳥や前兆や星による占いに何度もたとえているが、この二つは方法が完全に異なっていると常に主張していた。しかし敵対者の多くは、ガレノスの異常なまでに正確な予測が理解できないと、占いだと批判したようである。ガレノスは、占いを下層民に属する魔術師や魔法使いと結びつけることもあった。(55) そのくせ、占いを否定せず、その効能に不信を抱かなかった。むしろ、『自説について』の一節以外にも、神は世界に介入しないというエピクロス主義の考えを批判し、霊魂には考える力がないという見解を非難する一節もある。ガレノスはどちらの説も明白に否定している。さらに、そんな批判を受けたかのように「彼らは夢と、鳥や前兆やすべての占星術を軽蔑する」とつけ加え、これらの問題についての論考を（現存しないが）書いたと言っている（『自然の機能について』1.12, 2.29K）。『予後判断について』には、エウデモスが同時代の貴族階層の教育の衰退を嘆く場面が書かれている。当時求められたのは、幾何学、代数学、哲学、天文学および占いの知識から得られる実利的なものばかりだった（『予後判断について』1, 14.604–5K）。ガレノスはヒポクラテスの前兆の判断を評価し、自身がギリシアとアラブの卜占官の競争を目撃したことについて長々と記し、ギリシアの卜占官のほうが「鋭く、長けていた」と褒めている（『ヒポクラテス「急性病に対する食餌法」注解 1.15, 15.441–42K）。ガレノスの患者のひとりは、占いが「驚くほど大当たり」の友人に相談したあと、本人は絶望していたが、ガレノスの「エレファンティアシス」の治療薬を使うことに同意した。(56) ガレノスが占いのことを、腕のよしあしに差の出る技術であると同時に、敬神の要素もあると考えていたことは間違いない。(57)

薬学は医学と魔術の曖昧な境界線上にある分野だったが、ガレノスは多くの(58)魔術的な行為を馬鹿げたことだと否定し、特に『単体薬の混合と諸力について』にそのような記述がある。呪文、献酒、献香が薬の調剤法に入り込んでいることがあったが、それを「子供にすら役立たないお話」とし、惚れ薬や夢や他人の心を操る呪文などを馬鹿げたものとして退けた。古代において虫よけから安産まであらゆることに広く用いられていたお守りも同様だった。しかしかなりのち、六世紀のトラレスのアレクサンドロスの著作によれば、ガレノスの失われた著作『ホメロスの医学について』には、ガレノスがサソリに刺された患者もしくはニワトリの骨が喉に詰まった患者に効いたことを目撃した結果、呪文についての見解を変えていた、という興味深い言及がある（『治療学』2.475 Puschmann）。

ガレノスが呪文やお守りを嘲笑した著作である『単体薬の混合と諸力について』には、ある幼い患者がお守りのおかげで癲癇から守られた話も記されていることを考え合わせると、アレクサンドロスによるこの記述はもっともらしいと思われる。この場合には、「ペリアプトン」（首にぶらさげるもの）と呼ばれていたお守りはシャクヤクの根だった。ガレノスは最初は疑っていたが、実験によってこのお守りに効果があることが明らかになった。

ある子供がこの根を持ち歩いている四か月間はまったく癲癇の発作が起こらなかったのに、首から抜け落ちたらたちまち発作に見舞われ、別の根をかけるとすぐに良くなったことがわかった。私はためしにもう一度外させるのが良いと考えてそのとおりにし、再び発作に見舞われたときに大きく新鮮な根を首からぶら下げたところ、それ以来子供はすっかり元気になり、二度と癲癇の発作を起こさなかった。

（『単体薬の混合と諸力について』6.3.10, 11.859–60K）

ガレノスはこの治療に合理的な説明を加えている。この患者は根の小片を吸い込むか、あるいは根が何らかの方法で吸い込む空気を変化させたというのである。しかし、ここで強調したいのは、魔術的な行為に対するガレノスの態度は複雑で、単純な否定ではなかったことだ(59)。

多くの形而上学的な問題について、ガレノスは不可知論や懐疑を表明している。たとえばすでに述べたように、霊魂が三つの性質からなり、身体内でのそれぞれの座を持つことについて、詳細な見解を持っていたにもかかわらず、霊魂の実体も、霊魂が不滅かどうかも、不明なままにしていた。どちらも古代に盛んに議論された問題であり、主要な哲学の学派は異なる見解を持っていた。ガレノスは、これらの疑問は医学とは無関係であり興味がないと断言している。同様に、解剖によって神々や造物主の摂理と技術は十分に確かめられると考えていたにもかかわらず、その姿と実体、あるいは複雑なものが発達し成長していく仕組みなど、他の未解決の重要問題についても懐疑を表している。不可知論の問題は特に『胎児の形成について』や『自説について』などの後期の著作で顕著である。人生を通して熟考を続けても、長らく研究し、崇めていた知性の本性については何の洞察も得られなかった。また、明言してはいないが、落胆していたのかもしれない(60)。

世界が作られなかったのか、作られたのか、またその外に何かがあるのかないのかは、わからないと言うことにする。またこれらのことがわからないと言うのだから、世界のすべての事物の造物主がどのような存在なのか、非物体的なのか物体的なのか、さらにどこにいるのかすらわかっていないのは明らかである。

（『自説について』2, 172 Boudon-Millot and Pietrobelli）

霊魂の実体については途方に暮れていることを認めよう……そして胚の形成因について疑いを抱いていることも。というのは、その形成に最高度の知恵と力を見ているからであり、種子の中にある、アリストテレスによって植物的、プラトンによって願望的と呼ばれている霊魂が、またストア主義が霊魂ではなく自然だと考えているものが、胎児を形成すると認めることはできない。なぜなら、それは賢くないだけでなく、まったく非理性的だからである。他方で、子が両親に似ることから、完全にこれを退けることもできない。

（『胎児の形成について』6, 4.700K）

ガレノスの人生における宗教の役割で言うと、ガレノスがアスクレピオスと個人的、宗教的につながりがあったと言っても誇張にはならない。ガレノスはアスクレピオスの力と治療の効能を疑わず、ガレノスの父に夢を見せた神はおそらくアスクレピオスなので、職業を選んでくれたのもアスクレピオスだし、夢の中で直接話しかけてきて命も救ってくれた。ガレノスはアスクレピオスのことを神の治療者あるいは奉仕者と呼ぶが、この結びつきは二十七歳の奇跡的な治療に始まって、老年の『自説について』でも繰り返し同じ主張をしている。ガレノスは、アスクレピオスの存在はまったく疑いを抱いておらず、「彼は他にも多くの方法で、また私を癒やしてくれたときに、私にその力と摂理を示した」と説明している（『自説について』2, 173 Boudon-Millot and Pietrobelli）[61]。アスクレピオスの医学の抜きん出た能力を疑わず、特に、ガレノスや仲間にとって患者が従わないことが常に難問であり苛立ちの元となっていたのに対し、アスクレピオスには患者がいとも簡単に従うことに感心していた。たとえば、十五日間何も飲まずに過ごす患者は「もし医師が命じたとしても、決してそのとおりにしなかっただろう。なぜなら、彼［アスクレピオス］は患者にすべての命令に従わせる、偉大な影響力を持っているからである」と記している[62]。

しかし、ガレノスの敬虔さはアスクレピオスへの崇敬だけに見られるのではない。ガレノスの信心は複雑で、多様だった。そのなかには現代の読者には馬鹿げたものに見えるものも含まれている。たとえばガレノスは、人間と外界の超自然的な力との間で、夢や前兆や占星術を通じて直接的・間接的な交流が可能だと考えていた。このような超自然的な力がこの世界において秘密裏に、ときには非常に大きな力を発揮するということに疑問を持たず、この点で、ガレノスは文化的環境の産物だった。だが、ガレノスの敬虔さには、解剖した動物の中に刻印されたみごとなまでの設計を見せられた、造物主の巧みさへの哲学的な尊敬も含まれている。そして造物主について、その神秘と近寄りがたさも感じていた。ガレノスは生涯をかけて動物の研究と解剖を行なったが、自然の複雑さを説明する要素を理解できる気配もなく、この限界をたびたび認めていた。ガレノスに未来をかいま見せて、現代の進化生物学の中に答えを見つけさせたいと思わずにはいられない。もしガレノスが現代に生まれていたなら、優れた熱心な研究者になっていたことだろう。

ガレノスは最初のローマ滞在中の出来事について多くの著作を著し、書き上げたもののほとんどを友人であり後援者でもあったボエトゥスに献じた。もっとも、ガレノスはライバルたちが富裕な有力者に従属していることを非難しており、ボエトゥスが後援者だったとは認めなかっただろう。[63] この時期に書いた解剖学の論考のほとんどは失われて、今日残っていない。四巻からなる『発声について』、『解剖指南』の失われた初稿版、二巻からなる『呼吸の原因について』、五巻の『ヒポクラテスの解剖について』、三巻の『エラシストラトスの解剖について』、動物の生体解剖と死体解剖についての論考は失われた。他には主要な著作の『ヒポクラテスとプラトンの教説について』と『身体諸部分の用途について』第一巻がローマを発つ直前に書かれている。これらはすべてボエトゥスに献じられた。加えて、他の友人たちのために短めの解剖学書やヒポクラテスへの初期の注解書、前述の、一人前の教師になってから書かれた「初学者のための」著作もこの頃のものである。ところが、ボエトゥスはシリア・パレスチナ属州の総督として、ガレノスよりわずかに早くローマを離れてしまう。[64]ガレノスは親交を絶やさず、数年後に完成した十七巻の『身体諸部分の用途について』を送っているが、ボエトゥスが戻ることはなかった。ガレノスが故郷のペルガモンに一六六年に戻ったとき、特に第4章で取り上げた、薬剤を探し求めたこの時期かそれ以降の旅行で、この友人と再会した可能性もある。残された証拠に基づけば、二人の再会の可能性は否定できない。ボエトゥスが亡くなった時も、現存する著作には悲嘆を表現している記述はないが、その死を知っていた。すでに述べたようにガレノスの父が亡くなった時も、一六六年に「大流行病」で子供時代の友人テウトラスが亡くなった時も同じだった。

ガレノスは「三十五歳」（一六四年）の夏に、レスリング中に大怪我をした。そのことはヒポクラテス『関節について』への有名な一節への注解に軽く触れられているだけである。一六二から一六三年の冬にエウデモスを治療し、テウトラスに瀉血についての論考を書いた後のことだった。怪我がボエトゥスの邸宅での示説に関係しているのか、あるいは元執政官の妻と子供の治療と関係しているかは不明である。

レスリングやその他のギムナジウムの運動は日課であり、少なくとも習慣になっていたのは間違いない。ガレノスが競技に熱中しすぎる者を批判したことはよく知られている。そのような男たちは、訓練士と一緒にほとんどの時間をギムナジウムで過ごし、勝利や闘いに取りつかれていた。大きな祭りで稼ぐ報奨金はかなりの額で、一度の勝利でも家族に財産を残せるほどだった。しかし、ガレノスの見解では、競技者の生活はひどく極端で、その身体の作りも偏っていた。また野卑であるだけでなく、市民や友人として役立たずで、性的不能者で、性器は極端に小さくしぼんでいた。この一団に対する批判は容赦なかったが、ガレノスがギムナジウムでの適度な運動は健康な生活の主要要素であると考えていたことは他の多くの著作からもはっきりしている。『健康を維持することについて』では日々ギムナジウムを訪れるように指示し、多くの競技者よりも自身が堅強だと自慢し、身体の状態を誇りにしていた(65)。ガレノスは鎖骨を脱臼しており、今日では肩鎖関節脱臼と診断されることだろう。次のように書いている。

> 明らかに肩峰は鎖骨と肩甲骨との関節のところにある軟骨的な骨で、〔鎖骨と肩甲骨の〕骨の端を結びつける靭帯がその骨自体から始まっている……

肩鎖関節が詳細に描写されているが、これについてはすでに、原典のヒポクラテス主義の著者に当然のように知られていた（『ヒポクラテス「関節について」注解』1.61, 18A.400K）。

> またこれがずれるときは、たいてい鎖骨もずれる［この部分のテキストは不明瞭である］。このため、復位は鎖骨を押し下げるようにする。

ガレノスの怪我はひどく、おそらく筋肉の付着部と靭帯に及び、靭帯が完全に断裂していた。鎖骨と肩峰の間に指三本分の隙間ができていた。ギムナジウム専従の訓練士はヒポクラテスに従い、上腕骨の脱臼だと考えたが、よくある間違いを犯していた（『関節について』13, 3.313 Loeb）。もっとも、ガレノス自身も同じように考えた。訓練士は上腕骨頭を腋窩から正常な位置へ押しながら腕を下に引っ張り、「彼はこれを巧みに行なった」（ガレノス『ヒポクラテス「関節について」注解』1.61, 18A.402K）。

　この時点で人だかりができていたようである。おそらく、このような怪我人や、訓練士と見物人が治療を急がせようとして起こる騒ぎはギムナジウムによくある光景で、各々が怪我と治療法についての意見を言い合い、楽しんでいた。ガレノスの指示で訓練士たちは腕を下に引っ張り、反対に肩は持ち上げた。その間に、ガレノスは怪我をしていない側の手を怪我をした側の腋窩に入れ、関節を後ろに押し戻そうと試みたところ、「腋窩には自然に反するものは何もないことがわかり」、実際には上腕骨が脱臼していないことに気づいた。「私は、訓練士と一緒に伸ばそうとしてくれている人たちに、どちらの方向にも伸ばすのを止めるように指示した。関節が外れていなかったからだった」。助けようとしてくれていた人たちは、ガレノスが痛くて逃げ腰になったと考え、たしなめながらやんわりと続けたが、別のもう少し知識のある人が通りかかって、ようやく止められた。この人物についてガレノスは詳しく書いていないが、おそらくガレノスが理想とした、教育のある博識の一般人だった。おかげでガレノスは、問題は肩峰の脱臼であって上腕骨ではないと説明することができた。ヒポクラテスによれば、手術はせず固定して治療する必要があった。これについて現代の医師も同意するが、ガレノスが記述する重症の場合は手術が必要になるかもしれない。ガレノスは羊毛と油を頼むと浴室へ向かい、頼んだものを使用人が持ってくるのを待つ間、ずっと湯に浸かっていた。

子供や若者だったなら怪我の治療はもっと簡単だったろうが、三十四歳のガレノスの場合は腕が引っ張られたことで別の傷害が起きてしまっていた。ガレノスは普通の人なら耐えられないほどきつく包帯を巻くことにした。その締めつけは、多くの患者が治療に耐えるよりも「将来の障害を選ぶ」ほど痛かったと記している。骨は体の奥で軋み、上腕と前腕の筋肉は縮み上がった。夏で暑かったのに肩が寒く感じたので、裸で横になって使用人に一日中温めた油を体にかけさせ、足元に流れ落ちた油を集めなければならなかった。ガレノスは四十日間この治療に耐え、最後は怪我をしていたとは誰も信じないほど元通りに回復した(『ヒポクラテス「関節について」注解』1.61, 401–4K)。

この最初のローマ滞在の四年間、ガレノスはどこに住んでいたのだろうか。ローマを離れた際に家令が競売にかけて売却していることから、ガレノスが家を購入したことはわかっている。ガレノスはナポリ近郊のカンパニアにも土地を購入した。この地方はローマの貴族の間で人気が高く、都会の忙しさを逃れて牧歌的な雰囲気の中で落ち着いて学問や書き物ができるように、所有する農場に豪邸を建てていた。これらの所有地は収入源となる農場として、ブドウとオリーブの貯蔵庫と圧搾機があり、奴隷と小作人を恒久的な働き手としていた。一方で大勢の客を楽しませることも想定して、多くの寝室と食堂を備えていた。ガレノスのカンパニアの所有地については、一九二年の大火以降に書かれ最近発見された『苦痛の回避』の一か所しか言及が知られていない。それによれば、ローマで大火が発生した場合に備え、原稿の写しをカンパニアで保管していたが、全部とはいかなかった（『苦痛の回避』22–23、本書第8章参照）。ガレノスは最初のローマ滞在時にこの土地を買い、離れるときも手放さなかったようである。ローマから逃げるときには、日常的に赴いていたかのように、疑われないようカンパニアに行くと友人に告げることになる（第6章を参照）[66]。

この時期のローマでの住まいについては証拠が乏しいが、「サンダリアリオン」（ラテン語ではサンダリアリウス通り）と呼ばれる地区かその近くに住んでいたのではないだろうか。ガレノスは患者のエウデモスの近くに住んでいたと記し（『予後判断について』3,14.613K）、ある日エウデモス邸を後にすると、一番の論敵マルティアヌスにサンダリアリオンで出くわした、という記述もある。マルティアヌスもエウデモスを訪ねようとしている途中だったことから、二人が出くわしたのはエウデモス邸の近くだったことが示唆される（『予後判断について』4,14.620–21K）。通りの名前は元々サンダル作りの職人の居住区だった歴史を反映しているが、ガレノスの時代には書籍商が集まっていた。この近くで二人の読者がガレノスの本の信憑性について熱く言い争っていた、という記述もガレノスは残している。他にも、知識を競い合ったり議論したりする場として有名だったことを示す証拠がある[67]。サンダリアリオンはローマ市内で最も過密な中心地のひとつ（第四地区）にあり、平和の神殿の北東側に接していた。ガレノスはこの神殿も公開演説や議論の場所として挙げており、またローマで最大の書庫もそこにあった。平和の神殿近くの、火に強いとされていた保管庫にガレノスは貴重書と貴重品を置いていたが、のちにこの地区で火災が起こって悲惨な結果になった。しかし、その火災のころには、ガレノスはローマの元の住居を売って市内の別の場所に住んでいた。

一六六年、疫病が東方からイタリアへ向かっているという恐ろしい噂が広まるさなか、ガレノスはローマを離れたが、この暗黒の年の話をする前にもうひとつ触れるべき話題が残っている。マルルスの奴隷の逸話は、ペルガモンではなくローマで起きた出来事ならば、この時期に起きたに違いなく、それもガレノスが出発する前に起こっている。なぜなら、この逸話の記述は二つ現存するが、そのうちのひとつはボエトゥスが故郷の属州へ持っていった『ヒポクラテスとプラトンの教説について』の第一巻に書かれているからである。この著作の最初の部分はギリシア語の原典は現存せず、この逸話もおもにアラビア語訳で残っているが、その逸話の最後の部分は現存するギリシア語テキストにも記されている。後年ガレノスは現存する版の『解剖指南』第七巻でも同じ逸話について触れている。この逸話はガレノスの実例のなかでも最も有名なもののひとつで、ローマでのキャリアの初期に、めざましい速さで医学界に登場し、熾烈な競争の中でたちまち名だたる医師を蹴落とすことになる、解剖の妙技が発揮される典型例でもある。

患者は少年で、ガレノスが十五歳以下の子供を指すのに使う「パイス」や「パイダリオン」と表されている。この言葉を他の古代の文献では大人の奴隷にも用いていたが、ガレノスはそのような意味では用いない。[68]少年はマルルスという喜劇作家の奴隷で、マルルスは、祝祭の際にローマの民衆にたいへん人気のあった出し物を書いて生計を立てていた。子供は性的対象だったか、あるいは同じくらいありえることだがマルルスの血を分けた子供だったからか、非常に大切にされていた。いずれにせよ、マルルスは少年の命を救うのに手間も金も惜しまなかった。

少年はレスリング中に怪我をしたのだった。胸骨を損傷し、膿瘍ができていた。他の医師たちが膿汁を出そうと二度試みたが膿瘍は収まらず、瘢痕（はんこん）として残った。ガレノスのひとつの記述では、瘻孔（ろうこう）ができていたとされている。また患者の心臓が左側に偏っていると記している。このようにして、怪我してから数か月後に少年は重体に陥り、死にそうであることが明らかになった。少年の体では傷に伴う胸骨の骨髄炎が進行していた。

マルルスは医師を何人かまとめて呼び、ガレノスも含めた数人の医師が患者を診ることになった。医師たちは、患部の胸骨を開く必要があることで合意した。しかし、わずかでも失敗すれば胸膜に致命的な穿孔が開いてしまうとわかっていたので、誰も手術をやりたがらなかった。ガレノスは何百回も動物の生体解剖を行ない、脈打つ心臓を指でつかんだこともあった。そうはいっても、気まずい沈黙の中、呼吸を整え、ようやく意を決して名乗りを上げたのだろう。「私は、医師たちが穿孔と呼んでいるものを生じさせずに胸骨を切開しましょう、と語った」と記している。

ガレノスは手術の詳細についてはほとんど沈黙を通している。おそらく動物の生体解剖と同じように少年を板に縛り付けていたか、腎臓結石の手術の記述でケルススが推奨したように助手が押さえつけていたかしたのだろう。手術は浴室で行なわれたかもしれない。暖かい浴室は、動物の心臓の生体解剖のためにガレノスが推奨していた場所である。もしそうだとしたら、ガレノスは扉の近くにいたか、さもなければ屋内でもあり戸外でもある、中庭で行なっただろう。当然ながら、人工的な光は使用できなかったからである。

おそらく、麻酔は用いいなかった。大プリニウス『博物誌』およびプリニウスの記述の元となったと思われるディオスコリデスの薬物の百科事典には、ローマ時代にも切断や焼灼の前に患者にマンドレイクを与えて、痛みを感じないようにしたという記録が残されている。しかし、特にケルススやソラノスなど、外科について最も具体的な議論を行なっている古代の外科学書は、いかなる形の麻酔についても言及していない。また、明らかに、患者の苦しみは体力と精神力でなんとかなる問題だとケルススは考えていた。麻酔の使用が一般的だったか、あるいはそもそも使われていたのかは不明だが、過剰使用の危険性もおそらく当時認識されていた。ガレノスは、湿って冷たい性質を持つマンドレイクを、深い眠りと感覚の麻痺を引き起こす薬として何度も言及している。しかし、マンドレイクなり他の麻酔薬なりを外科手術に用いたという記述はない(69)。

当初、感染は傷の周囲の静脈と動脈には及んでいなかったため、手術はうまくいったが、患部の骨を除いたガレノスは、絶望的な光景を目にした。すぐ下の心膜の一部が化膿して崩れており、切り開かなければならなかったのだ。そのときのことを「［動物の］解剖中にわざと露出させたときのように、心臓がはっきりと見えた」と記している。

ガレノスは少年の回復については悲観的に見ていたが、予想に反して少年は生きのび、かなり後にガレノスが『解剖指南』第七巻を執筆したときも生きていた。傷はふさがり、ガレノスが切断した心臓を保護する組織と骨もふさがった。疑いなく、この逸話は本当に起こったことだろう。ガレノスがこの逸話を語った二つの著作の読み手には、目撃者や当時その話を耳にした人が含まれていたことだろう。今日でも、ガレノスが作業していた原始的な状況を考慮すると、手術の技術や記載から想定される手際のよさには感心せざるを得ない。また患者も医師も実に幸運だった。消毒なしにこのような手術を行なえば、必ず致命的な感染症が起こるはずだからである。しかし、想像してほしい。少年は心臓を露出されながらも生き永らえるという、その当時において歴史上唯一の経験をした患者だった。明らかに世界で最も偉大で高度な技術を持つ高名な医師が救ってくれたのである。この逸話はアスクレピオスの風変わりな奇跡にも匹敵し、より現実味のある比較対象である、イエス・キリストや初期のキリスト教の聖人の治癒の力さえをも圧倒している。ガレノスはローマで名を成した経緯を『予後判断について』の中で語っているが、この逸話を含めていない。それがなぜなのかは説明できない。おそらく、娯楽を生業とするマルルスの地位は社会の周縁にあり、論考のほとんどを占める貴族社会とは関係がなかったからだろう。しかし、現存するどの古代の文献にもこの出来事に匹敵するものはなく、ローマの最も優秀な医師としての評判を決定づけたように思われる(70)。

第6章　マルクス・アウレリウスと疫病

ガレノスは約四年間の滞在ののち、突然慌ててローマを去った。おそらく一六六年の夏のことである。[1] 奴隷をひとり残らせて家を競売にかけるように指示し、別の家を所有していた「カンパニアへと出発したかのように装って」南へ向かった、と記している。

財産を守るために［ローマに］残した使用人ひとりに、アシアへ出発する船を待って、それから一日だけスブラのやり手の男を雇って財産を売却したら、すぐに出発し、ボートに乗ってシチリア経由で祖国へ来るよう、指示した。少し後に、これが実行された。私はカンパニアにいて、その後そこからブルンディシウムへ急いだ。そこですぐに、デュッラキウムかギリシアへ向かって出帆しようとしている最初のボートで海を渡ることに決めた。

（『予後判断について』9,14.648K）

ガレノスがペルガモンへと去っていった際の、慌ただしさと内密ぶりはどう説明すればよいのだろう。自伝的著作である『予後判断について』のこの引用のすぐ前では、出発の裏にあった心配事を二つ挙げている。第一に、ライバルたちの嫉妬がさらに強まっていたこと。第二に、ローマに引き留められて有力者か皇帝に監禁されないかと恐れ、また連れ戻そうと兵士をよこすのではと危ぶんだこと。というのも、ガレノスの評判は高まり、ガレノスに命令を下すような地位の人物から動員されるほどになっていたからである。

だから、ガレノスは「逃亡奴隷のように」出発した。ガレノスを探した友人たちは、ただひとり残った使用人からカンパニアへ旅立ったと聞かされるだけだったが、やがて少しずつ真相が明らかになっていった。友人たちが残念がっていることだろうとガレノスが思いを馳せるとき、そこには一種の満足感があった。なぜならずっと以前から、ローマ市の腐敗し競争に満ちた雰囲気と記したものから身を引こうとしていたのに、その決意を疑われていたようだったからである。

しかし、どういう特別の出来事があって、ここまで突然に出発を決意することになったのだろうか。率直なところ、ガレノスの説明には理解しがたいところがある。『予後判断について』にこの時点までの出来事として記述されているのは、ボエトゥスの妻の驚くべき治療（第5章を参照）と特に四〇〇枚の金貨という法外な褒美についてで、この褒美はライバルの間にさらに激しい嫉妬と敵対心を抱かせることになった。この出来事は出発より一年か二年前という、かなり以前に起こっている。[2] 実際の出来事より何年も後に書いているため、ガレノスの頭のなかで逸話はいろいろと変化していたことだろう。さらに、懸念が最初に持ち上がってすぐに離れたのではなく、ペルガモンの政治状況が好転するのを待たなければならなかったと明言している。

ガレノスがライバルたちからの激しい敵対心に動揺していたというのは信じがたいことではない。ライバルは危険となり得た。『予後判断について』の冒頭で、ガレノスは友人エウデモスから、不満をいだいた競争相手が毒を盛ろうと企むかもしれないと警告を受けている（『予後判断について』1,14.601K; 4,624K）。現代の読者には被害妄想に駆られた誇張のように聞こえるのが当然だろうが、エウデモスの時代の人々はそうは思わなかっただろう。毒は、危険なものとして広く恐れられ、ローマの貴族階層が告発される犯罪としても一般的だった。専業の毒殺者と毒見係がいたことが知られ、毒見係は商業組織も持っていた。エウデモスは毒を盛られた医師の例を出している。その医師は、技量を聴衆の前で示すことに成功した後、二人の奴隷とともに毒を盛られたのだった（『予後判断について』4,14.624K）。エウデモスの話でさらに説得力があったのは、ガレノスより一世代前にローマで活動していた名高い医師クイントゥスが患者を殺した疑いをかけられて逃げていたことだった（『予後判断について』1,14.602K）。ローマ社会の上流階層において、虚偽の非難は昔から敵を攻撃する武器だった。ガレノスは同じ論考で、予測の正確さを妬むライバルたちが自分を魔法使いや占い師と呼んでいると述べている。前述のように、ある種の占いは中心的文化の重要な部分を占めており、ガレノスはエウデモスに予言の神たるアポロンにたとえられたときは気にしていないようである。だが、そのような評判は敵につけ入る隙を与えてしまった。占いは社会の末端の人々に反社会的な目的でなされることがあり、魔法使いはローマ法で重罪とされていた。ガレノスは、いわれのないものであっても、訴追を恐れていたのかもしれない。公衆の前で容赦のない論争をくり広げてきたことで、社会的な名声や生命すら案じるようになったと考えるのは筋が通っている[3]。

ガレノスの評判は高まり友人が皇帝の前で褒め始めたが、ガレノスは友人たちに、そのように褒めるのは自分がよしと言うまで待つよう頼んだ、と記述している（『予後判断について』9,14.648K）。しかし、皇帝から呼びつけられるのを恐れていたというガレノスの主張、そして退廃的な首都よりも友好的でこぢんまりとしたペルガモンの雰囲気を選んだという主張は、何かを隠しているという印象を与える。少なくとも、ガレノスの感情は矛盾していたのである。一方では、兵士が召し出しにくるのではないかという恐怖には真実味がある。突然扉を叩く音が生活を永遠に変えてしまい、それには抗いようがないのだ。この当時、地域、状況では、人々は自由や権利を主張することはできなかった。のちにガレノスは、宮廷に奉仕するにあたって課せられた義務に憤慨し、皇帝に同行して長期間従軍する事態を、あやういところでまぬがれることになる。また一方では、ギリシアの多くの知識人にとって、皇帝の傍に仕えるよう招かれるのは大出世であり、多くの医師は「皇帝の侍医」（アルキアトロス）を社会的に最高位の名声のある地位として強く望んでいた[4]。帝国におけるすべての賛助の大もとたる支配者の力は、厳密に政治的なものではなく、むしろ社会的なものだった。皇帝に話題にされて褒められるようになったのはボエトゥスの妻を治して以降のことだったとガレノス自身が語っているが、これはギリシア・ローマのエリートの多くが心から望んだことであり、ガレノスの語りにも自慢気なところが見られる。ガレノスと同時代のソフィスト、アエリウス・アリスティデスが皇帝に面会したのは一度だけだったが、夢に現れた皇帝にどのようなお褒めの言葉をいただいたかを詳しく書いている[5]。

そういうわけで、皇帝マルクス・アウレリウスの影がガレノスの生活に忍び込んでくるのは、この時点からである。マルクス・アウレリウスは勤勉な人物で、質素という評判を生涯保ち続けた。その哲学的教養も有名であり、ストア主義の教訓に従って生き、その教訓を詳述している。伝承が語るところでは、皇帝ハドリアヌスが十七歳のマルクス・アウレリウスを選んだのは、若いときから勉学に励み、つましい生活を送っていたためだった。一三八年、ハドリアヌスは亡くなる際に、（ローマの貴族は成人が後継者となることが一般的だったため）アントニヌス・ピウスを後継者として選び、さらにピウスに対して当時マルクス・アンニウス・ウェルスと呼ばれていたマルクス・アウレリウスと、当時七歳にすぎない子供だったルキウス・ケイオニウス・コンモドゥスを次の皇帝に選ぶよう求めた（このコンモドゥスはのちにマルクス・アウレリウスの共同皇帝ルキウス・ウェルスとして知られるようになった人物で、マルクス・アウレリウスの息子で後継者となったコンモドゥスではない）。このように、ハドリアヌスは二代先の皇帝継承者まで指名したのである。

マルクス・アウレリウスは喜びや悲しみにも動じない君主として記憶され、謹言実直に生き、戦費のためには増税せずに帝室所蔵の宝物を売却し、晩には慣例に従って娯楽を楽しむ代わりに、遅くまで訴訟に耳を傾けていた。のちにマルクス・アウレリウスの治世について記した歴史家は、哲学的な生活とローマの支配階層で長く流行したストア主義の道徳のモデルとして、こぞって賞賛した。唯一批判されたのは、舞踏家や剣闘士との不貞が噂される妻に対して寛容でありすぎることだけだった。しかしローマの人々は、マルクス・アウレリウスの厳格さや、人々が好む血なまぐさい剣闘士競技と道化芝居から距離を置く態度をよく思わなかった。マルクス・アウレリウスが踊りの上演の許可を減らし、剣闘士を軍に徴用すると、その怒りは激しくなった。(6)

治世の後半は中央ヨーロッパで、ローマの一番の脅威となった部族相手の戦争にほとんど費やされた。そして、有名な『自省録』をギリシア語で書き綴ったのは、この相次ぐ戦争の最中のことだった。これはストア主義哲学に関する十二巻からなる著作である。今日、著作が現存するストア主義の著作家のなかで、マルクス・アウレリウスは最も重要な人物のひとりである。ストア主義の道徳は、道徳を身につけることが現在よりもはるかに難しかった世界で生まれ、徳こそが唯一の善であり、その追求が人生の唯一の目的だと教えた。謹厳実直な慎ましい生き方、社会に対する責務、情熱や感情の抑制、摂理ある世界と調和した生き方を主張し、しばしば運命を平然と受け入れることと解釈された。古代の文献は、(もちろん、壮麗な宮殿のまっただ中では物質的に簡素な生活を送ることが難しいと本人が感じていたとしても)マルクス・アウレリウスがストア主義の教義に従って生きたことを賞賛している。三歳のときにマルクスは父を亡くした。妻ファウスティナとの間に十四人の子供がいて、そのうちの八人はマルクスよりも先に亡くなり、ほとんどが五歳以下だった。ファウスティナは三十年以上の結婚生活ののち、一七〇年に亡くなった。マルクスは奴隷だった女性を内縁の妻としたが、再婚することはなかった。[7]

ルキウス・ケイオニウス・コンモドゥスという幼名だったルキウス・ウェルスは、マルクス・アウレリウスより十歳年少で、アントニヌス・ピウスの二人の後継者のうち、快楽を好む浮ついたほうと見なされていた。ピウスが亡くなると、マルクス・アウレリウスはルキウス・ウェルスと共同統治し、ルキウスがおそらく疫病で一六九年に亡くなるまで、七年間続いた。ガレノスはルキウス・ウェルスについては、逝去の言及以外何も語っていない。よく知らなかったか、まったく面識がなかったようである。帝国が共同統治の形をとるのはこれが初めてだった。しかし、当初からマルクス・アウレリウスは義弟よりも優位にあり、皇帝の権威をほぼ独占した。

マルクス・アウレリウスが虚弱体質であることは有名で、胸部と腹部の痛みをしょっちゅう訴えていた（カッシウス・ディオ『ローマ史』72［71］.6.3）。ストア主義の皇帝のおもな心配事は健康だった。これはかつての家庭教師で友人でもあったコルネリウス・フロントとの書簡からも明らかである。現代の我々には驚くべきことだが、感染症が貴賤を問わず命を奪い、あらゆる症状が重病や死を予告している環境にあっては、皇帝が自身の健康を最優先にすることは許されていたようである。第5章で見たように、アマチュアとして薬の知識をもつことは、多くの貴族にとって知的なイメージに欠かせなかった。また、皇帝が医師を側近に加えていたことには、このような意味もあり、単にマルクス・アウレリウスが健康のために必要としていたからではないのである。[8]

ガレノスは、貴族にへつらって出世していく医師たちのことを軽蔑しながら書き留めている。そのような医師は、貴族の食卓に連なり、旅行に同行するが、治療はあまりにありきたりなことしかしない、というのだ。ガレノス自身のことは、公衆の面前で卓越した技術を示して評判が高まり、支持者や尊敬を勝ち取ったことで成功したのだと主張している。とはいえ、社会的な縁故や贔屓はローマ社会でごく普通に通用したし、ガレノスも、有力者におもねる医師の非難から始まる『予後判断について』の後半部で、皇帝の消化の問題を治したことを自慢している（『予後判断について』11,14.657–61K）。その箇所では、皇帝からかけられた賛辞をそのまま記録している。貴族のご機嫌取りを軽蔑しているのは、貴族の贔屓に対する自身の負い目を擁護しようとして、少し過剰に抗議しているのである[9]。

だから、最初に好機をつかんだときにガレノスがローマを離れる決心を表明したことに、友人たちが訝しんだのは無理もなかった。結局、他のギリシア・ローマの多くの著述家と同じく、評判と社会的地位を高めるようなことをするのは、気は進まないが強制されてのことだったという思い[10]が一貫してガレノスの中にあったのである。ガレノスは執筆に関してもこのような主張をくり返している。

いずれにせよ、常に皇帝から注目されていたいという思いもあったが、内輪もめ（スタシス）が終わったという知らせが届くまではペルガモンへ向けて出発できなかった。第3章で論じたように、「スタシス」は裏のある言葉であり、ここではペルガモンでの緊張の高まりと暴動の勃発を指している。とにかく、悲惨な状況のためにすぐに帰郷することができなかった[11]。

『自著について』では、ローマを去った理由としてまったく異なる動機を語っている。つまり「疫病」とのみ記す致死性の病気の流行である。「大疫病が始まったとき、私はすぐに市を離れ、故郷へ旅立った」（『自著について』1,19.15K）。後年に書かれた信頼できない筋の情報では、アポロン神殿の黄金の箱をルキウス・ウェルスの兵士が偶然剣で刺したため、中に閉じ込められていた「疫病の蒸気」が逃げ出した、という話もある。この疫病が、東方でパルティア王国と戦っていたルキウス・ウェルスの軍によってローマに持ち込まれたのであれば、ガレノスが去った時点のローマでは、伝染病が軍勢に大打撃を与えた災厄の噂はまだ届かず、地平線の彼方のことでしかなかった。なぜなら、ウェルスの軍が帰還する

前にローマを発った、とガレノスははっきり述べているからである。(12)

ガレノスが晩年に書いた『自著について』では記憶は混乱しているだろうし、少なくとも十五年は前の一七八年に書かれた『予後判断について』で、ローマからの出発は詳細に記しているのに、疫病について言及しなかった理由は説明がつかない。しかも、この一七八年の時点での記憶が正確だとすると、一六六年にガレノスは疫病から逃れたのではなく、疫病のほうへ行ったことになる。もしかすると、故郷を心配し、現地で人々の役に立ちたいという願いからの行動かもしれない。ペルガモンには親戚、家、幼少時代の友人が残っていて、老齢になっても故郷のことを話題にし続けた。このころには疫病についての恐ろしい噂が届いていた可能性もある。一六五年に疫病はペルガモンから六六マイル離れたスミュルナを襲い、罹患したアエリウス・アリスティデスの家族はかろうじて助かった。このことはガレノスが急を要した理由を説明してくれるだろうし、またローマに引き止められたり呼び戻されたりしないように特に警戒していたことも説明がつくだろう。しかし、結局ペルガモンは疫病による荒廃を逃れ、ガレノスが最初に恐るべき病気と出会ったのはイタリアのアクイレイアだと記しているようである。これについては後述する。(13)

実際には、ガレノスと従者はデュッラキウムやギリシア本土には向かわず、コルキュラ島のカッシオペに船で向かった（『予後判断について』14.649K）。そこからコリントスまで船で行き、エーゲ海を渡ることもできたが、徒歩でアテネへ進んでいった。(14)ガレノスはコリントスとアテネの間で出会ったクレタ島のゴルティン出身の友人のことを、怒りの感情の危なさを説明する逸話として記している。その友人は奴隷たちと一緒に旅していて、粗暴なことが欠点だった。同時代の多くの人々と同じように、奴隷に対して暴力を振るって怒りを表すのが常だった。ガレノスによれば、その男は奴隷を日常的に叩いたり蹴ったり、革紐や鈍器で殴ったりしていた。アテネ近郊で自分の若い奴隷二人がやってきたとき、二人は男が持ってくるようにはっきりと頼んでいた旅の荷物の支度を忘れていた。そのため、男はナイフで奴隷に襲いかかり、頭部に打ち下ろそうとした。ガレノスは次のように記す。

彼は平らな部分ではなく（それなら重大な事態をもたらさなかっただろうが）、ナイフの刃の部分を使った。ナイフは頭皮をスパっと切り、各人を二回叩いたので、それぞれの頭部に大きな傷を二つ負わせた。

（『霊魂が受けるダメージを知り、治療することについて』4,5.18–20K）

傷から血が噴き出たので、奴隷が死んだ場合の裁判沙汰を恐れたからか、主人であるその男は取り乱して逃げ出した。怪我人のところへすばやく駆け寄って助けたガレノスに、悔い改めて狼狽した友人は罰として自分を打ってくれと頼んできた。ガレノスはただ笑うだけで、道徳訓を言って聞かせた。その効果あって、以後男の行ないは大いに改まったと記されている。

ガレノスは二年間をペルガモンで過ごした[15]。その地でのことは、ローマへ旅立つ以前に執筆し、やっと手元に戻ってきた本を何点かまとめたことしか書き残していない。特に挙げている著作一点が『胸と肺の運動について』である。もう亡くなった友人のためにスミュルナにいた若いころに書いたものだった。その本を誰かが自分の著作として広めようとしたが、うまくいかなかった。他の場合と同じく、ガレノスは見識と誠意のある読者が自分の著作だと見抜いてくれたことを自慢している。しかし一方で、その論考の内容には当惑することになった。最近発見したばかりの肋間筋（ガレノスによる解剖学の重要な貢献のひとつ）の記述がなく、自分でも書いているように、一般の読者を想定していなかったからである。ガレノスはこの論考を改訂し、同じ問題を扱う完全版の『呼吸の原因について』を書き上げたのだった[16]。それ以外は、「私は通常の務めに勤しんだ」と記している。疫病が故郷を襲うことを心配していたとすれば、実際には起こらなかった（『自著について』2, 19.16–17K）。

一六八年末、ガレノスは「私を呼び寄せようという皇帝からの手紙」を受け取る。そこには恐るべきことが書かれていた（『自著について』2, 19.17K）。皇帝は軍事作戦を計画しており、それに参加せよというのである。マルクス・アウレリウスとルキウス・ウェルスが個人の侍医としてガレノスの随行を求めたのか、単に戦闘で傷ついた兵士の治療のためなのかははっきりしない。軍も多数の医師を雇っていたかららである[17]。侍医として呼ばれたほうの可能性が高い。なぜなら、ガレノスは「言葉ではなく行ないをもって医学と哲学の両方を論証するのは誰かという議論が持ち上がった。彼ら［皇帝たち］の周囲の人々のかなりがそのような人物として私の名を上げた」と述べており、これらの条件は軍医よりも個人の侍医としてのものとみなすほうがふさわしい（『予後判断について』9, 24.649K）。

ルキウス・ウェルスの対パルティア戦争終結後、のちにボヘミアとして知られる地域の「ゲルマニア諸族」を攻撃する計画のために、両皇帝は北イタリアのアクイレイアに軍勢を集めた。この戦争で実際に起こったことの詳細については断片的な情報しかなく、ローマのマルクス・アウレリウス記念柱に彫られたレリーフに描かれているのとわずかな史料で言及されているのみである。最も有名な話は、マルクス・アウレリウスの軍を救った雨の奇跡で、のちに、敬虔な第十二軍団が雨乞いをしたおかげで降ったのだとキリスト教徒が手柄を主張した。戦闘開始から間もない一七〇年に、クアディ族とマルコマンニ族としてローマで知られていた部族がイタリアに侵入し、アクイレイアを攻撃した。続く数年、マルクス・アウレリウスは新たに二つの属州を版図に加えることをもくろんで、両部族を鎮圧し領土を占領した（この計画は死後息子で後継皇帝のコンモドゥスによって放棄された[18]）。一七五年から一七七年の期間を除いて、マルクス・アウレリウスは後半生を北方の最前線で過ごした。この二年間はシリア属州総督のガイウス・アウィディウス・カッシウスの反乱が勃発したために東方へ赴き、その後コンモドゥスを共同皇帝として指名するためにローマに戻った時期である。

ガレノスは、生涯主張し続けたように、「医学と哲学の両方」の名声を噂だけでなく実際に示して勝ち得たことを誇りにしていた。また、医師としても哲学者としても皇帝に認められたことを誇りとした。それでも、ガレノスが呼び出しにしぶしぶ従ったか、あるいは少なくとも内面では葛藤しながら従ったことは、疑いの余地がない。ガレノスらの教養人が野蛮でほぼ居住不可能と見なしていた地域で、従軍期間も長引きそうな見通しだったため（実際マルクス・アウレリウスはゲルマニアとの戦争を九年間続けた）、気乗りしなかったのである。ギリシア・ローマの民族誌では、「ゲルマニア人」とは、荒々しく、衣服を着ず、攻撃的で、酒好きで、遊牧をし、全体として文明化されていない存在だった。極端な記述では、動物の革や植物の葉を衣服とし、生肉を食べ、法による支配というものをまったく解しなかったと言われている。ローマの支配下になかった自由ゲルマニア自体は深い森や湿地や珍獣の住む、湿った寒冷な土地だった。ガレノス自身の著作も、ガレノスが北方の民族について広く流布していた固定観念を認めていたことの証左となっている。[19] 確かに、敵地での軍事作戦に従軍することの困難は言うまでもなく、発達した都市の住み慣れた環境と比べると前線の属州の生活は過酷で孤独だった。だが、ガレノスには選択の余地はなく、「やむなく私は出発した」（『自著について』2,19.18K）のだった。

アクイレイアに向かうために、ガレノスはまずトルコの西岸の北にあるアレクサンドリア・トロアスへ行き、そこからレムノス島を経由してテッサロニケへと船で向かった。レムノス島では、第4章で記した、刻印された名物の封印土を購入しようと考えていた。すでに述べたように、ヘパイストスを祀った丘とピロクテテスの神殿を見つけるつもりだったが、残念なことに船が誤って別の町に着いたことがわかった。希望の品を購入できたのはアシアへの帰り道だった。

アクイレイアに到着したガレノスは猛威をふるう疫病に遭遇した。

私がアクイレイアに着いたとき、疫病がかつてない勢いで襲ってきた。そのため、皇帝たちはただちにわずかな兵を伴ってローマへ避難した。一方、我々の多くは生きのびようと長い間奮闘したが、非常に多くの人が亡くなった。疫病のためだけでなく、冬の真っ最中に起こったためでもあった。

（『自著について』2, 19.18K）

若き共同皇帝ルキウス・ウェルス自身もローマへの帰路の途中で死亡した。アクイレイアでガレノスは個人的に皇帝たちと面会したようである。それまでは噂でのみガレノスのことを知っていたと記していることから、十中八九このときが初対面だった。先の引用箇所が強く示唆するのは、ガレノスが皇帝たちについてローマへ行ったのではなかったことである。ただし一六九年にもマルクス・アウレリウスと面会し、皇帝にイタリアに留まらせてくれるよう説得している（後述）。この面会は首都ローマではなく、マルクス・アウレリウスが前線へ戻る途中のアクイレイアで行なわれた。マルクス・アウレリウスが一七六年に帰還するまで、ガレノスが皇帝と同時にローマにいた期間はなかった。[20]

ガレノスがアクイレイアで直面した病気とは何だったのだろうか。ガレノスは「疫病」あるいは「大疫病」、後年には「長い疫病」あるいは「非常に長い疫病」と記すのみである。伝染性の疾患の爆発的な流行は古代にはよくあることだった。歴史記録にはこの種の出来事に関する間接的な言及が多数残され、常に「疫病」という一般的な言葉を用い、別の時期に襲来したものと区別をしようとしていない。おそらく当時もっとも一般的な伝染病は、腸チフス、発疹チフス、マラリアであり、他にはコレラやさまざまな下痢性の疫病もあっただろう。ローマとその他の地域では結核も流行していたし、腺ペストの流行も六世紀から始まっていたことがわかっている。[21] 若きガレノス自身がペルガモンで学んでいた一五二年に目撃した疫病の記述を思い起こせば、それは罹患者の皮膚と肉をも腐敗させるものだった。「大疫病」というのはガレノスが数年間治療に奮闘した病気だが、それに名付けることはなく、単に他に類を見ない規模と期間を表す修飾語で他の疫病と区別していただけである。

ガレノス以外にもアントニヌス時代の疫病の経験を記録した人物がいた。アエリウス・アリスティデスは病気がスミュルナを襲ったときから状況を詳述している。アリスティデスはそのとき市外にいたが、隣人や家族がすべて罹患した。可愛がっていた養子ヘルミアスが亡くなって悲しみに打ちひしがれていたところへ、家族の容態も最悪の状態に陥り、動こうとしている者すべてがすぐにも亡くなってしまうかのように思われた。アリスティデス自身も罹患し、診に来た医師たちは助かる見込みがないと予測したが、アスクレピオス神が夢で告げた食事法に従うことで回復した（『聖なる教え』2.38–44, 5.25）。帝国時代後半の多くの史料がアントニヌスの疫病について言及しているが、同時代の他の記述の多くは失われてしまった。[22]

いったん定着した疫病は、数年にわたって収束と再流行を幾度も繰り返した。ガレノスはしばしばこの疫病を「非常に長い疫病」と記述する。疫病が人口に影響を及ぼしたことを示す証拠は間接的なものがほとんどだが、壊滅的な規模の影響をうかがわせるものが残されている。エジプトでは村民全体が課税者の表から消えることがあり、死亡率の高さに加えて、かろうじて生き残った住人もみな逃げ出したことを示している。一六六年ごろから十年間の、エジプトのパピルス、ローマ市の石碑、おもにバルカン地域に残されている兵士の除隊証書などの文書記録には、大規模な欠落や劇的な減少が見られる。イタリアの公共施設建造は半分以下に減っている。[23]

それまで未感染の人口集団が初めて天然痘に襲われたとすれば、約一五〇〇万人というローマ帝国の人口のほぼ二五パーセントがアントニヌスの疫病で亡くなっただろう。感染が直撃した地域では感染者の死亡率が高かったので、死亡者の数も多かったはずだが、帝国内のすべての場所が同じように容易に往来できたわけではなく、伝染をまぬがれた地域もあった。[24]しかし、ローマはそうはいかなかった。スミュルナにいた家族を失ったアエリウス・アリスティデスのように、ガレノスもローマ市内で奴隷をほとんど失い、同郷の良き友人テウトラスも亡くなった（『苦痛の回避』35）。

疫病についての古代の記録のうち、ガレノスは症状を記した唯一の記録者だが、詳細な議論は現存せず、断片的なわずかな言及しか残されていない。古代の記録をもとに伝染病の病名を確定することは、記録が詳細であっても難しいが、現代の多くの研究者はガレノスが記述する疫病を天然痘と同定してきた。[25]天然痘は一九七七年に根絶されたため、現在現役で天然痘を診たことのある医師はほとんどいない。しかし、一六八年以降のガレノスの生涯と治療を決定する主要な要素となったのが、この病気での苦難だっただろう。これは地中海世界を天然痘が初めて襲った例であり、あるいは、過去千年間でこの種の伝染病が襲った最初の例だっただろう。ガレノス以前のギリシア語の文献には、天然痘と思われる病気は現れない。一番それらしいのはアテネを紀元前四二九年に襲った疫病で、歴史家トゥキュディデスが最も著名な著作『歴史』で記録しているものだが、現在では発疹チフスだったと考えられている。[26]トゥキュディデスの文献がもつ伝統の重みのために、ガレノスは自身が格闘した病気をトゥキュディデスが記述したものと同一視している（『単体薬の混合と諸力について』9.1.4, 12.189K）。ただし、以前から見知ったものではなく、新たに経験したもののように記している。

天然痘についての近代の臨床記述は、多くが強い伝染性の丘疹を最も目立つ特徴的な症状として強調し、発症直後の数日間の高熱に関しては天然痘に限ったものではないとする。ガレノスは、黒く、しばしば潰瘍化した丘疹が「びっしりと」全身に現れると記している。この丘疹が最終的に剝がれ落ちて瘢痕を残す。ガレノスは丘疹と黒っぽい下痢は希望の持てる徴候だと考えた[27]。この疫病を黒胆汁の過剰な蓄積が引き起こす病気のひとつと考えていたからである。丘疹を黒っぽくて、皮膚に灰が溜まったものに似ていると記述していることから(『治療法について』12, 10.367K)、出血性天然痘の一種だったことがうかがわれる。これは近代ではめったに現れず、現れた場合は多くが致命的だった。ガレノスが直面した病気は、近代の医師が記述したものとは異なる、より悪性の型だった可能性もある。近代の医師が記述したのはこの病気にさらされて久しい人口集団に見られるものだったからである。

ガレノスの見解と経験は当時の医学の知識や傾向を反映している。たとえば、疫病に罹ったある患者については次のように記されている。

この大疫病の初期に(終わりがあってくれればいいのだが)、罹って九日目の若者の全身に、生きのびたほぼすべての人と同様の潰瘍が現れた。その日、彼は少し咳き込んでいた。次の日に入浴すると、咳がさらに激しくなり、エフェルキス〔傷の瘡蓋(かさぶた)〕と呼ばれるものを一緒に吐き出した。喉の近くの頸で粗面の動脈〔気管〕に感じるものがあり、その箇所で潰瘍化しているようだった。彼の口を開けさせて喉を調べると、そこに潰瘍があった。診察しているときには、そのように冒されているようには見えなかった。いずれにせよ、潰瘍がそこにあったなら、患者は食べたり飲んだりしたものが通ると、感触があったことだろう。それでも、原因をきちんと把握するために、彼に酢と辛子を食べさせた。この二つは彼を傷つけることなく、頸ではっきりそれとわかる。例の場所で刺激を感じ、咳き込んだ。できる限り我慢して咳き込まないように促し、実際そのようにしてくれた。刺激はさほどではなかったので、仰向けに寝かせて乾燥薬を外から塗りこんで、潰瘍が治るようにいろいろとあらゆる手を尽くした。

（『治療法について』5.12, 10.360–63K）

喉頭、気管、食道の潰瘍は天然痘の症状であり、近代では丘疹が生じるのはたいてい口腔内からだった。しかし、ガレノスはこの患者の全身の丘疹について触れつつもそれに関してほとんど記述せず、主として内部の潰瘍についての患者の知覚に焦点を当てていることは興味深い（もっとも、『治療法について』のこの章は気管の潰瘍を論じる章であり、この症状に注目しているのは当然なのだが）。同様に、この患者が高熱を出していたとしても、それについて触れられていない。これに関しても、別の論考ではこの病気の初期の数日で高熱が見られると記述し、この徴候は特徴的な脈を伴うと考えている（『脈からの予見について』3.3, 9.341, 358K）。近代では見た目を損なう瘢痕が生存者の六五パーセントから八〇パーセントに見られることが、天然痘は悲惨な病気だという印象を強めているが、ガレノスは一か所でそれらしい言及をしているだけである。これは文化的な違いのせい（瘢痕はあまりガレノスの興味を引かなかったという可能性）なのかもしれない。また、出血性の天然痘は通常の型ほど生存者に瘢痕を残さない場合があることも考慮したほうがよいかもしれない[28]。

非衛生的で人口過密なローマ市を「大疫病」が襲った際に引き起こした恐怖と苦しみは想像を絶する。しかし、前述の患者の治療について説明する際のガレノスの文体はいつもどおり超然としている。痛みにひどく苦しむ様子や、ゾッとする見た目や、年端もいかない子供の患者について記述する際でも、同情、嫌悪、苛立ち、悲しみ、その他いかなる感情もガレノスは見せることなく、ただ敵対する医師たちのお粗末な働きぶりへの怒りと自身が治療を達成できたことへの自負のみを記している。この自負はたびたび表れる。しかし、ガレノスの時代の超男性的な競争社会において、このような感情は社会的に許容され、むしろ必要とさえされていた。もしガレノスが他の感情を表すのを差し控えていたのなら、それは弱さを見せたくなかったからであり、疫病の犠牲者にまったく感情移入しなかったわけではなく、疫病に直面して並ならぬ恐怖を感じなかったのでもない。逆に、疫病が引き続く状況について「終わりがあればいいのだが」という嘆息や、絶望的な状況にあって「我々のほとんどは苦闘している……生き続けるために」と吐露する言葉は、ガレノスの他の著作では稀であるだけに目を引く。この疫病はガレノスの人生の中心をなす忘れられない出来事だった。ローマ市で凄まじい感染症を何年も治療して動じなくなったあとだったが、アクイレイアで直面して耐え抜いた事態は心を揺さぶった。

ガレノスとアリスティデスの家人が次々に発症したことが示すように、「大疫病」は伝染性が非常に高かった。(29) 天然痘は感染者の呼気からの飛沫が空気中に飛散して広がり、通常は、二メートル程度の距離で接触すると伝染していく。古代において伝染という考えが認められていなかったわけではなく、たとえばトゥキュディデスは、アテネの疫病の折に患者を世話した人が非常に罹りやすかったと記し(『歴史』2.51)、大プリニウスは、前述の「メンタグラ」という病気はキスで伝わっていくと記している。ガレノスは、腐敗した空気を吸ったことを原因だとする説をヒポクラテスに倣って一か所で記す以外は、疫病の伝播の問題について話題にしていない(『脈からの予見について』3.3, 9.342K)。このような考えから、ヒポクラテスは紀元前四二九年にギリシアを襲った疫病では火で空気を浄化して対処した、とガレノス(あるいは偽作も疑われる『テリアカについて、ピソのために』の無名の著者)は記している(『テリアカについて、ピソのために』16, 14.280–81K)。こうした疫病の罹患者の治療で、ガレノスは通常どおり、患者との接触やじかに診察することに、何ら制限を設けていない。ガレノスは自身が疫病に罹ったという言及はしていないが、なぜ罹患しなかったかは不明である。記述のないことを論拠とすることには著者は概して懐疑的だが、ガレノスが疫病に罹ったにもかかわらずその証拠が残っていないとは考えにくい。「大疫病」が天然痘だったとして、近代のワクチン未接種の人たちでも、症状が現れない潜伏性の形態があったのか、あるいはどれほどの頻度で起こっていたのかは明らかになっていない。しかし、ガレノスがそうであった可能性はある。[30] 天然痘ウィルスに似た、動物を宿主とするウィルスがガレノスの時代に流行していたとすれば、土地の動物やサルの解剖を長年続けるうちに、軽い症状のみを引き起こすウィルスに感染していた可能性もある。たとえば史上初のワクチンとなった十八世紀の牛痘ウィルスや、現在アフリカの一部で見つかるサル痘ウィルスである（ただし、今日、サル痘ウィルスはヒトに感染すると重い病気となり、すべてのオルソポックスウィルスと同じように、将来ヒトを宿主とした場合に新たなヒト天然痘ウィルスの原因になるかもしれない[31]）。

ガレノス自身は大疫病の患者を数百人治療した（『脈からの予見について』3.4, 9.357K）。ガレノスはある珍しい薬が有効と見ている。それはポンペイ近郊のスタビアエのミルクで、先に引用した記述の患者や他の同様に苦しんでいる患者を治すのに効果があったと考えていた。また、アルメニアの土は奇跡的な快癒をもたらしたが、摂取しても効果を得られなかった人はみな死亡した（『単体薬の混合と諸力について』9.1.4, 12.191K）。シリアで流行した薬は少年の尿であり、ガレノスもしぶしぶながら効能があると認めている（『単体薬の混合と諸力について』10.1.15, 12.285K）。『テリアカについて、ピソのために』の著者は錯綜した治療手段について書いている。

疫病だらけの状況下で、この手段は冒された人たちを救うことができる唯一のものだと思われた……というのもあの疫病は、獣のようにわずかな人を殺すのではなく、市全体で猛威をふるって、壊滅すらさせたからである。

（『テリアカについて、ピソのために』16, 14.280–81K）

疫病が発生しても、マルクス・アウレリウスはヨーロッパ征服の計画をすぐに撤回しようとはしなかった。一六九年に直属の部隊だけを率いて前線に戻り、一七五年までゲルマニアの地に留まった。ガレノスは皇帝に随行して前線に行かせられるのをなんとかして避けようと、アスクレピオスが夢で語りかけてきて行くのを禁じたという言い訳までして、行かずにすむようにした（『自著について』2, 19.18–19K）。そのかわりとして、続く数年を皇帝の後継者コンモドゥスのもとで過ごしている。マルクス・アウレリウスが八歳の、生き残った唯一の息子の健康を心配していたことは明白である。皇帝は「彼〔コンモドゥス〕の健康を保つためには努力を惜しまず、必要ならば私〔ガレノス〕を呼ぶようにと世話をする人々に命じた」（『自著について』2, 19.19K）とガレノスは記している。

『予後判断について』の中で、ガレノスはこの時期を公的生活の中断期だとしている。「市内の医師や哲学者たちの普段からの敵意を覚えていたので、〔マルクスの〕子息コンモドゥスがいる国内のどこでも、いつでも、そのようなものから身を引くことに決めた」という記述がある（『予後判断について』9, 14.650K）。これが意味しているのは、皇帝がイタリア各地に別荘を所有し、ガレノスはその田舎に身をおいて都市の激しい競争からしばらく離れていたということだった。やがてガレノスも闘いの場に戻ることになるが、マルクス・アウレリウスが出発した一六九年からローマに帰還する一七六年までは、比較的平穏な時期を過ごしたようである。

この七年間、著作家として並外れて生産的な時期を過ごしたガレノスは、自由な時間がたっぷりあったからだとしているようである。マルクス・アウレリウスの死後かなりたって書かれた記述では、お世辞など微塵も表さず、「アントニヌス〔マルクス・アウレリウスのこと〕は期待以上に長期間離れていた」と記している（『自著について』2, 19.19K）。続けて、「この全期間はもっとも有意義な修養をもたらしてくれた」（「アスケシス」つまり修養は、訓練を意味するとともに、厳格な生き方についても用いられる）。このように、一六九年から一七六年の間は研究と執筆に専念できた例外的な期間だったが、ガレノスは同じ箇所で一九二年の大火によってこの時期の成果のほとんどが焼けてしまったと文句を言っている。(32)

この時期に書かれたよく知られた著作だけでも、『身体諸部分の用途について』の二巻から十七巻まで、医学と哲学についての論考『ヒポクラテスとプラトンの教説について』の最後の三巻、解剖学のもうひとつの主著『解剖指南』の最初の五巻が書かれている（前章で見たように、これらの著作は友人のボエトゥスに捧げられ、『解剖指南』はボエトゥスに捧げられたものを新たに書きなおしたものである）。ガレノスは脈に関して各四巻の『脈の種類について』、『脈を診ることについて』、『脈の原因について』、『脈からの予見について』の計十六巻を執筆した。診断と予後に関する『分利の日について』、『熱病の種類について』、『分利について』、疾病に関する『病気の種類について』、『病気の原因について』、『徴候の種類について』、『徴候の原因について』も書いている。また、基本となる体液とその性質を論じた三巻の『混合について』や、生理学を扱う三巻の『自然の機能について』も執筆した。治療法をまとめて論じた『治療法について』の最初の六巻、これを一巻にまとめた簡略版で読者にもわかりやすい『治療法について、グラウコンのために』や、薬学に関する『単体薬の混合と諸力について』の最初の八巻も書いている。これは、薬に関する他のすべての著作と同様に、（古くて曖昧なものも含めた）処方を集約したものである。健康な生活法を扱う『健康を維持することについて』の最初の五巻、これは架空の患者の人生を想定して正しい食生活と運動を説明する独特の著作である。(33)

ガレノスはコンモドゥスの健康について責任の一端を担うようになったが、世話をしていたのは宮廷の侍従のペイトラウスだった。ガレノスはこの人物をコンモドゥスのトロフェウス、つまり主たる世話係と言うべきものだと記している。ペイトラウスが奴隷か解放奴隷だったのかは不明だが、このうちのどちらかだったに違いない。以下で述べるセクストゥスの逸話にあるように、ペイトラウスはマルクス・アウレリウスと近い関係にあり、皇帝にも影響力を持っていたようである。ガレノスはペイトラウスとの関係を誇りにし、若きコンモドゥスの治療中にペイトラウスに指示を出したことを自慢している。おそらく一七二年のことである。ガレノスが唯一書き残しているコンモドゥスの診療についての話で、皇子の治療に関わった唯一の重要な機会だったかもしれない。

「コンモドゥスに起こったことを何かとてつもなく重大なことだと彼らは語るが、実際はなんともないことだった」と記述は素っ気ない（『予後判断について』12, 14.661K）。午後二時ごろ、レスリング場から戻ってきた少年コンモドゥスは、突然高熱に見舞われた。ガレノスは脈を取り、炎症と診断した。ペイトラウスにコンモドゥスの扁桃腺の腫れを指摘されたガレノスは、侍従が口腔内に塗っていた蜂蜜とスマック〔ウルシ類の葉を乾燥させた粉〕を混ぜた強い薬が問題だと突き止めた。そこで薬を変更するように命じ、二日後に熱が収まると、ペイトラウスはコンモドゥスに食事を与え、入浴させようとした。このとき、アンニア・ファウスティナという皇族の女性が到着した（皇妃と娘がこの名だが、おそらくそのどちらでもなく、同名のいとこだろう）。コンモドゥスが熱を出したと聞きつけて様子を見に来たのだが、側近の方法主義者の医師を伴っていた。その意見に従い、ファウスティナは発作が起こるとされる三日目の「疑わしい時間」まで食事と入浴を控えるべきだと不作法にもガレノスに伝えた。しかしペイトラウスがファウスティナに、すでにガレノスによる正反対の指示に従っていることを伝えた。ガレノスはアンニア・ファウスティナの滑稽な話しぶりを長々と記録している。ファウスティナが誰のことを馬鹿にしようとしていたのか、ガレノス自身なのか、それともお抱えの医師なのかが、ガレノスにはわからなかったのである。お付きのひとりとして親しい友人の方法主義者の医師を連れてきていたのに、馬車に乗って去る前にはガレノスの優れた学識を褒め讃えていたのだった。ガレノスは拒絶するかのように、ファウスティナのおかげで医師たちの間で以前よりもさらに憎まれるようになってしまったと不満を記し、珍しいことに女性への嫌悪を隠そうともしていない。

コンモドゥスの治療が行なわれた場所ははっきりしない。アンニア・ファウスティナの到着と出発が同じ日であることから、ローマ市内ではないとしても、遠く離れていないことが示唆される。ガレノスがコンモドゥスを診ていた間も、ローマを長期間続けては離れなかったことや、このように、この期間も完全には平穏で論争によってかき乱されずにいたのではないことを示す記述が残されている。マルクス・アウレリウスが出発してからコンモドゥスを治療するまでの期間に診た、セクストゥス・クインティリウス・コンディアヌスの話題は、登場人物間の訪問や伝達役によるやりとりも含めて、ローマ市内での出来事だったことは明らかである。

セクストゥスは著名で有力な家の出身で、皇帝とも近い関係にあった。セクストゥスが熱病に罹ったとき、ガレノスは予後について知りたがったペイトラウスと病状について話をした。ガレノスは六日後か七日後が分利の日となり、六日後の場合は熱の発作が再発すると予測した。ガレノスとセクストゥスの共通の友人クラウディウス・セウェルスも加わって、症状の詳細を尋ねてきた。六日後に大量の発汗があった患者は、発作を再発させないようできる限りのことをしてガレノスをやり込めようとした。ガレノスの予測は広く知れ渡っており、セウェルスが指摘するようにペイトラウスを通じて皇帝も知っていたので、ライバルたちはガレノスが失敗するようにあからさまに念じていた。当初、予後が誤っているように見えたのでライバルたちは大いに喜んだが、ガレノスが予測したとおりに発作が再発し、恥をかかされただけだった。[34] この逸話でも、ガレノスはローマの過度に競争的な文化の真っただ中にいて、マルクス・アウレリウスから離れることで逃れられるはずだった悪意にも悩まされていたことがわかる。「エピゲネスよ、ほぼすべての医師が悪意を持っていることは知ってのとおりだ。彼らはあからさまに私が失敗するよう祈り、何が起こっているのかを調べて報告させようと、毎日、人を送り込んでくる」(『予後判断について』10,14.656K)と記している。

ガレノスはこの期間も通常と同じように治療を行なっていたようである。(以下で述べるマルクス・アウレリウスの治療の逸話にもあるように)市内にいるときも宮殿で生活せず、診療所が併設された自宅で暮らしていた。男女を問わずあらゆる年齢の患者の治療をめぐる数多い逸話の大部分は、この時期のものである。解剖の研究も引き続き行なっていた。というのは、『身体諸部分の用途について』の発表以降に新たにいくつかのことを発見したが、「私が発見したこのこと[上眼瞼の筋肉]を、私自身が納得し、提示して他の人々も納得させてから」『解剖指南』に含めたと書いているからだ(『自著について』2,19.20K)。執筆行為が専門的な競争の重圧とは無縁の個人的な務めだったと考えてはいけない。むしろその逆だった。

ローマに戻ったガレノスが経験したのは、ペルガモンで経験したことの拡大版だった。友人に向けて書いた、より広い読者を意図しない本が知らない間に出回り、他人の名義になっていたこともあった。恐ろしいことに、今は亡きテウトラスのために書いた『静脈切開についてエラシストラトスへの反駁』もそのなかに含まれていた。友人たちは所有している本をガレノスのところに持ってきて、ガレノスはそれに改訂を施し、正しい題名を加えた。友人や生徒の学習すべき過程を踏まえて書くようになった「初学者のために」という書名(『諸学派について、初学者のために』、『骨について、初学者のために』、『脈について、初学者のために』、および『経験主義の概要』)は、明らかにこの時期に現在残されている形にまとめられている(『自著について』1,19.10–13K)。

しかし、このように著書をまとめ直すという腹立たしい騒ぎは始まりにすぎなかった。ガレノスへの執筆の要望は衰えることがなかった。旅立ちを前にした友人たちは著作を持っていきたがった。たとえばシチリアの医師の治療の件で、ガレノスは哲学者で友人のグラウコンに強い印象を残していた（第4章参照）が、このグラウコンは『治療法について、グラウコンのために』を受け取った（『治療法について、グラウコンのために』2.13, 11.145–46K）。一六九年から一七六年の間に書かれた、旅立つ友人のための他の著作もある。たとえば『筋肉の解剖について』は「出発するときに私の覚え書きを手にしていたいと友人が急かした」から書いたと記している（『解剖指南』1.3, 2.227K）。また大著『治療法について』の最初の数巻は「かなり前に、ヒエロが突然長旅に出なければならなくなったときに、彼を喜ばそうと書き始めた。それからいくらも経たないうちにヒエロが亡くなったと知らされ、執筆の手を止めた」と説明されている（『治療法について』7.1, 10.456K）。

実際、大多数の論考は友人がしきりに頼んできたから書いたのだとガレノスは言っている。『治療法について』に関しては「友人たちが頼んできた［ときに書いた］」という別の記述もある（『治療法について、グラウコンのために』2.13, 11.145–46K）。『解剖指南』に関しては、最初にボエトゥスのために書いたものはボエトゥスの死で失われてしまい、「私がローマに残していたものはなくなってしまっていたため、私は友人に与えるための覚え書きの写しを持っていなかった。……このため、友人たちは［代わりを］頼んできた」という記述がある（『解剖指南』1.1, 2.215K）。『単体薬の混合と諸力について』の最初の数巻は、「友人たちが……単体薬の効能について不正確に書かれたことを、できる限り打ち消すために、私に求めてきた」（『単体薬の混合と諸力のために』3.1, 11.540–41K）。『脈の種類について』は、「最近の医師たちのくだらないたわ言のせいで、強く固辞したにもかかわらず、友人たちの懇願にほだされて議論した」（『脈の種類について』4.1, 8.696K）ことをまとめた論考だと記されている。

この最後の引用にあるように、ガレノスの友人の要求は敵対者の侮辱が目的のこともあった。『脈の種類について』を書くはめになったのは、他の医師たちによって市内で広まっていたらしい誤った主張への返答のためだったと、ガレノスは主張している。『身体諸部分の用途について』を著したときの騒動も似たような状況で起きたのだが、より困難なものだった。それはマケドニアのリュコス（第2章に登場したクィントゥスの生徒、ガレノスは面識がなかった）の解剖学書がローマに伝わったときのことである。リュコス自身はすでに亡くなっていたが、マリノスにも並ぶ十九巻の浩瀚な解剖学書を発表し、明らかにガレノスが新たに書いた包括的な解剖学書と競合していた。ガレノスにとってはいまいましいことに、瞬く間にリュコスの著作はローマの医師たちの間で賞賛されるようになった（『解剖指南』4.10, 2.469–70K）。『身体諸部分の用途について』はより熟練した医師やアリストテレス主義の哲学者たちに熱狂的に受け入れられていた、とガレノスは書いているが、ライバルたちは、「嫉妬に駆られて悪口ばかり言う輩」で、ガレノスが実際には見られない事柄を自著に記しているという噂を街中に広めた。友人たちは、相手側が誤っていることを示すために、「多くの聴衆の前で」つまり公衆の前で解剖を行なうべきだと主張した。しかし、ガレノスはその提案を拒んだ。敵方はさらに調子に乗った。「彼らは平和の神殿に毎日性懲りもなく行って、私を馬鹿にしていた。というのも、大火以前は、理性的な技芸を実践するすべての人々がそこに集まっていたからである」。

　気が変わったガレノスは、数日間にわたる示説を行なった。ここでのやり方は、先人たちの解剖学書をすべて集め、自分の前に並べるというものだった。これほど大量の巻物を所有していたのはガレノスだけだったから、これ自体ガレノスの学識を印象づけることになった。ガレノスは示説で、ある一節がそれらの解剖学書の中のどこにあるのか即座に言い当てる必要があった。さらに、目の前には、主張を裏付けてみせるために動物の死体が置かれていたに違いない。また、ガレノスの指示に従って道具と書籍を手渡すために、多くの奴隷の助手が傍らに立っていたことだろう。ガレノスは解剖中に身体の部分の名前を観客に挙げてもらうつもりだった。先人が書き残したものと目に見える事実との違いを体系立てて示し、自分が公表した論考はその事実を正確に記載していると示すことが目的だった。最初に挙げられたのは胸部だった。ガレノスは、先人の解剖学書のうちの最も古いものに対して意見を述べることから始める予定だったが、観衆はすぐに異議を唱えた。「最善列にいた名高い医師たち」が、「解剖学の第一人者」クィントゥスの生徒で、曰く、数世紀のすべての知識をまとめあげたマケドニアのリュコスの著作のみをガレノスの書いたものと比較すべきだと主張したのである。クィントゥスの優れた生徒として、自分の師の名ではなくリュコスの名が挙げられ、さらにリュコスの著作が自分の著作よりも賞賛されるのを聞いて、ガレノスは歯ぎしりしたにちがいない。しかし、ガレノスは挑戦にも動じず、競争相手によるはやりの著作をひとつひとつ論破していった。

示説の内容はのちに『解剖学に関するリュコスの無知について』という論考にまとめられたが、現存していない。ガレノスはリュコスの解剖学書の要約を二巻にまとめた（『自著について』4, 147, 153 Boudon-Millot）。また『筋肉の解剖について』は、明らかにローマで出回っていたリュコスの小論への応答である。「リュコスの編集したものが私達の手元に届けられたところだったが、五千行以上もあるのにほとんど毎行で誤りを犯していた」と記している（『解剖指南』1.3, 2.227K）[35]。

一七六年にマルクス・アウレリウスはローマに帰還し、翌年コンモドゥスを連れて再度出発した[36]。ガレノスはローマ市内で少なくとも一度はマルクス・アウレリウスと対面している（のちに記すようにガレノスがマルクス・アウレリウスから何度もテリアカについて尋ねられたというのが本当であれば、何回も対面しただろう）。また、コンモドゥスを以前に治療したことが過大に評価されたと謙遜して記しているが、「皇帝自身に関して起こったことは本当に驚くべきことだった」（『予後判断について』11, 14.657K）。ガレノスが脈に精通していたことを最も如実に語るこの逸話は、熱発作の発症のわずかな徴候を見つけられない鈍感な医師たちの誤りを回想する文で結ばれている。

マルクス・アウレリウスは軍事作戦中は「ともに旅をさせていた医師たち」に囲まれていた（ガレノス自身はこのような応召をうまく逃れることができた）。どんな熱性の疾患も死につながるおそれがあったから、医師たちは熱発作の発症を恐れていた。マルクス・アウレリウスが病人となるこの逸話でも、コンモドゥスの場合と同じように、周囲の心配が手に取るようにわかる。ガレノスは不調の始まりを詳細に記している。前日の朝にマルクス・アウレリウスは苦いアロエを、昼に「毎日の日課通り」にテリアカを服用し、夕方は入浴し少量の食事を取った。その後、ひと晩中差し込みと下痢に苦しんだ。のちの記述によれば、三人の「お付きの医師たち」が皇帝を診察し、脈を取り、休養するように勧め、午後に粥を食べさせた。この時点で、マルクス・アウレリウスは宮殿に戻って寝るように指示された（マルクス・アウレリウスが通常宮殿にいなかったことの証拠となっている）。「灯りに火が灯さているときに、皇帝からの使者が私を呼び出しにやってきた」（『予後判断について』11,14.658K）。

皇帝の三人の医師による診断を聞いても、ガレノスはきっぱりと沈黙を守っていた。診断を促されても、マルクス・アウレリウスのことをよく知らないことを理由に、脈を取って診断することを拒んだ。何年も診ていて通常の脈の特徴を知悉している医師であれば、病名をはっきり告げられるというのだ。当然皇帝が強くせがみ、ガレノスはマルクス・アウレリウスと同年代で同じような体質の人によく見られる種類の脈に基づいて、可能な限りの推測をし、問題は熱発作ではなく消化不良だと考え、「彼の胃は食べたものでもたれていた」と記している。これはガレノスが到着する前に粥を与えた医師たちに向けられた嫌味でもあっただろう。

それは、大きな賭けに出た緊張の瞬間だった。ガレノスが皇帝を治療する最初でおそらく唯一の機会であり、しかも、他の医師は夕暮れにガレノスを宮殿に呼び出すほどの重大な病気を疑っているのに、大したことはないと診断するという危険を犯したのである。だが、ガレノスの見立ては正しかった。目に見えて回復したマルクス・アウレリウスはガレノスの診断を熱狂的に褒め讃え、続けざまに三度も「そのとおりだ。お前の言うとおりだった」と繰り返した（『予後判断について』11, 14.659K）。ガレノスは、温めたナルドの膏薬に浸した羊毛を当てておくように指示し、加えて、一般市民には多少危険を伴う（かつ輸入品のナルドと比べて安価な）コショウ入りのワインも勧めた[37]。マルクス・アウレリウスはこれ見よがしに膏薬もコショウ入りワインも用い、ペイトラウスに向かってガレノスを賞賛したときの言葉を、ガレノスは正確に記している。「我々にはただひとりだけ医師がいる。その医師はまったく貴い」。この言葉は、逸話に登場する他の三人の医師よりもガレノスが優れていたことを強調している。「貴い」と訳した「エレウテロス」は元々は「自由である、束縛されていない」という意味で、専門技術に関して最上位に位置するというガレノスの主張を認めたことを物語っている。続けて「ご存知のとおり、彼は常々私のことを医師の第一人者だと言っていた」と記す。「第一にして唯一」は論争などの競技の勝者を讃える碑文でよく見られる表現であり、医師としてのお墨付きをもらうのに、哲学者皇帝であるマルクス・アウレリウス以上の権威はいなかったことだろう[38]。

このガレノスの記述にあるように、マルクス・アウレリウスが毎日テリアカを服用していたことはよく知られていて、三世紀のカッシウス・ディオの史書にも記録されている。

彼は非常に小食で、常に夕食のときに取っていた。日中はテリアカという薬以外は決して口にしなかったからである。この薬を服用していたのは、あること［毒殺］を恐れていたというよりは、胃と胸を病んでいたからである。そして、その［薬の］おかげで、この［病気の］ことも他のことも耐えられたのだと言われている。

（『ローマ史』72［71］.6.3）

ギリシア語の「テリアカ」は野獣を意味する「テール」に由来し、特に有毒動物による噛傷に対する解毒剤を指していた。しかし、テリアカの処方は多くの毒に対して効果があると言われ、あるいはすべての毒やある種の疾患に対する効果もあるとされた。ガレノスは古代のテリアカの歴史に関する多くの情報を伝えている。『解毒剤について』は処方箋集で処方の由来を記している。他に二編、真作かどうか疑われているが、テリアカを扱う著作がガレノスの名で残されている。うち、『テリアカについて、ピソのために』は六世紀にガレノスの著作だと見なされるようになり、今日でも真作として広く受け入れられている。『テリアカについて、パンピリアノスのために』は偽作のようである。[39]

謀殺を恐れざるを得なかった皇族や貴族のための薬として、テリアカはまぎれもない、現実離れした魅力をもっていた。多くの処方箋が詩として語られた。複雑な、しばしば秘密にされていた処方には、多くの原料が含まれていた。ある人が処方を書くときに嘘を書いたことに、ガレノスは不平を述べている。正直に書いていたとしても、数字の記載は写し取るときに誤りが起こりやすく、テリアカの処方箋の分量は間違っていることが多かった。[40] ローマのカリスマ的な敵ミトリダテス六世は、既知のあらゆる毒から守ってくれる解毒剤を開発したことで知られ、ペルガモンのアッタロス三世と同様に死刑囚で実験していた（第1章を参照）（『解毒剤について』1.1, 14.2K）。伝説によれば、ポンペイウスが紀元前六三年にミトリダテス六世を破って得た戦利品のうち、ミトリダテスのノートはローマへ送られたとされている。そのノートにはミトリダテスが王国じゅうの臣下との書簡や医学実験を通じて入手した、すべての知見が書かれていた（大プリニウス『博物誌』25.3.6–7）。ガレノスは『解毒剤について』第二巻の処方のいくつかを「ミトリダティウム」と伝えているが、ミトリダテス六世自身の処方は失なわれて久しかったようである。[41]

多くのローマ皇帝もテリアカを常用し、ガレノスは使用者としてアウグストゥス、ティベリウス、ネロ、トラヤヌス、ハドリアヌス、アントニヌス・ピウスの名を挙げている。ネロの侍医アンドロマコスによる処方箋が伝わっていたが、アンドロマコスはミトリダテス由来の解毒剤を用いていたようである。ガレノスが高く評価したアンドロマコスの薬は、偶然にも「鎮静」を意味する「ガレーネー」と呼ばれていた。ガレノスはこの薬には幅広い疾患への効き目もあると考え、その範囲は眼、胃、肝臓、腎臓、関節、生殖器、プシュケーの疾患から熱病、痙攣、狂犬病そして前述の「大疫病」にまで及んだ（『テリアカについて、ピソのために』15–16, 14.270–84K）。ガレノスがマルクス・アウレリウスのために処方したのは、アンドロマコスのものと少しだけ異なっていた。

マルクス・アウレリウスが通常使用していたテリアカの調合はデメトリウスが任名され、デメトリウスが一六九年から一七四年の北方遠征中に亡くなるまで続けられた。ローマでのみ入手可能な、あるいは帝国の宝物庫にのみあるような珍しい成分を必要としたために、マルクス・アウレリウスの遠征中はデメトリウスが市内に残って戦場に送っていた（『解毒剤について』1.1, 14.4K）。デメトリウスが亡くなると、マルクス・アウレリウスはエウフラテスという会計の監督者に、帝国の俸給者名簿のなかから後継者を指名するよう命じた。エウフラテスは、デメトリウスがテリアカを調合するときはガレノスが常に立ち会っていたと答え、マルクス・アウレリウスはガレノスにその務めを引き受けるように命じた。[42]ここから、ガレノスが帝国から俸給を受け取っていたことがわかるが、それはアクイレイアに呼ばれた一六八年か、コンモドゥスを心配してマルクス・アウレリウスが伺候させた一六九年に始まっていた。おそらく他の人々と同様ガレノスは自分を「アルキアトロス」（皇帝の侍医）だと考えていたことだろう。この「アルキアトロス」を前任のデメトリウスに対してガレノス自身が用いている。[43]

薬の調合に関心が高かったマルクス・アウレリウスは、ローマにいる間はガレノスにたびたび調合について尋ねた。ガレノスはついには困惑しながら、以前の侍医たちの処方を少したりとも変えていないと答えた（『解毒剤について』1.1, 14.4K）。ガレノスによれば、マルクス・アウレリウスの時代に皇帝の習慣を真似る富裕層の間でテリアカが大流行し（『解毒剤について』1.4, 14.24–25K）、ガレノス自身も何人かの貴族の求めに応じて調合していた（『解毒剤について』1.14, 14.71K）[44]。コンモドゥスはテリアカを使わなかったようだが、セウェルスの治世下で人気は再燃し（『解毒剤について』1.13, 14.65–66）、そのころに『解毒剤について』と『テリアカについて、ピソのために』が書かれている。

ガレノスが調合するテリアカは六十四の成分からなり、その量と種類が薬効を左右すると考えていた[45]。またワイン、ハーブ、蜂蜜、その他の原料の産地についても詳細に論じている。ネロの侍医アンドロマコス以来、最も重要な成分は毒ヘビ（ギリシア語では「エキドナイ」）の肉だった。ガレノスは、この肉のおかげで当時のテリアカはヘビに噛まれた場合でも、トカゲしか入っていないミトリダテスの処方よりも効果があると考えていた[46]。宮殿では少なくともひとりのヘビ捕りを、単に庭の邪魔な爬虫類を除去するためではなく、テリアカの原料を調達するために雇っていた。ガレノスは「皇帝の使用人で毒ヘビを捕まえる係の者が噛まれた。しばらくの間普通の薬を飲んでいた。しかし、全身の色が変わって薄緑色になったときに私のところへやってきて、一部始終を話してくれた」と記している（『罹患した部位について』5.8, 8.355K）。ガレノスがテリアカを与えた治療はうまくいった。

その部族の名前にちなんで「マルシ」として知られた怪しげな身分の職能集団からも、毒ヘビの肉は入手できた[47]。「マルシ」とは厳密にはアペニン山脈中央の部族のことで、魔術師や占い師として有名だった。それと関連して毒ヘビの知識でも評判が高く、ヘビを捕まえたりそれに魔法をかけたりする技術でも有名だった。マルシの歌はヘビを眠らせたという言い伝え（シリウス・イタリクス『プニカ』8.495–97）

やへビを破裂させた（ルキリウス『短編』575–76）という言い伝えが残されている。マルシはヘビに嚙まれても平気だという噂（大プリニウス『博物誌』7.15）もあり、ローマの軍団に同行した医療要員としてマルシの名が刻まれた碑文もある。おそらくヘビやサソリに嚙まれた兵士の治療のためだろう。[48] マルシ出身の者がローマに住んでいて、ガレノスは少なくとも一度は、毒ヘビの種類、すなわち嚙まれた場合に強い喉のかわきを覚えるヘビについて助言を求めている（『単体薬の混合と諸力について』11.1, 12.316K）。グラウコン宛の論考には、衰弱の薬に毒ヘビの肉を調合するマルシを友人がローマ市内で見たという記載もある。そのマルシは尻尾と（最も毒性があると考えられていた）頭部からそれぞれ指の幅四本分離れたところで切って、胴体に残っている内臓を抜き、皮を剝いでから洗っていた（『治療法について、グラウコンのために』2.12, 11.143–44K）。ガレノスは生きたままヘビを捕まえることを職業とする患者についても記し（『単体薬の混合と諸力について』11.1.1, 12.315K）、また、生きたまま焼いた毒ヘビを必要とするテリアカの処方も記している（『テリアカについて、ピソのために』19, 14.291K）。おそらくその患者はマルシだったただろうが、ヘビ使いは他の文献でも存在が知られているので、おそらくヘビを捕えられるのはマルシだけだったわけではない。毒ヘビはテリアカの重要な成分だったが、「エレファンティアシス」（ハンセン病）の治療にも効果があると考えられ、民間療法的なものも含めてガレノスも多くの例を記述している。ガレノスはこの俗信を支持し、「エレファンティアシス」の患者の治療薬として用いて成功を報告している。[49]

皇帝のテリアカにはアヘン（「ケシの実の液」）も入っていた。アヘンは西地中海地方原産で、おそらくこの地方で最初に栽培され、新石器時代には地中海地方の低地やヨーロッパなどで栽培されるようになり、ガレノスのいた世界では広く入手できたようである。耳の痛み、眼の感染症、頭痛、丹毒、痛風のための膏薬として用いられたほかに、下痢、咳、不眠その他の不調のために内服されていた。これらの治療薬は無数の資料から確認できる。たとえばローマ時代であれば、ディオスコリデス、クラウディウス帝の侍医スクリボニウス・ラルグス、大プリニウスだが、ガレノス自身も喉と呼吸の問題のためのアヘン入り治療薬をいくつか書き残している。そのうちのひとつはガレノスが考案したものである。(50)

マルクス・アウレリウスは日々の仕事を行なっている間に眠りこんでしまうことに気がつき、テリアカにアヘンを入れないようデメトリウスに命じた。すると夜間の不眠に悩まされるようになり、取り除いた成分を戻さざるを得なかった。ガレノスが記すように、マルクス・アウレリウスはこのテリアカを常用していた(『解毒剤について』1.1, 14.4K)。これまで研究者に論じられてきたように、マルクス・アウレリウスはアヘン中毒だったのだろうか。(51) ガレノスが用いたと思われるテリアカの処方は、アンドロマコスのものをデメトリウスが多少改良したもので、三、四パーセントのアヘンが入っていた。ガレノスがテリアカの調合を行なうようになった時点で、マルクス・アウレリウスは毎日「エジプト豆の大きさ」分の量を服用していた(『解毒剤について』1.1, 14.3K)。一服ごとに三三ミリグラムのアヘンが入っていたことになる。(52) 生アヘンとしては少量ながら、十分に効果がある量だったと思われる(もっとも、アヘンの催眠性は知られており、マルクス・アウレリウスがプラセボ反応を示していた可能性は排除できない)。しかし、この記述からすれば中毒者だったということはできない。十九世紀前半の有名なアヘン服用者トマス・ド・クインシーの場合は、最も依存していた時期で一日に一万あるいは二万ミリグラムを摂取していた。依存を脱するための処方でも毎日八〇〇から二六〇〇ミリグラム摂取し、通常の使用者ならばそれだけで死亡してしまうほどの量だった。(53) マルクス・アウレリウスが徐々にテリアカの摂取量を増やしていたなら(ガレノスの言葉からはその可能性を否定できない)、何かしら影響があったに違いないが、薬がマルクス・アウレリウスの睡眠以外の行動や性格に与えた影響に関して、ガレノスはまったく触れていない。(54)

テリアカの原料のなかの異国風のもののひとつで、ガレノスが多くの言及を残しているのは、インドから輸入されたシナモンである。ガレノスは皇帝の保管庫から供給を受け、明らかにそれ以外の入手方法はなかった。「私はアントニヌス［マルクス・アウレリウスのこと］のためにテリアカを調合していたとき、シナモンを入れた多くの木製の容器が、トラヤヌスの倉庫、ハドリアヌスの倉庫、そしてハドリアヌスを継いで統治したアントニヌスの倉庫に置かれているのを見た」（『解毒剤について』1.13, 14.64K）。シナモンの味と香りは年月とともに薄れていた、という。さらにガレノスは続けて、最良のシナモンはおそらく貢物として「蛮族の地から」まるまる一本送られてきた七フィートの高さもある樹から採ったものである、と述べる。通常は二か月置いておかないと効き目がなかったが、このシナモンの効き目は強く、マルクス・アウレリウスは調合してすぐテリアカを飲むことができた。テリアカを用いなかったコンモドゥスは、その樹を他の新しいシナモンと一緒に売却してしまったが、ガレノスは一部だけ手元に残しておき、平和の神殿近辺の倉庫に秘蔵品として保管していた。これは一九二年の大火によって失われてしまった。このため、セウェルスがガレノスに再びテリアカを調合するように命じたときには、三十年ほど前にガレノスが使った時よりさらに弱まった、五十年以上も昔のトラヤヌス帝とハドリアヌス帝の時代のシナモンを用いるほかなかった（『解毒剤について』1.13, 14.65–66K;『苦痛の回避』6）。

ガレノスがマルクス・アウレリウスやその家族と直接面会することは限られていたようで、そうでなかったと示唆するような記述はない[55]。皇帝たちはガレノスの語る話題の中でそれほど重要な役割を果たしておらず、その話題のなかでも実際の経験以上に目立たせて書かれている可能性が高い。皇室と交流があればガレノスは自慢しただろうが、コンモドゥスとマルクス・アウレリウスの一度きりの治療について、ものすごい出来事であるように述べる、それぞれひとつの話を伝えるだけである。皇室の健康管理はガレノスだけが関わっていたのではない。むしろ、一六九年から一七六年の間でも正確には侍医として記されていない。かなりの時間を宮殿で過ごしていたのは本当である。ガレノスはデメトリウスがテリアカを調合するときは常に同席していたし、皇帝の保管庫をくまなく調べていた。若きコンモドゥスに付き従ってイタリアじゅうを旅し、侍従のペイトラウスとは親密な関係にあった。のちには、宮廷で過ごして無駄にさせられた時間について不平を述べている。しかし、宮殿で生活していたわけではなく、実際にどれだけの時間をコンモドゥスとともにローマ市の外で過ごしたのかもはっきりしない。さらに、疫病の患者を含む他の患者の治療を続け、以前からの論争にも関わっていた。この論争は一七六年にマルクス・アウレリウスがローマに滞在している間かその直後に、再び関わりを待つようになった。

のちにガレノスは、マルクス・アウレリウスが不在のころを振り返って、閑職とほとんど変わりない仕事に対して帝国から賃金をもらい、多くの著作を生み出した比較的平和で自由な時期だったとしている。しかし、ガレノスが公的生活、絶えることない対立、そして通常の診療から離れることはほとんどなかった。実際、ガレノスが比較的暇な時間だと記憶しているものは、見方によっては、はなはだしく緊張の多いものだった。だから、宮廷でのガレノスは、温室でぬくぬくと守られた花からはほど遠かったのである。そのような生き方がガレノスにだけできたのか、それとも他の人もできたのかはよくわからない。

ガレノスもローマ時代の他のギリシア出身者と同様、世界の権力の中心である皇帝との関係について相反する感情を持っていた。専門職として傑出していることの明白な証として、マルクス・アウレリウスから呼ばれたことを誇りとしていた。それでも、ゲルマニアの前線へ強要に近いかたちで従軍させようとしたり、故郷のペルガモンから呼び寄せたり、あるいは宮廷での奉仕を強要したりするなど、数々の強制には憤慨した。のちに年老いて六十代になると、ガレノスは「宮廷で過ごした無駄な時間」に対してストア主義的に無関心だったことを誇りとし、「そんな時間を望まなかったどころか、運命が強引に引きずり込んだ時でさえも、一度や二度ならず、何度も抵抗した」と記している（『苦痛の回避』49）。ガレノスはこの箇所で、宮廷との関係を自慢すると同時に皇帝の要求へ抵抗したと主張しているのである。

ガレノスのようなギリシア人は古代のギリシア都市では支配者層であって、ローマによる支配の数世紀前からギリシア・ローマ的教養の精神を支えていたと自認していた。アエリウス・アリスティデスなどと同様にガレノスは体制側にあったが、その地位は居心地のよいものではなく、ローマの文化や権威から遠ざかろうともしていた[56]。ガレノスの逸話のなかで、マルクス・アウレリウスに対して尊大さと追従とが入り交じっているのは、この階層の人々の、ローマに対する典型的な態度だった。

マルクス・アウレリウスに従って従軍しないと決心したガレノスには、思いがけない結果が待っていた。第一に、皇帝の付き添いのひとりに列せられれば持つであろう権力を獲得できなかった。ガレノスは「アルキアトロス」と呼ばれていたかもしれないが、ほかの侍医に認められていたような名声や地位はまったく得られなかった[57]。たとえば、ガイウス・ステルティリウス・クセノフォンはクラウディウス帝の侍医のひとりで、ブリテン島への遠征に従軍した。クセノフォンは「ギリシアの学問の書記」という栄誉ある地位にあり、コス島の生まれ故郷の町は納税の義務を免じられた。故郷の地ではクセノフォンの名が多くの碑文で讃えられ、コインに肖像が刻まれた。同様に、トラヤヌスの医師クリトンはダキアへ従軍し、ダキア戦争の歴史書を著した。のちにトラヤヌスはクリトンを騎士身分に取り立てて「友人」と呼び、ヘラクレアの生まれ故郷の町の人々は町のために図ってくれた便宜に対して、「創設者」という名誉ある呼び名を与えた。そのような栄誉を受けていれば、ガレノスはそうと記していただろう。だが、俸給以外にガレノスが得ていた帝国からの報償は、皇帝からの褒め言葉だけであり、しかも一度きりだった。マルクス・アウレリウスとともにゲルマニアへ従軍することにしていたならば、すなわちイタリアで著作に興じず、一六九年から一七六年にかけて皇帝としょっちゅう面会していたならば、クセノフォンやクリトンと同様の栄誉を得ていたことだろう。ガレノスが主張するように、意志的かつ意図的に権力や地位よりも自由と学問を選んだという可能性が高い。比較的平穏のなかで作り上げた著作は、月並みな野心家だった場合に受けていたはずのいかなる栄誉よりも長続きする、影響力ある遺産となった。

しかし、ガレノスの決心の結果として、それ以上に予期せぬことが待っていた。それはガレノスが何よりも価値を置いていた科学的研究に関わることだった。ローマ社会では一般に人体解剖がタブーだったが、マルクス・アウレリウスに従ってゲルマニアに行った医師たちに対して、殺害された一体かそれ以上の「蛮族」の死体解剖が許可されたのである。ガレノスの著作から、ガレノス自身は人体を解剖していないことがわかっている。哲学・医学的な主著『身体諸部分の用途について』の解剖に関する記述は、おもに動物の詳細な解剖に基づいている（第5章を参照）。

どんなに人体の解剖的構造を記述しようと努力しても、外傷の治療で見たこと以上の人体内部の情報を得る機会は、ごく限られていた。すでに述べたように、ガレノスはアレクサンドリアで見られた人体骨格や、野ざらしにされていた山賊の骨などによる学習を薦めていた（『解剖指南』1.2, 2.220K）。だが、そんな機会は、マルクス・アウレリウスの遠征に従軍した医師たちに比べれば、取るに足りないものであることが、ガレノスは苦々しかった。ローマの貴族社会での立ち位置や皇帝との関係に関して、ガレノスには葛藤があったが、医学の研究に対する思いは強く迷いがなかった。人体解剖が許されると知っていれば、遠征の危険や辛さなど物ともせず、皇帝のしつこい要求にも耐えただろうことは間違いない。分不相応な幸運を手にした幸運な同僚が、動物解剖の経験不足のせいでせっかくの機会を活かせずにいる無知ぶりを、ガレノスが軽蔑しているのは驚くことではない。

それゆえ、もしサルでそれぞれの腱と神経の位置と大きさを頻繁に見ていれば、それを正確に記憶しているだろうし、いつか人体を解剖することになったら、それぞれが観察していたとおりだとわかるだろう。だが、まったく練習していないと、ゲルマニアの戦争で蛮族の体を解剖する機会を得た医師たちが、**肉屋が知っている以上のことを学ばなかった**ように、そのような機会から何も得ることはできない〔ゴチック部分は原書イタリック〕。

（『類による薬剤の調合について』3.2, 13.604K;『解剖指南』2.384K も参照）

確かに、ガレノスならもっと首尾よくできただろう。だから、戦争から半ば身を引いて故郷に留まって平穏に過ごそうと決断したことを、後悔はしていないが、複雑な思いで振り返っているのだろう。

ガレノスは古代の解剖学の伝統の頂点にある。そのような伝統は、教師から生徒へと書物や示説によって、何世紀にもわたって正確かつ労を惜しまず伝えられ、ルネサンス期に人体解剖が一般に行なわれるようになった時、発見を生む足がかりとなった。控えめに言っても、これ自体が感嘆すべき遺産であるが、さらに言えば、そのほぼすべてが動物解剖に基づいているのである。古代世界の最も偉大で卓越した解剖家であるガレノスが、その鋭い目を実際の人体へと向けていたなら、どれほどの洞察を残したかは想像することしかできない。実のところ、その実現には十三世紀もの間待たされることになったのである。

この時点でガレノスの生涯を物語る道筋は途絶えてしまう。ひとつだけ残された曖昧な記述から、マルクス・アウレリウスの息子で後継者となった、情緒不安定かつ自己陶酔的な皇帝コンモドゥスの治世下に、勝手な理由で追放されて家や財産を失うのではないかと恐れていたことがわかっている（『苦痛の回避』54–55）。各著作間で互いに言及しあう箇所が多数あることから、ある程度は相対的な時系列順に並べることができるが、自身の生涯や周囲の世界の出来事について、年代を特定できるような記述はわずかしかない。大きな例外が一九二年の大火で、人生を変えたこの一大事は次の章で扱う。長らく偽作だと考えられてきた『テリアカについて、ピソのために』は現代では真作と考える研究者が多いが、この著作にはセウェルスとカラカラへの言及がある。二〇四年に行なわれた世紀祭での出来事についての記載があるので、それ以降に書かれたに違いない。ガレノスの手による論考であるなら、マルクス・アウレリウスがイタリアに呼び戻してから四十年以上経っても、なおローマに滞在していたことを示す(1)。ただし、資産を残しておいたペルガモンに少なくとも一度は戻ったようで、その途中に、これまでの章で紹介した二度目のレムノス島訪問を行なっている。それでも、著作にはイタリア以外の土地に長く滞在したという明白な記載はない。何らかの形でマルクス・アウレリウス以降の各皇帝にも仕えていたことが、『解毒剤について』のシナモンの記述（第6章を参照）からうかがわれ、おそらく俸給者名簿にも名が残っていたのだろう。引き続き解剖を行なっていたのはほぼ間違いなく、網羅的な論考である『解剖指南』の執筆を続け、一九二年の大火で最後の数巻が失われると書き直しをしている(『解剖指南』11.11, 135 Simon)。ガレノスは旺盛な執筆活動を続けていた。特に、薬学についての長大な論考や同じく長大な『治療法について』の後半部分が、大火後の晩年の数十年間に書かれている。しかし、さらに重要なのは患者の治療をしていたことである。

ガレノスの現存する著作には数百人の患者の症例が記されている。患者宅の訪問は日々の日課に組み込まれ、あまりにまめなので、執筆や解剖、あるいは皇帝のテリアカの調合など実際にしていたことが確かな活動の時間をどう確保していたのか、理解しがたいほどである。ガレノスは患者のもとを毎日訪ね、一日に複数回におよぶこともあった。真夜中の呼び出しにも応じ、往診は夜明け前から始めていた。ガレノスの記録では、午前にも、午後にも、夕方にも、深夜にも患者を訪問している。ある消耗性の疾患の患者のところへは、乳の出るロバを連れて行き、直接乳を飲めるようにした。別の、眼の炎症を患う(奴隷か解放奴隷の)家令は、ガレノスが往診できないくらい離れた郊外に住んでいたので、自宅に泊まらせて毎日二度の食事を与え、一日数回膏薬を塗った(2)。

多くの患者はガレノスと寝起きをともにしておらず、これは例外的な場合だろうが、本書冒頭の石灰の石の話題にあるように、ガレノスは自宅で診療所を開いていたことは明らかである。あの患者はガレノス邸の戸口へ運ばれてきたし、ほかの例でも患者はガレノスが訪ねていくよりはガレノスのところにやってきている。古代の職人が店舗やその近くに住んでいたように、ガレノスのような医師もそれぞれの住居で仕事をし、患者を治療するだけでなく薬の調合なども行なっていた。冬の寒さで膝の怪我が悪化した患者は、ガレノス家の門前へやってきて痛みを和らげるために暖める薬を注文すると、そのまま浴場へ行った。求められた薬が手持ちになかったガレノスは、ユーフォルビア、油、溶かした蜜蠟を調合し、患者がよこした（明らかに奴隷の）使いに手渡した(3)。

ガレノスの診断技術はきわめて繊細なものだった。子供のころからガレノスは患者の脈の微妙な変化を感じ取れるように訓練し、脈についての論考もいくつか書いている。脈に関してガレノスは、曖昧で比喩的な用語を作り出しヘロフィロスにさかのぼる古代の伝承に基づいていた。ガレノスは「虫の脈」や「蟻の脈」などの用語をときおり使ってはいたが、新しく創りださなかった。脈の知識と用語は高度に専門化された秘教的な性質を持つため、ガレノスが診断で使用していた技法のなかでも特別な存在だった。ガレノスが感じとる、大きさ・速度・強さ・頻度・充満・硬さ・均整・リズムなどの微細な違いは、ほかに感じ取れる人はごくわずかだった。また、ガレノスと同僚たちがしきりに議論した、脈に関する定義を理解できる人はさらに少なかった(4)。

脈は内部器官の変化や内部の成長、不安などの精神状態、あるいは熱病を明かすとガレノスは考えていたが、特に熱病について最も正確な診断の指標だとしていた。これまでに論じたボエトゥスの息子キュリリッルスや皇帝マルクス・アウレリウスの場合には、ガレノスは脈を診て熱病ではないと宣言している。またのちに論じるアンティパトロスの熱病も脈から見つける。ある患者については、肥大した腫瘍が容易に感じ取れるようになっていたとしても、触る前に脈だけで体内に腫瘍があると診断した。

私が彼の脈を取り、内臓の大きな腫瘍だと診断した。その腫瘍は医師でない者も見て触れるほどに目立つようになっていた。同席していた人たちは、患者の脈から内臓の腫瘍と診断したことに驚嘆していた。

（『最良の医師を見分ける方法について』5, 80 Iskandar, tr. Iskandar）

脈は、その他の徴候と同じく、個人ごとに異なるとガレノスは主張した。理想的には、医師は患者の正常な状態である基準の脈について詳しく知っておくべきで、この基準となる脈も子供から老人へと年を経るに従って変化していくのだった。同じことは体温にも当てはまる。ガレノスは患者を触って体温のわずかな変化を感じることができたが、平熱も年齢、個人の混合〔による体質〕、その他の要因でばらつきがあった。研究室で検査がなされるようになるはるか以前から、ガレノスは尿・便・汗や、痰などの患者が咳込んで排出するもの、吐瀉物・膿・血液などについてその色、組成、粘度、沈殿物を調べていた。患者の肌の色や、疲労や極度の脱水による眼の窪みなどの変化の徴候を見るために、患者の顔も観察した。これらの特徴の多くをひと目で見て取ることができたことを自慢し、場合によっては瞬時に診断を披露してみせた(5)。

ガレノスが患者を調べる際にお決まりの手順があったかどうかはわからない。前述のような技法を状況に合わせて利用していたようである。ただし、熱病に罹ったある若者の逸話のように徹底的な検査も行なっていた。

> 彼の熱はかなり高いが、脈は規則的で、かなり大きく、早く、頻繁で活発であることがわかった。また熱の様子はヒリヒリするような類ではなく、尿の濃さと色は通常とはあまり変わらなかった。また、その男は習慣の運動を三十日ほど怠っており、その前日に激しい運動をしたが、量はそれほどでもなかったという。また通常どおりの食事を取ったが、消化がゆっくりで、もたれたこともわかった……彼は血色がよく肉付きがよく見え、また満腹感を覚えているとも言っているので……
>
> (『治療法について』9.4, 10.610K)

ここで、ガレノスは患者の体温、脈、尿や血色や肉付きなど見かけの特徴について述べている。この一節からガレノスの診療の手順の別の特徴が明らかになる。ガレノスは患者に話しかけ、運動の習慣が途絶えていたなどの過去の生活ぶりについての情報や、満腹感を感じていたという感覚についての情報を引き出している。ガレノスは、これらを患者に瀉血が必要がどうかの指標と見ていた。

ガレノスは患者の病歴は治療の際に重要だと考え、不調の前に起こったことやその原因となりそうな出来事をしばしば記している。たとえば、ある患者の危険な熱病については、旅行、〔体液や性質の〕混合、性格、ギムナジウムでの格闘技などのちょっとした要因が、体を熱して乾燥させる原因として関係づけられた（最後の例はガレノスのなかでも最も興味深い症例のひとつだが、こんにちほとんど知られていないので、長めに引用する）。

熱病に冒されていたその働きざかりの若者は二十五歳で痩せて、イヌのように筋肉質な体で、乾燥し熱い混合の持ち主だった。ギムナジウムの運動をたしなみ、ほかの点では思慮深く勤勉な人格だった。街を離れているときに、この男性は悪い知らせを受け取って苛だったが、気を奮い立たせて市内へと急いだ。その前日は穏やかに活動し、入浴と食事をして宿で休んだが、ほとんど眠れなかった。その翌日はさらに急いで旅を終わらせたが、ずっと砂まみれで埃っぽい炎天下の旅だった。七時半に市内に着いた。急いで戻る原因となった事態について良い知らせを耳にしてから、入浴のためにギムナジウムに行った。油を塗られている間、そこにいた他の若者ひとりと一緒にマッサージを受けた。［その若者から］少しずれてくれと言われ、二人の間に口論が起こった。すでに体が通常以上に乾いていた。ギムナジウムではよくある類の口論だが、いつも以上に力が入ってしまった。ギムナジウムを離れると、友人たちが喧嘩しているところに出くわして割って入ったが、引き離す際にさらにかなりの運動をしてしまったことを自覚していなかった。彼らを押し込んだり、腰をつかんだり、誤った行ないをしていると言い聞かせたり、また不当に扱われた者のために怒ったりしたので、帰宅したときには極度に乾燥し、疲れと何か異常が起こっていることに気づいた。そのため、いつものように水を飲んだが、具合はよくならず、かえって異常な感じがひどくなり吐いた。

（『治療法について』10.3, 10.671–73K）

この記述は、都市の有閑階級に属する若さの絶頂にある男性についての、複雑で微妙に同情的な人物描写となっている。この男性は「悪い知らせ」への反応に見られるように動揺しやすく、ギムナジウムのマッサージ台で口論したことや、外に出て遭遇した友人たちの諍いを積極的に仲裁しようとしたことのように、生真面目で憤慨しやすかった。ただしガレノスが忌み嫌う暴力は避けようとしていた。さらに、思慮深く勤勉で、知的生活によるストレスを受けやすかった。この引用箇所やその他の記述において、「思慮深い」と訳した「フロンティステス」という言葉を、ガレノスは知的な活動や心配による健康の阻害と結びつけている。この例では、患者自身やギムナジウムにいたような競争心の激しい若者たちに囲まれた生活や、不調を招いた出来事について、説得力のある描写をしている。これらすべては、患者や取り巻きに慎重に質問を行なって得たものだった。というのは、この患者が発病し数日経って、ようやくガレノス自身が登場するからである。

この患者はガレノスの著作でもっとも詳しく描かれている人物のひとりであり、すべての例がこれほど細部まで記されているわけではない。それでも多くの場合に、患者との議論や問答を無造作な、ゆえに明快な形で伝えたり、ほのめかしたりしている。わずかながら、患者の言葉をそのまま書き留めている箇所もある。「彼の指は動かすのが困難で、しびれがあり、彼が言うには、ピシッという音がするようだった」（『健康を維持することについて』6.11, 4.434K）、あるいは「サソリに嚙まれたある人は、雹に打たれたようだと語った」（『罹患した部位について』3.11, 8.195K）、あるいは「薬で傷がうずくかどうか尋ねると、彼はうずかないと言ったが、むず痒いような感覚があった」（『類による薬剤の調合について』3.2, 13.585K）というように。ここでガレノスが患者に尋ねているのは経過ではなく、痛みの感覚を含めた現状の症状である。このような情報は次のような聞き方をしてようやく引き出せた。

頭部周辺の痛みの場合は、どのような「痛みの」性質か、と患者に尋ねることにしている。ある人は痛みで体がすり減りそうだと感じ、あるいは、引き伸ばされたり、おしつぶされたり、がんがんするように感じる人や、激しい熱さや冷たさだけが際立つ人もいる。（『場所による薬剤の調合について』2.1, 12.545K）

ガレノスが考慮しているのは、患者が体験して表現するさまざまな痛みをどのように区別するかという問題である。祖父の世代に活躍した医師アルキゲネスが練り上げた、痛みについての正式な用語とされていたものをガレノスは拒否した（ガレノスが同様に批判的だった、脈についての新しい専門用語を作ったのもアルキゲネスだった）。その代わりに、患者による、ときには非常に印象的な比喩や言葉の選択にガレノスは細心の注意を払っている。また、患者が自分の痛みを説明するための語彙や知的素養をもっていないと、苛立ちを表すこともある（『罹患した部位について』2.6–9, 8.86–120K）。

ガレノスが語る話題の多くは診断と治療が成功した場合であり、最善を尽くしたものの患者が亡くなる例は非常に稀である。例外のひとつは当時よく知られていた事例で、ガレノス自身が「医師アンティパトロスに起こったことはみなさんご存知だ」と記している。この患者は、「六十歳より下だが五十歳よりは上」で、『罹患した部位について』を公表する少し前に起こったことだとすれば、ガレノス自身よりも若かった。これは脈による巧妙な診断の一例である。アンティパトロスは短期間の発熱ののち、脈が不規則になっていた。どうしたらよいか決めかねていた折に、仲間のガレノスに偶然出くわし、笑いながら助言を求めた。ガレノスは脈を取って衝撃を受け、アンティパトロスがまだ生きていることに驚いた。悟られないようにしながら呼吸に問題がないかを尋ねたが、アンティパトロスは問題ないと答えた。ガレノスは六か月間にわたって状態の観察を続け、アンティパトロスが診断について尋ねると、肺の静脈が粘性の物質が詰まって炎症を起こしており、また、この炎症が原因で発症した熱病が実際は寛解していなかった、と答えた。そして患者と相談し、喘息の場合と同じ処方を出した。しかし、ガレノスの予測どおり、続く六か月の間にアンティパトロスの呼吸に支障が生じ、心臓の動悸も伴っていた。発作の頻度が高くなり、一日に十五回も起こるようになったすえ、アンティパトロスは亡くなった。現代の医師なら、肺の静脈がアンティパトロスの問題の原因だとするガレノスの診断には同意しないだろう。しかし、原因について誤解しながらもガレノスは病気の進行を予測していただけでなく、今日の医師が診断を試みようと思うほど詳細に記述している。現代の医師が推測して診断したところでは、心筋・心内膜・心外膜のいずれかの感染に引き続いて、心房細動か大動脈弁閉鎖不全が生じた、あるいは両方を併発していたようである。心臓が、肺から血液を還流させるのに十分な力で血液を送り出すことができず、肺浮腫を起こし、窒息か心室細動によって亡くなったと思われる。[6]

　治療を求めてガレノスを訪ねてきた患者は、自身が並外れて透徹した知性の持ち主の関心の的になっていることに気づいたことだろう。その知性は、我々が考察しているほかのあらゆる場面でも明確に現れている。ガレノスは関心を解剖学研究やさまざまな研究、競争相手との討論だけでなく、診療にも同じように向け、精神的にも肉体的にも多大な精力を注いでいた。患者が手のかかる治療を必要とした際も、ガレノスは多くを手ずから行なったようである。一方で作業を患者の使用人や自身の奴隷の助手に任せていたこともわかっている。奴隷の助手についてははっきりしないが、どこに行くにも付き従っていたようで、「私のもの」と呼ばれている。しかし、奴隷労働が多く見られた当時の世界では、驚くことかもしれないが、医師の役割と助手や家内奴隷の役割には明確な区別がなかった。三つ前の引用にある「血色がよく肉付きのよい」患者の場合には、ガレノスが真夜中に食事を与えている。「血液を抜きすぎて患者が失神し、その後下痢、嘔吐、冷や汗が生じた」からである（『治療法について』9.4, 10.612K）。ガレノスは食事を与えて安静を命じた。その後に診た際には汁粥を与えたが、ガレノス本人が患者に食べさせ、料理したのもガレノスだったようである。別の記述では、ガレノスが入浴・マッサージ・食事を提供し、軟膏を塗ったり、薬を調合したりしている。「私がした」や「我々がした」という一人称の表現は「私の奴隷がした」を意味する場合もときにはあるだろうが、すべての場合でそうだったわけではない。しかし、特に使用人に仕事を任せたと書いている場合には、奴隷がしていたことだろう[7]。

女性の患者の場合には、第5章で論じたボエトゥスの妻の場合のように産婆について触れ、慎みが重要な問題であることを認めている。女性の性器には触れないようにしていたようだが、その必要がある場合には、男性の患者とは明らかに異なる形で治療している。ガレノスは出産に関して産婆や一般女性に細かく質問し、懐妊や妊娠についての民衆の知恵を集めた（女性は子宮が子種の周辺で収縮することで懐妊したと感じることができるという、『ヒポクラテス集成』にも書かれていた、当時の女性にはよく知られていた考えを受け入れた）。「子宮」（ギリシア語のヒュステリア）の異常で引き起こされる疾患だと考えられていた「ヒステリー」に罹っていると主張する女性についても多くの言及がある。その症状は筋緊張や倦怠感、あるいはほぼ完全に脈がなくなるなどさまざまだった（『罹患した部位について』

6.5, 8.414K）。ヒポクラテス主義者は子宮が活発に動くと考えていたが、ガレノスは、ヘロフィロスが発見した子宮を骨盤につなぐ子宮広間膜について知っていたので、子宮が体内を動物のように動きまわってかき乱すという考えを否定した。ガレノスの考えでは、子宮はある方向に引っ張られて刺激されるのだった。ある一節では、子宮を引き戻すために甘い匂いの香を膣に焚きしめる、という古くからの方法を勧めている。これは、子宮が感覚と本来の場所へ戻ろうする欲求を有するという見解に基づいた方法である。この治療法は『ヒポクラテス集成』に記述されているが、民間の呪術的医学も連想させる。ガレノスは「ヒステリー」の症状は、女性の種子あるいは月経血が溜まって害をなしたものとし、女性のさまざまな不調を月経周期の乱れで説明することが多かった[8]。

第2章で記したように、ガレノスはヒポクラテス主義の体液理論を受容して発展させたので、病気に対する考えや医学的方法のいたるところにこの理論に基づく身体観が顔を覗かせる。とはいえ、実践面では厳密に体液理論を採用したわけではなく、体液の代わりに熱、冷、乾、湿の基本性質をしばしば強調する、より一般的な方法をとった。この点は先ほどの熱病の若い患者の例だけでわかる。その患者の生得の熱く乾燥している混合、年齢、生活様式、習慣、精神状態（心配性で、不安にかられやすく、怒りっぽい）、熱く乾燥した気候の土地への旅行歴はすべて、熱・乾という状態への偏りをもたらし、不調や病気を引き起こした。ガレノスは体液について言及していないが、したとすれば黄胆汁の熱く乾いた体液について記しただろう。諸性質の微妙な均衡や内部・外部や個人・環境、身体・霊魂などの入り組んだ関連という考えは、古代のヒポクラテス的な体液病理説を潜在的に反映している。

黄胆汁、黒胆汁、粘液は過剰に溜まって腐敗すると発熱の原因となり、過剰な血液は他の体液に変化すると熱病を引き起こすとされていた。腫瘍、炎症、潰瘍、癌、発疹は、未消化で排出されなかった体液や腐敗した体液が溜まって有害になったものだった。これが脳に起こると脳卒中、癲癇、メランコリア（憂鬱）、その他の不調を引き起こした。食事は、正しい物を食べた場合には、体液や基本性質の均衡を回復させる。動物の一部分や薬草、鉱物などの薬の成分もそれぞれ特性を持ち、均衡を回復させるために用いられた。これに関してガレノスは『単体薬の混合と諸力について』の中で、記述している諸成分についてその性質と、ときには強さの度合いを示している。運動、入浴、マッサージや下剤や吐剤も有害な物質を排出させる働きがあった。瀉血も、特に過剰な血液（プレトス）が問題となっている徴候がある患者に対して、同じ目的で用いられた。もっとも、ガレノスはそのような徴候を自由に解釈し、瀉血は実質上あらゆる重病によい治療法だと考えた[9]。患者から血液を大量に抜き取ることもあり、見た人がからかって肉屋に喩えたほどの劇的な治療法だった。

考察と経験から、活発な体力がある場合には長びく熱に対する最良の方法だとわかっていたので、私は気を失うほどの量［の血］を慎重に抜き取った。最初、彼の体は急激に正反対の状態に変わり、意識を失って冷たくなった。これ以上に好ましく有益なものを見つけることは不可能だろう……このような人の体では、引き続いて必ず胃が空っぽになり、胆汁を吐くこともあった。またこれに続いてただちに全身で湿り気が多くなり、汗ばんだ。これらのことがすべて起これば、ただちに熱が引いた。そのため、居合わせた人が「まったく、あなたという人は熱を殺してしまうのだから」と言い、みんなで笑った。

（『治療法について』9.4, 10.612K）。

この一節に正確に書かれているように、患者の血液を大量に抜くと深刻な反応を引き起こすことをガレノスはよく知っていた。この「プレトス」を伴う熱病の患者の場合には、気を失うまで血液を抜き、瀉血に伴う反応を意図的に引き起こすことで病気を治そうと考えていた。静脈切開は、効果を得られるか亡くなってしまうかが紙一重の、積極的に使うのは危険な治療法だった。ガレノスは血を抜き取られた患者が亡くなることもあると知っていた。それを防ぐには注意深く脈を監視すべきだと書いており、過去の医者が血を抜きすぎて患者を殺してしまったことも知っていた。患者によっては回復したとしても常に冷たい体質へと変わってしまい、虚弱で血の気がなくなって、他の病気にかかりやすくなり、そのせいで簡単に命を落とすようになることもあった。(10)

『ヒポクラテス集成』には瀉血はあまり登場しないが、ガレノスの時代には確立された治療法であり、ガレノスの影響も一因となってヨーロッパ、イスラム、ユダヤの各医学で長い歴史を持つこととなり、他の文化圏でも長く用いられた。今日の西洋医学において瀉血の使用は非常に限定的だが、かつて非常に普及していたため、その流行を説明するような目に見える具体的な効果を探そうとしている研究者もいる。それはおそらく無駄に終わるだろう。瀉血による被害のほうが、プラセボ効果や何らかの条件下でたまたま得られた臨床上の効果を上回ると、結論せざるを得ない。古代の病気観という文脈で瀉血を捉えるのがせいぜいだ。ガレノスはほとんどの病気を、体内に毒が溜まったことに帰し、その見方は長らく西洋文化に深く根付くことになったと思われる。(11) だから、患者に瀉血を押し付けるのは医師だけではなかった。第4章で触れたように、ガレノスは「我々の間」（つまりペルガモン周辺）では春ごとに瀉血してもらう習慣があったと記すが、経験の浅い医師にいつものように静脈切開を頼んだ働きざかりの農民が、動脈を切られてしまったという事例も報告している（『治療法について』5.7, 10.334K）。

とはいえ、瀉血の実施を積極的に勧めたせいで、ガレノスがのちの世の多くの患者に不調と死をもたらしたことは認めなければならない。中世イスラム世界やヨーロッパのルネサンス時代と啓蒙主義時代の偉大な医師を含むガレノスの追従者たちが、この伝統を断ち切らず疑問を持たなかったからといって、ガレノスを非難するのは誤っているだろう。しかし、方法主義者の「三日間の断食」の治療を嘲笑せずに、瀉血を嘲笑してくれていたらとは思う。なぜなら、ガレノスは瀉血を発明したのではないのだが、そんなことを忘却に追いやるほどの影響を及ぼしたからである。

瀉血が禁じられていたのは、患者が衰弱している場合、幼い場合（十四歳以下）、老人の場合、妊娠している場合、気候が熱く乾燥している場合（過剰なものは汗と呼気から排出されるから）、その他の場合だった。ただしガレノスは、食欲不振で衰弱し、八か月も月経がなかった、ある卑しからぬ身分の女性にも瀉血の適用を躊躇しなかった。その結果、同様の患者がガレノスのもとを訪れるようになった（患者が食欲をなくした原因についてガレノスは言及していないが、心理的なものだったようである。拒食症は西洋や現代に特有の問題ではなく、歴史的に多くの文化で知られている）。ガレノスの見解によれば無月経はよくない徴候であり、体内に澱が貯留しているので瀉血が治療法となるのだった。この患者から初日は一パイント〔約〇・五リットル〕、続く二日間はさらに大量の血液を抜いた[12]。

ガレノスは医学の細かい専門化には反対し、専業の（ギリシア語では「手で仕事をする人」の意でケイルルゴスと呼ばれた）外科医の地位に対するガレノスの見解ははっきりしていない。それでも、自身で外科手技を行なったという言及は稀で、マルルスの奴隷に行なった手術は例外であり、一般に外科について書くことはほとんどない[13]。おそらく、たいていは外科手技は専門の外科医に任せ、患者は自分で専門家を探していたことだろう。ガレノスは（のみや丸鋸で頭蓋に孔を開ける）穿頭術の実施は避けていて、このよく行なわれた術についてはローマの専門家に大いに感謝している。ガレノス自身が記しているように、ペルガモンにとどまっていたら穿頭術に熟達する必要があったかもしれない（『治療法について』6.6, 10.454–55K）。とはいえ、『治療法について』（6.6, 10.446–55K）で好みの方法について論じた箇所からは、ガレノスも穿頭術を行なっていたことがわかる。この治療を用いる主要な要件としてガレノスが挙げるのは頭蓋骨骨折である。ある頭蓋骨骨折の患者では、前頭骨の一部を穿頭術を用いて除去した（ガレノスは「[患者が]かなり年月を経た今でも存命中だ」と述べ、それが例外的だったことを示唆している）。ガレノスは硬膜に孔を開けないように保護する必要性を強調し、施術中に硬膜を強く押した際に何が生じるかについて記している。[14] しかし、一般に外科は最後の手段であり、膿瘍、腫瘍、腎臓結石などの疾患を食事と薬で治療できる医師のほうが賞賛に値すると見なしていた（『最良の医師を見分ける方法について』0, 116 Iskandar）

『ヒポクラテス「伝染病第六巻」注解』には、治療で必要となるさまざまな要因に関して注意が記されている。この一節はガレノスの典型的な患者が、使用人を雇っている都市の住人だったことも示唆している。

このように、医学において、適切な時に尋ねたり話しかけたり、適切な時に患者や家の者から聴いたり、手助けはどのようにするのが適切かをその者たちに話したり、医師や患者の身内の者に見落とされてきた外的なことに気をつけたりすることに精通した上で、習った術を適切に用いることは、術を学ぶことと同じことではない。それらのうちもっとも有益なのは、睡眠に関わることである。あるいは、悪臭や非常に暑かったり寒かったりカビだらけだったりでむさくるしい場合には、患者の家全体や寝室も関わっている。また、近所や公道の喧騒についても医師は注意を払う必要があり、これらすべてのことについて家の者や患者の友人と話しておかなければならない。

（『ヒポクラテス「伝染病第六巻」注解』2.47, 17A.1000K）

この一節は、ガレノスの世界における病気の社会的側面を表している。想定されている患者は、友人、家の者、奴隷、壁を隔てた向こう側の隣人、さまざまな医師、中庭のすぐ外にある通りを往来する人々に囲まれていた。手術のためであっても野次馬を人払いすることは不可能だったようで、慎み深い患者がプライバシーを求めても、医師は性器や臀部を好奇の目から隠すよう最善の努力を約束する以上のことはできなかった(『ヒポクラテス「診療所内の事柄について」註解』1.13, 18B.687–88K)。患者の友人は病気の際に重要な役割を果たしていた。友人たちは昼も夜も側にいて、(冷たい布を当て、瀉血などの治療の助手役として)患者の世話を助け、最良の治療法について医師と相談していた。病気は個人的な経験ではなく社会的な出来事であり、患者の関係者が勢揃いし、ひとりの医師の忠告を他より優先させようとするグループが連携や対立を生み出していた。[15]

患者の病床では派手な論争、競争、勝利、屈辱の場面が繰り広げられた。病室での論戦は、ガレノスのローマでの生活の特徴としてこれまで紹介してきた、公開討論や示説に似ていた。ガレノスも両者を明確に区別していない。第4章で、手強い敵となったマルティアヌスを含むエラシストラトス主義者との論争について触れたが、そこでは瀉血が必要だとガレノスが見立てた、深刻な状態の若い女性の治療について論じられていた。ガレノスの友人のテウトラスが瀉血の必要性の証拠としてエラシストラトス自身の例を挙げ、声に出して(この有名な医師が瀉血しなかった患者は亡くなった、と)読み上げたところで、論争の場は病床から通りへ移った。そして瀉血の有用性についての問題が日々行なわれる医学(哲学)に関する公開討論の場に提出された。ガレノス自身がその問題に回答を提示し、テウトラスはガレノスが論考に仕上げたものを、計画しているペルガモンへの帰郷の際に持っていこうと、「[ガレノスが]マルティアリウス[マルティアヌスのこと]に対して言ったのと同じことを、患者の診察の際に言えるように」発言を奴隷に書き留めさせた。[16] このように、ガレノスとローマの多くの著名な医師との間での驚くべき論争は、いきなり患者の病床で始まり、通りへ移り、ガレノスの論考という形で、ライバルに対抗する武器として友人の手に委ねられ、病室へと戻っていったのである。

ガレノスの症例の記録ではしばしば他の医師との競争が描かれるが、それ以上に（ときには方法主義者、エラシストラトス主義者などと名指しされている）医師の集団との論争や激しい舌戦、ガレノスの優位を決定づける劇的な証拠、そして驚いた目撃者による肯定も描かれている。ギムナジウムで運動した二十五歳の若者についての本章で引用した記述がいい例で、（『治療法について』0.3, 10.671–78K）。ここでは、ガレノスのライバルは「三日間療法の医師たち」（すなわち、方法主義者によって広まった三日間の絶食を治療法とする流行の支持者）である。

記録にあるような、旅行、苛立ち、数度の喧嘩での立ち回り、熱く乾燥した天候などの状況の結果、患者は発熱した。「帰宅したときには極度に乾燥し、疲れと何か異常が起こっていることに気づいた」とあるように、ガレノスは「異常」という不穏な言葉を用いている（『治療法について』103.10.672K）。患者は水を飲んだが、具合は悪化するばかりで（「異常な感じがひどくなり」）、嘔吐した。十一時（現在の午後四時ごろ）に横になったが、この時刻は二日おきに発作が始まる「疑わしい時間」となる。男は眠れないまま一夜を明かした。翌日、ある方法主義者の「三日間療法の医師たち」が呼ばれてやってきて、お得意の三日の絶食を命じた。その医師たちは夕方に戻ってきて、自分たちの忠告を守っていて熱が下がっているのを見たが、このとき別の（ガレノスは誰か記していない）医師が、食事を与えられるべきだと激しく論じていた。三日目の朝に一同は再びやってきて同じ指示をした。

不調が始まって三日目の午後、方法主義者の医師たちが帰った後にガレノスが初めて訪れた。（呼ばれてやってきたのか、単に友人を訪ねてきただけなのかは記されていない）。一瞥して、ヒポクラテスの『予後』における悪い予兆である「鋭い鼻、窪んだ目」を見て取った。記録する際ガレノスも『予後』を引用している（同書 10.674K）。これは今日でも「ヒポクラテス顔貌」として知られる死相である。

患者の容体は逼迫し、ガレノスの見立てでは、命取りで治療法のない消耗性の熱と衰弱性の熱が重なって、瀬戸際の状態だった。(17)「疑わしい時間はその日の十一時だった」（同書10.673K）とあるように、ガレノスは激しい発作が起こることを予測し、食事なしで患者が持ちこたえられるという考えに驚いた。状況を把握すると、「できる限り早く麦の粥を用意し、食べさせた」（同書10.674K。ガレノスが自分自身の手で行なったように記していることに注目）。

十一時、発作が始まった。患者の四肢が冷たくなり、「彼の脈は小さく、きわめて弱くなり」、消えそうになった。次の日、ガレノスは朝と晩の二度食事を取らせたが、患者に力をつけさせるだけでなく、「彼の皮膚は獣のように乾いていたので」潤いを取り戻させるためでもあった（同書10.674K）。五日目、また発作が予想されていたが、温かく乾いて不均衡になっている患者の胃が改善されることを見込んで、ガレノスはザクロの種を粥の麦に混ぜた。再び「同じように」発作が起こった（同書10.675K）。ガレノスは六日目、七日目、八日目も訪れ、「同じように食事を与えた」。

ガレノスがつきっきりで患者の面倒を見ていても、方法主義の医師が姿を消したわけではなく、依然として絶食を勧め続けていた。ガレノスが介入して食べさせるように主張しなかったら、患者が（発病から三日目の）二度目の発作を持ちこたえられなかっただろうことは、ガレノスにとっても、またガレノスが言うように、他の誰にとっても明らかだった。しばらくの間、ガレノスは方法主義者たちの「狂気」や「喧嘩腰な態度」を無視し、患者の容態が慎重を要するうちは証拠立てて論駁しようとはしなかった。ところが、九日目の発作はそこまで深刻でなくなり、脈が少し強くなった。この時点で、「私は、もはや医師たちのおしゃべりに耐えられなかった」と記すように、ガレノスは苛立ちと自らの短所だと認める「争い好き」な性分を露わにした（同書10.676K）。ガレノスは患者の友人たちに、自分の治療が患者を救ったのだとはっきり示して見せようと告げ、食事を与えないまま発作を起こさせようと提案した。その結果、ガレノスの長い治療歴のなかでももっとも劇的な事態が生じた。

「完全な無脈となり……全身が冷え切って、まったく音を発せず、押してもほぼ何も感じなかった」（同書10.676K）。ガレノスは患者に関わっていたすべての医師を呼び集めた。患者の（家の者や親しい友人に対してガレノスが用いる）「オイケイオイ」も居合わせていた。医師たちの無知に対して、また自分の正しさを証明するために患者の命を危険にさらしたガレノスのきわどい行動に対して、「オイケイオイ」たちはガレノスもほかの医師たちも八つ裂きにせんばかりに怒った。方法主義者は窮状を悟って、「患者本人よりも青ざめて凍りつき、逃げ道を考えていた」。ガレノスは入り口の扉を閉ざすように命じ、自身の（あるいは患者の）友人に鍵を預けた。今度は「真ん中に立った」ガレノスは他の医師たちの愚かさを叱った。医師たちを論駁し、彼らの意見に動揺してしまった人々（おそらくガレノスは患者の友人、仲間、家の者のことを指している）を納得させるために、患者は発作から回復するという判断に基づいて、自らの治療を止めてみせたのである。昏睡状態の患者が回復したことで、ガレノスはさらに自分の正しさを示すことになった。「私は彼の顎を開いて、漏斗でほぼ三杯分の汁粥を流しこんだ」（同書10.677K）。患者は奇跡的に起き上がり、「横になる前は乾いていて感覚も会話もできなかったが、聞いたり、話したり、その場の人々のことがわかり始めた」。

珍しくガレノスは、イエスがラザロを蘇らせたかのようなこの示説に対する、大勢の聴衆の反応を記録していない。おそらく、その必要はなかったのだろう。ガレノスの卓越した技量を目撃した人々の反応として、よく記すような、驚愕と感嘆および自然と沸き起こる賛美の声がここでも起こっていただろうが、そうと記す必要もなかったのである。[18] ガレノスは、この患者をその後数週間どのように治療して、完全に回復させたかの概要を記して、この話題を締めくくっている。

運動後に不調に陥った若者に関してガレノスがライバルと面と向かって対決した話は、ガレノスの症例の記録に見られる論争場面のよい例である。ライバルたちは個人の医師（第4章のグラウコンの友人のように、医師が患者であることもある）のこともあれば、第5章のボエトゥスの妻を治療していた医師たちや第6章のマルクス・アウレリウスの医師たちのように、名なしの医師集団のこともあったが、後者のほうが多かった。ガレノスが行なったのは、劇的な治療か、あるいは尋常でなく正確な予測だった。聴衆は患者か、患者の友人か、医師であり、医師たちは負けを認めるかガレノスの見解に鞍替えした。ときには有力者が立ち会い、それはボエトゥス家の場合のように一家の長であったり、奴隷の主人であったり、皇帝マルクス・アウレリウスであったりもしたが、居合わせた人たちの評価と感嘆の言葉に特別な重みを与えている[19]。

この話は、他の重要な話題の実例にもなっている。ガレノスによるこの患者の詳細な記録が、患者自身や周囲の人たちと会話し、仔細に質問して集められた、直接の知識の反映であることはすでに述べた。これはガレノスの治療の実際をもっともよくまとめたもののひとつであり、二週間にわたって毎日二度患者を訪ね、食事の準備と世話の監督もしていたことが描かれている。

また、ガレノスによる患者の記述の多くは科学的な目的を持っていたことも強調したい。ありのままの記録ではないながらも、文学的な創作物にすぎないわけでもなかった。たとえば、この話はガレノスが医師として活動し始めたころに起こったようで（書き始めに、「理性に導かれて初めて三日間療法の医師たちを無視し」た最初の患者だとある）、実際に起こってからかなり時間がたった一九〇年代に執筆した、『治療法について』の後半で語られている。おそらくガレノスは、何度もこの話を語った後で、記憶を元に書いたのだろう。ガレノスは話を誇張し、患者と自分が属する社会階層や患者に対して好意的な描写となっている。敵対する医師たちが自分の攻撃から逃げないように扉を閉めると、ガレノスは『オデュッセイア』の中の英雄オデュッセウスが求婚者たちを殺した有名な場面を持ち出す。この

『オデュッセイア』の件は、ガレノスが何度も話すうちにこの話に入り込んだのだろう。しかし、グラウコンの友人についての例や『予後判断について』の多くの話と同様に、自身の勝利をあからさまに話題にしないことは相変わらずだが、ガレノスはこの最終局面のことには触れず、三日の絶食という当時支配的だった治療法をあえて無視した最初の事例であるという、非常に認識論的な問題から始めている。ここで描写されているのは、古くからの経験主義者の方法である繰り返しをへた末に確信するようになったことの、最初の実験なのである。しかし、ガレノスは「エンデイクシス」（指示。患者の状態の把握によって治療法が指し示されること）によって思いついたと書いている。これは経験主義者の教説では特に禁止されている推論法だった。[20] そういうわけで、この話は単なる愉快な自己賛美の逸話ではなく、一種の証明の提示なのである。

ガレノスは導入部分で患者のことを「アッローストス」と呼び、「理性に導かれて初めて三日間療法の医師たちを無視した……この種のアッローストスについて話そう」と書き始める（『治療法について』10.3, 10.671K）。通常、ガレノスは患者のことを「カムノン」（病んだ者）、「アントローポス」（人）、その他の多くの言葉で呼ぶが、元来「衰弱した者」を意味する「アッローストス」は特別な意義を持っていた。これはヒポクラテスの『伝染病』にある症例記録で患者を表す言葉である。ガレノスやその他の著者は、「アッローストス」によって実質的にはヒポクラテスの症例そのものを意味するようになっていた。つまり、「アッローストス」は読んだり、書いたりするものでもありえたのである。つまり、「アッローストス」は我々の「症例記録」に近い専門用語だった。これも意味深いことだが、ガレノスは臨床の経験を証拠として申し立てる別の文脈でも、「アッローストス」を多用し、「私はアッローストスたちのあいだでこのことを観察した」としばしば記している。[21]

運動後に不調に陥った若者の話やその他の多くの話は、ヒポクラテスの症例記録と同じような目的に役立つとガレノスは考えた。おそらく第2章で論じたような経験主義者から教育を受けたことも影響していただろう。自分の教師と討議した際に症例記録を持ち出し、少なくとも次に示す例では、患者の病床の傍らで交した敵対者や仲間との論争や議論で、それが重要な役割を果たしている。指の神経の損傷が治ったパウサニアスの有名な症例について議論していたとき、ガレノスは運動神経と感覚神経の区別の要点をほかの医師たちに尋ねた。

「それではあなたがたは、運動が失われながら感覚は残されているという、反対の例を見たことがないのでしょうか」と私は言った。他のほぼすべての人たちは見たことがないと言ったが、ひとりは見たことがあると主張し、患者の名前を挙げて、見せてくれると約束した。

（『罹患した部位について』 1.6, 8.58–59K）

（ガレノスが解明した運動神経と感覚神経の区別は複雑だったが、運動が失われて感覚が残ることも感覚が失われて運動が残ることも起こりえるとガレノスは考えていた[22]）。このように、症例記録は今日と同じように、医学知識を教え伝えることができるものだった。もっとも、古代ではほとんど口頭で語られ、系統だった患者の記録があったという証拠はない。

ガレノスは運動後に不調に陥った若者の話では何も診断を下していないが、「三日熱」と呼んでいただろう。現代では、患者の神経症状から、危険性が最も高いマラリアである熱帯熱原虫マラリア（古くからの呼び方で悪性三日熱マラリアと言われることもある）だと診断される。熱帯熱マラリア原虫の生活環は四十八時間周期で、特に発症した場合は同じ周期での発作を引き起こす。しかし、周期性の発熱は大まかにマラリアだと示す指標でしかない[23]。この話では、窪んだ目と乾燥した皮膚という脱水の症状が非常に印象的である。脱水はマラリアの徴候のひとつだが、この患者は身体運動をし、暑く乾燥した気候の中を旅していた。ガレノスも患者自身もこのことが大いに関連していると考えた。熱中症と重篤な脱水症はどちらも低血圧、徐脈、神経症状を引き起こし、主要因子あるいは悪化因子でありえた。

ガレノスの診療では熱病は特別な存在だった。第5章で言及したように、ガレノスは『分利の日について』、『分利について』、『熱病の種類について』などの論考を書き、特に周期性に注目して、数学的にめまいがするほどの複雑さで記述と分類を行なっている。ガレノスは感染症が多い環境や発熱性の諸疾患を記し、日々の熱の推移を記録して予測しようとした、数世紀に及ぶ医学の伝統について熟考している。運動後に不調に陥った若者の話は、周期的に発作が起こる熱病についてのガレノスの見解を示す好例のひとつである。ガレノスが治療した他の病気として、第4章で結核とハンセン病について、第6章では「大疫病」について言及した。より緊急性の高いものとしては小児の腎臓結石を治療しているが、一世紀のケルスス『医学について』第七巻に記述された危険な手術を行なったかどうかは記していない（この手術はローマの専門の外科医に任せていたのかもしれない）。ガレノスはその子供を抱え上げ、振ることで結石を除こうとした。結石などの影響から尿路内で凝血塊が溜まったときには、薬で凝血塊を壊そうとしてみる手もあるとガレノスが書いており、カテーテルで凝血塊を除去できたこともあった。しかし、ほとんどすべての患者は亡くなっている（『罹患した部位について』6.4, 8.408–9）。ガレノスは癌のなかでもっとも多いと考えていた乳癌の女性を治療し、『治療法について、グラウコンのために』には進行した癌についての印象的な記述が収められている。

我々がしばしば胸に見た腫瘍は、あのカニという動物にそっくりだ。カニの本体の両側に脚があるように、この病気では静脈が異常な腫瘍から伸び出し、カニに似た形をなすからである。早期にはしばしばこの病気を治療したが、ある程度の大きさになると誰も手術でなければ治療できなくなる。

（『治療法について、グラウコンのために』2.12, 11.140–41K）[24]

ガレノスはこの病気を、月経によって十分に除去されなかった黒胆汁が溜まることで引き起こされると考え、早期なら下剤で治療できるとも考えていた。ガレノスはある女性に毎年春に下剤を与え、「もし排出が行なわれなければ深いところから痛みが起こり、彼女のほうから私を呼ぶことだろう」と記している。[25]ガレノスは自身にできる手段では治療できない癌があることを理解し、また硬口蓋癌などは切除や焼灼をしても悪くなるだけで、治療すべきではないと考えていた。そのような症例での介入は患者の生命を短くするか、不要な苦しみを引き起こしかねなかった。[26]

ガレノスは特に、神経損傷の患者の治療技術と神経系の解剖学の知識に対して誇りを持っていた。患者の身分の高さから特によく知られている、パウサニアスという有名なソフィストについての一件には、ガレノスのそうした面がよく表れている。この人物はアテネで偉大なヘロデス・アッティクスから学んだ、カッパドキア地方のカエサレア出身のパウサニアスである可能性が高い。伝記作家フィロストラトスによる『ソフィスト伝』には、カエサレアのパウサニアスについて通り一遍の記述しかなく、強いカッパドキア訛りで明晰な雄弁を振るっていたため、プラトンの『パイドロス』を引いて、「並ならぬ繊細さを不味く調理する料理人」と呼ばれていたとされている。このパウサニアスはアテネとローマでレトリックを教え、ローマで生涯の大半を過ごして老齢に達するころに亡くなった。[27]

パウサニアスの治療は一七〇年代半ばより前のことである。ガレノスはこの治療について現存する論考の四か所で記述し、その最も早いものがこの時期に書かれている（他の三つも大筋では同じ内容だが、微妙な違いや矛盾がある。しかし同じ患者だと断定できるほどに細部の一致が見られる）。おそらくシリアからローマに向かう途中、パウサニアスは馬車から転落した（アラビア語訳のみが現存する『最良の医師を見分ける方法について』では、馬車ではなく乗っていた動物から落ちたとされている）。パウサニアスは背中の上のほうから落ちて、岩で打ってしまった。六日間激痛に悩まされたのち良くなったが、十五日目から、左手の小指と薬指、中指の半分の感覚がなくなり始めた。状態は徐々に悪化し、ひとりの医師、あるいは複数の医師に相談した。ひとつの記載ではガレノスはその医師を方法主義者だとしている。その医師は問題の指に膏薬を塗ったが、効果がなかった。しばらく経って（一か月後、あるいは三、四か月後）、パウサニアスはガレノスを訪ねた。ガレノスは患者を治療してきた医師を呼びつけて薬について尋ねた。しかし、治療は適切だったように思われた。そこで、ガレノスは患者に「ぶつけたとか、冷えたことはなかったか。炎症はなかったか」と尋ねた。なかったと聞いて、さらに「背骨に衝撃を受けなかったか」と続けた。もちろん、あったのだ。患者は馬車からの転落を思い出し、そのことをガレノスに話した。それで何が起こったかわかり、ガレノスは説明した。第七頸椎の下の神経が転落で損傷していたのである。現在では第八頸神経の神経根症の教科書例ともいうべき症状であり、ガレノスの診断は正しかった。しかし、治療のほうは今日では効果がないとみなされるだろう（理学療法とときに外科手術を含む現代の治療については、その治療効果に議論がされているが、多くの患者は時間の経過とともに改善していく）[28]。いずれにせよ、ガレノスは神経根の周囲に（具体的に記していないが）外用薬を塗った。パウサニアスはたちまち回復し、事態を見守っていた人々を大いに驚かせたと、ガレノスは記している。「見ていた人々［この後の記述でライバルの医師だと書かれている］は、背骨に薬が塗られて手の指が治ったことに、びっくりしているようだった」（『罹患した部位について』1.6, 8.58K）。記述のうちのひとつは、ガレノスがライバルたちに神経損傷の性質について辛抱強く講義する話でしめくくられている[29]。

癲癇は、古代でも西洋の歴史を通じても、神秘と関係づけられた病気であり、それこそがガレノスの著作において目立つ理由である。当時は世間では何か超自然的な、汚染するものと考えられていた。人々はその影響を避けるために唾を吐き、癲癇患者は公衆から嫌悪され、恥ずかしく不名誉だと思われていた。大プリニウスによれば、当時流布していた特に恐ろしい民間療法は剣闘士の血を飲むことだった（『博物誌』28.4）。『ヒポクラテス集成』の中の『神聖病について』という論考以降、古代の医学は癲癇についての一般の迷信的な見方に直接的かつ慎重に異議を申し立てていた。癲癇を意味する「エピレプシア」は「つかむ」というギリシア語に由来する言葉で、意識を失って昏倒する発作や発作の繰り返しのことを指し、古典的な大発作である全身の痙攣を伴うものもあれば、伴わないものもあった。さまざまな原因が考えられたが、ガレノスはヒポクラテスの伝統を大方踏襲し、脳の障害物に由来すると考えた。特に、粘液と黒胆汁などの濃い体液が脳室からのプネウマの出口を塞ぐとしていた。この障害物は一次的な場合と他の要因からの二次的な場合がありえた。つまり患者によっては、他の部分（特に胃と食道の間の噴門）での問題が脳に影響を与え、蒸気性の発散物が疑わしい体液を上へ運ぶと、癲癇の発作やその他の神経症状を引き起こすのだった[30]。

第2章で挙げた若いころにスミュルナで教師とともに見た二人の少年や、第5章のシャクヤクの根のお守りが効いていた少年など、ガレノスは多くの癲癇患者を治療したようである。癲癇の息子とその医師を連れてアテネへ出発する、ローマ人のカエキリアヌスという男（候補が多く、人物は特定できていない）のためには、この病気についての特別の論考を書いてやっている。ガレノスはその息子を診察したことはなかったが、助言を与えることには同意した。大火後のセウェルス治下のことだった[31]。

ガレノスが診た最も有名な癲癇患者は文法家のディオドロスである。名前は一度しか挙げていないが何回も言及している。この話の中でディオドロスは「働きざかり」とされ、二十五歳から四十歳の間だっただろう。「彼は授業に熱が入ったり、心配したり、長時間食べずにいたり、怒ったりすると、癲癇による不調に見舞われた」と記されている。ガレノスは問題が噴門周辺から起きていると診断し、特別な食事法と年に三度アロエを下剤として使うように指示した。患者はこの療法を守ったが、多忙のために食事を取り忘れると発作がたびたび起こった[32]。

ガレノスの治療において、ディオドロスの症例は感情と心理が重要な役割を果たしている例として注目される。ガレノスは癲癇の発作の原因として、肉体的なものと精神的なものをとりたてて区別してはいない。特に、怒りや心配などの感情が発作を引き起こしていたかもしれない。ガレノスがよく病気と関係づけていた感情は、怒り、恐怖、悲嘆（「ルペ」）、不安（同じく「ルペ」と呼ばれるが、理性的・非理性的であるかにかかわらず、罪の秘密や間近に迫った競争や未来の偶発事態などと結び付けられる感情であり、喪失による悲しみの感情とは異なる）である。

今述べたことに完全な証拠があるかと言われれば微妙で、別の意見が待たれるところだが、これについてはガレノスの最も有名な症例のひとつ、「恋に落ちた女性」とガレノスが呼ぶ、ユストゥスの妻の件を想起させる。これはガレノスが医師として活動を始めた初期の、第一次ローマ滞在時に起きた。『予後判断について』によれば、ボエトゥスやその他の知識人に解剖示説を行なった直後のことである。ガレノスはこの女性の症例について数回言及し、そのたびにヘレニズム期のエラシストラトスの伝説あるいは伝承と比べている。その伝承によればエラシストラトスは、シリアのセレウコス一世の息子アンティオコス一世が義母（ガレノスの聞いたところでは内縁の妻）を愛していることを見ぬいたとされている[33]。ガレノスの話の真偽に疑念を抱く研究者もいるが、それはガレノスのひとつの記述に使われた言葉を不必要なほど厳密に解釈したことに基づいているようである。エラシストラトスの伝説と似ているという好都合さを強調するように、ガレノスの記憶が調整されたのは疑いない。しかし、何もないところから話をでっち上げたとは考えにくいし、ガレノスはよく知られたことだとも書いている。[34]

ガレノスが患者について突き止めて診断したことは、厳密に言えば愛が原因ではなく、エラシストラトスの場合も違ったと、ここかしこで明言している。ガレノスは、エロティックな脈などというものはなく、伝説が示すように有名な先人が脈によって愛の感情を見出したということはありえない、と説明する。エラシストラトスが感じたのは、内縁の妻が部屋に入ったときに脈が「変則的で乱れた」ものになり、出て行くと元通りになったという、脈の変化だった（『ヒポクラテス「予後」注解』1.8, 18B.40K）。ユストゥスの妻の場合、不眠に苦しんでいたためにガレノスが呼ばれた。ガレノスの見立てでは悪化が予想される徴候だった。女性に質問しても反応は鈍く、しまいにはベールで顔を隠して寝床に行ってしまい、ガレノスは諦めて帰った。熱病の徴候がなかったので、黒胆汁による消沈に悩まされているか、何か明かしたくないことに悩んでいるかのどちらかだと結論した。翌日も翌々日も女性を訪ねたが、侍女によって追い返された。四日目、幸いにして侍女たちと会話できた。とりとめない日常の話をして、女主人が「ルペ」（不安あるいは悲嘆）のために消耗していることがわかった。

その時、劇場帰りの誰かがやってきて、その日ピュラデスが踊ったと語った。患者の顔色と眼差しの変化にガレノスは気づいた。脈は急に不規則になり、彼女の霊魂が乱されたことを示していた。ガレノスは「競争に臨もうとする人々と同じことが起こる」と記している。ガレノスは、その女性がピュラデスに恋をしているという仮説を立てた。おそらく奴隷である下層民の芸人への秘めた思いは、有閑階級の既婚女性が陥る精神的苦悶の原因としてありそうなことだった。ガレノスはこの仮説を確かめることにした。次の日（ガレノスはしばらくの間毎日通っていたようである）使用人のひとりに頼んでおき、患者を診察するときに入ってきて、「モルフェウスが踊っていた」と言わせた。患者の脈に変化はなかった。ガレノスは踊り手の名前を変えて同じ策を毎日繰り返し、（二、三度目で患者が怪しまなかったとは信じがたいが）四日目にピュラデスの名前が出てくると隠しようのない反応を示した。脈が「さまざまに乱れた」のである（『予後判断について』6, 14.630–33K）。患者とその夫にどのような助言をしたかをガレノスは書いていない。

心配事によるこの独特の脈についてガレノスは他の場合でも触れている。たとえば、ボエトゥスの息子のキュリッルスが食べ物を隠すという可愛らしい秘密を持っていた際にも、脈からそれを見抜いた。その話でも、その子供が熱病ではなく、パンクラチオンで戦おうとしている人や法廷での弁論が控えている人のように「不安で」いることがわかったのは、脈からだった、とガレノスは記している（『予後判断について』7, 14.640K）。ガレノスによれば、患者が医師の指示に従っているかどうかを知るなど、嘘の判別のために脈を用いることができた。[35] 恐怖、怒り、不安、喜び、これらはすべて独特の脈を持ち、肉体的な徴候としても現れた。恐怖と、矛盾しているが喜びは、極端な場合は直接死に繋がる可能性もあった。[36] 不安は長期間続くと命に関わった。恋した女性の症例のように不安はまず不眠を引き起こし、次に発熱、さらに消耗が続き死に至るとされている。その他、黒胆汁が脳内に貯留して、不安がメランコリアに変わることもあり、その結果、消沈して（人間嫌いや自殺などの）暗い気持ちになるだけでなく、特に精神疾患などにもつながる、とガレノスは考えていた。心配の根幹にあるものが非理性的な問題の場合、予後は特によくなかった（『ヒポクラテス「箴言」注解』3,18A.35–36K）。[37]

極度の不安に陥った患者の話は、ガレノスによる症例のなかでもとりわけ興味深い。墓地で霊が自分の名前を呼んでいると信じたエラシストラトスの患者は、不眠と高熱で消耗していた。この有名な医者は、「山賊から助けてほしい」と患者の名前を呼んだのは自分だったと嘘をついて、その患者を治したのだった（『ヒポクラテス「伝染病第二巻」注解』2, 207–8 Wenkebach and Pfaff）。ペルガモンのメアンドロスという卜占官は自身の死を予知してしまい、不安のために亡くなった。ガレノスによればこの卜占官の症状は、ピュラデスの名を聴いた際のあの恋に落ちた女性と似ていた。「彼は鳥を飛ばしている地域から市内へと疲弊して戻り、ひどいありさまで顔色も黄色かった。そのため出会った人はみな、体がどこか具合が悪いのかと尋ねた。彼は信頼する人たちに真相を打ち明けた。それから、夜は横たわっても眠れず昼はずっと苦悩に押しつぶされるようになり、そのため完全に衰えてしまった」(『ヒポクラテス「伝染病第六巻」注解』、485–86 Wenkebach and Pfaff)。しまいには、熱病にかかって床に伏し、徐々に衰弱して二か月後に亡くなった。

ガレノス自身が診たと述べているなかで、著者のお気に入りの患者は、アトラスが地を支えるのに飽きて落としてしまい、世界の破局を引き起こすと信じていた患者である[38]。

カッパドキア出身の男で、馬鹿げた思いを抱くようになり、そのためにメランコリアになった男を知っている……男が泣いているのを見て、友人たちが何を悲しんでいるのか尋ねた。すると男は深くため息をついて答え、全世界が崩壊してしまわないか心配だと言った。詩人たちが世界を支えると歌う、アトラスと呼ばれるものが、あまりに長く支えすぎたために疲れてしまわないだろうかと心配になった。そのため、空が地に落ちてきて衝突するおそれがあるのだった。(『ヒポクラテス「伝染病第六巻」注解』、487 Wenkebach and Pfaff)

アラビア語訳のみが現存するこの一節(本書ではアラビア語からのドイツ語訳を参考にした)で、不安がつのるとメランコリアへ到るというガレノスの理論は、精神疾患の特に際立った例として、重訳をへてもなお輝かしい。「いつものように朝食をともにしていると、この患者は質問に答えて、アトラスが病気になって空を支えないと決心したらどうなるかひと晩中起きて考えていた、と言った。そして、このように言ったとき、我々はこれはメランコリアの症状の始まりだと推測した」と記している。[39] 明らかにガレノスはこの患者の不安を非理性的と考えており、ゆえに危険な状態へ進行してくことにも驚いていない。

ガレノスは多くの種類の病気が、思考や記憶などの理性的な霊魂の機能に影響を与え、一次的あるいは二次的な脳の不調から発していると考えていた。そのような病気は精神疾患のような明白な徴候を持つ場合も、倦怠、昏睡、記憶喪失のように目立たない徴候の場合もあった。[40] 精神疾患の徴候である妄想と幻覚について、ガレノスはよく「パラフロシュネー」と「フレニティス」と呼んでいる（どちらも英語では「delirium」（譫妄）と訳される）。ガレノスはフレニティスは熱を伴うパラフロシュネーで、脳や髄膜に炎症を引き起こし、「マニア」はこのような要因を持たない精神疾患であると説明する（そのためパラフロシュネーはより総称的、フレニティスはより個別的な用語である）。といってもガレノスは厳密にこの使い分けに従っておらず、定義ではマニアだと思われる箇所でパラフロシュネーを用いていることもある。さらに、パラフロシュネーを脳の外部からの原因による二次的な精神疾患と記すこともあるが、他方でフレニティスは脳と髄膜、あるいは横隔膜に一次的な原因を持つとも記している（『罹患した部位について』5.4, 8.327–29K）。[41] 精神疾患は肋膜炎や肺炎の合併症として起こる可能性や、頭部の無謀な焼灼から起こる可能性、あるいは極度の高熱や消化に問題があって二次的に黒胆汁と黄胆汁が頭部に溜まった結果、起こる可能性もあった。脳や髄膜や横隔膜の炎症を起こすものが原因となることもあった。ガレノスは横隔膜が脳と交感していると考え、ゆえに古代の多くの著作家は知性の座を胸部に置いたと説明している。[42]

精神疾患は思考あるいは知覚、あるいはその両方に影響を与えた。ガレノスはテオフィロスという医師の例を挙げている。その医師は患いながらも理性的に話す能力を保っていたが、部屋の隅に笛吹きがいるのを見たと信じて、家の外に放り出すよう命じ続けた。回復した後でもテオフィロスは笛吹きのことを覚えていた(『徴候の種類について』3, 760–61K)。ガレノス自身若いころに、おそらくペルガモンで生の果実を食べた結果病気に罹ったと書いているころと思われるが、たいへんな高熱に襲われ、布団から藁が飛び出し服には毛玉がついているのが見えると思い、むしり続けた。友人から自分の異常な行動について聞かされると、状況を理解できて、フレニティスに罹っているので助けてほしいと頼んだ。友人たちはぬらした布をガレノスに当てたが、ひと晩中悪夢にうなされ続けたのだった(『罹患した部位について』4.2, 8.226–27K)。反対に、自分の周囲のことをはっきりと知覚しながらも理性を失った患者の例として、たぶん民間伝承や都市伝説から引いてきたのだろうが、ローマで上のほうの階に住んでいたガラス職人の話を挙げている。その職人は窓からガラス器を、それぞれの正しい名を呼びながら投げた。そして、集まってきた群衆がふざけて口にした要求に答え、恐ろしいことに、同居人を投げ落としたのだった。[43]

ガレノスは肉体的な疾患と精神的な疾患を明確に区別していない。第5章で触れたように、ガレノスはプシュケーつまり霊魂の存在を信じていた。また、同じくすでに論じたように、霊魂が不死かどうか、また物質的実在かどうかについては、不可知論の立場を取っていた。医師という立場上は、霊魂は身体の部分として扱うことが可能だとガレノスは考えていた。意識の座である理性的霊魂は脳脊髄液の中に収まり(おそらく脳脊髄液そのものである)、プネウマは脳室の中に含まれていた。メランコリアによる消沈や精神疾患は、脳に影響を及ぼす有害な体液を排出するような治療法によって癒やせるはずだった。

ガレノスによる精神疾患の観察の並外れた詳細さには驚かされる。メランコリアに関する医学文献は当時は特に大量に存在したので、ガレノスは古くからの文字記録を活用しており、すべての考えが独創というわけではないが、それでも患者の（不眠、妄想、不安などの）精神的な症状に十分な注意を払っていたことは明らかである。ガレノスの精神疾患に関する考えは、現代の臨床家にもたやすく親近感を抱けるものだろう。生得熱や体液についての見解にはとまどいを覚えるだろうが、アトラスを案じた患者の病状についての懸念は認めることだろう。ガレノスはプシュケーについての論考も書いており、倫理的問題に焦点を当てている点は同時代の他の哲学書と似ていた。現存するそのうちの二点は、ガレノスの人生における悲劇的な出来事の後に書かれたものである。その出来事、つまり一九二年にローマを破壊した大火と、それに対するガレノスの反応が、次章のテーマとなる。

別の重荷が私の身にのしかかってきた。というのは、『解剖指南』の諸巻を書き終え、ほぼ結びにたどりついたときに、あの大火が起こり、平和の神殿が多くの倉庫や店舗もろとも焼け落ちてしまったのだ……倉庫には解剖についての私の書籍が、ほかの著書すべてと一緒に保管されていた。書写のために渡してあったもの以外、私の著作は残らなかった。

（『解剖指南』11.12, 135 Simon, tr. Duckworth）

ガレノスはこの引用ほか数か所で、一九二年にローマ市内を焼き払った大火について書いている。それとは別に、歴史家のヘロディアヌスとカッシウス・ディオもこの大火について言及しており、伝統的な歴史記述ではこれを、その年の最後の日に亡くなったコンモドゥスの死の前触れとしている。ガレノスは大火が起こったのは冬の終わりか春の初めとしており、六十二歳の年のことだった[1]。

火災は平和の神殿とその周囲の地域を焼き尽くした。人的損害とともに文化的損害も大きかった。火災はパラティヌスの丘に広がり、そこにあった図書館や文書館に所蔵されていた、数世紀にわたる征服で蓄積された知的収奪品や、アレクサンドリアの蔵書には劣るとはいえ、世界で最も広範な収集書籍も灰燼（かいじん）に帰した。さらに、ガレノスにとって特に重大だったのは、火災が平和の神殿の周囲や聖なる道沿いに建つ倉庫も破壊したことだった。倉庫は耐火性の素材で建てられていただろうが、扉だけは木製だったのだ。通常火災の火元となる住居からは離れたところにあった（実際カッシウス・ディオによれば、このときの火元は住居だった）。倉庫内には帝国の公式文書も保管されていたため、軍の警備がつき、賃料はかなり高額だった。ガレノスが所有する貴重品のほとんどを保管していた一室は、おそらくアラブやエジプトからの輸入品を保管する、ホッレア・ピペラタという香辛料保管庫だった可能性が高い。また、不幸なことに、火事が起きたときにはカンパニアの所有地を訪れている最中で、ガレノスと家の者のほとんどが留守にするからと、念のため貴重品を家から倉庫へ移してしまっていた[2]。

ガレノスは愛する父と親友ボエトゥスの死を乗り越えてきた。また友人のテウトラスと家内奴隷を大勢大疫病で亡くしていた。飢饉や疫病、あるいは今日の西洋では見ることのない恐ろしい感染症に襲われた無数の患者の死も目撃していた。ガレノス自身も命に関わる慢性の病気に耐え、故郷から離れての生活を強いられていた。もちろん、ガレノスの世界においては日常生活の一部となっていた、名声に対する容赦ない攻撃が絶えず続いていたことは言うまでもない。しかし、ガレノスの主観では、この大火が経験したなかで最悪の惨事だった。確かに、ガレノスが自身の感情的反応を記録している出来事はこれだけだ。このくだりは苦悩の末の反応だったのだろう。火事は、おそらく他の出来事とはまったく異なった形で、ガレノスの対処能力を試したのだった。

大火の経験を受けて書かれた『苦痛の回避』（ギリシア語の原題「ペリ・アルピアス」は「苦悩がないことについて」の意）という著作は、長らく失われたと考えられていたが、最近テッサロニケの修道院でガレノスの十三本からなる論考集から発見された（ガレノスは『自著について』でこの著作に言及し、アラビア語訳の断片が残っていた）[3]。この著作は、名前のわからない長年の友人宛の書簡という形式で、同郷のかつての学友とおぼしき相手（『苦痛の回避』57）は、ガレノスが何かに苦しんでいるのを見たことがなかったと驚きを示していた。ローマの外（確かではないがおそらくはペルガモン）に住む相手に対して、ローマ市内からガレノスは書き送っている。

このガレノスの論考は、プルタルコスの『心の平静について』をはじめとする、倫理を扱うことが多かったヘレニズム期やローマ時代の他の哲学書と似ている。喪失への慰めを扱う「コンソラティオ」という哲学の分野と関係しているが、ガレノス自身はこの分野には位置付けていない[4]。古代には「コンソラティオ」は誰かの喪失、特に子供を亡くすことに対して書かれたが、ガレノスが嘆き、あるいは嘆きをこらえているのは財産の喪失だった。実際、この論考で、疫病による自身の家内奴隷やテウトラスの死にはいつもどおりの言及をしていることに、冷淡な印象を読者は持つかもしれない（『苦痛の回避』1、35）。しかし、それは誤解だろう。ガレノスの現存する著作には、一九二年当時にはほとんど過去のこととなっていた疫病による人的損失を扱う論考はないし、『苦痛の回避』の倫理的姿勢は、以下で論じる霊魂についての論考の姿勢と同様に、優しい感情をもとうがそれを表には出すまいとする姿勢が明らかである。このような態度はガレノスを冷淡で無慈悲な人だと思わせるかもしれないが、読者は彼が、あらゆる名誉を得た反面、現代の読者には想像もできないほどの恐怖を長い生涯にわたって体験し目撃していたことを思い出さなければならない。また、今日から見れば異質な形でガレノスの態度が影響されたとしても驚くことではないだろう。また、制御しようとしていた感情に浸らないようにしたほうが楽だったから、人的損失より物質的な所有物の損失について語るほうが楽だとガレノスは考えたのかもしれない。

『苦痛の回避』が発見されたおかげで、ガレノスが何を失ったのか把握できるようになり、さらにどのようにして蔵書を集め著作を出版していたかについて、新たな理解が得られた。大火は金貨・銀貨・銀メッキ貨を焼き、ガレノスから借金していた人たちの借用証も焼いてしまった（当時は銀行手形もクレジットカードもない時代である。『苦痛の回避』4)。蝋でできたかけがえのない自作の原型も含めて医療器具を失っている(『苦痛の回避』4–5, 10)。単体の薬も調合した薬も原料も失い、八〇リブラの重さのテリアカや皇帝からの下賜以外では入手困難だった大量のシナモンも失われた(5)。

だが、何よりもガレノスが嘆いた損失は、書物が焼けてしまったことだった。二冊の珍しい処方集を失ったが、そのなかには、ガレノスの知る限りローマ世界に二つとない、「非常に素晴らしい」処方も含まれていた。ペルガモン人の友人のひとりは、数点の処方に金貨数百枚を支払うなど、大金を投じて古今の膨大な処方を集めた。これらは羊皮紙に書き留められ、その名の知れぬ収集家が亡くなると、驚いたことに相続人はガレノスに進呈してくれたのだった。もうひとつの処方集も、テウトラスから没後に羊皮紙の形でガレノスが相続した。テウトラス自身はこの処方集をペルガモン人の医師エウメネスから受け継いでいた。ガレノスは個々の処方の写しを新たな処方と交換して、処方集を拡充していき、巻物にして総計八十巻にもなっていた(6)。そのすべてが失われたのだが、ガレノスによればさらに悪いことに、『類による薬剤の調合について』の原本も失われたのだった。この原本の長さは不明だが、ガレノスが著した三つの主要な薬学についての大著のひとつである(7)。最初の二巻は回覧させていたので、友人の誰かが写しを持っているとガレノスは考えたが、誰も持っていると申し出てくれなかったため、論考全体を再度書かなければならなかった。ガレノスはこの二つの巻はいずれ見つかるだろうと考え、二つの異なる版が出回っていることの理由を説明する必要があると感じていた(8)。

ガレノスは自らの処方で残ったのは生徒に与えたもの少々だけだったと記している(『苦痛の回避』37)。ガレノスが自分の所有する他の処方集を挙げるのを忘れたのか、そうでなければ再度書いた『類による薬剤の調合について』とその続きの『場所による薬剤の調合について』は最晩年の労作ということになる。すでに述べたように、ガレノスは『類による薬剤の調合について』をいったん書いたが、それは完全に失われた。少なくともその一部は一七〇年代には完成し、『治療法について、グラウコンのために』の中でもグラウコンにこの著作のことを語っている。薬の原料と薬学理論についての長大な著作である『単体薬の混合と諸力について』の最初の八巻が書かれたのも、この時期であり、これは現存する。『単体薬の混合と諸力について』の最後の二巻と同様に、薬剤の調合に関する二作の現存する版はどちらも大火の後に書かれたものである。(9)

この二作はどちらも十七巻に及ぶ。ガレノスが記録する処方は、失ってしまった処方集のものと同じく長い伝統の産物であり、民間療法的な性質を強く帯びたものである。薬学の著作は膨大な、無数とも思われるほどの薬の処方集となっている。それらは過去の著作家のものから選び取られて、『類による薬剤の調合について』のように(膏薬、下剤などの)種類によって整理されたり、(頭頂部の抜け毛の薬から書き始める)『場所による薬剤の調合について』のように使用部位によって整理されたりしている。ガレノスは各処方について自身の経験を踏まえた詳細な注釈を施し、ときには治療した患者の話やわざわざ行なった実験の結果も記している。『類による薬剤の調合について』では傷ついた剣闘士に用いた膏薬の処方を示す際に、怪我の治療中に亡くなった数少ない剣闘士たちについて記し、またペルガモンや他の都市の医師に「効能を使って確かめられるように」自分の処方を教えたと書いている(『類による薬剤の調合について』3.2, 13.599–603K)。医学が競争が激しく多くの知識が秘匿されていた時代において、これが非利己的なふるまいであることは我々にもよくわかる。別の『嗅覚器について』という著作では、鼻薬を使った実験について記している。おそらくはガレノスの患者だったある人物が、慢性の副鼻腔炎の治療のために「メランティオン」(おそらく現代のニゲッラ・サティヴァ(ブラック・クミン))を混ぜた薬を鼻から吸い込むのを試してみた。効き目はあったが四日目にひどい頭痛が起きたことからガレノスは薬が脳室に影響を与えたと結論した。頭痛は治まり、ガレノスはこの見込みの高い薬を家内の使用人で実験した。「あるものはまったく痛みを感じず、あるものはぼんやりと感じ、あるものは頭の深いところに明確に感じた」（『嗅覚器について』4, 2.868–69K）。

ヒトを実験対象としたことの倫理的問題はともかく、ここで重要なのは、ガレノスの薬学の著作が自身の経験と他人の経験を反映させることを意図していた点である。「私は友人がこのような薬を求めてきたときには、書いたものも渡した。彼らが試してくれた薬は効きめを保証しているようである」（『類による薬剤の調合について』1.18, 13.453K）。大火で灰になった『類による薬剤の調合について』の最初の版を、ガレノスは「薬の調合について非常に正確に記した手引きであり、私の薬のうちのもっとも有名なものを自分がどう調合したのかをその中で思い起こした」と説明している（『苦痛の回避』37）。

日々の診療では、薬と処方が大火で失われたことが残念に感じられた（『苦痛の回避』12）。ガレノス自身が収集した書籍や編集した書籍など、多数の貴重書も失った。ガレノスはその当時のローマにある書庫を綿密に調べ、古代の著作の公式目録に載っていない、世界中で未知の存在だった真作や、誤って別の著者のものとされていた著作も発見した。そのなかには、弟子のテオフラストスの著作と誤って伝えられていたアリストテレスの真作らしいものも含まれていた(10)。大火はこの貴重な発見も、ガレノスが持っていたそれらの一部しかない写しも焼いてしまった。さらに、ガレノスは熱心に編集と考証を行ない、自身の編集した多くの古代の著作も倉庫に保管していた。ガレノスはテオフラストス、アリストテレス、ロードスのエウデモス、クレイトス、エレススのファイニアス、クリュシッポスといった哲学者の名とともに「古代のすべての医師」の名を挙げている（『苦痛の回避』15）。

大げさに言いすぎるべきではないが、ガレノスは自身の著作の多くも失い、打ちのめされた。すでに述べたようにいったん書き上げた『類による薬剤の調合について』（『類による薬剤の調合について』1.1, 13.362–63K）と『解剖指南』の十二巻から十五巻（『解剖指南』11.12, 135 Simon）を失った。また、古代のアテネの著作者の言葉を収集した膨大な辞書の後半部分も失った。驚くことに、残された前半の散文作家に関する部分だけでも四十八巻あった。失われた部分は喜劇作家に関する部分で、常套句の運用力に関して喜劇役者を賞賛していたガレノスにとっては、より価値があるものだっただろう。[11]

ガレノスはすべてを挙げてはいないが、以上が大火で原文を失くした主要な著作である。ローマで頭角を現したころの自伝的著作である『予後判断について』は失われてしまったとガレノスは考えていたようだ。というのも、初期の著作では数か所で言及されているにもかかわらず、著作目録『自著について』と『自著の順序について』には含まれていないからである。[12] 多くのガレノスの著作は大火以降に他の理由で消えていった。知られている著作の半数以上が現存しない。十五巻の長大な哲学書『証明について』は九世紀にはすでにギリシア語で一部がなくなっていた。また、大火を生きのびたアッティカ方言の辞書四十八巻や『自著について』に挙げられた数十の著作も同様である。[13] だが、大半の著作は大火の後も残っていた。これは、ガレノスが著作の多くを回覧させていたからである。ガレノスは著作を友人たちに宛てて書き、その写しを与えていた。特定の個人向けの書き物が意図を超えて広まってしまうことに不快を表明してもいるが、そうした著作とより広く公表するための著作とを明確に区別してはいない。広まり方はどちらも同じで、ガレノスが友人、学生、支持者、その他求めてきた人々のために作った写しから、別の写しが作られていったのだろう。語られてはいないが、写しがローマの公共図書館に行き着いたこともあるだろう。二つ以上の版が出回っていたものもある。ガレノスが訂正して新たな版が出た後も、友人や学生に渡された初期の版はその命脈を保っていた。余白に修正が書き込まれた草稿も著者のあずかり知らぬところで回覧されていただろう。[14]

剽窃や捏造も問題だった。盗まれた本が他人の名前で出版される場合もあれば、捏造された本が価値を高めるために有名な著作家の名をかぶせられる場合もあった。すでに述べた有名な逸話にあるように、ガレノスはサンダリアリオンという「ローマのほとんどの書籍商」がいる地区で、ある人が購入したばかりの『医師』という書籍が誰の作か議論が起きているのを耳にした。購入した人は、ガレノスの名前が書かれていることからガレノスの著作だと考えた。しかし、傍にいた人は題扉の部分には気づかないまま中身をたずね、最初の二行を聴いただけで盗作だと断言した。ガレノスはこの見知らぬ客が自分の著作に精通していることに喜んだのは間違いなく、このことに関連づけて、古くからのギリシアの教育の利点について教訓話を始める。ガレノスは、この見知らぬ客はそのような教育を受けていたと想像したが、当時の医学や哲学を学んでいるふりをしている人の大部分は、あいにくそうではないと見なしていた。この捏造された著作は現存し、一般には『導入あるいは医師』という表題でルネサンス期にガレノスの名前が冠されて流布していたが、ガレノスの著作ではない[15]。

もし友人が写しを持っていれば失われた著作を再現できただろう（『自著について』14, 19.41K）。だからガレノスは、『類による薬剤の調合について』の最初の二巻をなくしてしまった友人たちに苛立ったのである。ボエトゥスも『解剖指南』の元の短い版の原本を持ったまま亡くなってしまい、ガレノスの手元の写しも、いつかはわからないが一九二年の大火より前の災難によって失われていた。ボエトゥスの原本は残っていたようだが、亡くなったのがパレスチナだったためガレノスは入手できず、著作を書き直さなければならなかった（『解剖指南』1.1, 2.215K）。ガレノスは著作の写しを複数の場所で保管しようと努めていたが、これは現在のリモートストレージによるバックアップに似たやり方である。通常は著作を書き上げたときに二部作っておき、カンパニアの自宅に一部を保管し、もう一部をペルガモン在住の友人たちの求めに応えて、ペルガモンの公共図書館に寄付していた。実際、火事が二か月後に起きていたら、すべての著作の写しがカンパニアとペルガモンに安全に保管されていたことだろうと記している。火事が起きたのは、著作の最新の写しを一式送る前に倉庫に入れている間のことだったのである

（『苦痛の回避』20–22）。ところで、大火による悲劇のひとつとして「私の手による、古代の諸著作」が破壊されたと書いているとはいえ、そのような写しをすべてガレノス自身で作っていたと考えるべきではない（『苦痛の回避』6）。多額の費用をかけて、速記の訓練を受けた奴隷の速記者集団と腕の良い写字生を雇っていたのだ。そして、お金を別のことにかけるのを好む人々を物質主義だと批判している（『霊魂が受けるダメージを知り、治療することについて』9, 5.48–49K）。友人のテウトラスとボエトゥスが、おそらく家内奴隷である二人の速記者を連れて来て、ガレノスが行なった講義を書き起こしたと二か所で記している[16]。ガレノスも写字生を雇って使っていたのは明らかで、ローマの図書館から入手した貴重書の写しが原本と一緒に燃えてしまい、多額の費用をかけて作らせた写しだったのにと不平を記している（『苦痛の回避』19）。

悲しみに対抗する手段としてガレノスが利用できたのは、自らの人生すべてを捧げた、ギリシア哲学の倫理的原理だった。ガレノスは若いころに『ヒポクラテスとプラトンの教説について』という霊魂に焦点を当てた長大な論考を書いていた。晩年のガレノスは同じ主題に戻り、やや違った点を強調した多数の短い論考を書いた。そのなかには『霊魂の諸性向は身体の混合に左右されること』という興味深いものや『霊魂が受けるダメージを知り、治療することについて』、そしてすでに言及した『苦痛の回避』が含まれる。『自著について』の中で倫理哲学への貢献としてガレノスが挙げている他の著作は、残っていてほしいと思わずにはおれないものも含め、すべて失われている。『性格について』（『倫理について』とも伝えられる）という四巻の著作は、アラビア語訳の要約のみが残されている。『中傷について』という著作は「私自身の生涯についても扱われている」と説明があるが、これも現存しない（『自著について』15, 19.46K）[17]。すでに述べたように、『苦痛の回避』は一九二年の大火が直接のきっかけとなって書かれ、『霊魂が受けるダメージを知り、治療することについて』も密接な関連があるようで、両者はほぼ同じころに執筆されたのかもしれない。『性格について』も同じころの論考のようであり、大火以降に倫理という分野がガレノスの心を占めるようになったことのさらなる印となっている[18]。

『苦痛の回避』とそれに対応する『霊魂が受けるダメージを知り、治療することについて』の章で、ガレノスは対話相手からの「ルペ」（不安や悲嘆）の感情をあなたが表に出すのを見たことがないが、そのようなことはありえるのか、という問いに回答している。両著作では質問者が異なり、『苦痛の回避』はローマの外から手紙で質問してきた同郷の人物宛てに書かれた（『苦痛の回避』1c）。他方、『霊魂が受けるダメージを知り、治療することについて』でのガレノスの対話者も、明らかにペルガモン人だが（『霊魂が受けるダメージを知り、治療することについて』7,1.46K）、身近にいる人物だった。

私の親しい知り合いの若者のひとりは、些事に動転するようになったことを否定していたが、のちにそのことに気がついた。夜明けごろに私のもとを訪れ、この問題のせいでひと晩中眠れなかったと言った。そしてしばらくすると、彼が些事に動転したようには、大きなことに対しても私が動転したことがなかったことを思い出した。

（『霊魂が受けるダメージを知り、治療することについて』7,5.37K）

つまり、対話者のどちらかもしくは両方が架空の存在でないならば（その可能性も十分にある）、複数人の友人がガレノスの並外れた立ち直りの早さに驚き、それについて尋ねたことになる。ガレノスは特に大火という大災害への対応を誇っているように見える。ガレノスは、大火がきっかけとなって悲嘆で亡くなった人々を知っていた。『ヒポクラテス「伝染病第六巻」注解』では、「平和の神殿を焼いたローマの大火で……本が燃えてしまった」カッリストゥスという文法家の例を挙げている。カッリストゥスは不眠に陥り、それから高熱を発し、やせ衰えて亡くなってしまった。同じ一節で、ガレノスは不安や絶望による別の場合も記している。[19] このカッリストゥスは、『苦痛の回避』に登場する「消沈と悲嘆で消耗して」亡くなったフィリデスという文法家と同一人物かもしれないが、そうでない可能性もある（『苦痛の回避』7）。大火の後に書き直された『類による薬剤の調合について』では、同じように治療薬を失って心痛で亡くなった医師がいると述べている。また、絶望のあまり診療をやめてしまった別の医師についての記載もある（『類による薬剤の調合について』2.1, 13.458–59K）。大火は、ほとんどの家人を奪った疫病以上に、ほとんど耐えがたい災害だとガレノスは考えた（『苦痛の回避』1–2）。

ガレノスによれば、すべての人が生まれつき大きな徳を持ちうるわけではない。このことは子供時代の性格の違いの観察からきわめて明白なことだとガレノスは考えていた。慎しみ深く寛大な人もいれば、貪欲で、暴力的で、利己的な人もいる。我々の理性的霊魂は善と美を普遍的に選好するとしても、感情や欲望に関しては、この霊魂の強さや弱さは人によって大きく異なっている。怒り、不安、悲嘆などの感情や、情欲、強欲、大食などの欲望がせめぎ合って、我々に影響を与えている。ガレノスが子供時代もおそらく青年時代も、自身が受け継いだ霊魂の性質について疑問に感じるのも当然だった。すでに述べたように、両親の性格は実に対照的だったからである（第1章を参照）。しかし、もちろん父の性質のほうを好み、常にそれに倣おうとしていた、と記している。[20]

さらに、性格には生まれつきのどうしようのないものもあれば、訓練次第のものもある。哲学あるいは幾何学や天文学などの科学の教育は、理性的霊魂を強化する。また俯瞰的に眺める感覚を耐えず努力して保たなければならない。欲求や肝臓の植物的霊魂（動物と植物の双方が同じ性質をもつことから名付けられた）の目的は、身体を生かし続け、繁殖させることである。それ以外に、食物や住処といった必需品が満たされれば、欲求が産み出すのは、欲求を満たせなかったときや得ていたものを失ったときの悲嘆と絶望だけである。ガレノスは基本的な必要を満たせれば十分だと常々自分に言い聞かせ、「常に心にあったのは、自足という考えである」と記している。哲学者であるキュレネのアリスティッポスは、故郷に所有していた四つの地所のひとつを失って、仲間の市民のひとりが同情を示すと、笑いながら、あなたよりもまだはるかにたくさん所有しているというのに、なぜ哀れみを感じるのか、と尋ねた。アリスティッポスはその対話相手に「おそらく、私のほうがあなたに申し訳ないと感じるべきなのだ」と言った。ガレノスの時代には有名で、いろいろな著作家が引用していた、エウリピデスの失われた悲劇『テセウス』における英雄の助言に従い、ガレノスは毎日、起こりうる最悪の災難である、身体的苦痛、流浪、早世について黙想にふけっていた。

私は常に災難を心に留め、
故国からの流浪、早世、その他の悪いことを思い浮かべ、
そのため、いつか想像していたことのどれかに見舞われたとしても、
新たなもののほどには私の霊魂を悩まさないだろう。(21)

ガレノスが勧めるのは、同世代のなかでも年長で、容赦なく正直な友人に道徳的な誤りを常に正してもらい、良い習慣が身につくまで、感情や欲求を抑制しそこねた際に指摘してもらうことだった。ガレノスによれば、我々には自身の過ちがわからないが、他人の過ちなら見える。これはまさしく現代の心理学者が自己奉仕バイアスと呼ぶものである。自身についてそのような助言者のことを述べている箇所はないため、この方法をガレノス自身が実行したのかどうかはわからないが、このような友人は、ガレノスが同じく勧めていた、自分の態度を自己監視することより効果的な、唯一の手段である。ガレノス

は、怒りの不快さを心に常に留め、食べ物、酒、性行為に耽溺するという過ちを常に戒めて、感情の奴隷とならずに自己抑制に努めるほうがどれだけ良いことか、と考えることから毎日を始めるように勧めている。この種のことを行なっていけば、何年もたつうちにゆるやかに改善が見られるから、変化がすぐに起こらなくとも落胆してはならない、と。最後に、『霊魂の諸性向は身体の混合に左右されること』といういっぷう変わった論考で、ガレノスは霊魂の特質が霊魂を内包する身体そのものの基本的性質（熱、冷、乾、湿）に依存し、特質からくる欠点は適切な食生活で改善されるものもあると説いている。この見解では、悪しき特質の持ち主が自身の欠点に責任があるのかという疑問が生じる。人によっては、生まれつき徳を持ち得ないような混合〔による気質〕になるからである。しかし、だからといって、悪徳のために罰せられ、死刑にされるべきではない、とはガレノスは言っていない[22]。

ガレノスの倫理的な考えは独自のものではなく、ストア主義などの学説を批判していても、ストア主義、エピクロス主義、プラトン、アリストテレス、およびその信奉者たちから自由に借用している。つまり、感情と行動の統制に関して、当時の文化の常識的な分別を活用していた。道徳性の向上のためのこの助言はきわめて妥当なものだった。心理学者によれば、日々自制することでしだいに自制力が増し、そのためには我々自身の感情と態度を観察することが重要であり、「感謝の姿勢」が絶望に対する有益な予防手段なのである。ガレノスの治療は（ある種の思考を避けて、別の思考を強化する）精神的なものと（望ましい行動が習慣化するまで、ある行動、特に怒りの反応を監視して正す）行動的なものがあった。しばしば今日の科学者は、現代の認知行動療法は古代の倫理哲学、とりわけストア主義に負うところがある、あるいは少なくとも類似があると考える。もっとも、同様の原理はガレノスも参照したその他の学統にも見られる。『霊魂の諸性向は身体の混合に左右されること』における、食生活から倫理への働きかけも、理解や精神疾患を化学的不均衡とみなす現代の栄養学の考えと相容れないものではない。もっとも、ガレノスはこの論考で特別な助言をしているわけではなく、ガレノスの洞察を過度に持ち上げるつもりはない[23]。

一九二年の大火が原因で、悲嘆はガレノスの著作の中で特別な問題となったが、ヘレニズム・ローマ時代の倫理における主要な問題は怒りと暴力の統制であり、これもガレノスの著作によく見られる。同時代には奴隷に対する怒りを扱う話題が多く、おそらく、哲学を学び、哲学書を書く貴族階層にとって倫理的難問だったことを反映している。旅の荷物を忘れたことに激怒して二人の奴隷を殺しかけたクレタ人の一件に強い印象を受け、何度も繰り返し書き記しているのがいい例である。ガレノス自身も奴隷の所有者だった。自身の逸話で家内の使用人と速記者について語っており、特に明言されていなくとも、多くの話で奴隷の存在がうかがわれる。ガレノスは奴隷のことを単数の代名詞を用いて「私のもの」と呼ぶことが多い[24]。すでに述べたように、鼻薬を家内の使用人で試し、大疫病で多くの家内奴隷を失っている。

第1章で見たように、特に怒りにまかせて奴隷を殴るのは絶対にいけないとガレノスは論じた。その代わりとして、分別が戻るまで罰することを差し控え、可能なら叩かずに教え諭すように勧めている。同様の議論はセネカの『怒りについて』でもなされ、奴隷を怒りにまかせて罰したり、殴ったりしてはならないという考えは、哲学でよく見られるものだった。ガレノスは、プラトンが自身の奴隷をそう扱っていたと伝えている。ガレノス自身は奴隷を殴ったとは決して言っていないが、このような議論やクレタ人の件のような他人の話が暗に示す、日常習慣化した暴力のひどさには、当惑させられ、衝撃さえ受ける。奴隷の歯を殴って手に傷を負い、のちに炎症を起こすことが多かった父の友人たちも、ガレノスは非難している。第1章で引用した母についての有名な一文では、母親がかっとなりやすく、奴隷を噛んでいた様子を記している。別の論考では、奴隷を殴って指を傷めた主人を扱っている。葦ペンで奴隷の目を突いた男を見たとも述べており、ハドリアヌス帝がそのようなことをしていたらしい。ガレノス自身はこれらの野蛮な行為を非難しているが、奴隷への肉体的な罰自体には反対せず、他の箇所では、ほぼすべての古代の著作家がしているように、奴隷への暴力を日常的なありふれたものとして受け入れている。『ヒポクラテスとプラトンの教説について』では、一般論として、火をつけたり鞭で打ったりする恐ろしい罰が、当時も奴隷に対して与えられていたと述べている。奴隷たちは（逃亡者の場合は脚、というように）四肢を傷めつけられたが、このようなことを不快だと見なさず、制度内の当然の報いと評価しているようである。(25)

ガレノスは奴隷の治療をしており、たいていは（常にではないが）奴隷の主人の求めによってだった。すでに述べたように農民の治療もしていたし、医師として活動し始めた時期を、身分不詳の、社会的地位が高くはなかった剣闘士を治療する医師として過ごした。古代の文化における奴隷の通常の役割とは異なる面や、それを変えようとしている面がガレノスにうかがえるのは、奴隷所有者としての倫理ではなく、奴隷の患者との関係である。ガレノスが奴隷の患者に自由市民の患者と違う治療をしていたとは示しづらい一方、両者が同じ扱いだったと示すのは簡単である。つまり、どちらにも必要なら一日に何度も訪ねてくるように言い、心臓を露出させるほどの手術を行なって助けたマルルスの奴隷の場合のように、常に最善を尽くし、ときには思い切った治療もした。たいていの場合、ガレノスは患者の社会的地位には触れていない。なぜならガレノスのプロフェッショナルとしての自己像は、症例の難しさ、ライバルへの侮辱、用いる技術、達成した成果など、患者の地位とは無関係な要素に基づいていたからである。(26)

他の医師には見られる地位の低い患者に対する恩着せがましさが、ガレノスには驚くほど欠けているのは、医療倫理に対する人道主義的な考え方というより、むしろこうした要素こそが理由かもしれない。そのような人道主義の徴がまったくないわけではない。ガレノスは、ヒポクラテス自身が貧しい人を治療しなかったということがあろうか、と述べ、治療代を受け取らず、ときには患者が持っていない食糧や薬や使用人などの必需品を提供した。ガレノスがあからさまに軽蔑を示した唯一の患者は、裕福な「薬好き」の愚か者で、娯楽として自分の奴隷を治療したあげく未熟さのために傷を悪化させてしまい、高価な臭いのきつい成分の薬を求め、ガレノスが禁じていた治療薬を呑んだと嘘をついていた。(27)

ガレノスは、自身の人格は想像しうる最大の不幸の試練を受けていないと認めている。ガレノスにとっての最大の不幸とは、所有物のすべてを失い、生きていくのに必要なものも残らないことだろう。あるいは公的に弾劾されたり追放されたりして地位を完全に失うことや、おそらくは故郷の滅亡あるいは暴君に友人を支配されてしまうことも不幸だと考えていた(これを自然な理由で友人を失うよりもはるかに恐ろしいことだと考えていたようである)。また、健康のために祈りを捧げ、実際に怪我を経験するより、自身の精神を鍛えるために恐ろしい怪我を負う想像をすることのほうを好んだ。晩年のこの時期に、ガレノスは自分の不屈さの限界がどれほどか具体的に検討していた。「飢えと寒さと渇きを避けられるだけの物さえ残るなら、お金をすべて失おうとどうでもよい……また、友人と会話ができて、私に本を読んでくれている人の言葉をきちんと聞ける限りは、痛みも取るに足りない」。柄にもない謙遜を示して、ガレノスは身に降りかかるすべての事件に耐える己の能力を疑い、衰える健康と死という避けがたい試練も予感していたようである。ゼウスに祈りを捧げたが、ストア主義のムソニウス・ルフスがしたように、神が望むならばいかなる境遇でも与えてくれるよう祈ったのではない。むしろ、耐えられないような境遇を与えないように祈っていた。(28) 苦痛が我慢できる限界を超えたら自殺するつもりだったかもしれないが、実際にそうしたのかまではわからない。

老年は重大な影響を及ぼした。(29) 一九三年から二一一年に在位したセプティミウス・セウェルス以降の皇帝の名を、ガレノスが言及していないことは確かである。また一九二年の大火以降は、(『テリアカについて、ピソのために』が真作であるならば)二〇四年の世紀祭以外の特定の出来事についての言及もない。十世紀のギリシア語の百科事典『スーダ』のガレノスの項目には、七十歳まで生きたと記録されている。西洋の学者はこの記述を長らく信じていた。一方で、大火の後に書かれたはずの膨大な著作がたったの六年間で仕上げられたとは理解しがたいことにも気づいていた。これらの著作には、薬の調合についての長大な二つの論考だけでなく、診断についての主著である『罹患した部位について』、(失われた著作全体を再度書くことはなかったが)喜劇作家によるアッティカ方言の用法についての辞書、『解剖指南』の最後の四巻、『単体薬の混合と諸力について』の最後の三巻、『治療法について』の後半七巻、二巻の『解毒剤について』、先に挙げた倫理に関する三つの論考、『医術』、二つの書誌に関する論考、『自説について』、その他の小規模な著作が含まれる。

ガレノスが七十歳をはるかに超える長寿だったという多くの証言が残っている。昔からのライバル、アフロディシアスのアレクサンドロスは『自説について』をからかって、ガレノスは自身が何も知らないことを八十年かかって気がついた、と言っている。ビザンツの歴史家は、二〇九年に統治を開始したカラカラ帝の時代にもガレノスは存命だったと記録している。アラビア語の文献は、八十七歳で亡くなったということで意見が一致している(例外の二つの文献は、その一、二年後のエラガバルスの時代に亡くなったとしている)。『スーダ』の著者は、ガレノスの職歴が子供時代と教育を受け始めた十七年間ののち七十年間続いた、という伝承を誤解していた。アラビア語の言い伝えが正しいなら、ガレノスは大火の後、さらに二十三年間生き、二一六年か二一七年に亡くなった。

ガレノスの亡くなった場所はわからない。アラビア語の文献(およびペルシア語の文献一点)には墓の場所についての言及があるが、その証言は事実というよりは伝説に基づいているようである。そのひとつによれば、ガレノスはアヘンの特性を研究しようと上エジプトの都市リコポリス（アシュート）に行き、そこから故郷のペルガモンに戻ろうとしたが、途中で亡くなった、とされている。亡くなったのはナイル・デルタの東のペルシウムで、その文献によれば、そこに墓があるという。別の文献では、歴史上の事実とつじつまが合わないが、ガレノスはイエスの奇跡を耳にして、イエスの弟子たちに会おうとローマを発ってパレスチナに向かったと記されている。だが旅の途上シチリアのパレルモで亡くなり、そこに墓所があるというのだ。

年をとるにつれ、ガレノスは自身の著作という遺産の行く末を考えるようになった。『自説について』は、おそらくガレノスの最後の著作で、執筆年は特定できないが、『自著について』よりも後に書かれ、他のどの著作でも言及されていない。この『自説について』の中で、生得熱と心臓、栄養と肝臓、体液、混合、人生の諸段階、薬の効能、神経系、胎児、創造、特に霊魂についての見解を要約し、これらすべてを一冊の著作にまとめた。生涯をかけて表明した諸説が正しいことを示し、それが自分の説であると証明するためだった。ある本が偽って自分の著作だとされているのを耳にした、というガレノスの体験談から始まる『自著について』と同様に、『自説について』は権威についての逸話から始まる。紀元前一世紀の詩人ニカイアのパルテニオスが旅行中に、二人の教師が自分の詩の意味について論じているところに出くわした、という話である。パルテニオスは議論を仲裁しようと、最初は詩人本人が正しい意味を説明しているのを聴いたと主張したが、二人は信じようとしなかった。パルテニオスは議論に失敗したのを嘆き、取り巻きの人たちに彼がその詩の作者だと証言させ、やっと信じてもらえた（『自説について』1, 172 Boudon-Millot and Pietrobelli）[30]。

こうした問題が起こるのをガレノスは未然に防ごうとしていたのであり、死後に、ガレノスの著作だと証明したり贋作による不正だと明らかにしたりする人が誰もいなくなるのを、見越していたことは疑いない。『自説について』および一九二年の大火と『自説について』の間に書かれた『自著について』は、中で言及されている歴史的出来事で最も新しいのは一九三年のペルティナクスの統治のことだが、どちらも晩年の、遅ければ二一〇年ごろに書かれた可能性が高い。この両書の存在は、こうした心配をガレノスが抱いていたことを示唆している。[31] 別の論考では次のように述べている。

ある人は教えを受け継ぐ人がおらず、またある人は生前著作を公表しなかったので、亡くなると一、二部残っていた写しが散逸してしまった。そのために、彼らは蔑まれ、著作が無視されてやがて完全になくなってしまいかねない。そして、ときには嫉妬した人が隠してしまうか、古い著者の本を消し去ってしまうことさえある。書かれていることを自分のしたことにしてしまう人も同じことだ……他のすべての要因はさておき、最近ローマで起こった二つのことだけは言っておこう。神殿はしばしば火事にあい、地震やその他の理由で崩壊するのだ。それらが私の書籍が失われた原因になっている。

（『ヒポクラテス「人間の本性について」注解』1.1, 15.23–24K）

背景には、ガレノス自身が『ヒポクラテス集成』を長らく綿密に研究し、その文体・言語・写本の伝承・学説に基づいて、伝説の医師の真作かどうかを同定し、そして、金銭目的や無能な写字生と注釈者による数世代にわたる誤りを正していた事情がある。[32] しかし、この引用箇所では、自身の知的先駆者のことも思い起こしているようである。クィントゥスはほとんど著作を出さず、ペロプスとヘラクリアノスは、ペロプスの師でありヘラクリアノスの父でもあるヌミシアノスの著作を隠した。ペロプスとヌミシアノスの著作は最後は火事で失われた。ガレノスの「しばしば神殿は火事にあい」という言葉は、一九二年の大火のことを考えていたに違いなく、この引用箇所と著作はこの年かそれ以降に書かれたことを示している。このように、大火と加齢はガレノスが自身の残すもののはかなさに思いをめぐらせるきっかけとなった。

ガレノスが著作のテキストを統制できるわけはなく、不完全に伝わることが運命づけられていた。存命中でさえも、いくつかの著作で複数の版が出回っていることに不満を感じていた。ある版は訂正される前のもので、また別の版は自作と偽って流通させた著者の手で変更が加えられていた。しかし、ガレノスはのちの世代の人が自分の真作を区別できるように最高の手がかりを残した。『自著について』はガレノスの真作の書名目録であり、現代の研究者がガレノスの著作を理解し、偽作を同定する際の助けとなっている。『自説について』のほうは前述のように、造物主や霊魂の実体についての問題を含む、さまざまな医学の問題についての、ガレノスの真の見解への手引きである。ガレノスはこれらの見解を完全に首尾一貫した不変のものとして提示した（唯一の例外は、胎児の諸部分が形成される順序が完全に正確でなかったことで、見解は序々に発展していった）[33]。最後に、『自著について』とほぼ同じ時期に書かれた『自著の順序について』は、勤勉な学生や愛好家がガレノスの著作を読むべき正しい手順を記している。同様のもっと短いものが、ほぼ同時期の論考『医術』の末尾にある読書案内のリストだ。『自著について』、『自著の順序について』および『自説について』は独特の著作である。このようにして自身の残すものを保証する試みは、他の古代の著作家には見られない。しかし、まさにそれがガレノスのめざしたことだった[34]。

ガレノスは、その当時大きな価値のある著作が多数すでに失われてしまっていることを知っていた。「アテネの人々の間にも、その劇がもはや残っていない有名な喜劇作家や悲劇作家がいる」（『ヒポクラテス「人間の本性について」注解』1.2, 15.24K）。また、すでに述べたように、存命中に起こった逸失も痛切に感じていた。ガレノスの著作も時間の経過による破壊を免れることはなかったが、それでも相当に多くの著作が残ることになった。これはある意味驚くべきことである。ガレノスの心配は正しかったようで、ガレノスの論敵については我々もよく知っている一方、ガレノスの教えをひたむきに受け継いだ生徒についてはついては名前のひとつもわかっていないからだ。

実際、ガレノス以降のギリシア・ローマ医学の伝統については、本当にわずかしかわかっていない。後世の医学の著作家である、オリバシオス、カエリウス・アウレリアヌス、アエギナのパウロスが発表したのは、ガレノスとその先駆者や同時代の医師など、古い世代の著作家の抜粋や翻訳だった。ガレノス以降、特筆すべきものはまったく書かれなかったかのようである。それがなぜなのかはわからない。三世紀中ごろの政治的危機がひとつの要因なのは確かで、この危機によってローマ帝国は根底から揺さぶられ、同時に、まだ続いていた知的生産も急速に減った。四世紀と五世紀に普及したキリスト教は科学に対して、せいぜいどっちつかずの態度しか示さず、医学の没落にひと役買うことになった。ビザンツ時代は、医学は価値あるものであり続け、教育・実践されていたが、実質的には新たな理論や解剖学上の発見はまったくなく、党派間の対立や公の場での激しい論争もなかった——新たなガレノスはいなかったのだ。ガレノスの時代は、医学はまだその命脈を保っていた。ガレノスののち、医学ははっきり好古趣味化し、冷蔵庫のようにガレノスの著作を保管していたが、その著作を生み出した論争や競争や示説という活動的な背景を持たなかった。このような背景がないために、著作の意味は大きく低下したのである[35]。

終章　西と東――ガレノスと二人の信奉者

ガレノスは、ヒポクラテスがそうだったように、伝説の人物となった。ヒポクラテスの生徒だったとか、イエス・キリストと同時代人だったとか、福音記者ルカの先生あるいは甥だったとか、エジプト最後の女王クレオパトラから婦人科の秘儀を教わったとか、時代的にありえない馬鹿げた作り話がまとわりついた。残された著作は、そのような話がありえないことを示していたが、そんなことは問題にならなかった。ガレノスは、ギリシア、シリア、アラブにおいて医学の英雄となり、のちにはラテン語の学問や西欧の学芸の偉人ともなった。ガレノスは、アスクレピオスやヒポクラテスの役回りとしてよく言われるような開祖ではなく、最大の模範だった。アレクサンドリアが陥落する数十年前の六世紀末に、その当時も地中海世界で医学教育の最高の中心都市にいたアレクサンドリアのヨハネスは、アラブ人に対してガレノスのことを「医師の封印」と呼んだ。ガレノスを頂点として医学の歴史は終わったとみなす比喩である。ヨハネスによる、アスクレピオスから始まってガレノスに終わる八人の偉大な医師を並べる図式は、アラブの伝統として受け継がれていった。ガレノス本人の人生について知られている出来事の間を埋めようと、初期のアラブの伝説は、さまざまな形で（使徒パウロの母親とされる）妹がいたとか性行為のお手本を書いたと語っているが、妻や愛人や子供たちに関する話題はなかったらしい。(1)

ガレノスの著作に起こったことの物語は、おもにビザンツ、西欧、イスラム医学についての数世紀にわたる話となるが、そのすべてを順を追って話すにはあまりにも長い。一九七三年に初版が出版されたオゥセイ・テムキンによる『ガレノス主義――医学哲学の勃興と滅亡』は、今もなおこの物語を最も明晰で魅惑的に語ってくれる名著である。(2) ここでは三つの逸話だけを紹介することにしよう。

ローマ時代のエジプトのごみの山から集められ、苦心して文字に起こされて出版された数千ものパピルスの断片のうち、八片がガレノスの著作の断片である。そのうち二片は、ガレノスの現存する最重要の哲学的著作である『ヒポクラテスとプラトンの教説について』の同じ手写本からの断片で、ガレノスの生前にほど近い三世紀前半にさかのぼる。つまり、ガレノスの没後間もなく、ガレノスの著作の写本がエジプトで作られ、現代まで痕跡が残るほど十分な数があったことになる。他の古いパピルスは三、四世紀のもので、ヒポクラテスの『栄養について』に対する失われた注釈書の断片である。四、五世紀の断片は『自然の機能について』のもの、時代の新しいパピルスの多くはガレノスの薬学書の一部を伝えている。パピルスは中エジプトに位置するヘルモポリス・マグナ、アンティノオポリス、およびナイル側の西のモエリス湖近くのファイユームから見つかっている。ファイユームは、古代都市クロコディロポリスがあったところであり、アルシノエとも呼ばれた。『ヒポクラテス集成』や(無名の者も含む)その他数名の医学著作家による書籍などの残されたパピルスは、おそらく診療を行なっていた医師のつつましい蔵書や所蔵品だった。その医師は書籍を大切に保存し、手に入れるにも大変な努力をしたことだろう。(3) アレクサンドリア近郊からほとんどパピルスが見つかっていないのは、こちらの気候のほうが湿度が高く、また古代以降も人口が過密だったためである。それでもガレノスの著作は、この伝説の都市に医学を学びに来たガレノス自身のような人々に確かに読まれていた。このことはアラビア語の文献から知られている。

ガレノスの著作は死後何世紀にもわたって多くの著名な翻訳者が翻訳したが、最も影響力ある優れた翻訳者はおそらく、九世紀に活躍したバグダードのネストリウス派のキリスト教徒フナイン・イブン・イスハークである。(4) のちにヨーロッパでは、アラビア語版からラテン語訳が作られた際にヨハンニティウスの名で知られるようになった。青年フナインは偉大なるユーハンナ・イブン・マーサワイヒに医学を学ぶためにバグダードにやってきたが、すぐにひっきりなしに質問して師を困らせた。拒絶されて動揺したフナインはバグダードを離れてビザンツ帝国へ行き、アレクサンドリアでギリシア語を学んだ（母語のシリア語とアラビア語のほかにペルシア語も習得した）。フナインはアッバース朝の首都バグダードへ戻り、医学学習を終え、残りの人生の大半をバグダードで過ごした。フナインはギリシアの科学をアラビア世界にもたらすのに大きく貢献した。最初は、ギリシア哲学の熱心な信奉者として写本を収集したカリフで、夢でアリストテレスと議論したとも言われるアル・マアムーンのもとで活動した。伝説では、アル・マアムーンは翻訳書に同じ重さの金を支払ったとされている。のちに、フナインはカリフのアル・ムタワッキルに仕え、致死性の毒薬の調合を要求されたが拒み、二度投獄された。自分が医学を学び治療を行なっているのは人を救うためであって、傷つけるためではないというのである。

イスタンブールには、『知っている限りすべてガレノスの著作のうち、訳されたものおよび訳されていないものいくつかについての、フナイン・イブン・イスハークからアリ・イブン・ヤヒヤへの書状』と呼ばれる書状が二部残っている。これはフナインが四十八歳の八五五—五六年に書かれたものと、フナイン自身によって八六三—六四年に改訂されたもので、著者の死後にもう一度改訂しており、おそらく受取人のアリ・イブン・ヤヒヤによる。ヤヒヤはカリフのアル・ムタワッキルの書記で友人でもあり、ビザンツ帝国との戦争では司令官を務めた。おそらくフナインの後援者としては最も強力だったアリ・イブン・ヤヒヤは知性に富み、科学を愛好した人物で、ガレノスの友人で後援者でもあったボエトゥスに相当する存在である。しかし、ガレノスと同様に、フナインには著作を提供する相手としての友人や後援者が多数おり、なかにはイスラム教徒の著名な役人やキリスト教徒の同僚や友人も含まれていた。フナインはキリスト教徒のためにはシリア語で、イスラム教徒のためにはアラビア語で訳した。

フナインは一二九作のガレノスの著作を把握していて、そのほとんどのアラビア語訳、シリア語訳、あるいは両方の新訳を出した。最初にガレノスの著作を訳したのは十代のときで、『熱病の種類について』と『自然の機能について』のシリア語訳だった。ガレノスの治療法に関する最高傑作『治療法について』の訳は、せっかくの労作がバグダードに船で送られている間に火事で失われてしまい、のちに別のより優れたギリシア語写本を入手して訳し直している。

フナインは熱心にガレノスの著作を集め、中東のあらゆる大都市で探し求めた。『証明について』は、アレクサンドリアをはじめとして「(メソポタミア)、シリア、パレスチナ、エジプト」の図書館を探したが、完全なギリシア語の写本を見つけることはできなかったと不平を述べているが、ダマスクスで全体の約半分にあたる写本を見つけた[5]。フナインは並外れて厳密な学者であり、綿密な翻訳を行なっただけでなく、入手可能な写本すべてに基づいてギリシア語原本の校訂版も作った。ガレノスによる解剖学やその他の専門用語の多くは、対応するアラビア語の用語を作り出す必要があり、フナインの用語が規範となった。おそらくはアル・ムタワッキルとの衝突中に、「大人になってから旅したあらゆる土地でこつこつ集めてきたすべて」の蔵書を没収されて、フナインの活動は大きく妨げられた[6]。しかし、ガレノスの著作の九十五書以上をシリア語に翻訳し、三十五作をアラビア語に訳しただけでなく、プラトン、アリストテレス、エウクレイデスをはじめとする他のギリシアの哲学者と科学者の多数の翻訳を作り、自らも百作以上著した。フナイン自身が手がけなかったガレノスの著作の多くは、弟子たち、特に甥でもっとも傑出した生徒フバイシュ・イブン・アル＝ハサンによって翻訳された。多くの翻訳はフナインと生徒の共同作業だった。

多くのガレノスの著作で、フナインは初めての訳者ではなかった。フナインが知っていた著作のほとんどは、すでにシリア語訳やアラビア語訳があり、それもフナインは目録化している。そのうちで最も古いものは六世紀半ばにさかのぼり、アレクサンドリアの医学校でガレノスが特別な位置を占めていたことから作られた。フナインはアレクサンドリアの医学生に読まれていたと思われる二十冊の著作を挙げている。アレクサンドリアには十六著作からなる必修課程があり、それは現代では二十四の独立した著作に相当し、フナインが挙げた二十冊とほぼ重なる。この必修課程についてはのちのアラブの著作家にも広く受け入れられている。現代の研究者は、この必修課程が厳密に正典と呼ばれていたのか、また、フナインが言う[7]「アレクサンドリアの医学校」のような公的な機関があったのかについて議論しているが、これらの著作がアレクサンドリアで好まれ、広く読まれていたことには異議が唱えられていない。フナインが挙げた著作は、『自著について』、『自著の順序について』、『諸学派について、初学者のために』、『医術』、『脈について、初学者のために』、『治療法について、グラウコンのために』、『骨について、初学者のために』、『筋肉の解剖について』、『神経の解剖について』、『ヒポクラテスによる元素について』、『混合について』、『自然の機能について』、『徴候の原因について』、ガレノスの疾病の原因と症状についての五つの論考をひとつにまとめたもの、『罹患した部位について』、ガレノスの脈についての四つの論考をひとつにまとめたもの、『病型について』、『分利について』、『分利の日について』、記念碑的な著作『治療法について』で、のちにフナインは『健康を維持することについて』も加えた。

バグダードにはアレクサンドリアの有名な図書館を模したと思われる、イスラム教世界の知の中心である「知恵の館」があった。また、医学教育はヒポクラテスの著作とガレノスの「十六の著作」を含む、アレクサンドリアの教育課程を模範としていた。これはギリシア・アラビア医学において千年にわたって基本正典として残り、アル・ラーズィ、イブン・シーナー、イブン・ルシュド（それぞれ西洋ではラーゼス、アヴィケンナ、アヴェロエスとして知られる）を代表とする、のちの中世イスラム医学の発展に深く影響を与えた。今日でもギリシア・アラビア的原理に基づく伝統医学は、中東地方の広範囲とインドやパキスタンの一部で実践されている。[8]

西欧ではガレノスの影響はルネサンス期に頂点を迎えるが、それは凋落の始まりでもあった。十六世紀に「ガレノス主義」の最も重要な転機を体現したのは、ブリュッセルのアンドレアス・ヴェサリウス（これはアンドレ・ファン・ヴェゼーレをラテン語化した名前である）その人である。ヴェサリウスは、医学の知的な面をがんじがらめに縛り付けていたものを土台から崩すことに力を注いだ。

長らく西欧の医学は、ガレノス、ヒポクラテス、あるいはガレノスから強く影響を受けたイスラムの医師による、比較的短い、少数のラテン語訳の論考に依存してきた。[9] もっとも、この時期の『ヒポクラテス集成』はほとんどがガレノスの注釈を通じて知られていた。広く流布していた手引きである『アルティケラ』は、ギリシア語の書名（テクネ・イアトリケ）からラテン語で『テグニ』と呼ばれていたガレノス『医術』の翻訳や、フナイン・イブン・イスハークの医学への『導入』（イサゴーゲ）やその他を含むものだった。『アルティケラ』は十六世紀でも人気を保ち続け、多くの印刷版が残っている。しかし、少しずつ他の著作も勤勉な学習者に入手可能になっていた。特に、十四世紀前半以降からは、ニコロ・ダ・レッジョがガレノスの最高傑作『身体諸部分の用途について』を含む数十の論考をギリシア語から直接ラテン語に翻訳したため、入手可能な著作が増えた。十四世紀フランスの外科医ギ・ド・ショーリアックはガレノスの三十一の著作から引用している。[10]

人体解剖は古代ではごく稀にしか行なわれず、ガレノスは一度も経験しなかったが、十四世紀初頭から西欧の大学では通常の教育課程の一部となっていた。解剖されたのはとりわけ非道な犯罪のために処刑された遺体であり、解剖は一種の追加の罰だった。解剖は頻繁には行なわれず、一般には年に一度だけ、受け身で聴講する学生の前で行なわれた。教授は高椅子に腰掛け、書籍を見ながら講義をし、理髪師や外科医が遺体の切開をした。このような状況は以下のアンドレアス・ヴェサリウスの不満から知ることができる。例外もあるが、このようなやり方では新たな発見やガレノスの解剖学の訂正はわずかしかなされなかった。（ちょっとした外科的処置の多くを行なっていた）

十五世紀と十六世紀はルネサンスの人文主義が医学に活気をもたらし、特に文献学とテキスト批判と古代の著作の復活が強く主張された。翻訳者や注釈者の手が入っておらず改竄されていないガレノスの著作の原典が読めれば、解剖やその他の分野の失われた知識の宝を発見できるだろうと学者たちは信じていた。新しいギリシア語テキストが探し求められ、比較がなされた。新たにより信頼できる版が刊行され、新しいラテン語訳も現れた。一五二五年に、ギリシア語の既知のガレノスの著作を網羅した版である（ヴェネツィアの印刷家アルドゥス・マヌティウスによる）アルド版の全集が出版された。アルド版は大型のフォリオ判で五巻からなり、ギリシア語で残っているガレノスの論考の当時知られていたほぼすべてを収めている。突如として、かつてなかった形でガレノスの著作全体が入手可能になった。しかし、多くの医学生はガレノスの完全版を入手する余裕がなく、小さな八つ折り判で数多く作られる、よく知られていた論考を買っていた。

ヴェサリウスは一五一四年にブリュッセルに生まれた[11]。父は神聖ローマ帝国の皇帝マクシミリアンのお付きの薬剤師で、のちにカール五世にも仕え、この奉仕に対する感謝の印としてカール五世に嫡出扱いとされた。おそらくこれが影響して、ヴェサリウスは医学教育を受けて高い地位を求めるようになっていった。ヴェサリウスは最初にパリで、次にルーヴェンで医学を学んだ。パリに到着した一五三三年は、人文主義的ガレノス主義がパリ大学に定着し始めたころだった。パリ大学の教育課程はかなり保守的だった。大学図書館は一五二六年に、前年に出版されたばかりのアルド版ガレノス全集を入手し、翌年に『ヒポクラテス集成』を入手した。その後数年のうちに、ガレノスの解剖学著作はパリ版のラテン語訳が現れ、以後多くの医学生はこのパリ版を用いることになった。パリ版として出版されたラテン語訳には、ニコロ・ダ・レッジョ訳の『身体諸部分の用途について』とアンデルナッハのグィンターによる『解剖指南』の最初の九巻が含まれていた。このアンデルナッハのグィンターはヴェサリウスの教師のひとりである。

他にはヤコブス・シルヴィウスという教師もいた。のちにシルヴィウスは、絞首刑になった罪人の、腐敗して悪臭の漂う死体の一部を袖の中に隠して講義室に持ち込み、学生たちの前で解剖したことで知られるようになった。このような行為は、当時のパリや他のヨーロッパの大学で行なわれた伝統的な解剖の方法と大きく異なるが、ヴェサリウスがパリを離れた後の一五三六年以降のことに違いない。なぜなら、ヴェサリウスの在学中はイヌの身体の一部分を持ち込んだだけだったようだからである。しかし、明らかにシルヴィウスはカリスマ性のある図々しい人物で、もっとも有名な生徒であるヴェサリウスにも強い印象を与えた。ところが、その生徒ヴェサリウスはのちに、おそらくまったく感謝の意も持たず、教師の助けを借りることなく解剖学を学んだと豪語したのである。シルヴィウスが忠実なガレノス主義者であり続けたのに対して、ヴェサリウスはそうではなかったからだ[12]。

ヴェサリウスは、年に一、二回理髪師が数個の主要な臓器を解剖するのを見るだけでは満足せず、おそらくはシルヴィウスのもとで、自分自身でメスをふるうやり方を見出した。一五三六年にフランスとフランドルの間で戦争が起こり、ヴェサリウスは医学学士号取得の最終年度にルーヴェンに戻らざるを得なくなった。ルーヴェンでは解剖学は教えられていなかったが、ヴェサリウスは許可を得て解剖を行なった。そのなかには、コルセットで内臓が極度に圧迫されたことで肺炎が悪化して亡くなった十八歳の貴族の女性の解剖も含まれている。ヴェサリウスはイタリアのパドヴァでも医学を学び、一五三七年のうちに、医学部の外科と解剖学の講師職に任じられた。パドヴァでの友人ヴィトゥス・トリトニウスはすでにヴェサリウスのことを、当代の「すべての解剖学者のうちで最も技量が高く勤勉」と評していた。(13)

ヴェサリウスは一五三七年十二月に、パドヴァでは自身最初となる解剖を十八日間にわたって行なった。このときはまだガレノスを主要な情報源として用いていた。しかし、パドヴァや他の大学の伝統的な指導者とは異なり、ヴェサリウスは自身で解剖した。一五三八年には六枚からなる解剖図、『六葉の解剖図』を出版した。これも大筋ではガレノス解剖学に基づいていたが、医学生にとっては目の覚めるほど新しく、他に類を見ない図版集だった。ところが、一五四〇年にボローニャを訪れたヴェサリウスは、三体の人体解剖と六体のイヌの解剖を行ない、その中でボローニャ大学医学部のガレノス主義者マッテオ・コルティとガレノス自身の見解に真っ向から異議を唱えた。解剖台を取り囲む椅子に座って熱心に耳を傾ける二百人の熱心な学生を前にして、ヴェサリウスはコルティからの反論を受けて立ち、ガレノスの意見と矛盾するときはいつでも、示説によってガレノスが誤っていることを示そう、と宣言した。

当時、ヴェサリウスは人体と動物の解剖を行なって解剖学を教えるだけでなく、ヴェネツィアのジウンタ社から出版されることになるガレノスの新たな全集のために、『解剖指南』、『静脈と動脈の解剖について』、『神経の解剖について』のラテン語訳の校訂にも携わっていた。ガレノスの精読とあわせた人体解剖への熱中と熟練は、一五四三年に初版が出版されたヴェサリウス最大の成果『人体の構造について』(ファブリカ)の基礎となった。

ガレノスに対してヴェサリウスは大いに敵愾心をもっていたにもかかわらず、二人の間には、表面的にも内面的にも多くの類似がある。ガレノスがアレクサンドリアで学んだように、ヴェサリウスは解剖学が再び活気を取り戻した時代に医学を学んだ。また、この変化に対する、唯一ではないがおそらく最も重要な貢献者だったことも、ガレノスと同様である。医師職の頂点を極め、皇帝に仕えたことも同じで、ヴェサリウスの場合は神聖ローマ帝国のカール五世に仕えた。自己の権力を強化する傾向や、観客を正しさの判断基準とするよう主張しながら競争相手や先行者の解剖学の見解をひとつひとつ崩して、自身の評判を高めていることも共通している。ガレノスと同じく、取り憑かれたかのように解剖し、ときには腐敗した遺体を何週間も部屋に置き続けた。ヴェサリウスの論争の多くはガレノス本人に向けられたものではなく、眼の前に証拠があるにもかかわらずガレノスの見解を卑屈なまでに信奉する、同時代の医師に向けられていた。このような批判は、同時代の党派主義に対するガレノスの無慈悲な酷評を思い起こさせる。

『ファブリカ』はガレノスの『解剖指南』と同じ順序で人体の各部を記述し、中世の解剖学を手本としていない。つまり、『ファブリカ』はガレノスの著作の最新の改訂版となるように作られているのである。ガレノスの著作を詳しく研究したことで、ヴェサリウスが非常に深い部分でガレノスから影響を受けていたことは疑いようがない。『ファブリカ』の第二版を一五五五年に出版した時点でも、まだガレノスのことを「医学の第一人者」と呼んでいた。たとえば序文では、ヒポクラテスの時代からの医学の衰退について、近年では医師が自分の手を汚したがらずもはや自分で解剖をしていない、とヴェサリウスは記すが、その書きぶりはガレノスの『解剖指南』の一節を連想させる。ヴェサリウス以前の時代の医師は書籍からしか学んでいなかったのである。実際のところ、歴史上、ヴェサリウス以上にガレノスに似た人物がいるだろうか。また、ガレノスは動物の死体と一緒にすべての先行者の著作を前に並べて、聴衆の選んだどの点についても先行者が誤っていることを示そうと言い、それをやり遂げたが、そのガレノス以上にヴェサリウスに似た人物もいるだろうか。

医学に対するガレノスの貢献で最も影響があったのは、確かに解剖学である。解剖学は累積的な科学で、探すべきものを知らずに、ただ遺体を切り刻めば内部の構造の意味が見つけられるものではない。ガレノスの網羅的な記述は、ガレノス以前の数世紀の伝統に依拠していた。ガレノスは卓越した解剖学者だったが、この伝統がなければ、ガレノスが見たものや記したものを、そのように見たり記したりすることはできなかっただろう。この伝統は、ガレノスが擁護して詳述した生理学の伝統的見解のように、何度も誤った方向に導きもした。ヴェサリウスが十年以上かけて調べて最終的に結論を出したように、心室中隔には孔はなかった。しかし、ガレノスの『解剖指南』がなければ、近代解剖学の創始者であるヴェサリウスも、人体の構造をそこまで詳細に観察して記述することはできなかったのだ。

ただし、逆説的なことに、現在ガレノスの有意義な貢献とされているのは、実際に行なっていた治療のほうだった。何世紀にもわたって大量に我々に伝わったのは論証法や生理学理論や細部に至る解剖学の教えだったが、我々に直接語りかけてくるのは治療者としての声なのである。ガレノスは解剖や執筆や示説に力を注いでいたが、医学とは患者の治療に関することだという見解を決して見失わず、あらゆる種類の患者を治療した。ガレノスの逸話は、自身のための記録であっても、ある愚かな裕福な男の例を除けば、どの患者にも恩着せがましさをほとんど感じさせない。膏薬に適した原料のためには農家の庭も掘り起こした。より正確な診断の助けになるのであれば、口車に乗せて女中から情報を得ていた。奴隷の少年の命を救うわずかな可能性に賭けて、失敗すれば医師としての名誉を損なう危険を負いながら、常軌を逸した危険な手術を行なった。独りよがりで、尊大で、親分風をふかし、大言壮語を吐き、所有者として奴隷に謝ることはなく、定義にもよるが女性蔑視者だった可能性もある。必ずしも善人ではなかった。しかし、善き医師だった。ガレノスが直面した難問は今日では想像もつかないものだった。ガレノスの置かれた立場は、衛生兵や戦場の軍医や最貧の発展途上国の医師といえばわかりやすい。しかし、現在のそのような困難な場所においても、前世紀の医学の発展は前近代の医学が経験していた多くのことを拭い去ってしまっている。ガレノスは、毎日、毎年、圧倒的な数の破壊的な感染症を相手に自分の手で戦ったのだった。

現代の読者には奇妙なことに思われるだろうが、自身の知性と精力を積極的に捧げた職業についた動機を、ガレノスがうかがわせている箇所はほとんどない。我々の、あまりおおっぴらに競争をしない、控えめな文化のレンズを通してみると、ガレノスは名声と勝利の虜になっていたように見える。しかし、ガレノスは哲学者やソフィストとして、あるいは他の複数の専門家としても名声と勝利を得ることができたはずである。ガレノスを医学に引き込んだもの、それは患者だった。

医師の目的は……経験主義者のメノドトゥスが書いているような名誉や富ではない。これはメノドトゥスの目的だったが、ディオクレスの目的ではなく、ヒポクラテスやエンペドクレスや、人類への愛のために人々を治療した他の多くの古代の人たちの目的でもない。

（『ヒポクラテスとプラトンの教説について』9.5, 5.751–52K）

ガレノスにとって医学は情熱の対象であり、当時の基準で言えばきわめて長い人生を通して全精力を注いでいた。だがそれでも、その人生は、自然の秘密の研究にたずさわる者の常として、あまりにも短すぎたのだった。

年表

皇帝〔在位年〕

トラヤヌス　九八―一一七年
ハドリアヌス　一一七―一三八年
アントニウス・ピウス
　一三八―一六一年

ガレノスの生涯

一二九年九月秋分頃　ガレノス誕生
一四三／一四四年　教師のもとで哲学の学習を始める
一四五／一四六年　ニコンの夢。サテュロスなどのもとで医学の学習を始める
一四六年秋　ガレノスの長わずらいの始まり
一四八年　ニコン死去
一五〇年？　スミュルナでペロプスから教わるためにペルガモンを離れる。クィントゥスとヌミシアヌスの生徒を探し求めて各地をまわる
一五一―一五三年秋　アレクサンドリアに到着
一五六／一五七年　アスクレピオスの夢によってガレノスの長わ

マルクス・アウレリウス　一六一―一八〇年
ルキウス・ウェルス　一六一―一六九年

コンモドゥス　一七七―一九二年

ずらいが治る
一五七年　ガレノス、ペルガモンに戻る
一五七年秋―一六一年夏　剣闘士の医師を勤める
一六一年　ペルガモンを離れる
一六一／一六二年？　リュキア、シリア・パレスティナ、キュプロスに旅行
一六二年春／夏　ローマに到着
一六二／一六三年　多血症の女性に関してマルティアヌスと対決。同年冬、エウデモスの治療。エウデモスに関してマルティアヌスと対決
一六四年夏　レスリングによる負傷
一六六年夏？　ローマを離れてペルガモンに戻る
一六八年　アクイレイアに呼び出される
一六八―一六九年冬　アクイレイアで「大疫病」の患者を治療
一六九年　皇位継承者のコンモドゥスの侍医に任じられる。帝国から給与を受け始める？
一六九―一七六年　公的生活からの引退を宣言。マルクス・アウレリウスのテリアカ調合係に公式に任じられる。コンモドゥスの治療。『諸部分の用途について』発表。
一七六年　マルクス・アウレリウスの治療
一九二年晩冬／初春　ローマの大火

ペルティナクス　一九三年
ディディウス・ユリアヌス
　一九三年
セプティミウス・セウェルス
　一九三―二一一年
カラカラ　一九七―二一七年
ゲタ　二〇九―二一一年
マクリヌス　二一七―二一八年
エラガバルス二一八―二二二年

二一六／二一七年　ガレノス死去

謝辞

リッピンコット・マッシー・マックィルキン社のロブ・マックィルキンには、本書の企画から原稿作成に至るまで全面的かつ実に頼りになる協力をいただいたことに感謝したい。オックスフォード大学出版局の編集者ステファン・ヴランカと同局の多くの方に原稿を読んでいただき、貴重な意見をいただいた。掲載したすばらしい地図はウェンディ・ギミンスキが本書のために作成してくれた。

訳者あとがき

本書はSusan P. Mattern, *The Prince of Medicine: Galen in the Roman Empire*（Oxford University Press, 2013）の翻訳であり、日本語では初めてのガレノスの伝記となる。

ローマ帝政期に活躍した医師ガレノスは、現在有力な説では、今年（二〇一七年）で没後千八百年（あるいは千八百一年）を迎える。同時代だけでなく、その後千五百年以上にわたって西欧医学・アラビア医学に影響を与えたガレノスの没年を「現在有力な説では」と断わりを入れなければならない理由を考えることで、本書が登場した背景とその意義を見出すことができる。

ガレノスの生涯、事績についての同時代の資料はきわめて乏しく、他ならぬガレノスの著作が彼の生涯をもっとも雄弁に伝えてくれる資料である。そのため、晩年のガレノスの活動についての情報は必然的に少なくなり、まして己の死を記載することはできないため、ガレノスの没年は外部の情報に頼らざるをえない。

従来は十世紀のビザンツで成立した百科全書『スーダ』に記された一九九（あるいは二〇〇）年が、ガレノスの没年として長く受け入れられてきたが、この場合には二〇四年以降の記載が含まれる『テリアカについて、ピソのために』がガレノスの真筆ではなくなってしまうという問題を引き起こす。ほかのガレノスの著作の内容との比較から『テリアカについて、ピソのために』は明らかにガレノス真筆の可能性が高いとみなされていたために、ガレノス研究者は没年の問題の解決に取り組んできた。近年の伝記研究では、アラビア語文献での記載やガレノスの著作に記載される出来事を総合して、二一六年あるいは二一七年にガレノスが没したという説が受け入れられるようになり、少なくとも三世紀初頭までは存命していたと考えられている。

本書にはガレノスの生涯の年表も付されているが、これも長年の研究結果を反映したものとなっている。ガレノスは年（いわゆる「西暦」の使用以前なので、一般には、その年の執政官の名前を挙げるか、建国からの年数を示すかして年を表していた）を記しておらず、書籍の執筆年や各事績の年の特定はガレノス研究の重要な課題のひとつだった。ナットンがガレノスの若い頃の活動の年号決定の仕方を説明しているので簡単に紹介したい（Vivian Nutton, 'The Chronology of Galen's Early Career' in "*Classical Quarterly*", vol. 23, 1973, pp. 158–171）。

ガレノスは、ローマから急遽ペルガモンに戻ったときルキウス・ウェルスはパルティアから戻ってきていなかった、と『予後について』に記している。ルキウス・ウェルスがパルティア戦争からローマ市に戻るのが一六六年の八月であることは確定されているため、ガレノスは一六六年にローマ市を離れたことになる。この一六六年を基準として、ローマ市内でのガレノスに起こった出来事の年が定まっていく。ガレノスがローマを去るのは、エウデモスの治療を行なってローマ市内で頭角を現した約三年後、またエウデモスの治療はガレノスがローマに来た最初の冬であるという記述から、この治療が行なわれたのは一六二年から一六三年にかけての冬のことだったと推定される。また、この治療に関してマルティアヌスと公の場で論争したのは三十三歳（本書の本文での年齢の記載と同じく、ガレノスは『自著について』では「三十四歳」と記すが、現在の満年齢では三十三歳となる）と記され、八月か九月生まれであるという記載もあることから、さかのぼってガレノスの生年は一二九年だと推定されるのである。

ガレノスが記すひとつひとつの出来事についてこのような作業を行ない、さらに膨大なガレノスの著作間における記載の一致、不一致を確かめながらガレノスの伝記研究が行なわれてきた。『テリアカについて、ピソのために』のように新たにガレノスの真筆と特定された著作は情報源を増やし、近年はガレノスのアラビア語訳も利用して伝記研究が行なわれるようになり、ガレノスの伝記情報の量・精度はかつてないほど高まってきた。没年の通説の変化もこのような研究から生じたのである。

しかし、研究論文として伝記研究の新情報が報告されるものの、書籍では通史の一部としてガレノスの伝記情報に触れられることが多く、さらにガレノスの伝記の主要な情報源のひとつが自作の著作を説明する『自著について』であるため、著作の成立年代についての記載が中心だった。

最新の成果を踏まえた、まとまった形の伝記が長らく待ち望まれていたが、二〇一〇年代になってようやく相次いで二冊が登場した。二〇一三年に出版された本書と、二〇一二年に出版された Véronique Boudon-Millot, *Galien de Pergame: Un médecin Grec à Rome*, Les Belles Lettres である。

後者のブドン=ミロの伝記が、長年の研究史に関する情報も逐一盛り込んだ専門家向けの著作であるのに対し、マターンによる本書はより広い読者向けの伝記になることを意識した著作となっている。

マターンはガレノスを提示するにあたり、二世紀のペルガモンやローマという舞台に立たせ、さらに当時の市内の建造物や神殿や浴場などの舞台装置を据え、ガレノスの周囲に存在していたさまざまな人物を登場させながら、演劇の主人公のように描いている。さらに、ガレノスの生涯に起こった出来事をすべて記載するのではなく、象徴的な場面を選び出し、アレクサンドリアやスミュルナなどガレノスが比較的多くの記述を残している滞在地での出来事を最小限に絞り、おもにローマでのガレノスの活動を示している。

長らくその著作を通じて、ガレノスは研究に力を注いだ学者として知られてきた。本訳書の表紙絵のガレノス像は、十八世紀の解剖学書ウィリアム・チェゼルデンによる骨学書『オステオグラフィアあるいは骨格の解剖学』に描かれたものである。美麗な図版を有するこの骨学書の最初の図版に、ガレノスが偶然見つけた野ざらしの人骨を注意深く観察している場面を描き、骨格研究の象徴としている。

本書はこのような、一般に知られる、テキストの中の存在としてのガレノスが、日々患者の治療を積極的に行ない活発な論争を繰り広げた人物であり、また父の言いつけに背いて体調を崩したり、病気の進行の予測を告げる際に神がかりに見えるように演出したりする人物でもあったことを伝えてくれる。人間ガレノスを読者に提示する貴重な伝記である。

＊

本書の翻訳作業の間に、訳者自身のガレノス体験を振り返ることが多々ありました。伊藤和行先生のもと、京都大学大学院文学研究科で解剖学史の研究に取り組んでいた大学院生時代は、西欧近代の解剖学者がいかにしてガレノスを乗り越えていったかを中心に考察していました。ガレノスは意識せざるを得ないながらも、遠くにある存在でした。

その後、解剖学史の研究対象である過去の解剖学者が実際に見ていたものを自分も見たいという思いから、順天堂大学大学院医学研究科に入り直して解剖学を学び、教員としても医学部生の解剖実習の場に身をおいたことで、また、解剖学者であり医史学者でもある坂井建雄先生と西洋古典文学者である池田黎太郎先生との研究会に参加するようになったことで、ガレノスとの距離が縮まりました。

この研究会では、ガレノスの残した解剖学書のギリシア語原文について、一文一文が意味することを読み解き、それを日本語にしていきます。訳者自身が解剖の現場で見たことや解剖学書で読んだ多くのことを、ガレノスが精緻に、見事な表現で描写していることに圧倒されるようになりました。現在のように解剖図や確立された解剖用語もない時代に書かれたガレノスの記述は、一見すると意味が通らないように見えることもありますが、つぶさに検討してみると、ガレノスは実際に見たものを当時の語彙で的確に表現していることがわかってきます。その点で、古代ローマ帝国のガレノスを現代の日本語でよみがえらせるとも言える翻訳作業は、本書でのマターンの執筆意図にも通じるものがあったと感じています。この研究会の成果としては、解剖学の論考を集めた『解剖学論集』（京都大学学術出版会、二〇一一）とガレノス自身も認める主著『身体諸部分の用途について　一』（京都大学学術出版会、二〇一六）を出版し、後者の翻訳はまだ完成しておらず、現在も継続しています。

ガレノスとの距離が縮まっていくなか、ガレノスについて入門的な日本語の本があればいいのではないかと考えるようになりました。そんな折に、本書の翻訳のお話を編集部の糟谷泰子さんからいただいたことは幸運でした。途中、訳者の病気療養などもあって時間がかかってしまいましたが、糟谷さんからの的確な助言やさまざまな力添えのおかげで本訳書が完成しました。

本書が、ガレノスそして医史学について関心を持っていただくきっかけとなることを願っています。

二〇一七年九月

澤井直

索引

ガレノスの著作は「ガレノスの著作」という項目のもとに、五十音順にまとめた。

あ行

か行

さ行

た行

な行

は行

ま行

や行

ら行

わ行

原注

序章　腐ったチーズ

1　この話は『単体薬の混合と諸力について』（『単体薬の混合と諸力について』10.2.9（12.270–271K））に記載されている．この一節の解釈には Thomas C. Garland 医師から助言を受けた．

2　著者は，トーマス S．クーンの『科学革命の構造』（Kuhn 2012，初版 1962 年）を全面的に是認しているわけではないが，ガレノスの著作の多くは「通常科学」だと言える．クーンの中心にある「パラダイム・シフト」の概念は，元々は物理学に関するものだったが，医学についても当てはまる．ガレノスの医学は部分的にアリストテレスの四元素と四性質という概念の上に成り立っているため，19 世紀の医学知識の革命は物理学がこの概念から脱却した物理学の革命に対応している．

第 1 章　ペルガモン

1　プルタルコス『英雄伝』「アントニウスの生涯」58.

2　ペルガモンの考古学については，Halfmann（2004），Radt（1999）および Koester（1998）の論文集を参照．ギリシア・ローマ文化におけるギムナジウムについては，van Nijf（2003）（2000）（1999）を参照．

3　ガレノスが生涯にわたり，誕生の地について「我々の間では」「我らがアシア」と言及したことがよく知られている．たとえば Swain（1996, 377–78），Nutton（1995a, 365–66）を参照．

4　ペルガモンの歴史については，Halfmann（2004），Radt（1999），Allen（1983），Magie（1950）を参照．Evans（2012）は本書に反映するには間に合わなかった．ヘレニズム期の王国の積極的軍事主義については，Eckstein（2006）を参照．アッタロス三世の薬学については，ガレノスの『単体薬の混合と諸力について』10.1（12.251K）および『類による薬剤の調合について』1.13（13.416K），1.14（13.419K），1.17（13.4446K）に記載がある．ガレノスはアッタロス三世を「我らが王アッタロス」「ペルガモンの統治者，我らがアッタロス」と呼んでいる．アッタロスの解毒剤については『解毒剤について』1.1（14.2K）.

5　アシア属州とローマによる支配については Dmitriev（2005，特に第 3 部「全体の概観」），Mitchell（1993），Sherwin-White（1977），A. H. M. Jones（1971），Magie（1950）を参照．Morstein-Marx（1995）は共和制後期の外交政策について秀逸な説明を行なっている．共和制末期の行政とその活動についての Badian（1983）の古典となったモノグラフは現在でも価値を失っていないが，近年のものとしては Nicolet

(2000，第 4 部）も参照.

6　ミトリダテス六世エウパトルについてはMayor（2010）による新たな伝記，および Sherwin-White（1977, 70–75）を参照．ペルガモンのローマへの反乱とローマによる支配については，Halfmann（2004, 25–34），Radt（1999, 27–48）も参照.

7　恵与行為についての 最近の研究としては Zuiderhoek（2009），古典的研究としては MacMullen（1980a）および Veyne（1976）を参照．ペルガモンの人口については，『霊魂が受けるダメージを知り，治療することについて』9（5.49K）に記載がある.

8　体育競技への支配階層の関与については，注 2 に挙げた van Nijf を参照．当時のギリシア・ローマ文化における体育競技については，ガレノスを扱う章も含む König（2005）および視覚的な証拠に焦点を当てた Newby（2005）を参照.

9　ガレノスがローマの市民権を持っていた可能性については Schlange-Schöningen（2003, III.3）を参照．碑文については同書 pp.46–51 に記載がある．碑文に関しては Habicht（1969, no. 104）を参照．ペルガモンの二つの碑文で言及されるユリウス・ニコデムスあるいはニコンという名の別のローマ市民の建築家がガレノスの父である可能性もある．現在ではアエリウス・ニコンだとされることが多いが，ニコンという名はありふれているので，どちらか一方を退けるほどの根拠はない.

10　ペルガモンのエリート層については White（1998）を参照．二世紀のアスクレピオス神殿の改築については Hoffmann（1998）を参照．皇帝像と属州の忠誠については Ando（2000，特に 7 章と 9 章）を参照.

11　ソフィストと第二次ソフィスト運動についての文献は多数ある．特に本章に関係するのは Whitmarsh（2001），Schmitz（1997），Swain（1996），Bowersock（1969）である.

12　ローマ帝国内を移動する際の距離，所要時間，輸送コスト，その他の物流に関わる諸要因を算出できるすばらしいオンラインツールが，Walter Scheidel と Elijah Meeks によって公開されている．*ORBIS: The Stanford Geospatial Network Model of the Roman World*（http://orbis.stanford.edu）

13　ディオンについてのトラヤヌスの評言はフィロストラトス『ソフィスト伝』7 に記載がある．皇帝の権力に直面したときのソフィストの態度については，注 11 に挙げた文献を参照.

14　ガレノスとソフィストについては，von Staden（1997）および von Staden（1995）が特に重要である．Swain（1996）と Bowersock（1969）のガレノスについての章も参照．ガレノスの文体については Johnston and Horsley（2011, 1: xciv–cvi）を参照.

15　女性のベールと深窓での生活については，Llewelyn-Jones（2003）を参照．他には Nevett（2002, 81–100）による，女性が表に出るようになり，ローマ時代に家庭内での役割が変化するにつれて，ギリシアの家庭が複雑になっていったという議論も参照．ヘレニズム・ローマ時代のギリシアの市民生活における女性についての最も重要な研究は van Bremen（1996）である．同書の Appendix には女性の官職の一覧が掲載されている（特に Appendix 2, 334–35 on Pergamum）．すでに古典となったが Mac Mullen（1980b）も読むべき研究として価値を失っていない.

16　ペルガモンの住宅については Wulf-Rheidt（1998）を参照．ローマ帝国の都市生活

についてはMacMullen（1974，第3章）を参照．都市建築に関してはGros（1996–2001）およびMacDonald（1982）の2点が特に重要である．

17　ローマ時代の浴場についてはYegül（2010）およびFagan（1999）を参照．奴隷に襲われた主人については小プリニウス『書簡集』3.14.

18　ローマ帝国の平均余命と生活状態についての最新の議論については，Scheidel（2010a）を参照．

19　ローマとその他の都市の公衆衛生と死亡率については第4章で詳しく論じる．特に重要な研究としてScheidel（2001b），Scobie（1986）を参照．バングラデシュについては米国中央情報局の「The World Factbook, Country Comparison: Life Expectancy at Birth」を参照（https://www.cia.gov/library/publications/the-world-factbook/rankorder/2102rank.html（accessed December 17, 2011））．浴場での失神についてはガレノス『呼吸の用途について』4（4.494K）と『ヒポクラテス「箴言」注解』2.41（17B.540K）を参照．不道徳な性行為については特にWard（1992）が参考になる．レスリングによる怪我についてはガレノス『解剖指南』7.13（2.632–33K），11.1（85 Simon），『罹患した部位について』4.8（8.262K），4.11（8.287–88K），『治療法について』5.8（10.339–40K），『ヒポクラテス「関節について」注解』1.22（18A.347–51K），『最良の医師を見分ける方法について』11（118 Iskandar）．ガレノスの怪我については『ヒポクラテス「関節について」注解』1.61（18A.401–4K）．ペルガモンの泉については『ヒポクラテス「伝染病第六巻」注解』4.10（17B.159K）に記載がある．

20　飢饉に関しては特にGarnsey（1999）およびGarnsey（1988）を参照．最近出版されたAlston and van Nijf（2008）論文集，特にディオン・クリュソストモスを論じたErdkampの論文も参照．リバニオスによる投石についての言及は『弁論集』1.205–9．テュアナのアポロニオスの逸話は，フィロストラトス『テュアナのアポロニオス伝』1.15．ディオン・クリュソストモスの演説は『弁論集』46．ロリアノスについては，フィロストラトス『ソフィスト伝』23.

21　エフェソスでの出来事については「使徒言行録」19．姦婦については「ヨハネによる福音書」8．アプレイウス『黄金のろば』1.10, 2.27．消防隊については小プリニウス『書簡集』10.34, 117.

22　農民についてはMattern（2008a, 53–55, 116）および本書第4章を参照．

23　小アシアの言語についてはMitchell（1993, 1:172–76）を参照．

24　神殿とミトリダテスの反乱についてはHoffmann（1998, 42）を参照．権利の回復についてはMagie（1950, 1: 417）を参照．

25　ハドリアヌスによるアスクレピオス神殿の改築については，Petsalis-Diomidis（2010, 151–220）およびHoffmann（1998）を参照．

26　異教の信仰における癒やしについては，Cruse（2004, 第5章），Nutton（2004, 第18章），MacMullen（1981, 49–51）を参照．アスクレピオス崇拝については，古典となったEdelstein and Edelstein（1945）を参照．考古学的証拠についての詳細は，Hausmann（1948）およびvan Straten（1981）を参照．エピダウロスの碑文についてはLiDonnici（1995）を参照．ペルガモンの碑文についてはMüller（1987）を見よ．Christopher Jones（1998, 66）も参照．

27　患者がアスクレピオスに従おうとすることについては，『ヒポクラテス「伝染病第六巻」注解』4.8（17B.137K）および『最良の医師を見分ける方法について』3（43 Iskandar）．

28　アエリウス・アリスティデスとアスクレピオス，夢については以下を参照．Petsalis-Diomidis（2010），Harris（2009, 118–22），最近の論集であるHarris and Holmes（2008）の特にHolmes, Downie, Petsalis-Diomidisの論文（第5–7章），Christopher Jones（1998），Perkins（1995，第7章），Behr（1968）．アリスティデスのローマ訪問については，Mitchell（1993, 1: 165–67）を参照．『聖なる教え』を含むアリスティデスの演説の英訳はBehr（1981）．

29　職業意識についての詳細な議論と参考文献についてはMattern（2008a, 21–27）を参照．報酬と褒美についてはMeyerhof（1929, 84）を参照．アラビア語訳のみが現存する断片『敵からいかにして益を得るか』がこの問題に最も関連がある．ガレノスの社会的地位と資産についてはSchlange-Schöningen（2003, III.1–2）を参照．金貨については，『予後判断について』8（14.647K）を参照．

30　ニコンについては，Habicht（1969, no. 140）およびSchlange-Schöningen（2003, 40–60）を参照．『苦痛の回避』（Peri Alupiasあるいは De Indolentia）の基本となる版はBoudon-Millot（2007b）である．同論考のBudé版フランス語訳Boudon-Millot and Jouanna（2010）も入手しやすい．Vivian Nuttonによる英訳もある．父と祖父については，『苦痛の回避』59を参照．

31　ガレノスの生年については，Boudon-Millot（2007a, xi–xviii）の最新の研究を参照．生まれた月については，『類による薬剤の調合について』3.2（13.599K）に，秋分のころに着任した神官によって最初に剣闘士の医師に任命されたのは，29歳になったばかりの時だった，という記述がある．

32　ローマ帝国東方のヘレニズム的は支配階層についての研究として特に重要なのは，Zuiderhoek（2009），Quass（1993），Halfmann（1979）である．

33　自宅での教育については，『自著について』14（19.39–40K）および『霊魂が受けるダメージを知り，治療することについて』8（5.41–43K）．古典ギリシア語については，『脈の種類について』2.5（8.587K），『自著の順序について』4（19.59K）．『自著について』の章構成はBoudon-Millot（2007a）に従った．この版にはそれまで知られていなかった著作や未出版の著作が含まれている．『証明について』は，『自著について』14（19.39–41K）および『自著の順序について』1（19.52–53K）に記載がある．ガレノスにおける哲学と医学との関係についての詳細はMattern（2008a, 23–27）を参照．また『最良の医師は哲学者でもあること』の最新の注釈版がBoudon-Millot（2007a）に収録されている．

第2章　医学の習得

1　ガレノスが受けた初期の哲学教育についてはSchlange-Schöningen（2003），68–71を参照．ニコンの苦悩に関して，『霊魂が受けるダメージを知り，治療することについて』の多くの訳者は「彼は仲間の市民によって市の仕事に引きずり込まれて余裕がな

くなったから」という一文をニコンについての言及だと読んできた．しかしSchlange-Schöningen（2003, 69）は，この一文はガイウスの弟子であるガレノスの教師のひとりについての記述であり，その人物と学習した期間がわずかしかなかったことの説明だと捉えている．ガイウスの弟子はペルガモンに呼ばれた外部の人のはずだとSchlange-Schöningenは考えている．しかし，ガレノスは続く文で，プラトン主義者は次のアリストテレス主義者の哲学者と同じくペルガモン人だったと匂わせている．また，その当該人物の性格に対する賛辞（「市民たちは彼だけを公正で，並外れた富を有し，親しみやすく，温和だと考えた」）はガレノスによる父についての他の言及（第1章を参照）と似ている．他の誰に対してもこのようなことを言っていない．ストア主義の教師については，『自著について』14（19.43K）にも記載がある．

2　ガレノスの哲学学習が続いたことについては，『胎児の形成について』6（4.695–96K, 4.700K）および『霊魂の諸性向は身体の混合に左右されること』1（4.767K）．ローマでの哲学者の知り合いには，ボエトゥスの友人で，ローマでの最初の患者となったアリストテレス主義者エウデモスや，ガレノスと滑稽な対決劇をくり広げたダマスクスのアレクサンドロスなどがいた（『予後判断について』5（14.628K，他には『解剖指南』1.1, 2.217–18Kおよび本書第5章を参照）．解剖学関連の著作を何点か書いてもらったアンティステネスという名のプラトン主義者や，（『自著について』1, 19.12Kおよび『動脈と静脈の解剖について』7, 2.804K）．『治療法について，グラウコンのために』を受け取ったグラウコンもいた．ガレノスはアリストテレス主義者としてのボエトゥスにも高い敬意を払っている（『自著について』1, 19.13 K）．「私の教師と偉大な哲学者とともに」霊魂についての研究をした，と書いているが，その際にはこのような友人たちのことを思い浮かべていたのだろう（『霊魂が受けるダメージを知り，治療することについて』1, 4.767K）．ガレノスの評判についてはNutton（1984b）を参照．医学と哲学に関するガレノスの考えについてはMattern（2008a, 23–27およびその参考文献）を参照．

3　中国農村部の医師についてはZaminska（2007, 2008）を参照．ローマ帝国内の徒弟教育やより下層の医学訓練の形態についての近年の研究としては，Nutton（2004, 第17章）およびNutton（1995c）を参照．十代の医師の碑文についてはGummerus（1932, nos. 53, 169, 309）を参照．奴隷と解放奴隷についてはMattern（2008a, 22および注73の参考文献）を参照．特に重要な研究としてはKorpela（1987）とKudlien（1986）が挙げられる．

4　ガレノスにおける夢についてはKudlien（1981）を参照．夢での指示に従ったことについては，『瀉血による治療の理論について』23（11.314–15K），『自著について』2（19.18–19K），『諸部分の用途について』10.12（3.812, 814K）．夢の医学的解釈については『夢による診断』（6.832–35K）およびOberhelman（1983, 37–38）を参照．古代における夢についての優れた研究であるHarris（2009）にはガレノスを扱う章がある．ニコンの夢については『自著の順序について』4（19.59K）に記載があり，『治療法について』9.4（10.609K），『予後判断について』2（14.608K）でも同様の言い回しが使われている．Schlange-Schöningen（2003, 71–73）も参照．

5　ガレノスのペルガモンでの初期の医学学習については，Schlange-Schöningen（2003,

73–76）および Boudon-Millot（2007a, xxvii–xxxii）を参照．ペロプスとアルビノスについては『自著について』2（19.16K）．

6　Schlange-Schöningen（2003, 75）はサテュロスをルフィヌスのかかりつけの医師だと考えているが，両者は単なる医師と患者以上の関係だったと思われる．ガレノスとボエトゥスとの関係（第5章参照）に似たものだったのではないだろうか．

7　アリスティデスの件の時期については，Behr（1981, ad loc）の注釈を参照．

8　エピクロスについては『ヒポクラテス「伝染病第六巻」注解』7（412 Wenkebach and Pfaff）．von Staden（2004, 214）も参照．プネウマ主義者との議論については『ヒポクラテスによる元素について』1.6（1.462–65K）．Temkin（1973, 20–22）の英訳も参照．アイフィキアノスのストア主義的解釈に関しては『自著の順序について』（3, 19.58K）．ガレノスの教師としてのアイフィキアノス，およびペロプスの弟子としてのアイフィキアノスについては『ヒポクラテス「伝染病第三巻」注解』1.40（17A.575K）．その他の参照情報が von Staden（2004, 213）に記載されている．根拠は乏しいがアラビアではアイフィキアノスをコリントスと結びつけ，ペルガモンではなくコリントスでガレノスとアイフィキアノスが出会ったと考えていた．これについては Grmek and Gourevitch（1994, 1514, 1520–21）を参照．

9　呼吸のための筋肉を示説した教師については『解剖指南』8.2（2.660K）．『子宮の解剖について』に関する記載は『自著について』2（19.16K）にあり，論考自体は 2.887–908K に収録されている．

10　他の臨床の経験にまじって，教師とともに立ち会った症例の同様の報告が『罹患した部位について』3.3（8.143K），3.4（8.145–46K）に記載されている．

11　サテュロスの薬学については，『解毒剤について』1.14（14.69K）および Schlange-Schöningen（2003, 83）を参照．アイスクリオンについては本書 49 ページを見よ．ペロプスについては『単体薬の混合と諸力について』11.1.34（12.359K）に記載がある．

12　引用した一節に続けて，どのようにしてラクダの隊商から「インドのクコ」を，本物のインド産の品であると納得したうえで入手したのかを詳述している．

13　医学の諸学派について，von Staden（1982, 76–100, 199–206）が簡潔で秀逸な議論を行なっている．Deichgräber（1965）は経験主義の基礎的研究であり，断片を集約している．経験主義者が創始者の名を冠さないことについては『経験主義の概要』1（42 Deichgräber）．

14　経験主義者が死体解剖を拒絶し，ガレノスがそれを非難したことについては，『諸学派について，初学者のために』5（1.11K），『解剖指南』2.3（2.288–90K），『類による薬剤の調合について』3.2（13.607, 609K）．

15　クィントゥスの経験主義者的見解については，『ヒポクラテス「伝染病第一巻」注解』1.1（17A.24K）と 2.7（17A.99K），『ヒポクラテス「伝染病第三巻」注解』1.4（17B.502K），および Grmek and Gourevitch（1994, 1509–10）を参照．クィントゥスの見解の伝達者としてのサテュロスについては『自著の順序について』3（19.57K）．

16　たとえば『ヒポクラテス「伝染病第六巻」注解』3.29（17B.95K）では，授乳中に乳房が変化することについて，産婆の経験に依拠して，「教条のために何も見ずにでたらめを言う人々よりも，これらの女性がその現象を真実だと言っているからだ」と

記している．古代の著作の吟味については『ヒポクラテス「伝染病第六巻」注解』2.28（17A.951K），患者での経験については何も知らないソフィスト的な医学を実践した人々については，『ヒポクラテス「伝染病第六巻」注解』2.10（17A.806K）と『呼吸の種類について』1.12（7.792K）など他に多くの記載がある．

17　経験主義者と脈については，『脈を診ることについて』1.1（8.771–73K）および Deichgräber（1965, 132–39）を参照．熱が分利する日については，1.3（9.780K）．産婆については『ヒポクラテス「伝染病第六巻」注解』3.29（17B.95K）．競技者の訓練士については，『治療法について』6.3（10.407K），7.6（10.490K）．

18　経験主義者と教条主義者が同じ治療法を用いたことについては『諸学派について，初学者のために』4（1.7–8K）．年齢と地域などについては『医学の経験について』6（92 Walzer）．

19　症例の語りと経験主義については Mattern（2008a, 31–33）を参照．

20　現代の症例記録については多くの研究がなされているが，特に本書に関連するのは Hunter（1991）である．他の文献情報については Mattern（2008a, 27–28）を参照．

21　ガレノス『治療法について』1.2（10.8K）および大プリニウス『博物誌』29.9.

22　方法主義を好意的に論じた近年の歴史研究として Nutton（2004, 第 13 章）を参照．他には von Staden（1982, 83–85）にも記載がある．多くの断片が Tecusan（2004）に収録され，論じられている．アンニア・ファウスティナについては『予後判断について』12（14.663–64K）．ガレノスはソラノスについて何度か言及し，笑い話のひとつとして，ソラノスの弟子のアッタロスに恥をかかせたことが書かれている（『治療法について』13.15（10.910K））．

23　Mattern（2008a, 73）を参照．

24　ケルスス『医学について』10, 57．他には von Staden（1982, 83–84）も参照．アスクレピアデス主義者については，たとえば『自然の機能について』1.12–17（2.28–67K），『諸部分の用途について』1.21（3.74K），5.5（3.364K），7.4（1.363K），『下剤の力について』2（11.328K）．エラシストラトス主義者については，『自然の機能について』passim,『解剖指南』7.4（2.597–98K），『諸部分の用途について』5.5（3.364K），『下剤の力について』2（11.328K），『血液は動脈の中に含まれるのか』（4.703–36K），『静脈切開についてエラシストラトスへの反駁』．

25　四体液理論と混合理論の起源と発展については最新の研究 Jouanna（2010, 1–21）を参照．ポリュボスについてはアリストテレス『動物誌』3.3.

26　クィントゥスが傑出した医師であったことについては，『解剖指南』14.1（230 Simon）および『予後判断について』1（14.602K）．クィントゥスの死去については『解剖指南』1.2（2.225K）．「クィントゥスは，我々の父の時代にローマで診療を行なっていた」と『ヒポクラテス「伝染病第六巻」注解』4.10（17B.151K）に記されている．手間を惜しまなかったことについては『解剖指南』4.10（2.469–70K）．リュコスについては『解剖指南』4.10（2.469K），14.1（232 Simon）．ペルガモンの同胞という言及は『ヒポクラテス「伝染病第六巻」注解』4.9（17B 151K）でなされている．この部分は，ガレノスがクィントゥスを「同郷の同胞」と呼んでいると読解されることが多いが，ある異本ではクィントゥスがペルガモン市民である唯一の証拠となって

いるこの言葉に疑問を呈している．この点についてはGrmek and Gourevitch（1994, 1505 n. 45）を参照．ガレノスや他のギリシア人の間ではローマ市民を個人名のみで呼ぶことが一般的だった．Grmek and Gourevitch（1994, 1505）を参照．

27　ヤギの陰嚢については『解剖指南』12.7（155 Simon）．クィントゥスの解剖の誤りについては『解剖指南』1.3（2.234K），2.1（2.280–81K），4.10（2.469–70KK），14.1（233 Simon）．Grmek and Gourevitch（1994, 1497–1501）は解剖学の詳細な点それぞれについてガレノスによるマリノスへの言及を論じ，ガレノスでは多くの場合に先行者への賞賛と誤りへの非難が一緒に行なわれていることを強調している．マリノスによる解剖学の復活については，『ヒポクラテスとプラトンの教説について』8.1（5.651K），『ヒポクラテス「人間の本性について」注解』2.6（15.136K）の記載，および Grmek and Gourevitch（1994, 1493–94）を参照．二十巻からなることについては『自著について』3（19.25K）．ガレノスによる要約は『自著について』4（19.25–31K）．リュコスについては『自著について』4（19.25K）に記載があるほか，新しいヴラタドン手稿に基づくテキストに含まれる一節に，ガレノスによるリュコスの要約が書かれている（Boudon-Millot（2007a, 153–54）．

28　ワインの匂いについては『ヒポクラテス「伝染病第六巻」注解』4.9（17B.151K）．患者を殺したという逸話は『予後判断について』1（14.601K）および『最良の医師を見分ける方法について』3（52 Iskandar）．Schlange-Schöningen（2003, 77）も参照．

29　クィントゥスが解剖学書を書いていないということは『解剖指南』14.1（231 Simon）および『ヒポクラテス「人間の本性について」注解』2.6（15.136K）．サテュロスの記憶する内容が最良だったということは『解剖指南』14.1（231 Simon）．サテュロスの解剖学書については『ヒポクラテス「人間の本性について」注解』2.6（15.136K）．

30　これらのことはすべて『解剖指南』14.1（230–33 Simon）に記されている．

31　他の解剖学者の誤り指摘は多数の箇所で行なわれている．たとえば肺の運動については『解剖指南』8.2（2.657–58 and 660K）．すべての血管が脳から始まるというペロプスの説については『ヒポクラテスとプラトンの教説について』6.3（5.527K），カニの肉が狂犬病を治すというペロプスの誤りについては，『単体薬の混合と諸力について』11.1.34（12.359K），教師が知らなかった「聴覚神経」をガレノスが発見したことについては『罹患した部位について』1.6（8.53K）．

32　医学書の一覧については『最良の医師を見分ける方法について』5（68 Iskandar）．ディオクレスについてはvan der Eijk（2001）を参照．エラシストラトスについてはGarofalo（1988）を参照．ヘロフィロスについてはvon Staden（1989）を参照．アスクレピアデスについてはVallance（1990）を参照．大火による書籍の損失については『苦痛の回避』13．

33　ペロプスについては『筋肉の解剖について』（18B.926K）．ストラトニコスへの言及についてはNutton（2004, 212）を参照．

34　Jouanna（1999, 352）．

35　古代における『ヒポクラテス集成』の影響と解釈についてはWesley Smith（1979）を参照．同書にはガレノスを扱った章がある．ローマ時代のヒポクラテス主義につい

ては Nutton（2004, 206–9, 212–13, 219–21）が簡潔な説明を行なっている．

36　本文中の説明はかなりの単純化を行なっている．ヒポクラテスの医学への導入書としては Jouanna（1999）が優れている．初期近代の『空気，水，場所について』についてはたとえば Wear（2008）を参照．『誓い』については *Journal of the History of Medicine and Allied Sciences* の特集号の4つの論文（原文からの訳付きの von Staden（1996），Galvão-Sobrinho（1996），Rütten（1996），Dale C. Smith（1996））が特に参考になる．

37　教条主義的なヒポクラテス解釈および経験主義的なヒポクラテス解釈については Wesley Smith（1979, 177–214）を参照．アスクレピアデスと方法主義者についても Wesley Smith（1979, 225–28）．リュコスについては『自著の順序について』3（19.57K）および『リュコスへの反駁』（18A.196–245K, passim）．ユリアノスについては『ヒポクラテスの箴言に対するユリアノスの見解への反駁』（18A.246–299K, passim）．

38　公開の場での実演については『自著について』2（19.20–23K）および本書第5章を参照．ガレノスの「初学者のため」の著作については Boudon（1994, 1421–67）および Oser-Grote（1997, 95–117）を参照．

39　『解剖指南』2.1, 2.280–83K．ガレノスにおける「覚え書き」（ヒュポムネマタ）などの用法については，特に von Staden（1997b）の 67–75 を参照．

40　ガレノスが病気にかかった逸話は『食物の良質の液汁と悪質の液汁について』1（6.755–57K）．生の果物についてのガレノス見解については Nutton（1995b, 366–67）も参照．この逸話については Grmek and Gourevitch（1986）も参照．撮空模床については『罹患した部位について』4.1（8.226–27K）．粘液性の便については『罹患した部位について』2.5（8.81–82K）．

41　アメーバ赤痢の推定については Grmek and Gourevitch（1986）を参照．

42　ガレノスとペロプスおよびスミュルナでの学習については，Schlange-Schöningen（2003, 85–90）および Boudon-Millot（2007a），xxxii–xxxiv を参照．「メイラキオン」については『黒胆汁について』3（5.112K）．「サテュロスの後の二番目の教師ペロプス」という表現が『解剖指南』1.1（2.217K）にある．

43　『医学の経験について』については Walzer（1944）を参照．アラビア語訳が Frede and Walzer（1985）に収録されている．若いころの著作については『自著について』2（19.16K）．ペロプスとサテュロスとの討論については『医師の名前について』99ʳ–100ᵛ（27–28 Meyerhof and Schacht）．

44　この著作とペロプスについては『解剖指南』1.1（2.217K）も参照．

45　この問題に関する議論と参照情報については Von Staden（2004, 206–9）．

46　アレクサンドリアでのガレノスの活動については，Boudon-Millot（2007a, xxxv–xl），von Staden（2004），Schlange-Schöningen（2003, 90–99），Grmek and Gourevitch（1994, 1491–1528），Nutton（1993, 11–32）を参照．アレクサンドリア到着の時期については Nutton（1993, 12）を参照．秋に到着したことに関する記述が『震え，動悸，痙攣，硬直について』8（7.635K）にある．現代の研究者はマリノスとクィントゥスがアレクサンドリアに関係があったと想定しているが，ガレノスを含む古代の文献で

は明確には記されていない．ガレノスは，ヌミシアノスがマリノス存命中にアレクサンドリアで傑出した存在になったということのみを記している．この問題については von Staden（2004, 209–11）を参照．

47　アレクサンドリアの人口についての参照情報は Scheidel（2001a, 184–85）．Alston（2002, 160–62）で論じられるシリア属州の記録簿から，ディオドロスの三十万人という数値のほうが，それよりも多いとするヨセフスによるものよりも実際の数に近いことが示唆されるが，いくつかの点で問題視されている．アレクサンドリアの地形と遺跡に関する，古代の最も詳細な記述はストラボンによるものである（『地誌』17.1.6–10）．現在は古代アレクサンドリアの建造物についての優れた正確な調査が McKenzie（2007）によって行なわれている．古代の遺物の消失については，McKenzie（2007）の第 1 章「How Ancient Alexandria was Lost」を参照．McKenzie（2007）の第 7 章と 8 章では，ヘレニズムおよびローマ時代のアレクサンドリアについての詳細が示されている．

48　古代の医師とムセイオンとの関連についての言及が少ないことについては，Nutton（1993, 14–15）および von Staden（1989, 26–27）を参照．『ヒポクラテス集成』の形成については Nutton（1993, 19–22）および Wesley Smith（1979, 199–204）を参照．

49　伝承ではエラシストラトスとヘロフィロスが結び付けられているが，古代の文献ではエラシストラトスがアレクサンドリアにいたことを明確に示しておらず，アレクサンドリアでは活動していなかったと論じられることもある．このことに関する参照情報は von Staden（1989, 142）．アリストテレスにおける生体解剖への言及は von Staden（1989, 147）を参照．古代における生体解剖の歴史については Grmek（1997）を参照．ディオクレスによる解剖学書については『解剖指南』2.1（2.283K）．ディオクレスの存命期間については van der Eijk（2001, xxxi–xxxviii）を参照．

50　ガレノスはヘロフィロスによる人体の死体解剖について言及している．von Staden（1989, 142 and T114）を参照．生体解剖については，ケルスス『医学について』1 pro-em. 23–26 および von Staden（1989, T63a, T144–45）を参照．アレクサンドリアと解剖の伝統については Nutton（2004，第 9 章）も参照．

51　「開拓者意識」とミイラ制作については von Staden（1989, 29–30, 138–53）を参照．さらに文化的コンテキストにおける人体の死体解剖については von Staden（1992）を参照．ギリシア人の悪感情については Nutton（2004, 129）を参照．

52　支配者による人体実験については本書第 1 章を参照．クレオパトラについてはプルタルコス『英雄伝』「アントニウスの生涯」71 を参照．骨格の観察と山賊の遺体については『解剖指南』1.2（2.220–21K）．死刑については『テリアカについて，ピソのために』8（14.237K）．

53　大師匠（「教えの上での祖父」）については『治療法について』1.7（10.54K）．『ヒポクラテスの箴言に対するユリアノスの見解への反駁』はキューン版全集の 18A.246–99K に収録されている．

54　サビヌスとメトロドロスについては『ヒポクラテス「伝染病第三巻」注解』1.4（17A.508K）．フィリストンについては『ヒポクラテス「伝染病第二巻」注解』6, 401–2, 404 Pfaff.

55　ガレノスによるエジプト人の気質についての言及は，『単体薬の混合と諸力について』2.20（11.513–14K），『類による薬剤の調合について』4.1（13.662K），『ヒポクラテス「箴言」注解』2.14（17B.597K）．人種についての古代の理論については，「人種」（race）という用語に関する長大な議論も含めてIsaac（2004）の導入章と第1部を参照．ピスタチオについては『食物の栄養力について』2.30（6.612K）．ロバとラクダの肉については『食物の栄養力について』1.2.8（6.486K）．食生活と「エレファンティアシス」については『治療法について，グラウコンのために』2.12（11.142K）．ガレノスによるエジプト人の食習慣と薬物についての見解に関してはvon Staden（2004, 186–94）を参照．「エレファンティアシス」の症例については『単体薬の混合と諸力について』11.1.1（12.312–15K）および『経験主義の概要』10（75–76 Deichgräber）．「エレファンティアシス」をハンセン病とする同定についてはGrmek（1989, 168–73）を参照．泥を塗りつけることについては『単体薬の混合と諸力について』9.1.2（12.177K）．

56　アレクサンドリアの健康的な気候についてはストラボン『地誌』17.1.7．古代エジプトにおける病気については，現代エジプトとの比較から広範に論じたScheidel（2001a，第1章）を参照．アレクサンドリアと他の地域との違いについては，Scheidel（2001a, 19–21）を参照．

57　殉教者についてはMusurillo（1954）を参照．アレクサンドリアのユダヤ人とアレクサンドリアでの民族間の対立については，Alston（2002, 219–35）およびGruen（2002，第2章）を参照．ガレノスとユダヤ教・キリスト教については，Schlange-Schöningen（2003, 235–54）とWalzer（1949）および本書第5章を参照．

58　テウトラスについては，『静脈切開についてローマ在住のエラシストラトス主義者への反駁』（11.193–94, 195K）および『苦痛の回避』35．譫妄については『罹患した部位について』4.2（8.226–27K）．小麦粥については『食物の栄養力について』1.7（6.498–99K）．

59　生の食材については『食物の栄養力について』1.25（6.539K）．発作性の病気については『震え，動悸，痙攣，硬直について』8（7.635–36K）．

60　Nutton（1999, 138）も参照．ガレノスは最晩年の『自説について』ではこの出来事を神々の存在の証拠として手短に言及している．

61　ガレノスによる人生の各段階の名称についてはMattern（2008a, 105–12）を参照．

第3章　剣闘士

1　Robert（1940, 268–75）を参照．剣闘士と関わるガレノスの職歴については，Boudon-Millot（2007a, xl–xlvi），Schlange-Schöningen（2003, 101–36），Scarborough（1971）を参照．

2　Schlange-Schöningen（2003, 111–16）．高位神官の名声や神官を讃えた碑文や剣闘士競技を自慢した碑文についてはRobert（1940, 256–57, 262）を参照．

3　『解剖指南』8.8（2.690K），9.2（18 Simon），11.4（107 Simon）．Gleason（2009, 113）も参照．

4　Gleason（2009, 108–10）はガレノスによる解剖示説をアリーナで行なわれた野獣狩りや犯罪者の処刑闘技場と比較している.

5　公共の医師については，Jouanna（1999, 76–80），Nutton（1977），Cohn-Haft（1956）を参照.

6　Wankel（1979–84, nos. 1161–69）.

7　Gleason（2009, 89, 100）を参照.

8　Nutton（1973, 162–64）および Schlange-Schöningen（2003, 117–20）.

9　剣闘士競技については多くの研究がある．Robert（1940）は東ローマ帝国の記録を収集・分析した基本文献である．英語による総論的導入書としては，Potter（1999; 2012，第 26 章），Wiedemann（1992），Hopkins（1983）の古典的論文，Auget（1972）が勧められる．特に武器と考古学的遺物についての最近の包括的な研究としては Junkelmann（2000）.

10　劇場での剣闘士試合については，Gros（1996–2001, 1:342）および Robert（1940, 34–36）を参照．ディオン・クリュソストモスによる非難は『弁論集』31.121–22.

11　Potter（2012）および Miller（2004）はギリシアでの体育競技についての優れた導入書である．腰掛けるボクシング競技者の彫刻をはじめとする競技者の彫刻については，最近の研究，König（2005, 102–32）および Newby（2005, 88–140）を参照.

12　剣闘士の戦闘に対する態度についての詳細な議論については Carlin A. Barton（1993）を参照．宗教的および帝国主義的道徳基準については Furtrell（1997）を参照.

13　Golvin（1988, 1: 287）．ペルガモンの円形闘技場については Radt（1999, 265–66）も参照.

14　ペルガモンでの猛獣狩りについては Robert（1940, nos. 264 and 265）．闘獣士の医師については Wiedemann（1992, 117）を参照.

15　後任者への剣闘士団の売却については Robert（1940, 284）を参照．元老院議員決議については Oliver and Palmer（1955）を参照.

16　剣闘士の社会的身分については，Potter（2012, 第 26 章），Wiedemann（1992, 第 3 章），Robert（1940, 283–95）を参照．ローマ市民の剣闘士については Robert（1940, 297）を参照．剣闘士の妻と家庭については，Carter（2006）および Robert（1940, 43–44）を参照.

17　降参の印については Carter（2006, 102–3）を参照．死亡率については，Junkelmann（2000, 142）および Ville（1981, 318–25）を参照．剣闘士競技での死の神については Junkelmann（2000, 140–41）を参照.

18　剣闘士の試合で生き残る割合については Carter（2006）を参照．復讐による殺害については，Carter（2006, 109–10）および Robert（1940, no. 34）を参照.

19　剣闘士の食生活については Curry（2008, 28–31）を参照．性的魅力については，Hopkins（1983, 22–23）および Carlin A. Barton（1993, 47–89）を参照．墓地についてはさらに Kanz and Grossschmidt（2006）も参照.

20　Robert（1940, nos. 260–63）.

21　エフェソスの墓地と剣闘士の外傷については Kanz and Grossschmidt（2006）を参

照.

22 『類による薬剤の調合について』3.2（13.564–65K, 599–600K）および『ヒポクラテス「骨折について」注解』3.21（18B.567–69K）. 消毒薬としてのワインの使用については, 先行研究のレビューを含む Waite and Daeschel（2007）を参照.

23 『類による薬剤の調合について』3.2（13.601–2K）. 騎馬闘士については, Junkelmann（2000, 123–24）を参照.

24 手足の傷については『解剖指南』3.1（2.345K）. 結紮については『脈の用途について』3（5.160K）.

25 治療器具については, 特に Baker（2004, 第 5 章）, Cruse（2004, 第 6 章）, Bliquez（1994）, Künzl（1983）を参照. ガレノスが器具を失ったことについては本書第 8 章で扱う.

26 腹部縫合については『治療法について』6.4（10.411–20K）.『治療法について』の Johnston and Horsley（2011）による翻訳には, Witt（2009）による縫合についての図と注釈が加えられている.「シュリンゴトメ」については『治療法について』（10.415–20K）. 助手の手による補助については同書（10.416–20K）に記載がある. ケルススによる記載は『医学について』7.16. Papavramidou and Christopoulou-Aletra（2009）は古代の文献情報の性質について誤解している面もあるが, 腹部縫合について現代的な観点からの有益な情報を提供している.

27 特に『医学の勧め』に記されたガレノスの競技者に対する見解について, 最近の議論は, König（2005, 274–300）を参照. 本書第 5 章でも論じる.

28 『類による薬剤の調合について』3.2（13.600K）および『最良の医師を見分ける方法について』9（104 Iskandar）.

29 「スタシス」については『予後判断について』4（14.622K）と同書 9（14.648K）.

30 Nutton（1973, 164–65）および Schlange-Schöningen（2003, 133–36）を参照.

第 4 章　ローマ

1 『苦痛の回避』34 において, ガレノスは三十二歳の時にローマに到着したと書いている. テウトラスの奴隷によって書き起こされることとなった, 瀉血をめぐるマルティアヌスとの論戦が最終局面を迎えたのは, 三十三歳のときのことである（『自著について』1, 19.15K）. 残された記録と合致する最も単純な解釈は,（実際は必ずしも正確ではないが）ガレノスの記憶する年月日が常に正しいと仮定し, ガレノスはローマに 162 年の誕生日以前（誕生日は初秋. 第 1 章注 31 参照）にローマに到着し, エラシストラトス主義者との論争や（ひと冬かけて行なわれた）エウデモスの治療はその年の年末から 163 年初めにかけてのことだとする解釈である. Schlange-Schöningen（2003, 139–42）は『予後判断について』2（14.609K）に基づいて, ガレノスは名前のわからない患者の四日熱を治療した 162 年の初秋までにはローマに到着していたと指摘する. それより前に到着していた可能性を排除する証拠はない. この年代についての近年の議論については, Boudon-Millot（2007a, liv-lvi）を参照.

2 これらの土地への訪問についてはよくわかっていない. Nutton（1973, 169）は 161–

162 年のことだとするが，Boudon-Millot（2007a, li-liv）は判断を差し控えている．ガレノスはこの旅行に関してボエトゥスについて触れていないが，この点は重視しなくともよいと思われる．ガレノスの友人フラウィウス・ボエトゥスは 160 年代後半にシリア・パレスチナ属州の総督を務めていたので，旅行がその時期だとしたらガレノスの訪問が要望されてのことだろう．ただし，この地域に「大疫病」が起こっていた時期に，ガレノスが困難な旅行を計画したとは考えにくい（第 6 章を参照）.

3 「カドメイア」については『単体薬の混合と諸力について』9.3.11（12.219–20K），「ディフリュゲス」については『単体薬の混合と諸力について』9.3.8（12.214K）．ローマによる管理と労働力については，Hirt（2010）および Healy（1978, 103–38）を参照．イベリア半島での強制移住と鉱山労働については Hirt（2010, 228–32）．グリーンランドの氷河については Hong et al.（1994）を参照.

4 『単体薬の混合と諸力について』9.3.21（12.226–27K）．町からの距離については，単体薬の混合と諸力について』9.3.8（12.214K）.

5 『単体薬の混合と諸力について』9.3.11（12.220K），9.3.21（12.227K）.

6 『単体薬の混合と諸力について』9.3.34（12.238–40K）．Schlange-Schöningen（2003, 284–89）（“Sklaven in der Kupfermine von Soloi”）も参照.

7 粗悪品と代替品については Nutton（1985, 142–44）を参照.

8 レムノス島の粘土については現代になって多くの研究・分析が行なわれている．最新の Hall and Photos-Jones（2008）は，二種類の粘土（モンモリロナイトとカオリン）・ミョウバン・ヘマタイトを混ぜ合わせたものだと同定，その薬効の可能性について論じ，レムノス島の粘土についての古代の言及も集めて論じている．Nutton（1985, 143–44）も参照.

9 レムノス島旅行については，『単体薬の混合と諸力について』9.1.2（12.171–75K），9.3.9（12.216K）および『解毒剤について』1.1（14.8K）．旅行の年代と行程については議論が多数ある．Nutton（1973, 167–69）および Boudon-Millot（2007a, xlvii–l）を参照.

10 この一節については Brodersen（2001, 7–9）を参照.

11 ガレノスのローマとペルガモン間でとった移動の諸手段については Nutton（1973, 167–69）を参照．ガレノスと同時代のアエリウス・アリスティデスの経験に基づく，ローマ帝国内の旅行の苦労に関する事例研究である Mitchell（1993, 1:165–67）を参照.

12 パウサニアスの転落については，『解剖指南』3.1（2.343–45K），『罹患した部位について』1.6（8.57K）と 3.14（8.213–14K），『最良の医師を見分ける方法について』9（106–8 Iskandar）.

13 『ヒポクラテス「伝染病第六巻」注解』4.20（17B.281K）および『ヒポクラテス「箴言」注解』2.28（17B 519–20K）.

14 Mattern（2008a, 139）を参照.

15 追い剥ぎがローマ帝国にはびこっていたことについては，Shaw（1984）の古典的研究を参照.

16 『食物の栄養力について』3.2（664K）．Wilkins（2003, x–xi）も参照.

17　Wilkins（2003, xiv）および Nutton（1995b, 363–65）を参照.

18　足の指の怪我については『単体薬の混合と諸力について』10.2.15（12.285–86K）. 耳の痛みについては,『単体薬の混合と諸力について』11.1.49（12.367K）および『場所による薬剤の調合について』3.1（12.600K）. 傷については,『単体薬の混合と諸力について』6.4（11.866K, 鎌による傷）,『単体薬の混合と諸力について』10.2.9（12.271– 72K, 二例）, 単体薬の混合と諸力について』11.1.1（12.322–23K）,『類による薬剤の調合について』3.2（13.582–84K, 592, 三例）,『類による薬剤の調合について』3.6（13.633K）. フケについては,『場所による薬剤の調合について』1.8（12.466K）.

19　Kayne（1968）, Ramesh et al.（2010）などを参照.

20　『類による薬剤の調合について』3.2（13.583–84K）,『類による薬剤の調合について』3.6（13.633K）,『単体薬の混合と諸力について』6.4（11.866K）.

21　農民を女性や子供と比較している例としては『類による薬剤の調合について』7.11（13.1009K）が挙げられる. ガレノスにおける農民については Mattern（2008a, 104–5, 127, 130–31）を参照. ガレノスによる都市と田舎の典型例の比較は『ヒポクラテス「伝染病第一巻」注解』1.3（17A.2100211K）などで行われている. 入浴については『ヒポクラテス「骨折について」注解』1.41（18B.394K）にも記載がある.

22　到着年については Schlange-Schöningen（2003, 139–42）を参照.

23　水道システムについての概略として Lo Cascio（2006, 61–62）を参照.

24　Scheidel（2009）. ヒルについては『罹患した部位について』4.8（8.266K）.

25　Garnsey（1988, 第 IV 部）.

26　『食物の栄養力について』3.29（6.721–22K）.『食物に含まれる良質の液汁と悪質の液汁について』9（6.795K）および Nutton（1995b, 364–365）も参照.

27　Aldrete（2007, 病気については pp.141–54, 洪水の頻度については pp.71–81）. Aldrete（2007）は, 20 年ごとに大洪水が起こり, 小規模ながら深刻な洪水が 4, 5 年ごとに起こっていたと推定している.

28　ローマ市の人口過密を裏付ける証拠についての調査は Lo Cascio（2006, 59–60）を参照.

29　キケロー『アッティクス宛書簡集』14.9. Aldrete（2007, 106）および MacMullen（1974, 86）も参照. インスラについては Scobie（1986, 404–7）を参照.

30　建築技術と建築に関する法令については, Scobie（1986, 404–7）および Aldrete（2007, 102–18）を参照.

31　Aldrete（2007, 117）.

32　ヘルクラネウムで発掘された遺体については Capasso（2000）を参照. このローマ人のミイラはアッピア街道沿いの市から 5 マイル離れたところで見つかり, 2 世紀ごろのものとされている（Ascenzi et al. 1996, 205–18）. おそらくローマ市でミイラにされている.

33　Scobie（1986, 407–22）.

34　以下の記述については Bodel（2000, 128–51）を参照.

35　スエトニウス『ローマ皇帝伝』「ウェスパシアヌス」5.4, Bodel（2000, 129）およ

び Scobie（1986, 418）を参照.

36　Scobie（1986, 419–20）.

37　Dunbabin（1989, 6–46）.

38　入浴については，Mattern（2008a, 50–52, 58–59, 140–43），Fagan（1999, 85–103），Scobie（1986, 425–27），スエトニウス『ローマ皇帝伝』「ハドリアヌス」22.7 を参照．ハンセン病についてはガレノス『単体薬の混合と諸力について』11.1.1（12.314K）＝『経験主義の概要』（77 Deichgräber）．気道からの出血についての記載が『治療法について』5.13（10.369K）にある．

39　卒倒については，『呼吸の用途について』4（4.494K）および『ヒポクラテス「箴言」注解』2.41（17B.540K）．浴場の煙についてはフロント『マルクス・アウレリウス書簡』1.3.4（1.86 Loeb）．Fagan（1999, 186–87）も参照．

40　ローマ市内の病気および先行研究を踏まえた，季節ごとの死亡率の変化に関する議論については，Scheidel（2009），Scheidel（2003, 158–76），Sallares（2002，第 8 章「ローマ市」）を参照．

41　『病気の経過について』8（7.435K）．また「市の人々になじみのあった，三日半熱が，特にローマで発生する」という記載がある（『ヒポクラテス「伝染病第一巻」注解』2.25（17A.121–22K））．Sallares（2002, 222）を参照．三日半熱と熱帯熱マラリアについては Sallares（2002, 14–15）にケルススからの引用とともに記載がある．ガレノスも『病型について』3（7.464K）などを参照．ガレノスと他の医師はさまざまな件のなかでも「三日半熱」の定義について議論を交わした．もちろん「三日半熱」と熱帯熱マラリアとが一対一で対応しているわけではない．Mattern（2008a, 64 with note 57）を参照．ローマ市のマラリアについては Scheidel（2003, 163–69）も参照．

42　菜園については Sallares（2002, 211）を参照．湖沼については Sallares（2002, 215）．

43　Sallares（2002, 225–26）．熱帯熱マラリアの地方的流行についてガレノスが言及した一節だけから結論付けるつもりはないが，可能性としてはローマ市内の症例はこの結論を支持しうる．

44　Scheidel（2003）および Scheidel（2001）を参照．

45　ガレノスにおける熱病については，Mattern（2008a, 64 with n. 57 and 155–58）．

46　一世紀のイスラエルとローマにおける重複感染については Donoghue et al.（2005）を参照．ハンセン病と結核の歴史に関する最新の遺伝学的調査による分析については Stone et al.（2009）を参照．「プティシス」については Grmek（1989, 193–94）を，骨格の痕跡については Grmek（1989, 177–80）および Dubos and Dubos（1987, 8–10）を参照．

47　ハンセン病については Grmek（1989, 152–76）を参照．エフェソスのルフォスによる記述はオリバシオス『医学著作集』45.28．大プリニウス『博物誌』26.5．ガレノスによる「エレファンティアシス」についての言及はペルガモンでのものが多いが，三例はローマでのものであり，卜占官とヘビ取りの患者については『単体薬の混合と諸力について』11.1.1, 12.314–314K ＝『経験主義の概要』10, 77–78 Deichgräber．『ヒポクラテス「箴言」注解』6.47, 18A.80K にはガレノスが長年治療した患者について記述がある．

48　古代の梅毒についての研究の最新のレビューについてはHarper et al.（2011）を参照．古典的研究であるBaker and Armelagos（1988）は現在でも重要である．古代における性感染症についてはGrmek（1989，第5章）を参照．

49　Jacques（2002, vol. 3, lines 74–86, pp. 8–9およびcommentary, pp. 82–84）を参照．

50　1970年代に鉛中毒に対する医学的関心が高まった際，H. A. WaldronやJ. O. Nriaguらが古代の文献や遺物，生物学的資料から中毒による影響を調査した．Nriagu（1983a, b）などを参照．しかし，ローマ皇帝一族と帝国の安定に対する鉛の影響についてのNriaguの議論はきわめて思弁的である．ローマ期のイタリアの人骨の鉛濃度についてはAufderheide et al.（1992）を参照．アリミニウムとラウェンナにおける象牙質中の鉛濃度については，Facchini, Rastelli, and Brasili（2004）を参照．1990年代の鉛濃度についてはTsuji et al.（1997, table 2）を参照．Tsujiらはオンタリオ州の住人の鉛濃度が高いことの原因を狩猟での鉛弾が原因だとしている．

51　Facchini, Rastelli, and Brasili（2004, 132）およびScheidel（2009, 11; 2010a, 7–8）．栄養不良が原因の多孔性骨化過剰と眼窩篩の病因についての最近の議論はWalker et al.（2009）を参照．

52　これらの要因についてはSallares（2002, 201–34）を参照．古代のローマ市は中世や初期近代よりもはるかに大きく，不健康な貧しい貧困地域の住民も多かった点にも注意．郊外の地域によっては眼窩篩の割合が低かったことについてはScheidel（2009, 11）を参照．

53　皇帝の寿命についてはScheidel（1999）を参照．初期近代のロンドンについてはWrigley（1967）を参照．平民の人口についてはLo Cascio（2006, 67–68）を参照．死神としてのローマについてはScheidel（2003, 174–76）を参照．Lo Cascio（2006）は，すべての前近代の都市が人口の排水溝という仮定に疑問を呈し，再調査し批判を行なった．Lo Cascionoのこの批判は正しいだろう．しかし，ローマ市の衛生設備と疾患についての現時点での証拠からは，ローマは例外的に危険な環境ではなかったとは考えられないと思われる．特に，古代ローマのマラリアに関する証拠についての，Lo Cascionoの否定的な態度には根拠がなく，そこから導かれる議論は矛盾している．

54　『最良の医師を見分ける方法について』1（46 Iskandar, tr. Iskandar）．『予後判断について』14（14.622K）も参照．

55　ローマの建築についての秀逸な参考書としてはRichardson（1992）が挙げられる．公衆浴場の装飾については，Dunbabin（1989）を参照．ガレノスの著作におけるローマ建築については，Mattern（2008a, 49–53）を参照．平和の神殿については『自著について』2（19.21K）．通りの喧騒については，MacMullen（1974, 57–87）を参照．書籍商については，『自著について』praef.（19.8–9K）．ライバルについては，『予後判断について』4（14.620K）．痛風については，『単体薬の混合と諸力について』1.29（11.432–33K）．

56　この話題については，『静脈切開についてエラシストラトスへの反駁』1（11.187–95K）．テウトラスは『脈について，初学者のために』を捧げた相手である（『脈について，初学者のために』1, 8.453K）．

57　ガレノスは存命中にこの論考全体を192年の大火で 失ってしまった．しかし本人

が知らない間に，残っていたものが伝わって現存しているようである．『予後判断について』の優れた校訂版と翻訳は Nutton（1979）のもので，多数の注釈も施されている．著作の執筆年代については同書 pp. 48–51.

58 エウデモスについての逸話は，『予後判断について』1–2（14.599–613K）．症例については Schlange-Schöninge（2003, 150–55）を参照．

59 Mattern（2008a, 21–27, 84–87）を参照．

60 Mattern（2008a, 155–58）．

61 ガレノスが肝臓の炎症と結びつけた痛みとその他の徴候については『罹患した部位について』2.10（8.124–25K）を参照．

第 5 章　解剖とボエトゥス

1 プルタルコス『モラリア』（9122B-E）．Boulogne（1996）を参照．

2 Nutton（2009, 24）．

3 ガレノスの教育的な著作については，特に Boudon（1994）を参照．

4 医学とローマの上流社会については，Mattern（2008a, 21–27）およびより最近の Johnson（2010，第 5 章）を参照．古典となった研究である Bowersock（1969 の第 5 章「ガレノスの名声」）も参考になる．Korpela（1987, 110–11）ではローマの著名な医療施術者の法的地位が表にまとめられている．

5 ボエトゥスの詳細な伝記記録は Halfmann（1979, no. 95）にまとめられているが，Nutton（1979, 164）によればガレノスが伝える情報のほうが詳細である．ボエトゥスの出生地については，『解剖指南』1.1（2.215K）．ボエトゥスとガレノスがともにエウデモスと交友関係があったことについては，『予後判断について』2（14.612K）．元執政官に関する情報については，『予後判断について』2（14.612K）および『自著について』1（19.13K）．アリストテレス主義者の哲学者については，『予後判断について』5（14.627K）および『自著について』1（19.13K）．エウデモスおよびアリストテレス主義者のアレクサンドロスとの交友については，『解剖指南』1.1（2.218K）および『予後判断について』（14.627K）．

6 『予後判断について』2（14.612K）でのパウルスの記述については，Nutton（1979, ad loc.，163–64）も参照．ガレノスは『解剖指南』1.1（2.217–18K）においてもセルギウス・パウルスをボエトゥスの仲間のひとりとして言及している．

7 『予後判断について』2（14.613K）．Nutton（1979, 166–67）も参照．

8 Mattern（2008a, 20 with n. 61）．

9 Boudon-Millot（2007a, 188 n. 5）および Schlange-Schöningen（2003, 204 n. 136）．

10 『静脈切開についてローマ在住のエラシストラトス主義者への反駁』1（11.194–95K）．ここでガレノスはテウトラスを非難していないが，何らかの関与があったことは裏付けている．「悪意に満ちた」語調については Brain（1986, 103）を参照．

11 ガレノスとアリストテレスの関係についての最近の詳細な研究として，van der Eijk（2009, 261–81）を参照．また Rocca（2003，第 2 章）も参照．

12 デメトリウスとハドリアノスについては Nutton（1979, 190–91）を参照．

13 『解剖指南』8.4（2.669K），『諸部分の用途について』7.14（3.576–77K），『罹患した部位について』1.6（8.53–54K）.

14 Nutton（1984b: 315–24; 1979, 189）および Temkin（1973, 74–76）.

15 Bailey et al.（1999）および Goudsmit and Brandon-Jones（1999, 2000）を参照．サッカラのカタコンベには二匹のグエノンも収められていた．現在では野生バーバリーマカクのコロニーはジブラルタルに見られるが，明らかにギリシア・ローマ時代のヨーロッパで野生の群れはいなかった（Delson 1980, 18, 25）．マントヒヒ，アヌビスヒヒ，ミドリザル，パタスモンキーが王朝時代のエジプトの芸術作品や末期王朝時代の墓地で確認されている（Osborn with Osbornová 1998, 32–42）.

16 『解剖指南』11.4（108 Simon）．Sandys-Winsch（2009）では，Richard Dawkins がキリンの反回神経の解剖を行なってその進化を説明している．

17 Fowler and Mikota（2006, 317）．カワウソについては Egerbacher, Weber, and Hauer（2000, 485–91）.

18 『解剖指南』12.6（151–54 Simon）．『諸部分の用途について』6.21（3.510K）も参照.

19 「帝王切開」の「帝王の」(Caesarian) という表現の起源ははっきりしないが，ラテン語動詞「caedere」(切る) と関連があるようだ．大プリニウスはユリウス・カエサルの祖先がこのようにして誕生し，それが「Caesar」という家名の起源だと記しているが（『博物誌』7.47），正しくないだろう．帝王切開は 19 世紀までは命を助けるための処置ではなく，母体の死後に胎児を救う最後の手段としてのみ行われていた．Todman（2007）を参照.

20 火ばさみについては『解剖指南』7.13（2.635–36K）および『ヒポクラテスとプラトンの教説について』1.5, 5.186K.

21 『解剖指南』14.9（229–30 Simon）．若い動物の使用については『解剖指南』7.12（2.627–28K），7.13（2.635–36K），8.8（2.690K）．老いた動物の使用については，『解剖指南』5.4（2.500K），8.3（2.661K）．餓死させることについては『解剖指南』11.3（94 Simon）．溺殺と絞殺については，『解剖指南』3（2.233K），8.10（2.701–2K），13.4（191 Simon）．肉屋での購入については『解剖指南』9.1（2.708K），14.6（259 Simon）.

22 『解剖指南』9.10（18 Simon）および 11.4（106–7 Simon）.

23 『諸部分の用途について』14.4（4.150K）および『種子について』2.5（4.634K）.

24 子宮については，『諸部分の用途について』14.4（4.153K），『種子について』2.5（4.631K），『罹患した部位について』6.5（8.436–37K）．奇網については『諸部分の用途について』2.10–11（3.696–97K）．Rocca（2003, 202–19; 2008, 253–54）も参照.

25 『血液は動脈の中に含まれるのか』4（4.733–34K）および『解剖指南』7.16（2.646–49K）.

26 Furley and Wilkie（1984）はガレノスによる『呼吸の用途について』，『血液は動脈の中に含まれるのか』，『脈の用途について』と要約が現存する『呼吸の原因について』の 4 著の英訳，ガレノスによる呼吸理論について簡潔な解説，および古代の医学における位置付けについての議論を含む.

27　実際にはプラトンは心臓や肝臓について特に語っておらず，アリストテレスとストア主義は心臓を理性の座だとしていた．Donini（2008）を参照．ガレノスにおける霊魂の概念，その解剖，身体との関係性についてはGill（2010，第3章），Tieleman（2003），von Staden（2000），Hankinson（1991b）を参照．

28　ガレノス生理学についての簡潔な紹介としては，Debru（2008）が挙げられる．『諸部分の用途について』，『ヒポクラテスとプラトンの教説について』，『自然の機能について』，『呼吸の用途について』が生理学に関する最も重要な著作である．この4冊の英訳はそれぞれMay（1968），de Lacy（1980–84），Brock（1916），Furley and Wilkie（1984, 71–134）．

29　ガレノスの示説の見世物としての側面，および第二次ソフィスト運動との関係については，Gleason（2009），von Staden（1997a），Debru（1996），von Staden（1995）を参照．猛獣狩りについては，Gleason（2009, 108–110），Wiedemann（1992, 55–67）を参照．

30　『解剖指南』7.13（2.635–36K）．Gleason（2009, 93–94）も参照．

31　Mattern（2008a, 14–21）を参照．

32　Mattern（2008a, 9–11）．特に『脈の種類について』2.3（8.571–74K）および『治療法について』2.5（10.112–14K）を参照．

33　『脈の種類について』1.1（8.484–95K），2.3（8.571–74K），3.3（8.653–57K）など．

34　『自著について』2（19.17K）および『解剖指南』1.1（2.217K）．

35　『静脈と動脈の解剖について』も「サルの身体の実演であなた［献じた相手であるアンティステネスのこと］が見たこと」の覚え書きとして書かれている（1, 2.779K）．

36　「熱心な愛好者」ぶりについては，『解剖指南』1.1（2.214–15K）．ボエトゥスに献じられた著作については，『解剖指南』1（2.215, 216–17K），『予後判断について』5（14.630K），『自著について』1（19.13, 15–16K）．『解剖指南』の後半の巻が失われたことについては，『解剖指南』1（2.216K）．大火によって焼けた可能性が高いが，Kühn版のテキストで大火へ言及している箇所はルネサンス期に挿入されたものであり，どのようにして失われたかガレノス自身は語っていない．Boudon-Millot（2007a, CI）を参照．10年単位で3期に分けて書かれたと考えられる『解剖指南』の成立の年代と経緯については，Bardong（1942, 631–32）を参照．

37　ガレノスはその母親のことを「ギュネー」と呼ぶ（14.637K）．この言葉は妻の意味もあるが，女性一般の意味で用いられる（ガレノスは「彼のギュネー」とは書いていない）．後にローマ法では妻帯者が自由人や解放奴隷の内縁の妻を持つことを禁じた（『ユスティニアヌス法典』5.26.1, 7.15.3.2）が，いつから法的に禁止され，慣習として許容されなくなったかははっきりしない．所有している奴隷との性行為や出産はどの時代でもよくあることで，ローマの貴族が奴隷の女性を複数囲っていたことがよく知られている．このような奴隷から生まれた子供のなかには手厚く育てられ，十分な教育を受けて早くに解放されて遺産も残された者もいたが，一般には主人の子供として公に認められなかった．ローマ法はしばしば奴隷を主人の「自然の息子」とみなしていた．Betzig（1992）を参照．

38　現代の見地からの診断についてはNutton（1979, 203）を参照．

39　治療費か褒美かという問題はMattern（2008a, 4 n. 10 and 83）を参照．治療費についてのガレノスの主張はMeyerhof（1929, 84）を参照．

40　von Staden（2009）．『自著について』9（19.34–35K）．この時期にガレノスが書いた注釈書で現存，あるいはほぼ全体が残っているものは，『箴言』，『予後』，『関節について』，『骨折について』，『急性病に対する食餌法』，『伝染病第一巻』への注解である．

41　『自著について』1（19.15–16K）と2（19.19–20K）および『解剖指南』1.1（2.216–17K）とIlberg（1889, 218–19）．

42　von Staden（1997b）およびMattern（2008a, 14–21）を参照．

43　『諸部分の用途について』が医師と哲学者を読者として意図していたことについては，『解剖指南』2.3（2.291K）および『諸部分の用途について』17.1（4.360–61K）．目的論とアリストテレスについてはHankinson（2008b, 225–36; 1994a, b; 1989）を参照．ガレノスの目的論と宗教観一般についてはFrede（2003）を参照．ガレノスのデミウルゴス（本文で後述）についてはFlemming（2008）を参照．Kuriyama（1999, 116–29）はギリシア文化における目的論と解剖の関係について興味深い議論を行なっている．

44　ペイディアスについては『諸部分の用途について』3.10（3.239K）．プロメテウスについては『諸部分の用途について』10.9（3.801–2K），12.11（4.45K）．パエトンについては『諸部分の用途について』17.1（4.361K）．

45　ローマでのユダヤ人の共同体については，Cappelletti（2006）およびGruen（2002, 第1章）を参照．

46　殉教についてはSchlange-Schöningen（2003, 251）．ガレノスの時代のローマ市内のキリスト教の共同体については，Lane Fox（1986, 268–69）およびFrend（1965, 121–26, 234–38）を参照．

47　Walzer（1949, 77），Nutton（1984b, 316–17），エウゼビオス『教会史』5.28.13–14，エピファニオス『パナリオン』54.3.1．

48　『諸部分の用途について』10.12（3.812, 814K），10.14（3.835–36K）．

49　von Staden（2003, 31–43）を参照．

50　『諸学派について，初学者のために』（1.66–67K），『類による薬剤の調合について』1.1（13.366K），『単体薬の混合と諸力について』11.1.34（12.356–57K）．

51　Harris（2009, 210 n. 520）を参照．

52　『単体薬の混合と諸力について』11.1.1（12.315K），『経験主義の概要』10（78–79 Deichgräber）．

53　ガレノスとアスクレピオスとの関係については特にSchlange-Schöningen（2003, 223–35）を参照．

54　この事例は『夢による診断』（6.832–35K）に記載されている．翻訳と議論はOberhelman（1983）．夢に関してのガレノスの見解については，Harris（2009, 64, 209–12），von Staden（2003, 21–28），Oberhelman（1993）．

55　占いと予後の対比，および占いへの批判についてはたとえば，『熱病の種類について』2.7（7.354K），『脈についての書の概略』6（9.446–47K），『罹患した部位につい

て』3.7（8.168K），5.8（8.362K），『予後判断について』1（14.601–2K），5（14.625K）．下層民という言及は，たとえば『最良の医師は哲学者でもあること』1（1.54–55K），『単体薬の混合と諸力について』10.2.6（12.263K）．

56 『単体薬の混合と諸力について』11.1.1（12.314–15K），『経験主義の概要』10（77–78 Deichgräber）．

57 占いに関するガレノスの見解については von Staden（2003, 26）を参照．

58 『単体薬の混合と諸力について』6 proem（11.792–97K），10.1（12.251K），10.2.16（12.289–90K）．これ以降の記述も含めて von Staden（2003, 19）を参照．

59 ガレノスが同様に魔術的行為を合理的に説明している例や薬学における共感作用という半魔術的な考えについては Keyser（1997）を参照．

60 ガレノスの『自説について』2–3（172–74 Bouton-Millot and Pietrobelli），7（178 Boudon-Millot and Pietrobelli），11（182 Boudon-Millot and Pietrobelli），『胎児の形成について』6（4.699–702K）および Nutton（1999, 142–44）．霊魂についてガレノスが不可知論を取ることは，古代の哲学の伝統における霊魂の不死性と実体についての議論に関する記載との関連で語られている．von Staden（2000）を参照．Nutton 版『自説について』はおもにアラビア語訳からの中世のラテン語訳に基づき，ギリシア語原典とヘブライ語の断片や抜粋で補足している．近年になって初めて『自説について』の完全なギリシア語テキストが，テッサロニケの修道院でガレノスの 13 本からなる論考集の中から発見された（Boudon-Millot and Pietrobelli 2005 を参照）．ラテン語訳の元になったアラビア語訳は，ガレノスの多神論的な考えを薄めて見せるために，ガレノスによる神々への言及を削除している．このことは重要であり，注意しなければならない（Boudon-Millot and Pietrobelli 2005, 192 n. 10）．

61 この一節に続けて，航海においてディオスクロイ（カストルとポリュデウケス）の「力と先見の明」を経験したと記している．しばしば難破からの救出は神々の介入の証拠だと考えられていたが，治療のほうがはるかに身近なものだった．MacMullen（1981, 50 with n. 7）を参照．

62 『ヒポクラテス「伝染病第六巻」注解』4.8（17B.137K）．指示に対しての患者の恭順については Mattern（2008a, 145–49）を参照．

63 後援者については Mattern（2008a, 21–27 and 1999）を参照．

64 『解剖指南』1.1（2.215, 217–18K），『自著について』1（19.15–16K）．

65 競技者に対する嫌悪については，『健康を維持することについて』，5.3（6.327K = 5.10, 157 Koch），『医学の勧め』12（131–32K）．役立たずの競技者については，『良い習慣について』（4.753K のプラトン『国家』への注釈），『衛生は医学か体育かについて，トラシュブロスのために』45–46（5.893–94K）．偏った性質を持つことについては，『医学の勧め』9–10（1.20–39K），『良い習慣について』（4.750–56K），『衛生は医学か体育かについて，トラシュブロスのために』（5.806–98K）．競技者と性については，『健康を維持することについて』6.14（6.446K），『単体薬の混合と諸力について』9.3.23（12.232K），『ヒポクラテス「伝染病第三巻」注解』1.4（17A.520–21K），『罹患した部位について』6.5（8.451K），『種子について』1.15（4.571K）．ガレノスの自慢は『衛生は医学か体育かについて，トラシュブロスのために』46（5.893–94K）．賞金

については Potter（2012, 279–86）を参照．さらに詳細については，Mattern（2008a, 128–30; 2008b），König（2005, 274–300）を参照．

66　ガレノスのカンパニアの家については Boudon-Millot and Jouana（2010, xxviii–xxxi）を参照．

67　Mattern（2008a, 52–53），Richardson（1992）の「s.v.」(Vicus Sandalarius）の項目，および Peter White（2009）を参照．

68　ガレノスが子供に対して用いる言葉および「パイス」と奴隷の関係については Mattern（2008a, 108–9）を参照．

69　大プリニウス『博物誌』25.150 およびディオスコリデス『薬物誌』4.75．麻酔薬としてのマンドレイクについては，Ramoutsaki, Askitopoulou, and Konsolaki（2002）および von Hintzenstern（1989）を参照．古代の文献への多くの参照に問題があるので Ramoutsaki 他の研究を参照する際は注意が必要である．Nunn（1989）は古代地中海世界での麻酔に関するわずかな証拠について考察している．ガレノスによるマンドレイクへの言及は，『混合について』2.2（1.585K），『治療法について』3.2（10.171K），『単体薬の混合と諸力について』7.12.4（12.67K），『場所による薬剤の調合について』3.1（12.644K），その他多数に見られる．マンドレイクとアヘンの過剰摂取の危険性については，『場所による薬剤の調合について』8.3（13.157K），『ヒポクラテス「箴言」注解』2.17（17B.477–78K）．大プリニウスとディオスコリデス以外に，不明な部分も多いが，アプレイウスあるいは擬アプレイウスの『植物学書』はマンドレイクの麻酔としての使用について言及していた可能性がある．

70　マルルスの奴隷に関しては，『ヒポクラテスとプラトンの教説について』言及と断片 7（72–76 de Lacy および 5.181K）および『解剖指南』7.12–13（2.631, 632–33K）．最初の引用は『解剖指南』7.13（2.633K）から，二番目の引用は『ヒポクラテスとプラトンの教説について』言及と断片 7（74 de Lacy, tr. de Lacy）からである．主人の血のつながった子供としての奴隷については Betzig（1992）を参照．

第 6 章　マルクス・アウレリウスと疫病

1　Schlange-Schöningen（2003, 141–42）．

2　Nutton（1979, 202–3）．Hankinson（2008, 14）も参照．ガレノスのローマ退去の年月日についてのより詳細な議論は，Boudon-Millot（2007a, lxiii-lxvii）および Schlange-Schöningen（2003, 142–45）を参照．

3　ローマ貴族階層における投毒については Gilbert Watson（1966, 82–91）を参照．魔法使いについては『予後判断について』1（14.601–3K）．占いだというガレノスの評判に関しては Tamsyn S. Barton（1994, 140–43）．ガレノスの同時代人アプレイウスが魔術で誘惑したとする裁判についての明快な説明として Bradley（1997）を参照．魔術に反対するローマ法についての最新の議論として Rives（2003）を参照．ある種の占いは 3 世紀初めには魔術の一部となっていた．

4　マルクス・アウレリウスのもとでのガレノスの地位については Schlange-Schöningen（2003, 187–98）を参照．アルキアトロス一般については，Mattern（2008a, 7–8 with

note 16; 1999a, 6–7）および Nutton（1977, 193–98）を参照.

5　皇帝からの評判については Mattern（1999a, 12–14）を参照．アリスティデス『聖なる教え』1.23, 33, 36 や 46–49（賞賛について）に記載がある．ローマの政治と社会における皇帝の役割に関する最も重要な参考文献は Millar（1992）である.

6　マルクス・アウレリウスの伝記については Birley（1987）を参照．マルクス・アウレリウス時代の宮廷については Champlin（1980, 第 7 章）を参照.

7　マルクス・アウレリウスの子供については Birley（1987, Appendix 2）.

8　マルクス・アウレリウスの「ヒュポコンドリア」（腹部の痛み）については Bowersock（1969, 72–73）を参照．一般に二世紀の人々が他の時代よりも健康を気にかけていたかどうかは，Bowersock が主張するように，証明が難しい．しかし，この時代のエリート層の間で医学の位置づけが高かったために，健康や病気について語ることが多くなったということはありえる.

9　医師と庇護については Mattern（1999a）を参照．一般的な庇護については Saller（1982）の古典となった研究を参照.

10　Mattern（2008a, 14–15）.

11　ペルガモンでの「スタシス」については『予後判断について』9（14.648K）および 4（14.622K）を参照.

12　『予後判断について』9（14.649–50K）．疫病の蒸気の流出についてはスエトニウス『ローマ皇帝伝』「ルキウス・ウェルス」8.1–2.

13　ガレノスのローマ出発と疫病については Schlange-Schöningen（2003, 145）を参照．アリスティデスについては『聖なる教え』2.38–44 および Duncan-Jones（1996, 118）と Behr（1968, 96 n. 9）.

14　Nutton（1973, 168）を参照.

15　年代については Schlange-Schöningen（2003, 146–47）を参照．『自著について』でガレノスは，アクイレイアへの召喚はペルガモンに戻った直後だと記しているが，これはまず間違いだろう.

16　『胸と肺の運動について』については，『解剖指南』1.1（2.217–18K）および 8.2（2.659–60K）．現存する短い論考が Furley and Wilkie（1984）によって「On the Causes of Respiration」として英訳されているが，ガレノスがこの時期に執筆したいろいろな箇所で言及しているものとは異なるだろう．つまり，同名で二冊の本があることになるが．おそらく現存しているものは，後世の手による要約だろう．Furley and Wilkie（1984, 231–32）を参照.

17　Patricia Ann Baker（2004），Cruse（2004, 93–100），Davies（1989, 第 10 章）を参照.

18　戦役については Birley（1987, 第 8 章）を参照．マルクス・アウレリウスによる一時的なボヘミアの領土の支配については，カッシウス・ディオ『ローマ史』71［72］.20.2 を参照.

19　ゲルマニア人についての記録に関しては，Isaac（2004, 12 章）および Mattern（1999b, 70–78）を参照．蛮族についてのガレノスの記述は，『ヒポクラテスとプラトンの教説について』3.3（5.303K），『単体薬の混合と諸力について』2.20（11.513–14K）に見られる.

20 Schlange-Schöningen（2003, 175）.

21 古代の歴史記述における疫病については Duncan-Jones（1996）.

22 Duncan-Jones（1996, 118–20）を参照.

23 疫病の人口と経済への影響については，Scheidel（2010b, 2002）および Duncan-Jones（1996）．Duncan-Jones（1996, 118–20）は疫病が流行した当時の文学作品の記録や歴史記録を集めている.

24 25 パーセントという数字は Scheidel（2002, 100–101）に基づく．局所的に疫病が流行したことについては Duncan- Jones（1996, 134–36）を参照.

25 Littman and Littman（1973）を参照.

26 アテネの疫病については，天然痘，麻疹，発疹チフス，腸チフスなどが主要な候補として考えられている．ケラメイコス地区の集団墓地で見つかった歯髄の DNA 分析によって発疹チフスの存在が明らかになったが，この結果についてはまだ議論が行われており決着がついていない．Papagrigorakis et al.（2006）を参照．Li et al.（2007）による系統分析は，悪性の天然痘が現代の弱侵襲性の群から約六千三百年前の東アジアにおいて分岐したことを示し，天然痘の詳細な記述が最初に現れる 400 年ごろに放散が始まったと仮定している（四世紀前半に書かれた葛洪（Ge Hong あるいは Ko Hung）の著作は，天然痘をおそらく一世紀ごろ西方あるいは部族民からもたらされたと記している）．分岐についてのこの見解に従って，ウィルスの進化速度を分子時計で図ろうとする研究者もいる．その計算では，天然痘が地中海世界に到着したのはかなり後のことになるが，時期が正確かどうかは，恣意的とも思われる歴史学上の証拠の用い方に左右される．Shchelkunov（2011）の研究は分子時計による分析データ自体が異なり，それに基づいて異なるシナリオを提案している．それによると，天然痘は紀元前 1100 年ごろの地中海世界の青銅器時代に終焉をもたらした．この興味深い提案に従えば，紀元前十二世紀に亡くなったファラオ，ラムセス五世のミイラで見つかった，天然痘ウィルスと抗体の存在が説明できる（Hopkins 2002, 14–16, Sandison and Tapp 1998, 44，および Fenner et al. 1988, 210–11）．しかし，Shchelkunov はこの天然痘は人口の減少とともに消滅し，紀元前 500 年以降のインドでウィルスが再び現れると示唆している．元々は 1983 年に発表された Hopkins（2002）の研究，および定評ある Fenner et al.（1988，第 5 章 “The History of Smallpox and Its Spread around the World”，p. 216 に葛洪についての記載あり）の研究は，現在でも古代の歴史記録における天然痘を扱った最良の研究である．ミネソタ大学の感染症研究制作センター（Center for Infectious Disease Research and Policy at the University of Minnesota）のオンライン・コレクションが特に有用である（http://www.cidrap.umn.edu/infectious-disease-topics/smallpox）.

27 『黒胆汁について』4（5.115K）．『治療法について』5.12（10.367K）では「黒い発疹が全身にびっしりと現れた」と記されている．この部分はガレノスが丘疹について記したもっとも詳細な記述であるが，Johnston and Horsley（2011）の訳では「黒い」（melana）が訳されていない．理由は不明.

28 近代の天然痘への観方についての興味深い議論として Shuttleton（2007, part III,「醜さ」）を参照．最新の出血性天然痘についての情報は Fenner et al.（1988, 38）を参

照.『治療法について』5.13（10.367K）における「ἐπουλοῦτο」という言葉は，丘疹が剥がれ落ちた後に「瘢痕となった」皮膚の傷を意味すると思われる.

29　ルキアノス『偽預言者アレクサンドロス』36 も参照.

30　Fenner et al.（1988, 30–31）は，天然痘患者との接触免疫における潜伏性の天然痘について論じている.

31　たとえば Shchelkunov（2011）は人獣共通性のウィルスに由来する周期的な天然痘の出現について論じている.

32　『予後判断について』9（14.650K）も参照.

33　Johnston（2006）は疾病や徴候について扱った著作の英訳である.『混合について』には Singer（1997）の英訳,『自然の機能について』には Brock（1916）の英訳がある.『治療法について』の現代語訳については Johnston and Horsley（2011）を参照 . 第 1 巻と第 2 巻が Hankinson（1991a）において英訳されている.『健康を維持することについて』には英訳（Green 1951）があるが，使用には注意を要す．この時期のガレノスの著作の年表については，Bardong（1942）および Peterson（1977）を参照. これらは元々 Ilberg（1889）が発表した研究を改訂したものである.

34　『予後判断について』9–10（14.650–57K）. この患者の人物と正式な名前については Nutton（1979, 213–14）を参照.

35　示説については『自著について』2（19.20–23K）に記載がある．失われた論考についての言及も『自著について』4（154 Boudon-Millot）に残されているが，この記載は近年になって復元された部分にのみ含まれている.『自著について』（201 Boudon-Millot）のテキストの復元についての編者の注も参照.『解剖指南』14.1（232 Simon）も参照．現存する『リュコスへの反駁』（18A.198–245K）は，『ヒポクラテスとプラトンの教説について』7（5.704–5K）で言及されている別の著作である.『筋肉の解剖について』の出版年代については Garofalo and Debru（2005, 96–97）を参照.

36　Birley（1987, 195–206）.

37　ナルドについては Nutton（1985, 143）を参照.

38　競技に関する碑文については，Moretti（1953, 38, 152）および Mattern（2008a, 234 n. 33）.

39　ガレノスと皇帝のテリアカの調合については Schlange-Schöningen（2003, 187–204）を参照．古代のテリアカについては Mayor（2010, 239–46）を参照．Mayor はミトリダテスの元々の処方箋は失われていたはずであると論じ，最新の参照情報を示している．Totelin（2004）はローマ時代のテリアカの変遷を追っている．Gilbert Watson（1966）も参照.『テリアカについて，ピソのために』の信憑性については，Nutton（1997）および Swain（1996, appendix D）を参照.

40　「ある人たちは処方を欲しがった人に渡すときにわざと嘘をつき，別の人たちは他の人から入手したものを書き変えた．図書館に収められている書はといえば，数字は簡単に誤って伝えられるので，記号を用いているものがある」（『解毒剤について』1.5, 14.31K）.

41　ミトリダテスの解毒剤については，Mayor（2010, 239–47），Totelin（2004），Touwaide（1994,1941–43）を参照.

42 『解毒剤について』1.1（14.4K）．Schlange-Schöningen（2003, 189）を参照．Schlange-Schöningen（2003, 189. n. 73）に書かれているように，デメトリウスの墓石がオスティアに残る170年の墓石である可能性は否定できない．

43 Schlange-Schöningen（2003, 190）．

44 Schlange-Schöningen（2003, 197）を参照．

45 ガレノスは「百の成分からなる解毒剤を用い，すべてのもの，特に重症なもののために皇帝に提供した」（『解毒剤について』2.9, 14.155K）と記す．この処方はアンドロマコスのテリアカ「ガレーネー」とは大きく異なり，そのためガレノスは「テリアカ」と呼ばない．ガレノスがどの皇帝を指していたのかははっきりしない（『解毒剤について』はセウェルスの時代に書かれた）．また，仮にマルクス・アウレリウスのことだったとしても，他の薬ではなくマルクス・アウレリウスが常用していたテリアカのことを指すのかどうかわからない．ガレノスがマルクス・アウレリウスに調合したテリアカは，アンドロマコスの「ガレーネー」のデメトリウスによる改良版だったことは明らかだと思われる．

46 『解毒剤について』1.1（14.2K）および『テリアカについて，ピソのために』5（14.232K）．

47 マルシと蛇使いについては，Dench（1995, 158–64）および Nutton（1985, 138–39）を参照．

48 Davies（1989, 212）．

49 毒ヘビの肉と「エレファンティアシス」については，『経験主義の概要』10（75–78 Deichgräber），『単体薬の混合と諸力について』11.1.1（12.312–15K，大部分は『経験主義の概要』に記されている同じ話題の引き写しである），『治療法について，グラウコンのために』12（11.143–44K）．

50 新石器時代におけるケシの栽培についての最新の研究としては，Zohary（2012, 109–11）および Bogaard, Krause, and Strien（2011）を参照．ディオスコリデス『薬物誌』4.64にも記載がある．『薬物誌』の英訳としては Beck（2011）が優れている．ガレノスの治療薬の一覧は『場所による薬剤の調合について』7.2（13.38–45K）に記載されているが，アヘンについては別の箇所でも何度も言及されている．古代医学におけるアヘンについては Scarborough（1995）を参照．

51 近年の議論と関連文献については Schlange-Schöningen（2003, 198–204）を参照．

52 Schlange-Schöningen（2003, 202）に基づく．元々の算出は Africa（1961,102）による．

53 de Quincey（2003, 61, 87）．

54 Africa（1961, 97）は，マルクス・アウレリウスは自身と皇帝としての重圧や不貞な妻との不幸な結婚の重圧との間に「麻薬の壁」を設けていたと指摘しているが，信憑性は低い．Africa の議論はおもに『自省録』の厳格で不幸な書きぶりに基づいているが，確かに抑圧的ではあっても，ストア主義の同種の著作と同程度である．この問題についての有益な注釈と解説として Rutherford（1989）を参照．

55 Schlange-Schöningen（2003, 185–86）を参照．

56 第二次ソフィスト運動とローマの権威との関連については第1章の注11を見よ．

57　以下の例については Mattern（1999a）を参照.

第7章　ガレノスと患者たち

1　ガレノスの没年については，Nutton（1995a）および Strohmeier（2007）．第 8 章で再度論じる．『テリアカについて，ピソのために』の著者については，Swain（1996, Appendix D）および Nutton（1997）を参照．Strohmeier（2007）は『テリアカについて，ピソのために』がガレノスの著作であることに疑問を呈しながらも，アラビア語の注釈者たちによる多数の証拠は，ガレノスの没年を通説よりも遅いものとする説の決め手になっていると考えている．

2　ガレノスの症例の報告については Mattern（2008a）を参照．患者宅の訪問については Mattern（2008a, 40–41）を参照．真夜中の呼び出しについては『治療法について』9.4（10.611K）および『予後判断について』7（14.636K）．夜明け前の往診については『治療法について』11.16（10.792K）に，ロバについては『治療法について』7.6（10.474K），家令については『瀉血による治療の理論について』17（11.299–302K）．

3　『類による薬剤の調合について』3.2（13.574–75K）．自宅での治療については Mattern（2008a, 56–57）を参照．また Mattern（2008a, 56–57）の注 31–32 に記載の，ポンペイの医師の家についての参考文献と議論を参照．膝を怪我した患者については『類による薬剤の調合について』3.2（13.574–75K）．調合に関する用語については Gourevitch（2003）を参照．

4　ガレノスの診断技術については Mattern（2008a, 149–52）の議論と詳細な参考文献を参照．子供のころからの訓練については『脈を診ることについて』1.1（8.770–71K）に記載がある．現存する脈についての論考としては，『脈について，初学者のために』,『脈の種類について』（全 4 巻），『脈を診ることについて』（全 4 巻），『脈の原因について』（全 4 巻），『脈からの予見について』（全 4 巻），『脈についての書の概略』（8.453–9.549K）がある．ヘロフィロスを含む古代の脈についての伝承をめぐる重要人物ついては von Staden（1989, 267–88 および testimonium144–88b）において詳細な議論がなされている．ガレノスはヘロフィロスの脈についての知識を取り上げた著作を書いたが，現存しない（von Staden 1989, 287 および testimonium162（＝『脈を診ることについて』4.3, 8.161K））．ガレノスによる脈についての記述（p.235）を含む，古代医学の触覚に関する語彙の研究として Boehm（2003）を参照．社会的・文化的側面を含むガレノスの脈の知識については，Kuriyama（1998, 23–37, 63–70）および Tamsyn S. Barton（1994, 152–163）を参照

5　訓練による体温の違いを感じ取る鋭敏さについては『混合について』2.2（1.594–99K）を参照．脈に知悉していたことについては，たとえば『脈についての書の概略』7（9.451K），『予後判断について』11（14.659K），『分利の日について』2.4（9.638K）．体液については，Diamandopoulos and Goudas（2003, 2005）および Mattern（2008a, 150）を参照．

6　『罹患した部位について』4.11（8.293–96K）．現代の医学知識に基づく診断については，Joseph M. Garland 博士と Philip G. Haines 博士から個人的に教示をいただいた．

7　詳細についてはMattern（2008a, 138–145）を参照.

8　女性と懐妊について話すことについては『種子について』1.2（4.514K）（および『自然の機能について』3.3, 2.149K）を参照．ヒステリーについては，『罹患した部位について』6.5（8.417–19K, 426–34K）『子宮の解剖について』4（2.893K），『場所による薬剤の調合について』9.10（13.319–20K），『ヒポクラテス「予言第一巻」への注解』3.121（16.773K），および『ヒポクラテス「箴言」注解』5.35（17B.823–24K）．香を焚くことについては『治療法について，グラウコンのために』1.15（11.54K）．『ヒポクラテス集成』中の自由に動く子宮や香の使用については，Dean-Jones（1994, 69–77）を参照．古代のヒステリーに関する資料の最近の集成と分析については，Faraone（2011）を参照．女性への質問については，『ヒポクラテス「伝染病第六巻」注解』3.29（17B.95K）および『種子について』1.2（4.514K）．男女それぞれの異なる部位に関して慎み深くふるまうことついては『ヒポクラテス「診療所内の事柄について」への註解』1.13（18B.687–88K）．女性に特有の症状と疾患の観察については，『ヒポクラテス「伝染病第二巻」注解』2（17A.811K）の子宮脱と見られる観察，および『グラウコンのための，治療法について』2.12（11.140–41K）の乳がんについての観察がある．月経についてのガレノスの見解は，特に『静脈切開についてエラシストラトスへの反駁』5（11.164–66K）を見よ．Flemming（2000, 331–42）はガレノスにおける女性病について，Flemming（2000, 347）は香を焚くことについて記している．

9　熱病については特に『熱病の種類について』第2巻（7.333–405K）．脳については，『霊魂の諸性向は身体の混合に左右されること』3（4.776–77K）および『罹患した部位について』3.9（8.173–79K）．食事については，ガレノス『食物の栄養力について』およびPowell（2003, 10–13）の議論を参照．薬については特に『混合について』（Singer 1997 に英訳あり）の3（1.646–94K）と『単体薬の混合と諸力について』第1–5巻，およびそれに関するVogt（2008）の議論を参照．瀉血全般と以下の諸点については，ガレノスによる『静脈切開についてエラシストラトスへの反駁』,『瀉血による治療の理論について』および『静脈切開についてローマ在住のエラシストラトス主義者への反駁』およびBrain（1986）による翻訳と議論を参照．またガレノス『充満について』も参照．Otte（2001）によるドイツ語訳がある．

10　死亡した患者については，『治療法について』9.10（10.637K）や『瀉血による治療の理論について』12（11.288–89K）．虚弱になる場合については『治療法について』9.10（10.367–68K）.

11　瀉血の歴史と実践についての近代の評価についてはSchneeberg（2002, 157–85）を参照．西洋と（役割がかなり限定的だった）中国文化における瀉血についてはKuriyama（1999, 第5章；1995）を参照．中世のイスラム世界での瀉血についてはPormann and Savage-Smith（2007, 121）を参照.

12　食欲不振の患者については『ヒポクラテス「伝染病第六巻」注解』3.29（17B.81–82）．拒食症についてはKeel and Klump（2003）．瀉血が禁忌となる場合についてはBrain（1986, 131–33）.

13　専門職についてのガレノスの見解に関しては，アラビア語訳のみが伝わった『医学

の諸部分について』および『衛生は医学か体育かについて，トラシュブロスのために』（5.806–98K）．それぞれ Lyons（1969）と Singer（1997, 53–99）の英訳がある．ガレノスによる外科についての最も長い議論は『ヒポクラテス「診療所内の事柄について」への註解』1.17–25（18B.694–718K）で行なわれている．

14 『ヒポクラテスとプラトンの教説について』1.6（5.186K）および『罹患した部位について』2.10（8.128K）．『治療法について』6.6（10.452–53K）から引用，この患者のその後についての記述（10.453–54K）も参照．穿頭術についての詳細は Rocca（2003, 181–84）を参照．ローマ時代のイタリアで穿頭術が行われていた証拠については Mariani-Costatini et al.（2000, 305–7）を参照．穿頭術を施されたものは 3 体しか見つかっていない．1 体は 5 歳の幼児で，おそらく死因となった頭蓋内占拠性病変の最後の手段として施されている．この幼児の骨はローマ近郊のフィデネで見つかり，一世紀か二世紀のものである．よく可愛がられ，裕福でなかったもしれないがこの点以外は健康だったこの幼児の患者に対し，両親が最良の治療を求め，ガレノスの患者のひとりとなった可能性はある．もっとも，ガレノスが言及する穿頭術の専門家を頼った可能性のほうが高いだろう．

15 病室における友人の役割については Mattern（2008a, 84–87）を参照．

16 『自著について』1（19.14K）および『静脈切開についてエラシストラトスへの反駁』1（11.190–94K）．同一の出来事の説明として二つの記述は似ているが，完全に一致していない．

17 治療法のない熱については，『熱病の種類について』1.10（7.314K）および『治療法について』10.10（10.720K）．

18 聴衆の驚愕その他，Mattern（2008a, 80–83）を参照．グラウコンの友人の事例については本書第 4 章．

19 ガレノスの記録中の論争の話題については Mattern（2008a，第 3 章）を参照．

20 『治療法について』2.7（10.126–27K）および同部分に対する Hankinson（1991a, 202–5）による注釈を参照．

21 ガレノスの著作中の症例記録の役割については Mattern（2008a, 40–43）を参照．また患者を表す言葉については Mattern（2008a, 101–2）を参照．Mattern（2008a, 42 n. 142）に「アッロースト―スたち」という文言を含む論考の一覧が示されている．

22 ガレノスは『諸部分の用途について』9.11（3.274–75K）において，脳神経を，脳と脳幹の硬い部分と軟らかい部分から起こる硬い運動神経と軟らかい運動神経に区別する．しかし，四肢は脊髄から起こる硬い神経のみを持ち，これに関してガレノスの理論はかなり複雑になっている（『徴候の原因について』1.5, 7.111–115K）．ガレノスの神経学については Rocca（2003）を参照．

23 Pearson（2009）．

24 乳癌が最も多いという記載は，『治療法について，グラウコンのために』2.12（11.139K）にある．引用ではガレノスの「カルキノマ」と「カルキノーデス・オンコス」を「カニ」と訳した．古代における乳癌についての医学的な言及についての概説として Retief and Cilliers（2011, 513–15）を参照．

25 『ヒポクラテス「箴言」注解』6.47（18A.80K）．『下剤の力について』1（11.344–

45K）でも同じ患者について言及している．

26 『ヒポクラテス「箴言」注解』4.24（17B.688K）および 6.38（18A.60K）．

27 フィロストラトス『ソフィスト列伝』13.

28 偶然にも著者［Mattern］はパウサニアスとほぼ同じ状態に陥り，その原因と症状については馴染みがある．

29 パウサニアスの症例については，『解剖指南』3.1（2.343–45K），『罹患した部位について』1.6（8.56–59K）および同書 3.14（8.213–14K; ここでは患者の名前が挙げられている），『最良の医師を見分ける方法について』9（106–8 Iskandar）．『解剖指南』と『最良の医師を見分ける方法について』の記述が最も早く，ほぼ同時期に書かれた．

30 古代の医学における癲癇については Temkin（1971, part 1）を参照．癲癇やその他の脳の障害の原因についてのガレノスの主要な議論は『罹患した部位について』3.8–4.5（8.168–237K）．

31 癲癇については『癲癇の子供のための忠告』（11.357–78K）があり，『自著について』7（19.31K）に同書への言及がある．この論考の成立時期については Ilberg（1896, 183, 195）による研究がある．カエキリアヌスと思われる人物については，Prosopographia Imperii Romani（1933–66），C13 を参照．

32 『罹患した部位について』5.6（8.340–41K），『健康を維持することについて』6.14（6.448–49K）および『ローマ在住のエラシストラトス主義者に反論した静脈切開について』9（11.241–42K）．

33 この逸話については，『予後判断について』5–6, 7, 13（14.625–26, 630–33, 634, 640, 669K），『ヒポクラテス「伝染病第二巻」注解』（207–8 Wenkebach and Pfaff），『ヒポクラテス「予後」注解』1.8（18B.40K）に記載がある．内縁の妻については『予後判断について』6（14.630–31K）．

34 さらに詳細については Mattern（2008a, 38–39 with n. 128）を参照．この出来事がよく知られていたことは『予後判断について』5（14.625–26K）からわかり，ガレノスの評判を高めた他の予測や治療と同じ文脈に置かれている．

35 『脈からの予見について』1.1（9.218K）および 1.4（9.250K）．

36 『徴候の原因について』2.5（7.191–93K），『脈について，初学者のために』12（8.472–74K），『脈の原因について』4.2–6（9.157–62K）．死に繋がる精神的状態については『徴候の原因について』2.5（7.193–94K）および『罹患した部位について』5.2（8.302K）．

37 ガレノスがメランコリア（憂鬱）についてもっとも詳細な議論を行なっているのは『罹患した部位について』3.10（8.190–93K）だが，エフェソスのルフォスに依拠するところが大きいようである．『徴候の原因について』2.7（7.202–3K）も参照．ガレノスと古代医学における精神疾患についての最も重要な研究は Jackie Pigeaud によるものであり，特に Jackie Pigeaud（1988）および Jackie Pigeaud（1981，第 1 章）が参考になる．古代においてメランコリアは現代の統合失調症と同様の精神疾患だった．エフェソスのルフォスによるメランコリアに関する論考の新断片集が特に重要である（Pormann 2008 を参照）．

38　九世紀ごろと思われる，ラウェンナのアンゲルスによるラテン語のガレノス『諸学派について，初学者のために』への注釈，および同書に対するアンゲルスに由来することが明らかな別の注釈（アレクサンドリアのヨハネスの名が冠されているが，偽作である）では，『罹患した部位について』3.10の，ガレノスが仮想の患者に対して人物を特定するような言及をしていない一節は，エフェソスのルフォスに帰されるとされている（Fischer 2010）．著者はこの見解に驚いている．当該の一節がルフォスのメランコリアに関する（Pormann 2008の断片集では見落とされている）失われた論考に由来し，ガレノスがルフォスの言及に基づいてアトラスの患者の話を創作したのであれば，著者の知る限りガレノスが患者を創作した唯一の例となる（Mattern 2008a, 38–40を参照）．他の可能性としては，この妄想を持った患者に出会ったガレノスがルフォスの言及に基づいてメランコリアだと診断したということも考えられる．これはありそうにないが，下記の引用箇所の『ヒポクラテス「伝染病第六巻」注解』の（「そして，このように言ったとき，これはメランコリアの症状の始まりだと我々は推測した」という文言は，この可能性を示している．この複雑な問題については今後の研究が待たれる．この問題はPauline KoetschetとKlaus-Dietrich Fischerの教示によって関心を持つようになった．二人に感謝する．

39　『ヒポクラテス「伝染病第一巻」注解』3.1（17A.213–14K）．Wenkebach and Pfaffによる校訂版を参照．この患者への言及は『罹患した部位について』3.10（8.190K）にも見られる．

40　『徴候の原因について』2.7（7.200–4K），『罹患した部位について』2.10（8.126–35K），3.6（8.160–62K）．

41　ガレノスによる用語については，『徴候の原因について』2.7（7.202K）『罹患した部位について』2.10（8.127K),2.10（8.127K），3.7（8.166K），『ヒポクラテス「予言第一巻」への注解1.4（16.517–18K），『ヒポクラテス「伝染病第三巻」注解』3.45（17A.698–99K）．詳細についてはPigeaud（1988，特に161–162のフレニティスについて）を参照．

42　『罹患した部位について』2.10（8.127–28K），3.9（8.177–78K），4.2（8.225–26K）および『徴候の原因について』2.7, 7.202–3K．

43　『罹患した部位について』4.2（8.226, 229, 331–32K）および『徴候の原因について』3（7.61K）．

第8章　大火

1　『苦痛の回避』23．大火に関する古代の他の言及としては，ヘロディアヌス『ローマ人の歴史』1.14，カッシウス・ディオ『ローマ史』72.24がある．ガレノスによる言及は，『苦痛の回避』2, 18，『解剖指南』1.11（135 Simon），『解毒剤について』1（14.65K），『類による薬剤の調合について』1.1（13.362K）にある．以下に記す諸点も含めた大火についての分析としては，Nicholls（2011），Boudon-Millot and Jouanna（2010, xxii-xxvii），Tucci（2008, 2009），Nutton（2009），Christopher Jones（2009），Boudon-Millot（2007b, 76–80），Houston（2003, 45–51）が重要である．

2 パラティヌスの丘についてはNicholls（2011）を参照．賃料については『苦痛の回避』9，その他の証言についてはRickman（1971, 194–209）を参照．カンパニアに滞在していたことについては『苦痛の回避』8–11に記載がある．

3 最初の印刷版はBoudon-Millot（2007b）である．Budé版のBoudon-Millot and Jouanna（2010）が参照しやすい．Vivian Nuttonによる英訳版が近々に予定されている．本書でのこの論考のタイトルはNuttonに基づいている．

4 Boudon-Millot and Jouanna（2010, ix–x）およびBoudon-Millot（2007b, 75–76）．ガレノスは『慰めについて』という独立した論考を書いているが，現存しない．この著作については『自著について』15（19.45K）に言及がある．

5 『苦痛の回避』5–6．『解毒剤について』1（14.64–66K）において，ガレノスは皇帝の保管庫から入手したシナモンを大量に自分の倉庫に移していたと記しているが，すべて大火で失われた．セウェルスがテリアカの調合を再開するように命じたとき，ハドリアヌスとトラヤヌスの倉庫に残っていたシナモンを使用した．第6章を参照．

6 八十巻の処方集については『苦痛の回避』6．ペルガモン人から提供された処方集については『苦痛の回避』32–33．Boudon-Millot and Jouanna（2010, xxxi）も参照．相続人の名はクラウディアヌスで，同じくペルガモン人だった（『場所による薬剤の調合について』1.2, 12.421–23K）．テウトラスからの処方集については『苦痛の回避』34–35．Boudon-Millot and Jouanna（2010, 106–7）はこの医師が（『予後判断について』に登場するガレノスの患者とは別人の）ペルガモンのエウデモスという，他の箇所で数度言及される医師と同一人物かどうかを検討し，この説を退けている．処方の写しのやりとりについては，『苦痛の回避』36．

7 ガレノスの言葉を丁寧に読めば，多くの研究者が主張するように焼けてしまう前に最初の二巻だけ書いていたのではなく，論考を完成させていたことは確かである．「私は論考をすでに書き終え，最初の二巻は回覧されていた．しかし，それら［最初の二巻の写し］は，パラティヌスの丘の膨大な蔵書と一緒に平和の神殿全体が焼け落ちたときに，聖なる道沿いの倉庫に残されていた．当時，他の多くの書籍とその倉庫に置かれていた私の著作も失われ，ローマにいる友人の誰ひとりとして最初の二巻の写しを持っていると認めてくれなかった」．『類による薬剤の調合について』1.1（13.362–63K）．

8 『苦痛の回避』37および『類による薬剤の調合について』1.1（13.632–33K）．

9 これらの著作の執筆年代については，Peterson（1977, 489–91）およびIlberg（1889, 226–228）を参照．『単体薬の混合と諸力について』9.3.21（12.227K）にこの著作の執筆年代に関する記載がある．グラウコンに対しての言及は『治療法について，グラウコンのために』9（11.124K）．ガレノスの薬学書の構造と調合法については，Fabricius（1972）が現在も最も重要な研究である．

10 『苦痛の回避』16–17．この部分は解釈が難しく，本書で示したのは著者による解釈である．著作の目録についてはNicholls（2011, 135–37）を参照．

11 『自著について』19（19.47K）および『苦痛の回避』20, 23–24, 28．それぞれについて，Boudon-Millot（2007a）およびBoudon-Millot and Jouanna（2010, ad loc）の注も参照．

12　Nutton（1979, 48–51）を参照．ガレノスは，ディデュモスによるアッティカ語の語彙集，自身でまとめた他の著作の大量の要約，二つの短い論考も失った．詳細な分析についてはBoudon-Millot and Jouanna（2010, xxxi–xxxviii）を参照．

13　現存しているものもの失われたものも含めた，ガレノスと擬ガレノスの知られている全著作の目録がFichtner（2004）にまとめられている．Fichtnerは441作を挙げている．

14　ガレノスの刊行物についてはHanson（1998a）およびJohnson（2010, 85–91）が特に有益な情報を含む．写しを回収して訂正したことについては，『自著について』1（19.11–12K）および2（19.16–17K）．この二か所および『自著について』1（19.15K），6（19.33K），11（19.41–43K），『解剖指南』6（2.504K），8.2（2.659–60K），『ヒポクラテスとプラトンの教説について』8.2（5.663–64K），その他多くの箇所で意図せずに写しが出回っていたことについての記載がある．Hanson（1998a, 28–35）およびJohnson（2010, 86–87）を参照．複数の版の存在については，すでに『類による薬剤の調合について』1.1（13.362–63K）に関して説明した．余白の書き込みについては『ヒポクラテス「伝染病第一巻」注解』1.36（17A.80K）．

15　『自著について』1（19.8–9K）．またPetit（2009, xlv-xlix）を参照．著作の剽窃については『自著について』2（19.17K）．『自著について』14（19.41–42K）も参照．ローマの書籍商，その所在地，知的生活における書籍商の役割についてはPeter White（2009, 268–87）を参照．

16　『ローマ在住のエラシストラトス主義者に反論した静脈切開について』1（11.194–95K），『予後判断について』5（14.630K），『自著について』1（19.14K）．

17　アラビア語で現存する『性格について』の要約についてはMattock（1972）を参照．

18　Boudon-Millot and Jouanna（2010, lix–lxi）は『霊魂が受けるダメージを知り，治療することについて』に大火についての言及がないことから，大火以前に書かれたに違いないと論じている．しかしBoudon-Millot and Jouannaが説明するように，この論考にはガレノスの失われた『性格について』についての言及があり，『性格について』ではコンモドゥス治下の歴史的事件に触れている．この事件はコンモドゥス存命中には扱うことができなかったことだろう．このことから，『霊魂が受けるダメージを知り，治療することについて』はコンモドゥスの死後，かつ大火の後の著作という位置づけになるだろう．

19　『ヒポクラテス「伝染病第六巻」注解』(486 Wenkebach and Pfaff)．

20　子供時代のことについては，『霊魂が受けるダメージを知り，治療することについて』7（5.37–39K），『霊魂の諸性向は身体の混合に左右されること』2（4.768, 816–18K），『性格について』1（29–30 Kraus）．生まれつき美を好むことについては，『霊魂の諸性向は身体の混合に左右されること』11（815–16K），『性格について』1（33 Kraus）と2（36 Kraus）．ガレノスの父母の性質については『霊魂が受けるダメージを知り，治療することについて』8（5.40–41K），父の性質を好んだことについては『苦痛の回避』58–62にも記されている．

21　生まれつきの変わりようがない性格については『霊魂が受けるダメージを知り，治

療することについて』7（5.38–39K）．教育による理性的霊魂の強化については『性格について』3（52–53 Kraus）．欲求と悲嘆については，『霊魂が受けるダメージを知り，治療することについて』9（5.49–51K），『性格について』1（27 Kraus）および2（41 Kraus）．アリスティッポスについては『苦痛の回避』9–42．自足については『霊魂が受けるダメージを知り，治療することについて』8（5.43–44K）および9（5.48–52K），『苦痛の回避』39–76．テセウスとコンモドゥスについては『苦痛の回避』52–54, 77．この引用箇所はキケロによるものも知られており，悲嘆に耐えるという主題を論じる際に一般的に引用されていたようである．Boudon-Millot and Jouanna（2010, 137–38）を参照．

22 友人の利用については，『霊魂が受けるダメージを知り，治療することについて』3（5.8–14K），5（5.24K），6（5.30–31K），7（5.36K），10（5.55K）．自身の過ちに気づかないことについては，『霊魂が受けるダメージを知り，治療することについて』2（5.5K）および『性格について』4（47 Kraus）．自己監視については，『霊魂が受けるダメージを知り，治療することについて』4（5.15–16, 20–21, 25–26K），6（5.30–31K），7（36K）．時間をかけながらの改善については，『霊魂が受けるダメージを知り，治療することについて』4（5.20–21K），6（5.33K），10（5.54K）．食生活と責任については，『霊魂の諸性向は身体の混合に左右されること』9（4.807–8K），11（815–21K）．

23 感謝についてはWatkins（2004）を参照．自制についてもっとも引用される機会が多いのは，Baumeister and Exline（1999; 特に．1176–1179）の倫理的傾向の強いエッセイである．より新しい研究としてBaumeister and Tierney（2011）を参照．ガレノスの心理療法については，Gill（2010，第5章）およびHankinson（1993, 199–204）を参照．ギリシア・ローマ時代と初期キリスト教時代の哲学一般における心理療法についてはSorabji（2000）を参照．Sorabji（2000，第15章）では心理療法の実践の証拠について概説している．

24 古代の哲学と文化における怒りについてはHarris（2001）が重要な研究であり，ガレノスにおける怒りについての議論も行なっている（120–23）．奴隷制度と暴力については，Harris（2001，第13章），Fitzgerald（2000，第2章），Saller（1991），Bradley（1987，第4章）などを参照．所有していた奴隷についての言及箇所を含む，ガレノスにおける奴隷についてはSchlange-Schöningen（2003，第9章）を参照．クレタ人の逸話は，『霊魂が受けるダメージを知り，治療することについて』4（18–20K）および本書第6章．

25 『ヒポクラテスとプラトンの教説について』6.8（5.579K）．叩かずに教え諭すことについては，『霊魂が受けるダメージを知り，治療することについて』4（5.17K），5（5.21–22K）．ガレノスが奴隷を決して殴らなかったことについては『霊魂が受けるダメージを知り，治療することについて』4（5.17K）．哲学においてありふれた話題だったということに関しては，セネカ『怒りについて』3.32.1–3, Harris（2001，第13章），Fitzgerald（2000, 34–36），Manning（1989, 1525–26），Bradley（1986, 169）を参照．セネカについては，セネカ『怒りについて』3.12.5–7．プラトンについては『霊魂が受けるダメージを知り，治療することについて』（5.21K）．奴隷の歯を殴るとい

う話題は『霊魂が受けるダメージを知り，治療することについて』4（5.17K）．傷ついた指については『脈についての概略』21（9.495–96K）．その患者はガレノスの忠告を無視して自身の過失のために症状が悪化した．ハドリアヌスの行為については『霊魂が受けるダメージを知り，治療することについて』4（5.17K）．ガレノスの母については『霊魂が受けるダメージを知り，治療することについて』（5.40–41K）．

26　奴隷の患者についてはMattern（2008a, 116–19）を参照．

27　ヒポクラテスについては『最良の医師は哲学者でもあること』3（1.58K）で『伝染病』から「クラノン，タソス，その他の都市の貧しい人」という言葉を引用している．医学の特質としての人道主義については，『最良の医師は哲学者でもあること』2（1.56K）および『ヒポクラテスとプラトンの教説について』9.5（5.751–52K）．この問題についての研究としては，Pigeaud（1997），Temkin（1991, 28–33, 220–33），Gourevitch（1984, 276–78, 281–88）を参照．治療代についてはMeyerhof（1929, 84）を参照．施しについては，Meyerhof（1929, 84）および『霊魂が受けるダメージを知り，治療することについて』9（1.48K）を参照．裕福な薬好きの患者については，『脈からの予見について』1.1（9.218–20K）および『類による薬剤の調合について』3.8（13.636–38K）．

28　『霊魂が受けるダメージを知り，治療することについて』8（43–44K）および『苦痛の回避』71–78．引用は『苦痛の回避』78から．

29　ガレノスの最晩年に起こったことと墓所については，Strohmeier（2007）およびNutton（1995a）を参照．アフロディシアスのアレクサンドロスによる言及については，さらにNutton（1999, 37–38）も参照．

30　『自説について』の写本の伝来については第5章の注60に示した．

31　『自著について』の執筆年代についてはBoudon-Millot（2007a, 8–9）を参照．

32　Hanson（1998a）およびNutton（1999, 127）も参照．

33　『自説について』11（182 Boudon-Millot and Pietrobelli）．Nutton（1999, 176–79）の注釈も参照．

34　これらの著作の関連性についてはBoudon-Millot（2007a, 3–8）を参照．『医術』の信憑性についてはBoudon-Millot（2000, 157–64）を，本のリストについてはBoudon-Millot（2000, 192–93）を参照．現存しているものも失われたものも含めた，知られているすべてのガレノスおよび擬ガレノスの著作の価値ある目録がFichtner（2004）にまとめられている．

35　三世紀の知的活動の衰退については，MacMullen（1976，第1章）およびMacMullen（1990, 1–15）を参照．古代末期は新考案や実験がまったくなかったのではなく，特にコンスタンティノープルで精力的な活動を行なったヤコブス・プシュクレストゥスの治療術は注目に値し，アレクサンドリアでも舌の解剖において何らかの進展があったようである．しかし，その生産性はガレノスの世紀とは比較にならない．Nutton（1984a; 冷蔵庫の比喩あり）およびTemkin（1962）を参照．

終章　西と東——ガレノスの二人の信奉者

1　Swain（2006,「封印」については p. 402）および Nutton（2008）.

2　近年の議論については，Boudon-Millot（2007a, xci–ccxxxviii）の “Histoire du texte” を参照.

3　ガレノスの著作のパピルスについては，Boudon-Millot（2007a, cvii–cxii），Hanson（1998b, 1985）および Andorlini Marcone（1993, nos. 4–8; 2001, no. 3）を参照.

4　フナインとその後については，Meyerhof（1926），Gabrieli（1924），Pormann and Savage-Smith（2007, 24–37）を参照．フナインの書簡はアラビア語—ドイツ語対訳で Bergsträsser（1925）において出版され，二番目の書簡の発見後改訂版が Bergsträsser（1932）として出版された.

5　Meyerhof（1926, 690）.

6　Meyerhof（1926, 689, tr. Meyerhof）.

7　Meyerhof（1926, 692, tr. Meyerhof）.

8　アレクサンドリアの正典については Iskandar（1976）を参照．二十世紀と二十一世紀のユナニ医学（ギリシア・アラビア医学）については，Saad and Said（2011）および Attawell（2007）を参照.

9　ガレノスの著作の伝播の歴史について，Boudon-Millot（2007a, xci–ccxxxviii）および Durling（1961）が秀逸な議論を行なっている.

10　Durling（1961, 236）.

11　O’ Malley（1965）による綿密な研究は今もヴェサリウスの伝記の決定版である．以下の記述はこの O’Malley（1965）に基づく．本書で記すルネサンス期の解剖の歴史はかなり伝統的で単純化されたものである．多くの研究者がルネサンス期の解剖学についてより詳細な議論を行なっている．たとえば Sawday（1995）が推薦できる.

12　シルヴィウスによる教室への遺体の一部の持ち込みについては O’Malley（1965, 49），イヌの死体については O’Malley（1965, 51）.

13　O’Malley（1965, 79）.

参考文献

Africa, Thomas（1961）. "The Opium Addiction of Marcus Aurelius." *Journal of the History of Ideas* 22: 97–102.

Aldrete, Gregory S.（2007）. *Floods of the Tiber in Ancient Rome*. Baltimore: Johns Hopkins University Press.

Allen, R. E.（1983）. *The Attalid Kingdom: A Constitutional History*. Oxford: Clarendon.

Alston, Richard（2002）. *The City in Roman and Byzantine Egypt*. London: Routledge.

——— and Onno van Nijf, eds.（2008）. *Feeding the Ancient Greek City*. Leuven: Peeters.

Ando, Clifford（2000）. *Imperial Ideology and Provincial Loyalty in the Roman Empire*. Berkeley: University of California Press.

Andorlini Marcone, Isabella（1993）. "L'apporto dei papyri alla conoscenza della scienza medica antica." *Aufstieg und Niedergang der römischen Welt* 2.37.1: 458–562.

———（2001）. *Greek Medical Papyri 1*. Florence: Instituto Papirologico G. Vitelli.

Ascenzi, A., P. Bianco, R. Nicoletti, G. Ceccarini, M. Fornaseri, G. Graziani, M. R. Giuliani, R. Rosicarello, L. Ciuffarella, and H. Granger-Taylor（1996）. "The Roman Mummy of Grottarossa." Pp. 205–18 in *Human Mummies: A Global Survey of their Status and the Techniques of Conservation*, ed. K. Spindler, Haraid Wilfing, Elisabeth Rastbichler-Zissernig, Dieter ZurNedden, and Hans Nothdurfter. Vienna: Springer.

Attawell, Guy N. A.（2007）. *Refiguring Unani Tibb: Plural Healing in Late Colonial India*. New Delhi: Orient Longman.

Aufderheide, A. C., G. Rapp, L. E. Wittmers, J. E. Wallgren, R. Macchiarelli, G. Fornaciari, F. Mallegni, and R. S. Corruccini（1992）. "Lead Exposure in Italy: 800 BC–700 AD." *International Journal of Anthropology* 7: 9–15.

Auguet, Roland（1972）. *Cruelty and Civilization: The Roman Games*. New York: Allen & Unwin（1972）and London: Routledge（1974）= *Cruauté et civilization: Les Jeux romains*. Paris: Flammarion（1970）.

Ault, Bradley A., and Lisa C. Nevett, eds.（2005）. *Ancient Greek Houses and Households: Chronological, Regional, and Social Diversity*. Philadelphia: University of Pennsylvania Press.

Badian, Ernst（1983）. *Publicans and Sinners: Private Enterprise in the Service of the Roman Republic*. 2d ed. Ithaca, NY: Cornell University Press.

Bailey, Jillian F., Maciej Henneberg, Isabelle B. Colson, Annamaria Ciarallo, Robert E. M. Hedges, and Bryan Sykes（1999）. "Monkey Business in Pompeii–Unique Find of a Juvenile Barbary Macaque Skeleton Identified Using Osteoarchaeology and Ancient DNA Techniques." *Molecular Biology and Evolution* 16: 1410–14.

Baker, Brenda J., and George J. Armelagos (1988). "The Origin and Antiquity of Syphilis: Paleopathological Diagnosis and Interpretation." *Current Anthropology* 29: 703–37.

Baker, Patricia Ann (2004). *Medical Care for the Roman Army on the Rhine, Danube, and British Frontiers in the First, Second, and Early Third Centuries A.D.* Oxford: J. and E. Hedges.

Bardong, Kurt (1942). "Beiträge zur Hippokrates- und Galenforschung." *Nachrichten von der Akademie der Wissenschaften in Göttingen: Philologisch-Historische Klasse* 7: 577–640.

Barton, Carlin A. (1993). *The Sorrows of the Ancient Romans: The Gladiator and the Monster.* Princeton, NJ: Princeton University Press.

Barton, Tamsyn S. (1994). *Power and Knowledge: Astrology, Physiognomics and Medicine under the Roman Empire.* Ann Arbor: University of Michigan Press.

Baumeister, Roy, and Julie Juola Exline (1999). "Virtue, Personality and Social Relations: Self-Control as the Moral Muscle." *Journal of Personality* 67: 1165–94.

Baumeister, Roy, and John Tierney (2011). *Willpower: Rediscovering the Greatest Human Strength.* New York: Penguin. ロイ・バウマイスター，ジョン・ティアニー著『Willpower 意志力の科学』渡会圭子訳，インターシフト，2013

Beck, Lily Y. (2011). *Pedanius Dioscorides of Anazarbus: De Materia Medica.* Altertumswissenschaftliche Texte und Studien 38. 2d ed. Hildesheim: Olms.

Behr, Charles A. (1968). *Aelius Aristides and the Sacred Tales.* Amsterdam: Hakkert.

——— (1981). *P. Aelius Aristides: The Complete Works.* 2 vols. Leiden: Brill.

Bergsträsser, G. (1925). "Ḥunain ibn Isḥāq über die syrischen und arabischen Galen- übersetzungen." *Abhandlungen für die Kunde des Morgenlandes* 17.

——— (1932). "Neue Materielen zu Ḥunain ibn Isḥāq's Galen-Bibliographie." *Abhandlungen für de Kunde des Morgenlandes* 19.

Betzig, Laura (1992). "Roman Polygyny." *Ethnology and Sociobiology* 13: 309–49.

Birley, Anthony (1987). *Marcus Aurelius: A Biography.* 2d ed. New Haven, CT: Yale University Press.

Bisset, Norman G., Jan J. Bruhn, Silvio Curto, Bo Holmstedt, Ulf Nyman, and Meinhart K. Zenk (1994). "Was Opium Known in 18th Dynasty Ancient Egypt? An Examination of Materials from the Tomb of the Chief Royal Architect Kha." *Journal of Ethnopharmacology* 41: 99–114.

Bliquez, Lawrence J. (1994). *Roman Surgical Instruments and Other Minor Objects in the National Archaeological Museum of Naples.* Mainz: von Zabern.

Bodel, John (2000). "Dealing with the Dead: Undertakers, Executioners and Potter's Fields in Ancient Rome." Pp. 128–51 in *Death and Disease in the Ancient City*, ed. Valerie M. Hope and Eirann Marshall. London: Routledge.

Boehm, Isabelle (2003). "Toucher du doigt: Le Vocabulaire de toucher dans les textes médicaux grecs et latins." Pp. 229–40 in *Manus medica: Actions et gestes de l'officiant dans les textes médicaux latins. Questions de thérapeutique et de lexique*, ed. Françoise Gaide and Frédérique Biville. Aix-en-Provence: Publications de l'Université de Provence.

Bogaard, Amy, Rüdiger Krause, and Hans-Christoph Strien (2011). "Towards a Social Geography of Cultivation and Plant Use in an Early Farming Community: Vaihingen an der Enz,

South-West Germany." *Antiquity* 85: 395–416.

Boudon, Véronique (1994). "Les Oeuvres de Galien pour les debutants ('De sectis,' 'De pulsibus ad tirones,' 'Ad Glauconem de methodo medendi,' et 'Ars medica'): Médecine et pédagogie au IIe siècle ap. J.-C." *Aufstieg und Niedergang der römischen Welt* 2.37.2: 1421–67.

——— (2000). *Galien. Vol. 2, Exhortation à l'étude de la médecine; Art médical*. Paris: Les Belles Lettres.

Boudon-Millot, Véronique (2007a). *Galien*. Vol. 1, *Introduction générale; Sur l'ordre de ses propres livres; Sur ses propres livres; Que l'excellent médecin est aussi philosophe*. Paris: Les Belles Lettres.

——— (2007b). "Un traité perdu de Galien miraculeusement retrouvé, le *Sur l'inutilité de se chagriner:* Texte grec et traduction française." Pp. 67–118 in *La Science médicale antique: Nouveaux regards*, ed. V. Boudon-Millot, A. Guardasole, and C. Magdelaine. Paris: Beauchesne.

Boudon-Millot, Véronique, and Jacques Jouanna (2010). *Galien*. Vol. 4, *Ne pas se chagriner*. Paris: Les Belles Lettres.

Boudon-Millot, Véronique, and A. Pietrobelli (2005). "Galien ressuscité: Édition princeps du texte grecque du *De propriis placitis*." *Revue des Études Grecques* 118: 168–213.

Boulogne, Jacques (1996). "Plutarque et la médecine." *Aufstieg und Niedergang der römischen Welt* 2.37.3: 2762–2893.

Bowersock, Glen (1969). *Greek Sophists in the Roman Empire*. Oxford: Clarendon.

Bradley, Keith (1986). "Seneca and Slavery." *Classica et Mediaevalia* 37: 161–72.

——— (1987). *Slaves and Masters in the Roman Empire: A Study in Social Control*. Oxford: Oxford University Press.

——— (1997). "Law, Magic, and Culture in the Apologia of Apuleius." *Phoenix* 51: 203–23.

Brain, Peter (1986). *Galen on Bloodletting*. Cambridge: Cambridge University Press.

Brock, Arthur John (1916). *Galen: On the Natural Faculties*. Cambridge, MA: Harvard University Press. Reprinted (1991).

Brodersen, Kai (2001). "The Presentation of Geographical Knowledge for Travel and Transport in the Roman World." Pp. 7–21 in *Travel and Geography in the Roman Empire*, ed. Colin Adams and Ray Laurence. London: Routledge.

Cahill, Nicholas (2002). *Household and City Organization at Olynthus*. New Haven, CT: Yale University Press.

Capasso, Luigi (2000). "Indoor Pollution and Respiratory Diseases in Ancient Rome." *The Lancet* 356: 1774.

Cappelletti, Silvia (2006). *The Jewish Community of Rome from the Second Century B.C. to the Third Century C.E.* Supplements to the *Journal for the Study of Judaism* 113. Leiden: Brill.

Carter, M. J. (2006). "Gladiatorial Combat: The Rules of Engagement." *Classical Journal* 102: 97–114.

Champlin, Edward (1980). *Fronto and Antonine Rome*. Cambridge, MA: Harvard University Press.

Cohn-Haft, Louis（1956）. *The Public Physicians of Ancient Greece*. Smith College Studies in History 42. Northampton, MA: Smith College Department of History.

Cruse, Audrey（2004）. *Roman Medicine.* Stroud, United Kingdom: Tempus.

Curry, Andrew（2008）. "The Gladiator Diet." *Archaeology* 61.6: 28–30.

Davies, Roy W.（1989）. *Service in the Roman Army*. Ed. David Breeze and Valerie A. Maxfield. Edinburgh: Edinburgh University Press.

Dean-Jones, Lesley（1994）. *Women's Bodies in Classical Greek Science*. Oxford: Clarendon.

Debru, Armelle（1996）. "Les Demonstrations médicales à Rome au temps de Galien." Pp. 69–81 of vol. 1 in *Ancient Medicine in its Socio-Cultural Context*, ed. Ph. J. van der Eijk, H. F. J. Horstmanshoff, and P. H. Schrijvers. 2 vols. Amsterdam: Rodopi.

———（2008）. "Physiology." Pp. 263–82 in *The Cambridge Companion to Galen*, ed. R. J. Hankinson. Cambridge: Cambridge University Press.

Deichgräber, Karl（1965）. *Die griechische Empirikerschule: Sammlung der Fragmente und Darstellung der Lehre*. Berlin: Weidmann.

de Lacy, Phillip（1980–84）. *Galen: On the Doctrines of Hippocrates and Plato*. Corpus Medicorum Graecorum 5.4.1.2, 2 vols. 2d ed. Berlin: Akademie-Verlag.

Delson, Eric（1980）. "Fossil Macaques, Phyletic Relationships and a Scenario of Deployment." Pp. 10–30 in *The Macaques: Studies in Ecology, Behavior and Evolution*, ed. Donald D. Lindburg. New York: Van Nostrand Reinhold.

Dench, Emma（1995）. *From Barbarians to New Men: Greek, Roman and Modern Perceptions of Peoples of the Central Appennines*. London: Oxford University Press.

de Quincey, Thomas（2003）. *Confessions of an English Opium Eater and Other Writings*. Ed. Barry Milligan. London: Penguin. トマス・ド・クインシーの著作の邦訳はいくつかある．主要著作の邦訳は『トマス・ド・クインシー著作集』野島秀勝，鈴木聡，小池銈訳，国書刊行会，4巻，1995—2002に収められている．

Diamandopoulos, Athanasios A., and Pavlos C. Goudas（2003）. "The Late Greco-Roman and Byzantine Contribution to the Evolution of Laboratory Examinations of Bodily Excrement. Part 1: Urine, Sperm, Menses and Stools." *Clinical Chemistry and Laboratory Medicine* 41.7: 963–69.

———（2005）. "The Late Greco-Roman and Byzantine Contribution towards the Evolution of Laboratory Examinations of Bodily Excrement. Part 2: Sputum, Vomit, Blood, Sweat, Autopsies." *Clinical Chemistry and Laboratory Medicine* 43.1: 90–96.

Dmitriev, Sviatoslav（2005）. *City Government in Hellenistic and Roman Asia Minor*. New York: Oxford University Press.

Donini, Pierluigi（2008）. "Psychology." Pp. 184–209 in *The Cambridge Companion to Galen*, ed. R. J. Hankinson. Cambridge: Cambridge University Press.

Donoghue, Helen D., Antónia Marcsik, Carney Matheson, Kim Vernon, Emilia Nuorala, Joseph E. Molto, Charles L. Greenblatt, and Mark Spigelman（2005）. "Co-Infection of *Mycobacterium tuberculosis* and *Mycobacterium leprae* in Human Archaeological Samples: A Possible Explanation for the Historical Decline of Leprosy." *Proceedings of the Royal Society B: Biologi-*

cal Sciences 272: 389–94.

Downie, Janet（2008）. "Proper Pleasures: Bathing and Oratory in Aelius Aristides' *Hieros Logos I* and *Oration 33*." Pp. 115–130 in *Aelius Aristides between Greece, Rome, and the Gods*, ed. W. V. Harris and Brooke Holmes. Leiden: Brill.

Dubos, René Jules, and Jean Dubos（1987）. *The White Plague: Tuberculosis, Man and Society*. 2d ed. New Brunswick, NJ: Rutgers University Press. ルネ・デュボス，ジーン・デュボス共著『白い疫病：結核と人間と社会』北錬平訳，結核予防会，1982（原著初版の翻訳）

Dunbabin, Katharine M. D.（1989）. "*Baiarum grata voluptas*: Pleasures and Dangers of the Baths." *Papers of the British School at Rome* 57: 6–46.

Duncan-Jones, R. A.（1996）. "The Impact of the Antonine Plague." *Journal of Roman Archaeology* 9: 108–36.

Durling, Richard T.（1961）. "A Chronological Census of Renaissance Editions and Translations of Galen." *Journal of the Warburg and Courtauld Institutes* 24: 230–305.

Eckstein, Arthur M.（2006）. *Mediterranean Anarchy, Interstate War, and the Rise of Rome*. Berkeley: University of California Press.

Edelstein, Emma J., and Ludwig Edelstein（1945）. *Asclepius: A Collection and Interpretation of the Testimonies*, 2 vols. Baltimore: Johns Hopkins University Press.（Reprinted, 1998.）

Egerbacher, Monika, Heike Weber, and Silke Hauer（2000）. "Bones in the Heart Skeleton of the Otter（*Lutra lutra*）." *Journal of Anatomy* 196: 485–91.

Erdkamp, Paul（2008）. "Grain Funds and Market Intervention in the Roman World." Pp. 109–26 in *Feeding the Ancient Greek City*, ed. Richard Alston and Onno van Nijf. Leuven: Peeters.

Evans, Richard（2012）. *A History of Pergamum: Beyond Hellenistic Kingship*. London: Continuum.

Fabricius, Cajus（1972）. *Galens Exzerpte aus älteren Pharmakologen*. Berlin: De Gruyter.

Facchini, F., E. Rastelli, and B. Brasili（2004）. "*Cribra orbitalia* and *Cribra cranii* in Roman Skeletal Remains from the Ravenna Area and Rimini（I–IV Century AD）." *International Journal of Osteoarchaeology* 14: 126–36.

Fagan, Garrett（1999）. *Bathing in Public in the Roman World*. Ann Arbor: University of Michigan Press.

Faraone, Christopher A.（2011）. "Magical and Medical Approaches to the Wandering Womb in the Ancient Greek World." *Classical Antiquity* 30: 1–32.

Fenner, F., D. A. Henderson, I. Arita, Z. Ježek, and I. D. Ladnyi（1988）. *Smallpox and Its Eradication*. Geneva: World Health Organization.

Fichtner, Gerhard（2004）. *Corpus Galenicum: Verzeichnis der galenischen und pseudogalenischen Schriften*. Tübingen: Institut für Ethik und Geschichte der Medizin.

Fischer, Klaus-Dietrich（2010）. "De fragmentis Herae Cappadocis atque Rufi Ephesii hactenus ignotis." *Galenos* 4: 173–83.

Fitzgerald, William（2000）. *Slavery and the Roman Literary Imagination*. Cambridge: Cambridge University Press.

Flemming, Rebecca（2000）. *Medicine and the Making of Roman Women: Gender, Nature and Authority from Celsus to Galen*. Oxford: Oxford University Press.

————（2008）. "Demiurge and Emperor in Galen's World of Knowledge." Pp. 59–84 in *Galen and the World of Knowledge*, ed. Christopher Gill, Tim Whitmarsh, and John Wilkins. Cambridge: Cambridge University Press.

Fowler, Murray E., and Susan K. Mikota（2006）. *Biology, Medicine, and Surgery of Elephants*. Ames, IA: Blackwell.

Frede, Michael, and Richard Walzer（1985）. *Three Treatises on the Nature of Science*. Indianapolis: Hackett.

————（2003）. "Galen's Theology." Pp. 73–126 in *Galien et la philosophie*, ed. Jonathan Barnes and Jacques Jouanna. Entretiens sur l'antiquité classique 49. Geneva: Fondation Hardt.

Frend, W. H. C.（1965）. *Martyrdom and Persecution in the Early Church*. Oxford: Blackwell.

Furley, David J., and J. S. Wilkie（1984）. *Galen on Respiration and the Arteries*. Princeton, NJ: Princeton University Press.

Furtell, Alison（1997）. *Blood in the Arena: The Spectacle of Roman Power*. Austin: University of Texas Press.

Gabrieli, Giuseppe（1924）. "Hunáyn ibn Isháq." *Isis* 6: 282–92.

Galvão -Sobrinho, Carlos（1996）. "Hippocratic Ideals, Medical Ethics, and the Practice of Medicine in the Early Middle Ages: The Legacy of the Hippocratic Oath." *Journal of the History of Medicine and Allied Sciences* 51: 438–55.

Garnsey, Peter（1988）. *Famine and Food Supply in the Greco-Roman World: Responses to Risk and Crisis*. Cambridge: Cambridge University Press. ピーター・ガーンジィ『古代ギリシア・ローマの飢饉と食糧供給』松本宣郎，阪本浩訳，白水社，1998

————（1999）. *Food and Society in Classical Antiquity*. Cambridge: Cambridge University Press.

Garofalo, Ivan（1988）. *Erasistrati fragmenta*. Pisa: Giardini.

Garofalo, Ivan, and Armelle Debru（2005）. *Galien*, vol. 5: *Les Os pour les debutants; L'Anatomie des muscles*. Paris: Les Belles Lettres.

Gill, Christopher（2010）. *Naturalistic Psychology in Galen and Stoicism*. Oxford: Oxford University Press.

Gilliam, J. F.（1961）. "The Plague under Marcus Aurelius." *American Journal of Philology* 82: 225–51.

Gleason, Maud W.（2009）. "Shock and Awe: The Performance Dimension of Galen's Anatomy Demonstrations." Pp. 85–114 in *Galen and the World of Knowledge*, ed. Christopher Gill, Tim Whitmarsh, and John Wilkins. Cambridge: Cambridge University Press.

Golvin, Jean -Claude（1988）. *L'Amphithéâtre romain: Essai sur la théorization de sa forme et de ses fonctions*. 2 vols. Publications du Centre Pierre Paris 18. Paris: Boccard.

Goudsmit, Jaap, and Douglas Brandon-Jones（1999）. "Mummies of Olive Baboons and Barbary Macaques in the Baboon Catacomb of the Sacred Animal Necropolis at North Saqqara." *Journal of Egyptian Archaeology* 85: 45–53.

——— (2000). "Evidence from the Baboon Catacomb in North Saqqara for a West Mediterranean Monkey Trade Route to Ptolemaic Alexandria." *Journal of Egyptian Archaeology* 17: 111–19.

Gourevitch, Danielle (1984). *Le Triangle Hippocratique dans le monde gréco-romain: Le Malade, sa maladie et son médecin*. Rome: École française de Rome.

——— (2003). "Fabriquer un médicament composé, solide et compact, dur et sec: Formulaire et réalités." Pp. 49–68 in *Manus medica: Actions et gestes de l'officiant dans les textes médicaux latins. Questions de thérapeutique et de lexique*, ed. Françoise Gaide and Frédérique Biville. Aix-en-Provence: Publications de l'Université de Provence.

Green, Robert Montraville (1951). *A Translation of Galen's Hygiene*. Springfield, IL: Thomas

Grmek, Mirko (1989). *Diseases in the Ancient Greek World*. Baltimore: Johns Hopkins University Press = *Les Maladies à l'aube de la civilization occidentale: Recherches sur la réalité pathologique dans le monde grec préhistorique, archaïque, et classique*. Paris: Payot, 1983.

——— (1997). *Le Chaudron de Médée: L'Expérimentation sur le vivant dans l'antiquité*. Le Plessis-Robinson: Institut Synth. labo.

Grmek, Mirko, and Danielle Gourevitch (1986). "Medice, cura te ipsum: Les Maladies de Galien." *Études de lettres* 1: 45–64.

——— (1994). "Aux sources de la doctrine médicale de Galien: L'Enseignement de Marinus, Quintus, et Numisianus." *Aufstieg und Niedergang der römischen Welt* 2.37.2: 1491–1528.

Gros, Pierre (1996–2001). *L'Architecture romaine: Du début du IIIe siècle av. J.-C. à la fin du Haut-Empire*. 2 vols. Paris: Picard.

Gruen, Erich S. (2002). *Diaspora: Jews amidst Greeks and Romans*. Cambridge, MA: Harvard University Press.

Gummerus, Herman (1932). *Der Ärztestand im römischen Reiche nach den Inschriften*. Helsinki: Societas Scientiarum Fennica.

Habicht, Christian (1969). *Die Inschriften des Asklepieions*. Deutsches Archäologisches Institut, Altertümer von Pergamon VIII.3. Berlin: de Gruyter.

Hales, Shelley (2003). *The Roman House and Social Identity*. Cambridge: Cambridge University Press.

Halfmann, Helmut (1979). *Die Senatoren aus dem östlichen Teil des Imperium Romanum bis zum Ende des 2. Jahrhunderts n. Chr*. Hypomnemata: Untersuchungen zur Antike und zu ihrem Nachleben 58. Göttingen: Vandenhoeck & Ruprecht.

——— (2004). *Éphèse et Pergame: Urbanisme et commanditaires en Asie mineure romaine*, Bordeaux: Ausonius = *Städtebau und Bauherren im römischen Kleinasien: Ein Vergleich zwischen Pergamon und Ephesos*. Beihefte der Istanbuler Mitteilungen 43. Tübingen: Wasmuth (2001).

Hall, A. J., and E. Photos-Jones (2008). "Accessing Past Beliefs and Practices: The Case of Lemnian Earth." *Archaeometry* 50: 1034–49.

Hankinson, R. J. (1989). "Galen and the Best of All Possible Worlds." *Classical Quarterly* 39: 206–27.

——— (1991a). *Galen on the Therapeutic Method: Books I and II*. Oxford: Oxford University Press.

——— (1991b). "Galen's Anatomy of the Soul." *Phronesis* 36: 197–233.

——— (1993). "Actions and Passions: Affection, Emotion, and Moral Self-Management in Galen's Psychological Philosophy." Pp. 184–222 in *Passions and Perceptions: Studies in the Hellenistic Philosophy of Mind*, ed. Jacques Brunschwig and Martha C. Nussbaum. Cambridge: Cambridge University Press.

——— (1994a). "Galen's Anatomical Procedures: A Second-Century Debate in Medical Epistemology." *Aufstieg und Niedergang der römischen Welt* 2.37.2: 1834–55.

——— (1994b). "Galen's Theory of Causation." *Aufstieg und Niedergang der römischen Welt* 2.37.2: 1757–74.

——— (2008a). "The Man and His Work." Pp. 1–33 in *The Cambridge Companion to Galen*, ed. R. J. Hankinson. Cambridge: Cambridge University Press.

——— (2008b). "Philosophy of Nature." Pp. 225–36 in *The Cambridge Companion to Galen*, ed. R. J. Hankinson. Cambridge: Cambridge University Press.

Hanson, Ann Ellis (1985). "Papyri of Medical Content." *Yale Classical Studies* 28: 39–47.

——— (1998a). "Galen: Author and Critic." Pp. 22–53 in *Editing Texts/Texte edieren*, ed. Glenn W. Most. Göttingen: Vandenhoeck & Ruprecht.

——— (1998b). "In the Shadow of Galen: Two Berlin Papyri of Medical Content." Pp. 145–60 in *Text and Tradition: Studies in Ancient Medicine and its Transmission*, ed. Klaus-Dietrich Fischer, Diethard Nickel, and Paul Potter. Leiden: Brill.

Harper, Kristin N., Molly K. Zuckerman, Megan L. Harper, John D. Kingston, and George J. Armelagos (2011). "The Origin and Antiquity of Syphilis Revisited: An Appraisal of Old World Pre-Columbian Evidence for Treponemal Infection." *Yearbook of Physical Anthropology* 54: 99–133.

Harris, W. V. (2001). *Restraining Rage: The Ideology of Anger Control in Classical Antiquity*. Cambridge, MA: Harvard University Press.

——— (2009). *Dreams and Experience in Classical Antiquity*. Cambridge, MA: Harvard University Press.

Harris, W. V., and Brooke Holmes, eds. (2008). *Aelius Aristides between Greece, Rome, and the Gods*. Leiden: Brill.

Harvey, Allison G. (2011). "Sleep and Circadian Functioning: Critical Mechanisms in the Mood Disorders?" *Annual Review of Clinical Psychology* 7: 297–319.

Hausmann, Ulrich (1948). *Kunst und Heiltum: Untersuchungen zu den griechischen Asklepiosreliefs*. Potsdam: Stichnote.

Healy, John F. (1978). *Mining and Metallurgy in the Greek and Roman World*. London: Thames and Hudson.

Hirt, Alfred Michael (2010). *Imperial Mines and Quarries in the Roman World: Organizational Aspects, 27 BC–AD 235*. Oxford: Oxford University Press.

Hoffmann, Adolf (1998). "The Roman Remodeling of the Asklepieion." Pp. 41–62 in *Perga-*

mon: Citadel of the Gods, ed. Helmut Koester. Harvard Theological Studies 46. Harrisburg, PA: Trinity Press International.

Holmes, Brooke (2008). "Aelius Aristides' Illegible Body." Pp. 81–114 in *Aelius Aristides between Greece, Rome, and the Gods*, ed. W. V. Harris and Brooke Holmes. Leiden: Brill.

Hong, Singmin, J. P. Candelone, C. C. Patterson, and C. F. Boutron (1994). "Greenland Ice Evidence of Hemispheric Lead Pollution Two Millennia Ago by Greek and Roman Civilizations." *Science* 265: 1841–43.

Hopkins, Donald R. (2002). *The Greatest Killer: Smallpox in History*. Chicago: University of Chicago Press.

Hopkins, Keith (1983). "Murderous Games." Pp. 1–30 in id., *Death and Renewal*. Sociological Studies in Roman History 2. Cambridge: Cambridge University Press. K・ホプキンス『古代ローマ人と死』高木正朗，永都軍三訳，晃洋書房，1996

Houston, George W. (2003). "Galen, His Books and the *Horrea piperataria* in Rome." *Memoirs of the American Academy in Rome* 48: 45–51.

Hunter, Kathryn Montgomery (1991). *Doctors' Stories: The Narrative Structure of Medical Knowledge*. Princeton, NJ: Princeton University Press. キャサリン・モンゴメリー『ドクターズ・ストーリーズ：医学の知の物語的構造』斎藤清二，岸本寛史監訳，新曜社，2016

Ilberg, Johannes (1889). "Über die Schriftstellerei des Klaudios Galenos" (1). *Rheinisches Museum* n.s. 44: 207–39.

——— (1892). "Über die Schriftstellerei des Klaudios Galenos" (2). *Rheinisches Museum* n.s. 47: 489–514.

——— (1896). "Über die Schriftstellerei des Klaudios Galenos" (3). *Rheinisches Museum* n.s. 51: 165–96.

——— (1897). "Über die Schriftstellerei des Klaudios Galenos" (4). *Rheinisches Museum* n.s. 52: 591–623.

——— (1905). "Aus Galens Praxis: Ein Kulturbild aus der römischen Kaiserzeit." *Neue Jahrbücher* 15: 276–312. Reprinted in *Antike Medizin*, ed. Hellmut Flashar. Darmstadt: Wissenschaftliche Buchsgesellschaft (1971), 361–416.

Isaac, Benjamin (2004). *The Invention of Racism in Classical Antiquity*. Princeton, NJ: Princeton University Press.

Iskandar, A. Z. (1976). "An Attempted Reconstruction of the Late Alexandrian Medical Curriculum." *Medical History* 20: 235–58.

Jacques, Jean-Marie (2002). *Nicandre: Oeuvres*. Vol. 3, *Les Alexipharmaques*. Paris: Les Belles Lettres.

Johnson, William A. (2010). *Readers and Reading Culture in the High Roman Empire*. Oxford: Oxford University Press.

Johnston, Ian (2006). *Galen on Diseases and Symptoms*. Cambridge: Cambridge University Press.

Johnston, Ian, and G. H. R. Horsley (2011). *Galen: Method of Medicine*. 3 vols. Cambridge,

MA: Harvard University Press.

Jones, A. H. M. (1971). *The Cities of the Eastern Roman Provinces*. 2d ed. Oxford: Clarendon.

Jones, Christopher P. (1998). "Aelius Aristides and the Asklepieion." Pp. 63–76 in *Pergamon: Citadel of the Gods*, ed. Helmut Koester. Harrisburg, PA: Trinity Press International.

——— (2009). "Books and Libraries in a Newly-Discovered Treatise of Galen." *Journal of Roman Archaeology* 22: 390–97.

Jouanna, Jacques (1999). *Hippocrates*. Baltimore: Johns Hopkins University Press = *Hippocrate*. Paris: Fayard (1992).

——— (2010). "Hippocrates as Galen's Teacher." Pp. 1–21 in *Hippocrates and Medical Education*, ed. Manfred Horstmanshoff. Studies in Ancient Medicine 35. Leiden: Brill.

Junkelmann, Marcus (2000). *Das Spiel mit dem Tod: So kämpften Roms Gladiatoren*. Mainz: von Zabern.

Kanz, Fabian, and Karl Grossschmidt (2006). "Head Injuries of Roman Gladiators." *Forensic Science International* 160: 207–16.

Kayne, Donald (1968). "Antibacterial Activity of Human Urine." *Journal of Clinical Investigation* 47: 2374–90.

Keel, Pamela K., and Kelly L. Klump (2003). "Are Eating Disorders Culture-Bound Syndromes? Implications for Conceptualizing their Etiology." *Psychological Bulletin* 129: 747–69.

Keyser, Paul T. (1997). "Science and Magic in Galen's Recipes (Sympathy and Efficacy)." Pp. 175–198 in *Galen on Pharmacology: Philosophy, History and Medicine*, ed. Armelle Debru. Leiden: Brill.

Koester, Helmut, ed. (1998). *Pergamon: Citadel of the Gods*. Harvard Theological Studies 46. Harrisburg, PA: Trinity Press International.

König, Jason (2005). *Athletics and Literature in the Roman Empire*. Cambridge: Cambridge University Press.

Korpela, Jukka (1987). *Das Medizinalpersonal im antiken Rom: Eine sozialgeschichtliche Untersuchung*. Annales Academiae Scientiarum Fennicae, Dissertationes Humanarum Litterarum 45. Helsinki: Suomalainen Tiedeakatemia.

Kudlien, Fridolf (1981). "Galen's Religious Belief." Pp. 117–30 in *Galen: Problems and Prospects*, ed. Vivian Nutton. London: Wellcome Institute for the History of Medicine.

——— (1986). *Die Stellung des Arztes in der römischen Gesellschaft*. Stuttgart: Steiner.

Künzl, Ernst (1983). *Medizinische Instrumente aus Sepulkralfunden der römischen Kaiserzeit*. Kunst und Altertum am Rhein 115. Cologne: Rheinland Verlag.

Kuriyama, Shigehisa (1995). "Interpreting the History of Bloodletting." *Journal of the History of Medicine and Allied Sciences* 50: 11–46.

——— (1999). *The Expressiveness of the Body and the Divergence of Greek and Chinese Medicine*. New York: Zone Books.

Lane Fox, Robin (1986). *Pagans and Christians*. San Francisco: Harper & Row.

Li, Yu, Darin S. Carroll, Shea N. Gardner, Matthew C. Walsh, Elizabeth A. Vitalis, and Inger K.

Damon (2007). "On the Origin of Smallpox: Correlating *Variola* Phylogenics with Historical Smallpox Records." *Proceedings of the National Academy of Sciences* 104.40: 15787–92.

LiDonnici, Lynn R. (1995). *The Epidaurian Miracle Inscriptions: Text, Translation and Commentary*. Atlanta: Scholars Press.

Littman, R. J., and M. L. Littman (1973). "Galen and the Antonine Plague." *American Journal of Philology* 94: 243–55.

Llewelyn-Jones, Lloyd (2003). *Aphrodite's Tortoise: The Veiled Woman of Ancient Greece*. Swansea: Classical Press of Wales.

Lo Cascio, Elio (2006). "Did the Population of Imperial Rome Reproduce Itself?" Pp. 52–68 in *Urbanism in the Pre-Industrial World: Cross-Cultural Examples*, ed. Glenn R. Storey. Tuscaloosa: University of Alabama Press.

Lyons, Malcolm (1969). *Galen: On the Parts of Medicine, On Cohesive Causes, On Regimen in Acute Diseases in Accordance with the Theories of Hippocrates*. Corpus Medicorum Graecorum, Supplementum Orientale 2. Berlin: Akademie-Verlag.

MacDonald, William L. (1982). *The Architecture of the Roman Empire*. 2 vols. 2d ed. New Haven, CT: Yale University Press.

MacMullen, Ramsay (1974). *Roman Social Relations, 50 BC to AD 284*. New Haven, CT: Yale University Press.

——— (1976). *The Roman Government's Response to Crisis, A.D. 235—337*. New Haven, CT: Yale University Press.

——— (1980a). "Roman Elite Motivation: Three Questions." *Past and Present* 88: 3–16. Reprinted in *Changes in the Roman Empire*, Princeton, NJ: Princeton University Press (1990), chapter 2.

——— (1980b). "Women in Public in the Roman Empire." *Historia* 29 (1980): 208–18. Reprinted in *Changes in the Roman Empire*, Princeton, NJ: Princeton University Press (1990), chapter 15.

——— (1981). *Paganism in the Roman Empire*. New Haven, CT: Yale University Press.

——— (1990). *Corruption and the Decline of Rome*. New Haven, CT: Yale University Press.

Magie, David (1950). *Roman Rule in Asia Minor*. 2 vols. Princeton, NJ: Princeton University Press.

Manning, C. E. (1989). "Stoicism and Slavery in the Roman Empire." *Aufstieg und Niedergang der römishcen Welt* 2.36.3: 1518–43.

Mariani-Costatini, Renato, Paola Catalano, Francesco di Gennaro, Gabriella di Tota, and Luciana Rita Angeletti (2000). "New Light on Cranial Surgery in Ancient Rome." *The Lancet* 355: 305–7.

Mattern, Susan P. (1999a). "Physicians and the Roman Imperial Aristocracy: The Patronage of Therapeutics." *Bulletin of the History of Medicine* 73: 1–18.

——— (1999b). *Rome and the Enemy: Imperial Strategy in the Principate*. Berkeley: University of California Press.

——— (2008a). *Galen and the Rhetoric of Healing*. Baltimore: Johns Hopkins University

Press.
——— (2008b). "Galen's Ideal Patient." Pp. 116–30 in *Asklepios: Studies on Ancient Medicine*, ed. Louise Cilliers. Acta Classica Supplementum 2. Bloemfontain: Classical Association of South Africa.
Mattock, J. N. (1972). "A Translation of the Arabic Epitome of Galen's Book Περί ἤθων." Pp. 1–51 in *Islamic Philosophy and the Classical Tradition*, ed. S. M. Stern, Albert Hourani, and Vivian Brown. Festschrift for Richard Walzer. Columbia: University of South Carolina Press.
May, Margaret Tallmadge (1968). *Galen: On the Usefulness of the Parts of the Body*. 2 vols. Ithaca, NY: Cornell University Press.
Mayor, Adrienne (2010). *The Poison King: The Life and Legend of Mithradates, Rome's Deadliest Enemy*. Princeton, NJ: Princeton University Press.
McKenzie, Judith (2007). *The Architecture of Alexandria and Egypt, c. 300 BC to AD 700*. New Haven, CT: Yale University Press.
Meyerhof, Max (1926). "New Light on Ḥunain ibn Isḥāq and His Period." *Isis* 8: 685–724.
——— (1929). "Autobiographische Bruchstücke Galens aus arabischen Quellen." *Sudhoffs Archiv* 22: 72–85.
Millar, Fergus (1992). *The Emperor in the Roman World (31 BC—AD 337)* . 2d ed. Ithaca, NY: Cornell University Press.
Miller, Stephen G. (2004). *Ancient Greek Athletics*. New Haven, CT: Yale University Press.
Minenka, Susan, David Watson, and Lee Anna Clark (1998). "Comorbidity of Anxiety and Unipolar Mood Disorders." *Annual Review of Psychology* 49: 377–412.
Mitchell, Stephen (1993). *Anatolia: Land, Men, and Gods in Asia Minor*. 2 vols. Oxford: Clarendon.
Moraux, Paul (1985). *Galien de Pergame: Souvenirs d'un médecin*. Paris: Les Belles Lettres.
Moretti, Luigi (1953). *Iscrizioni agonistiche greche*. Studi pubblicati dall'Istituto italiano per la storia antica 12. Rome: Signorelli.
Morstein-Marx, Robert (1995). *Hegemony to Empire: The Development of the Roman Imperium in the East from 148 to 62 BC. Berkeley*: University of California Press.
Müller, Helmut (1987). "Ein Heilungsbericht aus dem Asklepieion." *Chiron* 17: 193–233.
Musurillo, Herbert (1954). *Acts of the Pagan Martyrs: Acta Alexandrinorum*. Oxford: Clarendon Press.
Nevett, Lisa C. (1999). *House and Society in the Ancient Greek World*. Cambridge: Cambridge University Press.
——— (2002). "Continuity and Change in Greek Households under Roman Rule: The Role of Women in the Domestic Context." Pp. 81–100 in *Greek Romans and Roman Greeks: Studies in Cultural Interaction*, ed. Erik Nis Ostenfeld. Aarhaus Studies in Mediterranean Antiquity 3. Copenhagen: Aarhaus.
——— (2010). *Domestic Space in Classical Antiquity*. New York: Cambridge University Press.
Newby, Zahra (2005). *Greek Athletics in the Roman World: Victory and Virtue*. Oxford: Oxford

University Press.

Nicholls, Matthew C.（2011）. “Galen and Libraries in the *Peri Alupias*.” *Journal of Roman Studies* 101: 123–42.

Nicolet, Claude（2000）. *Censeurs et publicains: Économie et fiscalité dans la Rome antique*. Paris: Fayard.

Nriagu, J. O.（1983a）. *Lead and Lead Poisoning in Antiquity*. New York: Wiley.

———（1983b）. “Saturnine Gout among Roman Aristocrats.” *New England Journal of Medicine* 308: 660–63.

Nunn, J. F.（1989）. “Anaesthesia in Ancient Times–Fact and Fable.” Pp. 21–26 in *The History of Anaesthesia*, ed. Richard S. Atkinson and Thomas B. Boulton. International Congress and Symposium Series 134. London: Royal Society of Medicine Services.

Nutton, Vivian（1973）. “The Chronology of Galen's Early Career.” *Classical Quarterly* 23: 158–71. Reprinted in *From Democedes to Harvey: Studies in the History of Medicine*. London: Variorum（1988）.

———（1977）. “Archiatri and the Medical Profession in Antiquity.” Papers of the British School at Rome 45: 191–226. Reprinted in *From Democedes to Harvey: Studies in the History of Medicine*. London: Variorum（1988）.

———（1979）. *Galen: On Prognosis*. Corpus Medicorum Graecorum 5.8.1. Berlin: Akademie-Verlag.

———（1984a）. “From Galen to Alexander: Aspects of Byzantine Medical Practice in Late Antiquity.” *Dumbarton Oaks Papers* 38: 1–14.

———（1984b）. “Galen in the Eyes of His Contemporaries.” *Bulletin of the History of Medicine* 58: 315–24. Reprinted in *From Democedes to Harvey: Studies in the History of Medicine*. London: Variorum（1988）.

———（1985）. “The Drug Trade in Antiquity.” *Journal of the Royal Society of Medicine* 78: 138–45. Reprinted in *From Democedes to Harvey: Studies in the History of Medicine*. London: Variorum（1988）.

———（1993）. “Galen and Egypt.” Pp. 11–32 in *Galen und das hellenistische Erbe*, ed. Jutta Kollesch and Diethard Nickel. Stuttgart: Steiner.

———（1995a）. “Galen ad multos annos.” *Dynamis* 15: 25–39.

———（1995b）. “Galen and the Traveller's Fare.” Pp. 359–70 in *Food in Antiquity*, ed. John Wilkins, David Harvey, and Mike Dobson. Exeter: University of Exeter Press.

———（1995c）. “The Medical Meeting-Place.” Pp. 3–25 of vol. 1 in *Ancient Medicine in its Socio-Cultural Context*, ed. Ph. J. van der Eijk, H. F. J. Horstmanshoff, and P. H Schrijvers. 2 vols. Amsterdam: Rodopi.

———（1997）. “Galen on Theriac: Problems of Authenticity.” Pp. 133–52 in *Galen on Pharmacology: Philosophy, History, and Medicine*, ed. Armelle Debru. Studies in Ancient Medicine 16. Leiden: Brill.

———（1999）. *Galen: On My Own Opinions*. Corpus Medicorum Graecorum 5.3.2. Berlin: Akademie-Verlag.

——— (2004). *Ancient Medicine*. London: Routledge.

——— (2008). "The Fortunes of Galen." Pp. 355–390 in *The Cambridge Companion to Galen*, ed. R. J. Hankinson. Cambridge: Cambridge University Press.

——— (2009). "Galen's Library." Pp. 19–34 in *Galen and the World of Knowledge*, ed. Christopher Gill, Tim Whitmarsh, and John Wilkins. Cambridge: Cambridge University Press.

O'Malley, C. D. (1965). *Andreas Vesalius of Brussels: 1514—1564*. Berkeley: University of California Press. チャールズ・D・オマリー『ブリュッセルのアンドレアス・ヴェサリウス：1514–1564』坂井建雄訳，エルゼビア・サイエンスミクス，2001

Oberhelman, Steven M. (1983). "Galen, *On Diagnosis from Dreams*." *Journal of the History of Medicine and Allied Sciences* 38: 36–47.

——— (1993). "Dreams in Graeco-Roman Medicine." *Aufstieg und Niedergang der römischen Welt* 2.37.1: 121–56.

Oliver, James Henry (1989). *Greek Constitutions of Early Roman Emperors from Inscriptions and Papyri*. Philadelphia: American Philological Society.

——— and R. E. A. Palmer (1955). "Minutes of an Act of the Roman Senate." *Hesperia* 24: 320–49.

Osborn, Dale J., with Jana Osbornová (1998). *The Mammals of Ancient Egypt*. Warminster, UK: Aris & Phillips.

Oser-Grote, Carolin (1997). "Einführung in das Studium der Medizin: Eisagogische Schriften des Galen in ihrem Verhältnis zum Corpus Hippocraticum." Pp. 95–117 in *Gattungen wissenschaftlicher Literatur in der Antike*, ed. Wolfgang Kullmann, Johann Althoff, and Markus Asper. Tübingen: Narr.

Otte, Christoph (2001). *Galen: De plenitudine*. Serta Graeca: Beiträge zur Erforschung griechischer Texte 9. Weisbaden: Reichert.

Papagrigorakis, M. J., C. Yapijakis, P. N. Synodinos, and E. Baziotopoulou-Valavani (2006). "DNA Examination of Ancient Dental Pulp Incriminates Typhoid Fever as a Probable Cause of the Plague of Athens." *International Journal of Infectious Disease* 10.4: 334–35.

Papavramidou, Niki, and Helen Christopoulou-Aletra (2009). "The Ancient Technique of 'Gastrorrhaphy.'" *Journal of Gastrointestinal Surgery* 13: 1334–50.

Pearson, Richard D. (2009). "Malaria." *The Merck Manual for Healthcare Professionals*. http://www.merckmanuals.com/professional/sec15/ch197/ch197g.html#v1016553, accessed August 12, 2011.

Perkins, Judith (1995). *The Suffering Self: Pain and Narrative Representation in Early Christianity*. London: Routledge.

Peterson, Donald W. (1977). "Observations on the Chronology of the Galenic Corpus." *Bulletin of the History of Medicine* 51: 484–95.

Petit, Caroline (2009). *Galien*. Vol. 3, *Le médecin. Introduction*. Paris: Les Belles Lettres.

Petsalis-Diomidis, Alexia (2008). "The Body in the Landscape: Aristides' Corpus in the Light of the *Sacred Tales*." Pp. 131–50 in *Aelius Aristides between Greece, Rome, and the Gods*, ed. W. V. Harris and Brooke Holmes. Leiden: Brill.

——— (2010). *'Truly Beyond Wonders': Aelius Aristides and the Cult of Asclepius*. Oxford: Oxford University Press.

Pigeaud, Jackie (1981). *La Maladie de l'âme: Étude sur la relation de l'âme et du corps dans la tradition médico-philosophique antique.* Paris: Les Belles Lettres.

——— (1988). "La Psychopathologie de Galien." Pp. 154–83 in *Le opere psicologiche de Galeno*, ed. Paola Manuli and Mario Vegetti. Naples: Bibliopolis.

——— (1997). "Les Fondements philosophiques de l' éthique médicale: Le Cas de Rome." Pp. 255–96 in *Médecine et morale dans l'antiquité*, ed. H. Flashar and J. Jouanna.Entretiens sur l'antiquité classique 43. Geneva: Hardt.

Pormann, Peter E. (2008). *Rufus of Ephesus: On Melancholy*. Tübingen: Mohr Siebeck.

Pormann, Peter E., and Emilie Savage-Smith (2007). *Medieval Islamic Medicine*. Edinburgh: Edinburgh University Press.

Potter, David (1999). "Entertainers in the Roman Empire." Pp. 303–25 in *Life, Death and Entertainment in the Roman Empire*, ed. D. S. Potter and D. J. Mattingly. Ann Arbor: University of Michigan Press.

——— (2012). *The Victor's Crown: A History of Ancient Sport from Homer to Byzantium*. Oxford: Oxford University Press.

Powell, Owen (2003). *Galen on the Properties of Foodstuffs*. Cambridge: Cambridge University Press.

Quass, Friedemann (1993). *Die Honoratiorenschicht in den Städten des griechischen Ostens: Untersuchung zur politischen und sozialen Entwicklung in hellenistischer und römischer Zeit*. Stuttgart: Steiner.

Radt, Wolfgang (1999). *Pergamon: Geschichte und Bauten einer antiken Metropole*. Darmstadt: Primus.

Ramesh, H. A., Mohammad Azmathulla, Malay Baidya, and Mohammed Asad (2010). "Wound Healing Activity of Human Urine in Rats." *Research Journal of Pharmaceutical, Biological and Chemical Sciences* 1: 750–58.

Ramoutsaki, Ioanna A., Helen Askitopoulou, and Eleni Konsolaki (2002). "Pain Relief and Sedation in Roman Byzantine Texts: *Mandragoras officinarum, Hyosycamos niger* and *Atropa belladonna*." *International Congress Series* 1242: 43–50.

Retief, François Pieter, and Louise Cilliers (2011). "Breast Cancer in Antiquity." *South African Medical Journal* 101: 513–15.

Richardson, L., Jr. (1992). *A New Topographical Dictionary of Ancient Rome*. Baltimore: Johns Hopkins University Press.

Rickman, Geoffrey (1971). *Roman Granaries and Store Buildings*. Cambridge: Cambridge University Press.

Rives, James B. (2003). "Magic in Roman Law: The Reconstruction of a Crime." *Classical Antiquity* 22: 313–39.

Robert, Louis (1940). *Les Gladiateurs dans l'orient grec*. Paris: Champion. Reprinted Amsterdam: Hakkert (1971).

Rocca, Julius (2003). *Galen on the Brain: Anatomical Knowledge and Physiological Speculation in the Second Century A.D.* Leiden: Brill.

——— (2008), "Anatomy." Pp. 242–62 in *The Cambridge Companion to Galen*, ed. R. J. Hankinson. Cambridge: Cambridge University Press.

Rutherford, R. B. (1989). *The Meditations of Marcus Aurelius: A Study*. Oxford: Clarendon.

Rütten, Thomas (1996). "Receptions of the Hippocratic Oath in the Renaissance: The Prohibition of Abortion as a Case Study in Reception." Tran. Leonie von Reppert-Bismarck. *Journal of the History of Medicine and Allied Sciences* 51: 456–83.

Saad, Bashar, and Omar Said (2011). *Greco-Arab and Islamic Herbal Medicine: Traditional System, Ethics, Safety, Efficacy, and Regulatory Issues*. Hoboken, NJ: Wiley.

Sallares, Robert (1991). *The Ecology of the Ancient Greek World.* Ithaca, NY: Cornell University Press.

——— (2002). *Malaria and Rome: A History of Malaria in Italy*. Oxford: Oxford University Press.

Saller, Peter (1982). *Personal Patronage under the Early Empire*. Cambridge: Cambridge University Press.

——— (1991). "Corporal Punishment, Authority, and Obedience in the Roman Household." Pp. 151–64 in *Marriage, Divorce, and Children in Ancient Rome*, ed. Beryl Rawson. Canberra: Humanities Research Center and Oxford: Clarendon.

Sandison, A. T., and Edmund Tapp (1998). "Disease in Ancient Egypt." Pp. 38–58 in *Mummies, Disease and Ancient Cultures*, ed. Aidan Cockburn, Eve Cockburn, and Theodore A. Reyman. 2d ed. Cambridge: Cambridge University Press.

Sandys-Winsch, Lucy, director (2009). "The Giraffe." Windfall Productions, "Inside Nature's Giants," London, Channel 4.

Sapolsky, Robert (2004). *Why Zebras Don't Get Ulcers*. 3d ed. New York: Macmillan. R・M・サポルスキー『なぜシマウマは胃潰瘍にならないか：ストレスと上手につきあう方法』森平慶司訳，シュプリンガー・フェアラーク東京，1998（原著初版の翻訳）

Sarton, George (1954). *Galen of Pergamon*. Lawrence: University of Kansas Press.

Sawday, Jonathan (1995). *The Body Emblazoned: Dissection and the Human Body in Renaissance Culture*. London: Routledge.

Scarborough, John (1971). "Galen among the Gladiators." *Episteme: Rivista critica delle scienze mediche e biologiche* 5: 98–111.

——— (1995). "The Opium Poppy in Hellenistic and Roman Medicine." Pp. 4–23 in *Drugs and Narcotics in History*, ed. Roy Porter and Mikuláš Teich. Cambridge: Cambridge University Press.

Scheidel, Walter (1999). "Emperors, Aristocrats and the Grim Reaper: Toward a Demographic Profile of the Roman Élite." *Classical Quarterly* 49: 254–81.

——— (2001a). *Death on the Nile: Disease and the Demography of Roman Egypt*. Leiden: Brill.

——— (2001b). "Roman Age Structure: Evidence and Models." *Journal of Roman Studies*

91: 1–26.

———— (2002). "A Model of Demographic and Economic Change in Roman Egypt after the Antonine Plague." *Journal of Roman Archaeology* 15: 97–114.

———— (2003). "Germs for Rome." Pp. 158–76 in *Rome the Cosmopolis*, ed. Catharine Edwards and Greg Woods. Cambridge: Cambridge University Press.

———— (2009) "Disease and Death in the Ancient City of Rome." Version 2.0. *Princeton-Stanford Working Papers in Classics*, April. http://www.princeton.edu/˜pswpc/.

———— (2010a). "Physical Wellbeing in the Roman World." Version 2.0. *Princeton-Stanford Working Papers in Classics*, September. http://www.princeton.edu/˜pswpc/.

———— (2010b) "Roman Well-Being and the Economic Consequences of the 'Antonine Plague.'" Version 3.0. *Princeton-Stanford Working Papers in Classics*, January. http://www.princeton.edu/˜pswpc/.

Schlange-Schöningen, Heinrich (2003). *Die römische Gesellschaft bei Galen: Biographie und Sozialgeschichte*. Untersuchungen zur antiken Literatur und Geschichte 65. Berlin: de Gruyter.

Schmitz, Thomas (1997). *Bildung und Macht: Zur sozialen und politischen Funktion der zweiten Sophistik in der griechischen Welt der Kaiserzeit*. Munich: Beck.

Schneeberg, Norman G. (2002). "A Twenty-First Century Perspective on the Ancient Art of Bloodletting." *Transactions and Studies of the College of Physicians of Philadelphia* 24: 157–85.

Scobie, Alex (1986). "Slums, Sanitation and Mortality in the Roman World." *Klio* 68: 399–433.

Shaw, Brent (1984). "Bandits in the Roman Empire." *Past and Present* 105: 3–52.

Shchelkunov, Sergei N. (2011). "The Emergence and Reemergence of Smallpox: The Need for Development of a New Generation Smallpox Vaccine." *Vaccine* 295: D49–D53.

Sherwin-White, A. N. (1977). "Roman Involvement in Anatolia, 167–88 BC." *Journal of Roman Studies* 67: 62–75.

Shuttleton, David (2007). *Smallpox and the Literary Imagination, 1660–1820*. Cambridge: Cambridge University Press.

Singer, P. N. (1997). *Galen: Selected Works*. Oxford: Oxford University Press.

Smith, Dale C. (1996). "The Hippocratic Oath and Modern Medicine." *Journal of the History of Medicine and Allied Sciences* 51: 484–500.

Smith, Wesley D. (1979). *The Hippocratic Tradition*. Ithaca, NY: Cornell University Press.

Sorabji, Richard (2000). *Emotion and Peace of Mind: From Stoic Agitation to Christian Temptation*. Oxford: Oxford University Press.

Stone, Anne C., Alicia K. Wilbur, Jane E. Buikstra, and Charlotte A. Roberts (2009). "Tuberculosis and Leprosy in Perspective." *Yearbook of Physical Anthropology* 52: 66–94.

Strohmeier, Gotthard (2007). "La Longévité de Galien et les deux places de son tombeau." Pp. 393–403 in *La Science médicale antique: Nouveaux regards*, ed. Véronique Boudon-Millot, Alessia Guardasole, and Caroline Magdelaine. Paris: Beauschesne.

Swain, Simon (1996). *Hellenism and Empire: Language, Classicism, and Power in the Greek World A.D. 50–250*. Oxford: Clarendon.

——— (2006). “Beyond the Limits of Greek Biography: Galen from Alexandria to the Arabs.” Pp. 395–433 in *The Limits of Ancient Biography*, ed. Brian McGing and Judith Mossman. Swansea: Classical Press of Wales.

Tecusan, Manuela (2004). *The Fragments of the Methodists*. Leiden: Brill.

Temkin, Oswei (1962). “Byzantine Medicine: Tradition and Empiricism.” *Dumbarton Oaks Papers* 16: 95–115.

——— (1971). *The Falling Sickness: A History of Epilepsy from the Greeks to the Beginnings of Modern Neurology*. 2d ed. Baltimore: Johns Hopkins University Press. O・テムキン『てんかんの歴史』全2巻，和田豊治訳，中央洋書出版部，1988–89

——— (1973). *Galenism: The Rise and Decline of a Medical Philosophy*. Ithaca, NY: Cornell University Press.

——— (1991). *Hippocrates in a World of Pagans and Christians*. Baltimore: Johns Hopkins University Press.

Thomas, Christine M. (1998). “The Sanctuary of Demeter at Pergamon: Cultic Space for Women and Its Eclipse.” Pp. 278–97 in *Pergamon: Citadel of the Gods*, ed. Helmut Koester. Harvard Theological Studies 46. Harrisburg, PA: Trinity Press International.

Tieleman, Teun (2003). “Galen’s Psychology.” Pp. 131–61 in *Galien et la philosophie*, ed. Jonathan Barnes and Jacques Jouanna. Vandoeuvres-Geneva: Fondation Hardt.

Todman, Donald (2007). “A History of Caesarian Section from the Ancient World to the Modern Era.” *Australian and New Zealand Journal of Obstetrics and Gynecology* 47: 367–71.

Totelin, Laurence M. V. (2004). “Mithradates’ Antidote: A Pharmacological Ghost.” *Early Science and Medicine* 9: 1–19.

Touwaide, Alain (1994). “Galien et la toxicologie.” *Aufstieg und Niedergang der römischen Welt* 2.37.2: 1887–1986.

Tsuji, L. J. S., E. Nieboer, J. D. Karagatzides, and D. R. Koslovic (1997). “Elevated Dentine Lead Levels in Adult Teeth of First Nation People from an Isolated Region of Northern Ontario, Canada.” *Bulletin of Environmental Contamination and Toxicology* 59: 854–60.

Tucci, Pier Luigi (2008). “Galen’s Storeroom, Galen’s Libraries and the Fire of A.D. 192.” *Journal of Roman Archaeology* 21: 133–49.

——— (2009). “Antium, the Palatium and the *Domus Tiberiana* Again.” *Journal of Roman Archaeology* 22: 398–401.

Vallance, J. T. (1990). *The Lost Theory of Asclepiades of Bithynia*. Oxford: Clarendon.

van Bremen, Riet (1996). *The Limits of Participation: Women and Civic Life in the Greek East in the Hellenistic and Roman Periods*. Amsterdam: Gieben.

van der Eijk, Philip J. (2001). *Diocles of Carystus: A Collection of the Fragments with Translation and Commentary*. 2 vols. Leiden: Brill.

——— (2009). “Aristotle! What a Thing for You to Say!: Galen’s Engagement with Aristotle and Aristotelians.” Pp. 261–81 in *Galen and the World of Knowledge*, ed. Christopher Gill, Tim Whitmarsh, and John Wilkins. Cambridge: Cambridge University Press.

van Nijf, Onno (1999). “Athletics, Festivals and Elite Self-Fashioning in the Roman East.” *Pro-*

ceedings of the Cambridge Philological Society 45: 176–200.
———（2000）. “Local Heroes: Athletics, Festivals and Elite Self-Fashioning in the Roman East.” Pp. 306–34 in *Being Greek under Rome*, ed. Simon Goldhill. Cambridge: Cambridge University Press.
———（2003）. “Athletics, Andreia and Askesis -Culture in the Roman East.” Pp. 263–86 in *Andreia: Studies in Manliness and Courage in Classical Antiquity*, ed. Ralph Rosen and Ineke Sluiter. Leiden: Brill.
van Straten, F. T.（1981）. “Gift s for the Gods.” Pp. 65–151 in *Faith, Hope, and Worship: Aspects of Religious Mentality in the Ancient World*, ed. H. S. Versnel. Leiden: Brill.
Veyne, Paul（1976）. *Le Pain et le cirque: Sociologie historique d'un pluralisme politique*. Paris: Seuil. ポール・ヴェーヌ『パンと競技場：ギリシア・ローマ時代の政治と都市の社会学的歴史』鎌田博夫訳，法政大学出版局，1998
Ville, Georges（1981）. *La Gladiature en occident des origines à la mort de Domitien*. Rome: Ecole française de Rome.
Vogt, Sabine（2008）. “Drugs and Pharmacology.” Pp. 304–22 in *The Cambridge Companion to Galen*, ed. R. J. Hankinson. Cambridge: Cambridge University Press.
von Hintzenstern, Ulrich（1989）. “Anaesthesia with Mandrake in the Tradition of Dioscorides and Its Role in Classical Antiquity.” Pp. 38–40 in *The History of Anaesthesia*, ed. Richard S. Atkinson and Thomas B. Boulton. International Congress and Symposium Series 134. London: Royal Society of Medicine Services.
von Staden, Heinrich（1982）. “*Haeresis* and Heresy: The Case of the *haireseis iatrikai*.” Pp. 76–100, 199–206 in *Jewish and Christian Self-Definition*, Vol. 3, *Self-Definition in the Greek and Roman World*, ed. Ben F. Meyer and E. P. Sanders. London: SCM.
———（1989）. *Herophilus: The Art of Medicine in Early Alexandria*. Cambridge: Cambridge University Press.
———（1992）. “The Discovery of the Body: Human Dissection and its Cultural Contexts in Ancient Greece.” *Yale Journal of Biology and Medicine* 65: 223– 41.
———（1995）. “Anatomy as Rhetoric: Galen on Dissection and Persuasion.” *Journal of the History of Medicine and Allied Sciences* 50: 47–66.
———（1996）. “‘In a Pure and Holy Way’: Personal and Professional Conduct in the Hippocratic Oath?” *Journal of the History of Medicine and Allied Sciences* 51: 404–37.
———（1997a）. “Galen and the ‘Second Sophistic.’” Pp. 33–54 in *Aristotle and After*, ed. Richard Sorabji. *Bulletin of the Institute of Classical Studies*, Supplement 68. London: Institute of Classical Studies, School of Advanced Study, University of London.
———（1997 b）. “Gattung und Gedächtnis: Galen über Wahrheit und Lehrdichtung.” Pp. 65–96 in *Gattungen wissenschaftlicher Literatur in der Antike*, ed. Wolfgang Kullmann, Jochen Althoff, and Markus Asper. Tübingen: Gunter Narr.
———（2000）. “Body, Soul, and Nerves: Epicurus, Herophilus, Erasistratus, the Stoics, and Galen.” Pp. 79–116 in *Psyche and Soma: Physicians and Metaphysicians on the Mind-Body Problem from Antiquity to the Enlightenment*, ed. John P. Wright and Paul Potter. Oxford:

Clarendon.

——— (2003). "Galen's *daimon*: Reflections on 'Irrational' and 'Rational.'" Pp. 15–44 in *Rationnel et irrationnel dans la médecine ancienne et médiévale: Aspects historiques, scientifiques et culturels*, ed. Nicholas Palmieri. Saint-Etienne: Publications de l'Université de Saint-Etienne.

——— (2004). "Galen's Alexandria." Pp. 179–216 in *Ancient Alexandria between Egypt and Greece*, ed. W. V. Harris and Giovanni Ruffini. Columbia Studies in the Classical Tradition 26. Leiden: Brill.

——— (2009). "Staging the Past, Staging Oneself: Galen on Hellenistic Exegetical Traditions." Pp. 132–56 in *Galen and the World of Knowledge*, ed. Christopher Gill, Tim Whitmarsh, and John Wilkins. Cambridge: Cambridge University Press.

Waite, J. G., and M. A. Daeschel (2007). "Contribution of Wine Components to Inactivation of Food-Borne Pathogens." *Journal of Food Science* 72: 286–91.

Walker, Philip L, Rhonda R. Bathurst, Rebecca Richman, Thor Gjerdrum, and Valerie A. Andrushko (2009). "The Causes of Porotic Hyperostosis and Cribra Orbitalia: A Reappraisal of the Iron-Defiency Anemia Hypothesis." *American Journal of Physical Anthropology* 139: 109–25.

Wallace-Hadrill, Andrew (1994). *Houses and Society in Pompeii and Herculaneum.* Princeton, NJ: Princeton University Press.

Walsh, Joseph (1927). "Galen Visits the Dead Sea and the Copper Mines of Cyprus." *Bulletin of the Geographical Society of Philadelphia* 25: 93–110.

——— (1928). "Galen Clashes with the Medical Sects at Rome." *Medical Life* 35: 408–44.

——— (1929). "The Date of Galen's Birth." *Annals of Medical History* n.s. 1: 378–82.

——— (1930). "Galen's Second Sojourn in Italy, and his Treatment of the Family of Marcus Aurelius." *Medical Life* 37: 473–505.

——— (1932). "Refutation of Ilberg as to the Date of Galen's Birth." *Annals of Medical History* n.s. 4: 126–46.

——— (1937). "Galen's Studies at the Alexandrian School." *Annals of Medical History* 9: 132–43.

Walzer, R. (1944). *Galen on Medical Experience.* London: Oxford University Press for the Wellcome Trustees.

——— (1949). *Galen on Jews and Christians*. London: Oxford University Press.

Wankel, Hermann (1979–84). *Inschriften von Ephesos*. Inschriften von griechischer Städte aus Kleinasien 11–17. Bonn: Habelt.

Ward, R. B. (1992). "Women in Baths." *Harvard Theological Review* 85: 125–47.

Watkins, Philip (2004). "Gratitude and Subjective Well-Being." Pp. 244–85 in *The Psychology of Gratitude*, ed. Robert A. Emmons and Michael E. McCullough. New York: Oxford University Press.

Watson, David (2005). "Rethinking the Mood and Anxiety Disorders." *Journal of Abnormal Psychology* 114: 522–36.

Watson, Gilbert (1966). *Theriac and Mithridatium: A Study in Therapeutics*. Publications of the Wellcome Historical Medical Library 9. London: The Wellcome Historical Medical Library.

Wear, Andrew (2008). "Place, Health, and Disease: *The Airs, Waters, Places* Tradition in Early Modern England and North America." *Journal of Medieval and Early Modern Studies* 38: 443–65.

White, L. Michael (1998). "Counting the Costs of Nobility: The Social Economy of Roman Pergamon." Pp. 331–65 in *Pergamon: Citadel of the Gods*, ed. Helmut Koester. Harvard Theological Studies 46. Harrisburg, PA: Trinity Press International.

White, Peter (2009). "Bookshops in the Literary Culture of Rome." Pp. 268–87 in *Ancient Literacies: The Culture of Reading in Greece and Rome*, ed. William A. Johnson and Holt N. Parker. Oxford: Oxford University Press.

Whitmarsh, Tim (2001). *Greek Literature and the Roman Empire: The Politics of Imitation*. Oxford: Oxford University Press.

Wiedemann, Thomas (1992). *Emperors and Gladiators*. London: Routledge.

Wilkins, John (2003). "Foreword." Pp. ix–xxi in Owen Powell, *Galen on the Properties of Foodstuffs*. Cambridge: Cambridge University Press.

Witt, Mathias (2009). *Weichteil- und Viszeralchirurgie bei Hippocrates*. Berlin: de Gruyter.

Wrigley, E. A. (1967). "A Simple Model of London's Importance in Changing English Society and Economy 1650–1750." *Past and Present* 37: 44–70.

Wulf-Rheidt, Ulrike (1998). "The Hellenistic and Roman Houses of Pergamon." Pp. 299–330 in P*ergamon: Citadel of the Gods*, ed. Helmut Koester. Harvard Theological Studies 46. Harrisburg, PA: Trinity Press International.

Yegül, Fikret (2010). *Bathing in the Roman World.* Cambridge: Cambridge University Press.

Zaminska, Nicholas (2007). "Videos Teach China's Rural Doctors." *Wall Street Journal*, July 10.

——— (2008). "China's Village Doctors Take Great Strides." *Bulletin of the World Health Organization* (December): 914–15.

Zohary, David (2012). *Domestication of Plants in the Old World: The Origin and Spread of Domesticated Plants in Southwest Asia, Europe, and the Mediterranean Basin.* 4th ed. New York: Oxford University Press.

Zuiderhoek, Arjan (2009). *The Politics of Munificence in the Roman Empire: Citizens, Elites and Benefactors in Asia Minor*. Cambridge: Cambridge University Press.

訳者略歴

順天堂大学大学院医学研究科助教。一九七五年富山県生まれ。二〇〇三年京都大学大学院文学研究科博士後期課程学修退学。他に訳書はいずれも共訳で、ガレノス『解剖学論集』『身体諸部分の用途について1』（ともに京都大学学術出版会）、『デカルト医学論集』（法政大学出版局）、『プロメテウス解剖学コアアトラス』（医学書院）、『原典ルネサンス自然学』（名古屋大学出版会）など。

ガレノス
西洋医学を支配したローマ帝国の医師

二〇一七年一〇月一五日　印刷
二〇一七年一一月　五日　発行

著　者　スーザン・P・マターン
訳　者 ©　澤井　直（さわい　ただし）
発行者　及川直志
印刷所　株式会社理想社
発行所　株式会社白水社

東京都千代田区神田小川町三の二四
電話　営業部〇三（三二九一）七八一一
　　　編集部〇三（三二九一）七八二一
振替　〇〇一九〇-五-三三二二八
郵便番号　一〇一-〇〇五二
http://www.hakusuisha.co.jp
乱丁・落丁本は、送料小社負担にてお取り替えいたします。

株式会社 松岳社

ISBN978-4-560-09584-3
Printed in Japan